Narrative Ansätze in Beratung und Coaching

Marc Schreiber
(Hrsg.)

Narrative Ansätze in Beratung und Coaching

Das Modell der Persönlichkeits- und Identitätskonstruktion (MPI) in der Praxis

Hrsg.
Marc Schreiber
IAP Institut für Angewandte Psychologie
ZHAW Zürcher Hochschule für Angewandte
Wissenschaften
Zürich, Schweiz

ISBN 978-3-658-37950-6   ISBN 978-3-658-37951-3   (eBook)
https://doi.org/10.1007/978-3-658-37951-3

Die Deutsche Nationalbibliothek verzeichnet diese Publikation in der Deutschen Nationalbibliografie; detaillierte bibliografische Daten sind im Internet über http://dnb.d-nb.de abrufbar.

© Der/die Herausgeber bzw. der/die Autor(en), exklusiv lizenziert an Springer Fachmedien Wiesbaden GmbH, ein Teil von Springer Nature 2022
Das Werk einschließlich aller seiner Teile ist urheberrechtlich geschützt. Jede Verwertung, die nicht ausdrücklich vom Urheberrechtsgesetz zugelassen ist, bedarf der vorherigen Zustimmung des Verlags. Das gilt insbesondere für Vervielfältigungen, Bearbeitungen, Übersetzungen, Mikroverfilmungen und die Einspeicherung und Verarbeitung in elektronischen Systemen.
Die Wiedergabe von allgemein beschreibenden Bezeichnungen, Marken, Unternehmensnamen etc. in diesem Werk bedeutet nicht, dass diese frei durch jedermann benutzt werden dürfen. Die Berechtigung zur Benutzung unterliegt, auch ohne gesonderten Hinweis hierzu, den Regeln des Markenrechts. Die Rechte des jeweiligen Zeicheninhabers sind zu beachten.
Der Verlag, die Autoren und die Herausgeber gehen davon aus, dass die Angaben und Informationen in diesem Werk zum Zeitpunkt der Veröffentlichung vollständig und korrekt sind. Weder der Verlag, noch die Autoren oder die Herausgeber übernehmen, ausdrücklich oder implizit, Gewähr für den Inhalt des Werkes, etwaige Fehler oder Äußerungen. Der Verlag bleibt im Hinblick auf geografische Zuordnungen und Gebietsbezeichnungen in veröffentlichten Karten und Institutionsadressen neutral.

Einbandabbildung: © photog.raph/stock.adobe.com (Österreichische Berge – Wilder Kaiser, Tirol, Austria)
ID: 199171505

Planung/Lektorat: Eva Brechtel-Wahl
Springer ist ein Imprint der eingetragenen Gesellschaft Springer Fachmedien Wiesbaden GmbH und ist ein Teil von Springer Nature.
Die Anschrift der Gesellschaft ist: Abraham-Lincoln-Str. 46, 65189 Wiesbaden, Germany

Einleitung

Mögen Sie Geschichten? Viele Menschen beantworten diese Frage mit einem eindeutigen „Ja". Die einen mögen realitätsnahe Geschichten wie Biografien oder historische Berichte und andere mögen lieber Fantasy-Geschichten oder Erzählungen ohne objektiven Wahrheitsanspruch. Das gilt sowohl für unsere Buch- und Filmvorlieben als auch für den zwischenmenschlichen Austausch oder dafür, wie wir über uns selbst sprechen: Die einen berichten über sich selbst in einer wenig ausgeschmückten und akribisch realitätsbezogenen Weise und andere erzählen eigene Geschichten mit zahlreichen Details und Ausschmückungen, bei denen nicht der objektive Wahrheitsgehalt, sondern das subjektive Erleben sowie die vorherrschenden Emotionen im Vordergrund stehen.

Obwohl wir uns tagtäglich in Form von Geschichten austauschen und diese unser Erleben und Handeln[1] mitgestalten, spielen Geschichten oder Narrationen in der psychologischen Forschung – der Forschung über das menschliche Erleben und Handeln – im Gegensatz zu anderen Disziplinen wie den Literaturwissenschaften oder der Philosophie eine untergeordnete Rolle. Das hat damit zu tun, dass die Psychologie in einer jahrzehntelangen Tradition des Objektivierens und Verallgemeinerns steckt und primär als Naturwissenschaft gelehrt wird. Alltagssprachliche Phänomene und alltagspsychologische Themen haben deswegen an Stellenwert eingebüßt. Psychologische Forschung untersucht über weite Strecken lieber kleinteilige Einzelphänomene unter kontrollierten Laborbedingungen als individuelle Biografien und damit einhergehende subjektiv bedeutsame Schilderungen und Geschichten. Dabei ist es gerade die Narration im Sinne der Auswahl sowie der Art der Schilderung einer Geschichte, die es uns ermöglicht, Intentionen, Einstellungen, Werte und dadurch das Individuum in all seinen Facetten zu erleben. Mit der Art und Weise, wie wir uns selbst in unsere Umwelt einbetten, gestalten wir unsere narrative Identität. Und weil Identitäten seit der ersten industriellen

---

[1] In Anlehnung an Bruner (1990, 1997b), der vom situierten Handeln spricht und damit zum Ausdruck bringt, dass menschliches Handeln intentional ist, verwende ich hier ebenfalls „Handeln" anstelle von „Verhalten".

Revolution nicht mehr kulturell vorgegeben sind, sondern individuell konzipiert und umgesetzt werden können (aber auch sollen), bedürfen sie unserer Aufmerksamkeit und lebenslangen Pflege.

> Selbst-Narrative dienen funktional der Integration des menschlichen Lebens, indem sie disparate Erinnerungen vergangener Geschehnisse, aktuelle Überzeugungen und Erfahrungen sowie zukünftige, imaginierte und antizipierte Handlungen miteinander verknüpfen. […] Der Fluss der Zeit höhlt die narrativ konstruierte Identität einer Person aus und macht es erforderlich, sie immer wieder zu re-konstruieren. (Polkinghorne, 1998, S. 33).

Als praktisch tätiger Laufbahnberater und quantitativ geprägter Psychologe bin ich erst 2013 auf der Suche nach Inspiration an der jährlichen Konferenz der Internationalen Vereinigung für Bildungs- und Berufsberatung (IVBBB bzw. fr. AIOSP, en. IAEVG) in Montpellier so richtig mit narrativen und sozial-konstruktionistischen Ansätzen in Berührung gekommen. Sofort war mir klar, dass sich hier Theorie und Praxis gegenseitig befruchten und dass es sich lohnt, praktische Verfahren wie das sozial-konstruktionistische Career Construction Interview (CCI; Savickas, 2012a, 2019a) oder das auf die Systemtheorie bezugnehmende My Systems of Career Influences (MSCI; McMahon et al., 2005; Schindler & Schreiber, 2015) zu vertiefen. Einen speziellen Eindruck hat bei mir damals die Keynote von Mark Savickas hinterlassen. Meine persönliche Haltung als Mensch und Beratungsperson sowie die kontinuierliche Reflexion über meine Arbeit wurden in der Folge nachhaltig beeinflusst durch seine Arbeit als Forscher und Praktiker. In beeindruckender Weise hat er den Zeitgeist der Beratungsansätze der letzten 150 Jahre in Form dreier Paradigmen strukturiert. Dabei schlägt er, wie ich finde auf eine brillante Art und Weise, den Bogen zwischen den drei „Tanzbühnen", die er selbst als Psychologe und Laufbahnberater erlebt hat: Erstens *vocational guidance*, das Paradigma der Passung (einmalige Passung) mit Fokus auf „objektive Fakten" sowie deren Quantifizierung in Form von Fragebogen. Zweitens *career education*, das Paradigma des lebenslangen Lernens (kontinuierliche Entwicklung) mit Fokus auf „subjektive Ziele" sowie den für die Zielumsetzung notwendigen Kompetenzen, die in Form von Coaching adressiert werden. Drittens *life design*, das Paradigma des Life Designs (flexible Entwicklung) mit Fokus auf „soziale Narrative" sowie das fortlaufende Konstruieren einer sinnhaften Identität im sozialen und kulturellen Kontext. Seine Auslegeordnung war für mich ein Augenöffner und verblüfft habe ich realisiert, dass ich aufgrund meiner Prägung als Psychologe über mein gesamtes Ausbildungs- und Berufsleben hinweg vorwiegend das quantitativ und naturwissenschaftlich ausgerichtete Passungsparadigma hochgehalten und zelebriert habe. Das war für mich ein spannender Startpunkt für eine vertiefte und auch kritische Auseinandersetzung mit den beiden anderen Paradigmen. Diese Auseinandersetzung hilft mir sowohl als Praktiker als auch in meiner Funktion als Dozent im Bereich der Laufbahnberatung und Persönlichkeitspsychologie. Im Buch „Wegweiser im Lebenslauf" (Schreiber, 2020b), an dem auch Anita Glenck mitgearbeitet hat, habe ich versucht, die drei Ansätze im Detail zu beschreiben und dabei auch für jedes der drei Paradigmen konkrete Methoden vorgestellt. Im vorliegenden Buch über narrative Verfahren sollen jetzt Methoden vorgestellt werden, die primär dem Paradigma des Life Designs zugeordnet werden. Dabei ist jedoch zu erwähnen, dass die Zuordnung von Methoden zu den entsprechenden Paradigmen nicht trennscharf vollzogen werden kann. So würde ich Coaching-Ansätze, wie beispielsweise den systemisch-lösungsorientierte Ansatz, dem Paradigma des lebenslangen Lernens zuordnen, obwohl daraus abgeleitete Beratungsmethoden wie beispielsweise die Wunderfrage auch narrative Elemente beinhalten. Aus der für dieses Buch zentralen Anwendungsperspektive ist diese Differenzierung auch nicht zwingend nötig. Aber es erscheint mir als äußerst wichtig, mich auch als Praktiker auf ein differenziertes theoretisches Gedankengerüst abzustützen, weshalb ich die Unterscheidung der drei Paradigmen sowie den Zeitgeist, in welchem sie entstanden sind, auch in diesem Buch adressieren möchte. Dabei möchte ich insbesondere auf den Zeitgeist der Arbeitswelt sowie die gesellschaftliche und kulturelle Entwicklung hinweisen, weil das Arbeitsleben und die gesellschaftliche Einbettung in der Beratung, sei es in einer Laufbahnberatung oder einem Coaching, häufig eine zentrale Rolle spielen.

Teil I dieses Buchprojektes beinhaltet den theoretischen Rahmen, der zu großen Teilen aus der von Savickas (2019b, 2020) in den letzten Jahren stark weiterentwickelten Career Construction Theorie (CCT) besteht. Die CCT beinhaltet in der weiterentwickelten Form alle Komponenten einer Persönlichkeitsentwicklungstheorie und ist deshalb nicht ausschließlich auf Laufbahnthemen bezogen oder gar beschränkt. Gemäß Savickas (1993) wird die berufliche Laufbahn sowieso immer durch andere Lebensbereiche mitbestimmt („career is personal"). Deshalb macht es auch Sinn, alle relevanten Lebensbereiche in der Beratung mitzuberücksichtigen. Savickas (2019b, 2020) betrachtet die CCT als Rahmentheorie, welche Raum für Integration und Weiterentwicklung bietet. In diesem Sinne werde ich die CCT mit Ansätzen anreichern, die sich in meiner praktischen Tätigkeit als hilfreich erwiesen haben, und die verschiedenen Ansätze in einem neuen Modell, dem Modell der Persönlichkeits- und Identitätskonstruktion (MPI), zusammenfassen – in der Hoffnung, dass die Ausführungen für Praktiker*innen aus verschiedenen Praxisfeldern wie Laufbahnberatung, Coaching oder auch Therapie von Nutzen sind. Bei der Integration der psychologischen Theorien und Modelle geht es mir nicht primär darum, die teilweise beträchtliche Komplexität der Ansätze um jeden Preis zu reduzieren. Eher werde ich versuchen, die komplexen Zusammenhänge zu beschreiben, insbesondere dann, wenn ich den Eindruck habe, dass sie für die praktische Arbeit in Beratung und Coaching nützlich sind. Dies hat zur Folge, dass sich Teil I vorwiegend an Personen mit einem theoretischen und praktischen Hintergrund in Psychologie, Beratung oder Coaching richtet. Natürlich möchte ich auch Personen ohne diesen „einschlägigen" Hintergrund mit genügend Frustrationstoleranz dazu einladen, den Text zu durchdringen und dabei möglichst viele Erkenntnisse zu generieren. Beginnen möchte ich die theoretischen Überlegungen mit einer schematischen Darstellung der wirtschaftlichen und gesellschaftlichen Entwicklung seit 1800. Dabei werde ich auf die drei bereits erwähnten Paradigmen wirksamer Beratung nach Savickas (2015, 2019a) eingehen. Danach werde ich einen kurzen Überblick über den Hintergrund der narrativen Psychologie geben und damit eine Brücke bauen von der Beratungs- zur Persönlichkeitspsychologie. Nach den Erläuterungen zur CCT und zum MPI werde ich den Teil I abschließen, indem ich eine Beratungsarchitektur für eine Beratung gemäß dem MPI vorschlage und darin auch konkrete Methoden und Instrumente aus Teil II einbette.

Teil II beinhaltet konkrete Methoden für die Praxis. Es freut mich sehr, dass sich an diesem Buchprojekt zahlreiche Kolleg*innen beteiligt haben. Verschiedene Kolleg*innen des IAP Institut für Angewandte Psychologie der ZHAW Zürcher Hochschule für Angewandte Wissenschaften sowie assoziierte Personen haben einen Beitrag verfasst. Es sind allesamt Personen, welche in ihrer Funktion am IAP Menschen in ihrer (beruflichen) Entwicklung begleiten und in diesem Buch Methoden beschreiben, die sie in ihrer praktischen Arbeit anwenden. Kolleg*innen der Universität Lausanne, mit denen ich seit mehreren Jahren sehr kollegial und unkompliziert zusammenarbeite, haben ihre reiche Praxiserfahrung ebenfalls in Form eines Beiträges eingebracht.

Speziell erwähnen möchte ich die drei Beiträge in englischer Sprache, in denen Mark Savickas, Paul Hartung und Reinekke Lengelle (gemeinsam mit ihrer Schwester Elke Haggerty) die von ihnen entwickelten narrativen Methoden vorstellen. Es sind Methoden wie das CCI oder das Arbeitsheft My Career Story (MCS) sowie der Ansatz des Career Writings, die ich in meinen Beratungen sehr vermissen würde, wenn es sie nicht gäbe.

Neben den Autor*innen, die einen Beitrag im Buch verfasst haben, möchte ich mich bei meinem Arbeitgeber, dem IAP Institut für Angewandte Psychologie der ZHAW Zürcher Hochschule für Angewandte Wissenschaften bedanken: Im Jahr 2021 durfte ich mich während meines 6-monatigen Sabbaticals voll und ganz diesem Buchprojekt widmen, dabei meine Arbeit der letzten 20 Jahre reflektieren sowie meine eigene (berufliche) Identität weiterentwickeln.

Ein herzlicher Dank gebührt auch Marie-Louise Iller. Sie hat meinen ersten Entwurf von Teil I gegengelesen und das Manuskript auf der Basis ihrer umfassenden Kenntnisse der verschiedenen Ansätze sowie ihrer Fähigkeit, sowohl auf Details zu fokussieren als auch übergeordnete Zusammenhänge zu erkennen, kommentiert und dabei auch konkrete Änderungsvorschläge eingebracht. Erst die wiederkehrende Auseinandersetzung mit ihren Rückmeldungen hat mich dazu bewogen, die verschiedenen Ansätze in Form eines „neuen" Modells zu integrieren, dem Modell der Persönlichkeits- und Identitätskonstruktion (MPI).

Zürich
April 2022

Marc Schreiber

Inhaltsverzeichnis

Teil I Narrative Psychologie und Modell der Persönlichkeits- und Identitätskonstruktion (MPI)

1 Gesellschaftliche und wirtschaftliche Entwicklungen ab 1800 – Fakten, Ziele und Narrative 3
Marc Schreiber

2 Hintergrund der narrativen Ansätze in Beratung und Coaching 31
Marc Schreiber

3 Narration gemäß der Career Construction Theorie (CCT) 41
Marc Schreiber

4 Narration gemäß dem Modell der Persönlichkeits- und Identitätskonstruktion (MPI) 67
Marc Schreiber

5 Beratung und Coaching gemäß dem Modell der Persönlichkeits- und Identitätskonstruktion (MPI) 121
Marc Schreiber

Teil II Narrative Methoden in der Praxis

6 Portraiture: A Career Construction Counseling Method 147
Mark L. Savickas

7 My Career Story: A Career Construction Workbook 155
Paul J. Hartung

8 Career Writing and the Tale of Two Sisters: The Family Project, Heroic Drive, and How No Sibling Has the Same Parents 163
Reinekke Lengelle und Elke Haggerty

9	**Entwicklungslinie und „Kapitel meiner Lebensgeschichte"**.............	173
	Anita Glenck	
10	**Ressourcenbilder**...	189
	Marc Schreiber	
11	**Die Held*innenreise in Beratung und Coaching**.....................	203
	Stefan Spiegelberg	
12	**Begeisternde Projekte im Kontext der Laufbahnberatung**.............	227
	Nicola Kunz	
13	**Methode „Visionen und erste Schritte"**............................	237
	Barbara Moser	
14	**Der Lebensbaum**..	257
	Eva Clot-Siegrist und Federico Durante	
15	**Analoge Verfahren in der integrativen Beratung**....................	279
	Volker Kiel	
16	**Das Mobile of Life®: Arbeiten mit innerem Narrativ und Lebensentwurf**..	293
	Denise Ritter	

Abkürzungsverzeichnis

A+	Positiver Affekt
A(+)	Gedämpfter positiver Affekt
A-	Negativer Affekt
A(-)	Gedämpfter negativer Affekt
BGE	Bedingungsloses Grundeinkommen
BFAS-G	Big Five Aspect Scales – German
BIW-Theorie	Theorie der basalen individuellen Werte
BSLB	Berufs-, Studien- und Laufbahnberatung
CB5T	Kybernetische Big Five Theorie (Cybernetic Big 5 Theory)
CCT	Career Construction Theorie
CCI	Career Construction Interview
EG	Extensionsgedächtnis
IAP	Institut für Angewandte Psychologie
ID	(berufliche) Identitätskarte
IG	Intentionsgedächtnis
IMM	Modell der Innovativen Momente (Innovative Moments Model)
IM	Innovativer Moment
IVS	Intuitive Verhaltenssteuerung
MCS	My Career Story
MPI	Modell der Persönlichkeits- und Identitätskonstruktion
MPZM	Motivprofils nach dem Zürcher Modell
NA	Negative Aktivierung
OES	Objekterkennungssystem
ORVIS-R	Oregon Vocational Interest Scales – Revised
PA	Positive Aktivierung
PSI-Theorie	Theorie der Persönlichkeits-System-Interaktionen
rBIW-Theorie	Revidierte Version der Theorie der basalen individuellen Werte
VA	Valenz/Subjektives Wohlbefinden
ZHAW	Zürcher Hochschule für Angewandte Wissenschaften
ZMSM	Zürcher Modell der sozialen Motivation

Teil I

Narrative Psychologie und Modell der Persönlichkeits- und Identitätskonstruktion (MPI)

Gesellschaftliche und wirtschaftliche Entwicklungen ab 1800 – Fakten, Ziele und Narrative

Marc Schreiber

1.1 Einleitende Gedanken

„Der Menschheit geht es so gut wie noch nie. Das können wir allein schon daraus ableiten, dass die Armut in den letzten Jahrzehnten kontinuierlich abgenommen hat. Wir können stolz sein auf die gesellschaftliche Entwicklung, welche diejenigen speziell belohnt, welche sich aufgrund ihrer großartigen Leistungen auszeichnen."
   Prof. Dr. Saskia Pal, 2021
   „Es ist unschwer zu erkennen, dass die Menschheit wohl einer weiteren großen und existenzbedrohenden Katastrophe entgegensteuert. Ich kann einer Gesellschaft, welche mit einer zunehmenden Ungleichheit bezüglich der Einkommens- und Vermögensverteilung sowie mit einer unheimlichen Verschwendung von natürlichen Ressourcen einhergeht, nicht viel abgewinnen. Deswegen versuche ich, ein zufriedenes Leben in Abgeschiedenheit und im Einklang mit der Natur zu führen."
   Einsiedlerin, 2021

Geht es Ihnen wie mir, wenn Sie die oben aufgeführten Zitate lesen? Können Sie auch beiden Zitaten etwas abgewinnen? Fühlen Sie sich allenfalls zu einem Zitat mehr hingezogen? Die beiden Zitate und Persönlichkeiten mit den potenziell gegensätzlichen Perspektiven auf unsere Gesellschaft sind frei erfunden. Es handelt sich also um ein Gedankenspiel. Als Laufbahnberater sind für mich Grundhaltungen, Kernhypothesen oder Narrative über die Gesellschaft, den Arbeitsmarkt sowie den Menschen sehr wichtig. Zum einen geht es um die Narrative meiner Klient*innen und zum anderen um meine eigenen. Narrative und Haltungen sind zwar eher langfristig ausgerichtet

---

M. Schreiber (✉)
IAP Institut für Angewandte Psychologie, ZHAW Zürcher Hochschule für Angewandte Wissenschaften, Zürich, Schweiz
E-Mail: marc.schreiber@zhaw.ch

und stabil, können sich aber verändern. Dies deshalb, weil wir Alltagserfahrungen aus verschiedenen Lebensbereichen verinnerlichen, reflektieren und gegebenenfalls neue Erkenntnisse in unser Weltbild integrieren. Dabei spielen neben den Lebensbereichen Familie und Freizeit auch derjenige der Arbeit – in Form von Aus-, Weiterbildungs- und Arbeitsstätten – eine zentrale Rolle: Einerseits prägen wir die Organisationskultur selbst mit und andererseits wird unser Erleben und Handeln von der vorherrschenden Kultur in einer Unternehmung oder Branche stark beeinflusst. Unser Weltbild wird aber nicht nur durch den unmittelbaren sozialen Kontext, sondern auch stark durch den Zeitgeist einer Gesellschaft oder fachlichen Disziplin (z. B. Laufbahnberatung und Coaching) geprägt.

Das Praxisfeld der Laufbahnberatung hat sich in den vergangenen Jahrzehnten im engen Korsett des Zeitgeists der psychologischen Forschung entwickelt. Darin hat die Narration als Erkenntnisquelle eine eher untergeordnete Rolle gespielt. Mit Blick auf die Laufbahnberatung, die sich sowohl an Erwachsene wie auch an Jugendliche richtet, kann festgehalten werden, dass die positivistisch und auf allgemeingültige Erkenntnisse ausgerichtete psychologische Forschung bis heute einen starken Einfluss auf die in der Beratung eingesetzten Methoden hat. Laufbahnberater*innen bedienen sich gerne wissenschaftlich fundierter Fragebogen mit dem Ziel, Erkenntnisse über eine Person im Sinne einer Standortbestimmung zu gewinnen. Aus diesen Erkenntnissen können die Klient*innen in der Beratung stimmige berufliche Entscheidungen oder konkrete Entwicklungsschritte ableiten. Lange Zeit stand die Laufbahnberatung dafür, in der Beratung fast ausschließlich auf solche Fragebogen abzustützen. Mit dem Ziel der wissenschaftlichen Fundierung und dem teilweise isolierten Fokus auf einzelne Konzepte wie Berufsinteressen oder Persönlichkeit wurde der Integration dieser Konzepte sowie der individuellen Narration nicht immer die nötige Aufmerksamkeit geschenkt (Schreiber, 2020b). Das gilt insbesondere für Forschung und Theoriebildung. In der praktischen Arbeit – z. B. mit Lebensläufen oder auch im Zusammenhang mit der häufigen Frage nach dem Traumberuf als Kind oder den Freizeitinteressen einer Person – gehören Narrationen und Geschichten aber seit jeher zum Handwerkszeug einer jeden Beratungsperson. Die Wichtigkeit einer stimmigen Narration für die Identitätsentwicklung wurde jedoch über weite Strecken zu wenig theoretisch untermauert, was bei vielen Berater*innen zu einer Unterschätzung des Nutzens oder gar einer Abwertung der eigenen Arbeit geführt haben mag.

Die Nähe der Laufbahnberatung zur akademischen Forschung ist der gesetzlichen Verankerung geschuldet. Das Feld der Laufbahnberatung ist in Deutschland durch die Sozialgesetzbücher (SGB) geregelt. Es wird von der Bundesagentur für Arbeit für das ganze Land organisiert. In der Schweiz ist die Laufbahnberatung im Bundesgesetz über die Berufsbildung (Berufsbildungsgesetz, BBG) verankert und durch kantonale Berufsinformationszentren (BIZ) organisiert. Hier zeigt sich ein Unterschied zum Feld des Coachings, welches nicht gesetzlich geregelt, sondern durch Verbände organisiert wird. Potenzielle Irrwege der psychologischen Forschung wie der einseitige Fokus auf allgemeingültige Erkenntnisse konnten so viel unbürokratischer verlassen werden, was zu einer größeren Flexibilität und Methodenvielfalt geführt hat. Gerade narrative Ansätze konnten sich dabei wirksamer entfalten. Als Kehrseite dieser Entwicklung werden aber auch Angebote ohne theoretische Basis angeboten. Damit verbunden ist die große Herausforderung für potenzielle Klient*innen, sich im Dschungel an Coachingangeboten orientieren zu können und dabei ein passendes Angebot zu finden. In Kap. 5 werde ich auf eine weitere Unterscheidung zwischen Laufbahnberatung und Coaching, bezogen auf den typischen Prozessablauf, zu sprechen kommen und in der Folge eine Beratungsarchitektur vorschlagen, die auf dem MPI basiert und in beiden Praxisfeldern angewendet werden kann.

Im weiteren Verlauf dieses Kapitels möchte ich die gesellschaftlichen und wirtschaftlichen Entwicklungen sowie den Zeitgeist seit dem Ende des 18. Jahrhunderts bis heute skizzieren und kritisch beleuchten. Die Entwicklungen werde ich entlang der Paradigmen wirksamer Beratung Savickas (2015, 2019a) im Kontext der Beratungspsychologie betrachten. Savickas (2012b, 2015) spricht von 3 „Tanzbühnen", auf denen wir uns in der (Laufbahn-)Beratung seit Ende des 19. Jahrhunderts bewegen. Er unterscheidet zwischen dem Paradigma der Passung („vocational guidance"), dem des lebenslangen Lernens („career education") und dem des Life Designs („life design") und berücksichtigt dabei nicht nur die Beratungspsychologie, sondern auch die Entwicklung der Arbeitswelt während der letzten 150 Jahre. Analog zu Savickas (2015, 2019b) werde ich die Paradigmen im Kontext verschiedener erkenntnistheoretischer Perspektiven (Empirismus/Positivismus, Humanismus und Konstruktionismus) und unter Einbezug der Welthypothesen („world hypotheses") von Pepper (1942, 1972) beleuchten. Dieser geht von 4 Welthypothesen oder -anschauungen aus, die auch als Narrativ über das Funktionieren der Welt betrachtet werden können: Mechanismus, Formismus, Organizismus und Kontextualismus. Die Weltanschauungen widerspiegeln unterschiedliche Grundprämissen, anhand derer wir die Welt wahrnehmen und strukturieren (Tab. 1.1). Jeder Anschauung liegt eine zentrale Metapher („root metaper") zugrunde, die nötig ist, weil Pepper entgegen den Annahmen des logischen Positivismus nicht davon ausgeht, dass objektive Interpretationen über die Welt möglich sind. Die Metaphern definieren die Kriterien einer „guten" Beweisführung, anhand derer Argumente des gesunden Menschenverstands in „gesicherte" Erkenntnisse überführt werden können. Die 4 Welthypothesen stellen genauso wie die Frage danach, wie Erkenntnisse ganz grundsätzlich generiert werden können (erkenntnistheoretische/epistemologische Perspektive; Tab. 1.2), unterschiedliche Erklärungsansätze für die Welt und dadurch auch für das menschliche Handeln dar (Hayes et al., 1988; Straus, 1987; Walls, 1982). Gemäß Savickas (2015, 2019b) gehen die unterschiedlichen Weltanschauungen mit unterschiedlichen Methoden und Prozessen, die in der Beratung angewendet werden, einher. Aus diesem Grund hat er sowohl die verschiedenen erkenntnistheoretischen Perspektiven als auch die Welthypothesen von Pepper (1942, 1972) in der CCT verankert.

In der Folge werde ich die Paradigmen wirksamer Beratung inklusive der Welthypothesen von Pepper (1942, 1972) entlang der Entwicklung der Arbeitswelt während der letzten 150 Jahre darstellen (siehe auch Schreiber, 2020a, b, 2021). Die Ausführungen, die in Tab. 1.1 sowie Tab. 1.2 zusammengefasst sind, erfolgen in chronologischer Reihenfolge, beginnend mit der ersten industriellen Revolution gegen Ende des 18. Jahrhunderts,

Tab. 1.1 Industrielle Revolutionen und gesellschaftliche Entwicklung seit dem Ende des 18. Jahrhunderts

	Ende 18. Jh.	Ende 19. Jh.	Mitte 20. Jh.	Anfang 21. Jh.
Vier industrielle Revolutionen gemäß BMAS (2015; Schwab, 2017)	Arbeiten 1.0: Wasser- und Dampfkraft	Arbeiten 2.0: Elektrizität	Arbeiten 3.0: Elektronik	Arbeiten 4.0: KI; Robotik
	Webstuhl	Fließband	Computer	Cyberphysische Systeme
	Anfänge der Industriegesellschaft	Massenproduktion	Automatisierung, Globalisierung	Vernetztes Arbeiten
	Erste Organisationen von Arbeitern	Wohlfahrtsstaat	Soziale Marktwirtschaft	Neuer sozialer Kompromiss
Welthypothese nach Pepper (1942, 1972; siehe auch Savickas, 2015)	Mechanismus	Formismus	Organizismus	Kontextualismus
Zentrale Metapher Wahrheitskriterium	Mechanische Entwicklung/ physikalisches System Korrespondenz	Ähnlichkeit Korrespondenz	Organische Entwicklung/ biologisches System Kohärenz	Handeln im Kontext Erfolgreiches Funktionieren
Zwei industrielle Revolutionen gemäß Brynjolfsson und McAfee (2014)	Industrielle Revolution: Menschliche Muskelkraft wird durch Dampfkraft und verwandte Technologien ersetzt		Digitale Revolution: Menschliche Denkkraft wird durch Computer, KI und Robotik ersetzt	
Wirtschafts- und Gesellschaftsordnung (Precht, 2022)	Bürgerliche Leistungs- und Lohnarbeitsgesellschaft Liberaler Kapitalismus Parlamentarische Demokratien		Sinngesellschaft Plattformkapitalismus revolutioniert die liberale Wirtschaftsordnung	

1 Gesellschaftliche und wirtschaftliche Entwicklungen ab …   7

Tab. 1.2 Die 3 Paradigmen wirksamer Beratung im Überblick

	Paradigma der Passung (einmalige Passung; „vocational guidance")	Paradigma des lebenslangen Lernens (kontinuierliche Entwicklung; („career education")	Paradigma des Life Designs (flexible Entwicklung; „life design")
Zeitliche Einbettung und Bezug zur industriellen Revolution (BMAS, 2015; Schwab, 2017)	Ende 19. Jh. Arbeiten 2.0	Mitte 20. Jh. Arbeiten 3.0	Anfang 21. Jh. Arbeiten 4.0
Erkenntnistheoretische Perspektive (Savickas, 2015, 2019b; Young & Collin, 2004)	Empirismus, Positivismus „objektive Fakten"	Humanismus, Konstruktivismus (z. B. Piaget, Kelly, Bruner) „subjektive Ziele"	Sozialer Konstruktionismus (z. B. Gergen) „soziale Narrative"
Rolle der Beratungsperson, zentrale Methoden und Konzepte (Savickas, 2015)	Passungsexpert*in („guiding", „advising", „placing") Fragebogen	Prozessunterstützer*in („developing", „educating", „facilitating", „psychological counseling") Coaching	Konstruktionsunterstützer*in („constructing", „designing", „healing") Narrative Verfahren
Zentrale Fragestellung und Konzepte (Savickas, 1993, 2015, 2019a)	Welche Berufe passen zu mir? Persönlichkeitseigenschaften	Welches sind meine beruflichen Ziele und wie erreiche ich diese? Adaptabilitätskompetenzen	Wie gestalte ich meine berufliche Identität? Identität
Zentralen Themen (Savickas, 2013; Wrzesniewski et al., 1997)	Beruf („job") und Passung („matching") Lohnabrechnung („paycheck")	Laufbahn („career") und Bewältigung („managing") Lebenslauf („CV")	Berufung („calling") und Sinnhaftigkeit („meaning") Lebensaufgabe („quest")

Anmerkung: Englische Originalbezeichnungen sind in Klammern aufgeführt.

einer Zeit, in welcher es noch keine institutionalisierte berufliche Laufbahnberatung gab. Danach werde ich Sie zu einer Selbstreflexion einladen. Abschließend werde ich anhand von selektiv ausgewählten Konzepten, wie beispielsweise der Arbeitsmarktfähigkeit, eine kritische Perspektive auf aktuelle gesellschaftliche Entwicklungen einnehmen und dabei Fragen aufwerfen, die in Beratung und Coaching und unter Einbezug der (narrativen) Psychologie adressiert werden können.

1.2 Arbeiten 1.0 – Zeit ohne institutionalisierte berufliche Laufbahnberatung

Der Beginn der Industriegesellschaft im Sinne der ersten industriellen Revolution, auch als Arbeiten 1.0 bezeichnet, wird auf das Ende des 18. Jahrhunderts datiert. Sowohl das Bundesministerium für Arbeit und Soziales (BMAS, 2015), das World Economic Forum (WEF; Schwab, 2017) als auch Brynjolfsson und McAfee (2014) betrachten die Erfindung der Wasser- und Dampfkraft als Technologie, welche die menschliche Muskelkraft ersetzen und dadurch potenziell überflüssig machen kann, als den Beginn der Industriegesellschaft (Tab. 1.1). Mit Blick auf die Wirtschafts- und Gesellschaftsordnung ordnet Precht (2022; siehe auch 2020a, b) den Übergang vom Merkantilismus der Feudalzeit zum liberalen Kapitalismus als Systemkonkurrenz zum kommunistischen Staatskapitalismus der ersten industriellen Revolution zu. Der liberale Kapitalismus mündet gemäß Precht (2022) in ein neues gesellschaftliches Betriebssystem, nämlich die bürgerliche Leistungs- und Lohnarbeitsgesellschaft, welche eine von Adel und Kirche bestimmte Gesellschaft ablöst. Zuspitzend ergänzt er, dass der gewaltige Produktionsfortschritt im Zuge der ersten industriellen Revolution gegen Ende des 18. Jahrhunderts einhergegangen ist mit einer Massenverelendung der Bevölkerung, weil die Arbeiter*innen für ihren Einsatz mehr schlecht als recht entlohnt wurden. Ähnliche Tendenzen, wenn auch geringeren Ausmaßes, werden heute unter dem Stichwort der sozialen Ungleichheit diskutiert (z. B. Blom, 2019; Sandel, 2020).

Savickas (persönliche Kommunikation, 01. Oktober 2021) ordnet der ersten industriellen Revolution die Welthypothese des Mechanismus (Pepper, 1942, 1972) zu (Tab. 1.1). Im Mechanismus wird die Welt analog zu einem physikalischen oder mechanischen System betrachtet. Sie kann auf der Basis von Ursache und Wirkung als zentrale Metapher vorausgesagt und kontrolliert werden. Als Wahrheitskriterium wird die Korrespondenz betrachtet. Diese ist im Mechanismus dann gegeben, wenn einzelne Objekte so integriert werden, dass sie den Charakter einer funktionierenden Maschine aufweisen. Auch die Arbeitskräfte werden als Teil einer Maschine oder als Werkzeug betrachtet und entsprechend behandelt. Sie werden dort eingesetzt, wo man sie gerade gebrauchen kann, ohne dass dabei ihre Präferenzen speziell berücksichtigt werden.

1.3 Arbeiten 2.0 – Einmalige Passung

Gemäß BMAS (2015) sowie Schwab (2017) folgt gegen Ende des 19. Jahrhunderts die zweite industrielle Revolution im Sinne von Arbeiten 2.0. Die zweite industrielle Revolution wurde durch die Elektrizität als neue Technologie ausgelöst und sie hat zu Fließbandarbeit, Massenproduktion sowie einem beginnenden Wohlfahrtsstaat geführt (Tab. 1.1). Gegen Ende des 19. Jahrhunderts oder Anfang des 20. Jahrhunderts hat sich in vielen Ländern, wie beispielsweise in der Schweiz oder in den USA, eine institutionalisierte Laufbahnberatung etabliert. Sie hat primär gemäß dem Paradigma der Passung funktioniert und es standen Fragestellungen, wie „Zu welchem Beruf passe ich?" – oder mehr auf die Arbeitnehmenden bezogen formuliert „Welcher Beruf passt zu mir?" – im Vordergrund (Tab. 1.2). Vielleicht denken Sie jetzt, dass eine solche Fragestellung auch heute noch von hoher Relevanz sein kann in einer Laufbahnberatung. Dem würde ich zustimmen und Folgendes hinzufügen:

▶ Gemäß Savickas (2019a, c) sind die Paradigmen wirksamer Beratung nicht als Gegensätze zu betrachten, sondern als Ergebnis eines bestimmten Zeitgeistes sowie als sich ergänzende Vorlagen, die wir in der Beratung nutzen können. Dabei ist stets zu berücksichtigen, welche Fragestellung für die Beratung zentral ist, welche Vorlieben für bestimmte Methoden oder Ansätze unsere Klient*innen haben, aber auch – und das erachte ich als ebenso wichtig –, welche Haltung wir als Beratungsperson vertreten und welches Narrativ, also welche Vorstellung, wir von einer wirksamen Beratung haben.

Laufbahnberatung gemäß dem Paradigma der Passung versucht zu objektivieren und zu quantifizieren. Mithilfe von Fragebogen werden dabei Persönlichkeitseigenschaften als „objektive Fakten" erfasst und nach dem Vorbild der Naturwissenschaften wird versucht, rechnerisch eine möglichst „einmalige Passung" zwischen den als stabil betrachteten Eigenschaften einer Person und den ebenfalls als stabil betrachteten Anforderungen der Arbeitswelt „herzustellen". In Tab. 1.2 steht das Bild der Brücke dafür, dass es in der Beratung darum geht, den Klient*innen den Weg zur „richtigen" Brücke auf der Basis objektiver Fakten zu weisen. Beratungspersonen nehmen in diesem Paradigma die Rolle als Passungsexpert*innen ein. Neben der Passung steht für die Arbeitnehmenden die Lohnabrechnung und die damit verbundene finanzielle Absicherung im Vordergrund.

Savickas (2012b, 2015, 2019b) ordnet dem Paradigma der Passung die erkenntnistheoretische Perspektive des Positivismus (Tab. 1.2) sowie Peppers (1942, 1972) Welthypothese des Formismus mit der zentralen Metapher der Ähnlichkeit zu (Tab. 1.1; Kap. 7). Im Formismus wird die Welt durch Formen (z. B. runde Form eines Balls) sowie gemäß den Prinzipen der Mathematik strukturiert. So werden beispielsweise Grashalme trotz Einzigartigkeit jedes einzelnen Halms in einer Kategorie zusammengefasst. Als Wahrheitskriterium wird, wie beim Mechanismus, die Korrespondenz beigezogen, also die Frage, ob die Objekte einer Kategorie als perfekte Kopien voneinander korrespondieren. Dieses Kriterium ist für verschiedene Grashalme sicherlich besser erfüllt als für verschiedene Personen. Auf die Berufswelt bezogen bedeutet die Welthypothese des Formismus, dass interindividuelle Unterschiede von Personen mithilfe von psychometrischen Fragebogen identifiziert und danach mit passenden Berufen gemäß den Gesetzen der Mathematik gematcht werden. So kann beispielsweise einer extravertierten Person vorgeschlagen werden, einen Beruf auszuüben, bei dem Extraversion wichtig ist (z. B. im Außendienst). Im Prinzip der einmaligen Passung zeigt sich die Nähe zur erkenntnistheoretischen Position des Positivismus, welche ebenfalls von quantifizier- und verallgemeinerbaren Objekten und Fakten ausgeht. Innerhalb der psychologischen Forschung dominiert die formistische Position der mathematischen Berechnungen im Sinne des logischen Positivismus bis heute. Sie geht einher mit einer starken Merkmalsorientierung (im Gegensatz zu einer Individuumsorientierung), dem Streben nach Objektivität und Allgemeingültigkeit (im Gegensatz zur subjektiven Bedeutsamkeit) und statistischer Signifikanz (im Gegensatz zur praktischen Relevanz) (siehe auch Schreiber, 2020a, b, 2021).

1.4 Arbeiten 3.0 – Kontinuierliche Entwicklung

Mitte des 20. Jahrhunderts etablierte sich die Elektronik als Technologie und brachte eine rasante Entwicklung der Personal Computer (PC). Deren Speicherkapazitäten und Verarbeitungsgeschwindigkeiten schossen in die Höhe bei gleichzeitiger Reduktion von Größe und Gewicht der Geräte. Gemäß BMAS (2015) und Schwab (2017) ging die dritte industrielle Revolution im Sinne von Arbeiten 3.0 einher mit einer zunehmenden Digitalisierung und Globalisierung (Tab. 1.1). Mit Blick auf die Gesellschaftsordnung hat sich in vielen industrialisierten Staaten die soziale Marktwirtschaft mit einer mehr oder weniger ausgeprägten sozialen Absicherung der Arbeitnehmenden sowie eine parlamentarische Demokratie mit Volksparteien durchgesetzt. Diesbezüglich merkt Blom (2019) an, dass die liberale oder parlamentarische Demokratie eventuell erst durch den wirtschaftlichen Aufschwung sowie das damit einhergehende Wachstum möglich wurde. Das nicht zu enden scheinende Wirtschaftswachstum der Nachkriegszeit sowie die ausgeprägte Konsumorientierung – durch staatliche Stützmaßnahmen sichergestellt – brachten aber auch einen in die Höhe schnellenden Ressourcenverschleiß mit sich. Dieser wurde durch Liberalisierungsbestrebungen sowie die starke Wettbewerbsorientierung noch verstärkt. Precht (2022; siehe auch 2020a, b; Binswanger, 2019) spricht von einer Bedarfsweckungsökonomie, welche die Bedarfsdeckungsökonomie abgelöst hat. Welzer (2021) betrachtet das Heilsversprechen des ewigen Wirtschaftswachstums als Teil eines gesellschaftlichen Suchtnarrativs, welches erfolgreich weitererzählt und künstlich aufrechterhalten wird, obwohl es eigentlich nicht mehr „funktioniert" (siehe auch Schreiber, 2022c). Er postuliert die Notwendigkeit alternativer Erzählungen, die von erstrebenswerten Faktoren wie Zufriedenheit und gemeinsamem Erleben von Sinnhaftigkeit ausgehen. Diese neuen Narrative können gemäß Welzer (2021) nur dann erfolgreich sein, wenn sie eine erstrebenswerte Alternative anbieten und nicht einseitig auf dem Dekonstruieren und Warnen vor der Apokalypse aufbauen.

Laufbahnberatung gemäß dem Paradigma des lebenslangen Lernens lehnt sich an den wirtschaftlichen Zeitgeist des „Immer-mehr" an und fokussiert primär auf das Erreichen von „subjektiven Zielen" sowie die dafür nötigen Kompetenzen und Adaptationsprozesse im Sinne einer „kontinuierlichen Entwicklung" (Tab. 1.2). Ganz im Sinne des Humanismus steht die Selbstverwirklichung der Klient*innen im Vordergrund. Dabei wird der Fokus gemäß dem Konstruktivismus auf die subjektiven Kognitionen der Klient*innen gelegt. Diese konstruieren ihre Wirklichkeiten selbst und erhalten so im Gegensatz zur objektiv „richtigen" Passung des Passungsparadigmas eine Wahlmöglichkeit. In Tab. 1.2 steht das Bild mit den Wegweisern dafür, dass Klient*innen wissen, in welche Richtung sie gehen möchten und in der Beratung die dafür nötige Unterstützung erhalten. Beratungspersonen unterstützen diesen Prozess mit Coachingansätzen und sie identifizieren sich mit der Rolle als Prozessberater*innen. Sie unterstützen Klient*innen dabei, ihre subjektiven Ziele umzusetzen. Obwohl eigentlich nicht so gedacht, wird Laufbahnentwicklung gemäß dem Paradigma des lebenslangen Lernens von vielen als Aufstieg in der Karriereleiter im Sinne einer „normativen" Entwicklung hin zu mehr Lohn und höherem Status interpretiert. Daraus wird dann das gesellschaftlich stark verankerte Ziel abgeleitet, den eigenen Lebenslauf aufzupolieren und die berufliche Laufbahn erfolgreich nach oben zu „managen" (siehe auch Schreiber, im Druck).

Mit Blick auf Pepper (1942, 1972) ordnet Savickas (2012b, 2015, 2019b) dem Paradigma des lebenslangen Lernens die Welthypothese des Organizismus sowie die zentrale Metapher der organischen Entwicklung eines (biologischen) Systems zu (Tab. 1.1). Dabei steht die Frage im Vordergrund, wie diese Entwicklung, die von „innen" durch die subjektiven Ziele angetrieben wird, abläuft. Das Ganze wird nicht als Synthese einzelner Teile betrachtet, weil die einzelnen Teile ohne das Ganze als sinnlos erscheinen. Gemäß Hayes et al. (1988) entspricht die epistemologische Position des Konstruktivismus (Abschn. 2.2), also der Überzeugung, dass Realitäten subjektiv konstruiert werden, der Welthypothese des Organizismus (Tab. 1.2). In der Beratung werden Klient*innen dabei unterstützt, ihre Ziele zu erkennen. In der Folge werden die für die Umsetzung der Ziele nötigen Ressourcen und Kompetenzen thematisiert und bei Bedarf entwickelt. Als Wahrheitskriterium wird dabei die subjektiv erlebte Kohärenz dieser Integrationsaufgabe über die verschiedenen Entwicklungsphasen und Lebensrollen hinweg verwendet. Das Konzept der verschiedenen Lebensrollen von Super (1990) sowie die sozialkognitive Laufbahntheorie von Lent et al. (Lent & Brown, 2013; Lent et al., 1994), das Konzept der Laufbahn-Adaptabilität von Savickas (Savickas & Porfeli, 2012) sowie die Karriere-Ressourcen von Hirschi (2012); Hirschi et al., (2019) folgen diesem entwicklungsorientierten Prinzip.

1.5 Arbeiten 4.0 – Flexible Entwicklung

Im 21. Jahrhundert verschmelzen Mensch und Maschine zunehmend und im Zuge der vierten industriellen Revolution (Arbeiten 4.0) stellt sich die Frage, was mithilfe von künstlicher Intelligenz (KI) sowie cyberphysischen Systemen alles erreicht oder bewerkstelligt werden kann (BMAS, 2015; Schwab, 2017). Brynjolfsson und McAfee (2014) sprechen von „nur" 2 Revolutionen, nämlich einer industriellen Revolution mit Beginn der Dampfkraft und verwandten Technologien sowie einer digitalen Revolution, welche durch Computer, KI und Robotik getrieben wird (Tab. 1.1). Die digitale Revolution ist seit dem Ende des 20. Jahrhunderts im Gange und führt dazu, dass die menschliche Denkkraft potenziell durch Maschinen ersetzt werden kann. Dieser Auffassung ist auch Precht (2022; siehe auch 2020a, b). Mit Blick auf die wirtschaftliche und gesellschaftliche Entwicklung hält er fest, dass der von McAfee und Brynjolfsson (2017) beschriebene Plattformkapitalismus die liberale Wirtschaftsordnung revolutioniert – von Märkten mit starken Marktteilnehmer*innen hin zu Konzernen wie Google, Facebook oder Amazon, welche die jeweiligen Märkte komplett dominieren und gar selbst als Märkte bezeichnet werden können. Dazu gehört auch, dass Märkte zunehmend durch Ratings und Trackings kontrolliert werden und immer weniger der staatlichen Ordnungspolitik unterliegen. Als Folge dieser wirtschaftlichen Entwicklung prognostiziert Precht (2022) das Ende der bürgerlichen Leistungs- und Lohnarbeitsgesellschaft und den Beginn einer Sinngesellschaft (Tab. 1.1). Eine Sinngesellschaft zeichnet sich dadurch aus, dass sich Menschen darin nicht mehr primär über die Lohnarbeit, sondern über einen sinnvoll gestalteten Tagesalltag identifizieren.

Parallel zur abnehmenden staatlichen Kontrolle ist jedoch – mit großer Sorge – auch eine gegenläufige Entwicklung zu beobachten: Sowohl in China als auch in Russland (genauso wie in weiteren Staaten) nimmt der staatliche Einfluss auf Wirtschaft und Politik, zentral gesteuert von einer einzigen Partei und einem autokratisch agierenden Präsidenten, zu. Die Sorge bezieht sich sowohl auf das Einhalten der Menschenrechte innerhalb der Staatsgrenzen als auch darauf, dass die genannten Staaten durch das Verfolgen geopolitischer Ziele die territorialen Grenzen der Nationalstaaten nicht mehr respektieren. Anstelle einer kontinuierlichen Entwicklung in Richtung einer sozialen Marktwirtschaft auf der Basis „westlicher Werte" wie „Freiheit", „Sicherheit" und „Gerechtigkeit" entwickelt sich die Welt auch bezogen auf die Politik „flexibel" in unterschiedliche Richtungen. Kriege, wie der Einmarsch Russlands in die Ukraine führen uns diese Entwicklung in aller Grausamkeit vor Augen.

Mit Blick auf die Arbeitswelt nehmen Sicherheit und Stabilität in Zeiten von Arbeiten 4.0 tendenziell ab und disruptive Veränderungsprozesse dominieren zahlreiche Berufsfelder. Erlebt haben wir es bereits in der Taxibranche (z. B. Uber), in der Hotellerie (z. B. Airbnb), im Detailhandel (z. B. Amazon, Alibaba) und in der Werbebranche (z. B. Google). Es ist wahrscheinlich, dass künftig weitere Branchen genauso betroffen sein werden. In diesem Zusammenhang weist das BMAS (2015) darauf hin, dass durch Disruption in einzelnen Branchen oder Märkten das bestehende soziale Gefüge infrage gestellt und deswegen ein neuer sozialer Kompromiss auszuhandeln ist.

Laufbahnberatung gemäß dem Paradigma des Life Designs orientiert sich an der erkenntnistheoretischen Perspektive des sozialen Konstruktionismus (Abschn. 2.3). Während im Konstruktivismus (Paradigma des lebenslangen Lernens) die subjektiven Konstruktionsprozesse (innerhalb) einer Person als primäre Erkenntnisquelle betrachtet werden, fokussiert der soziale Konstruktionismus im Paradigma des Life Designs auf die sozialen Interaktionsprozesse zwischen Menschen (Tab. 1.2). Der Zeitgeist der sogenannten neuen Arbeitswelt ist durchdrungen von potenzieller Disruption und der damit einhergehenden Unsicherheit sowohl für Arbeitnehmende als auch für Unternehmen. Kontinuierliches Wachstum wie zu Zeiten von Arbeiten 3.0 ist nicht mehr der Normalfall, auch wenn sich viele Arbeitnehmende, Unternehmen sowie staatliche

Entscheidungsträger*innen immer noch stark danach sehnen und ihr Handeln auch darauf ausrichten. Beratungspersonen unterstützen ihre Klient*innen beim fortlaufenden Gestalten ihrer beruflichen Identität im Sinne einer „flexiblen Entwicklung". Diese Lebensaufgabe besteht darin, sich selbst im sozialen und kulturellen Kontext zu verorten und eine (berufliche) Identität zu konstruieren, mit dem Ziel, die nötige Sicherheit, die von „außen" durch die Arbeitswelt nicht mehr gegeben ist, von „innen" heraus zu generieren. Beratungspersonen bringen dabei ihre Konstruktionsexpertise ein. Mithilfe narrativer Verfahren begleiten sie die Reflexionsprozesse ihrer Klient*innen, damit diese im sozialen Raum der Beratung sinnstiftende „soziale Narrative" entwickeln und daraus konkrete Schritte für ihre berufliche Laufbahn ableiten können. In Tab. 1.2 steht das Bild mit der stark frequentierten Straßenkreuzung (Shibuya Crossing in Tokyo) dafür, dass Klient*innen zwar wissen, wohin sie wollen, beim Überqueren der Straßenkreuzung aber gut daran tun, sich flexibel auf ihre unmittelbare soziale Umwelt mit den anderen Verkehrsteilnehmenden zu beziehen. Die im vorliegenden Buch im Zentrum stehenden Ansätze, nämlich die CCT von Savickas (2019b, 2020; Kap. 3) sowie das MPI (Kap. 4), basieren auf dem Paradigma des Life Designs. Cochran (1980a, b, 1997) hat einen narrativen Ansatz entwickelt und mit Bezug zu Kelly (1955) das „repertory grid" in die Laufbahnberatung transferiert. Mit dem „repertory grid" können subjektiv bedeutsame Kriterien (z. B. Arbeitsumfeld, Tätigkeiten, Vorgesetzte*r …) für die Laufbahnentwicklung einer Person identifiziert und in die (berufliche) Identitätskonstruktion integriert werden.

Mit Blick auf Pepper (1942, 1972) ordnet Savickas (2012, 2015, 2019b) dem Paradigma des Life Designs die Welthypothese des Kontextualismus sowie die zentrale Metapher des fortlaufenden (sinnstiftenden) Handelns im Kontext zu (Tab. 1.1). Dieses konkrete Handeln im Kontext verbindet die Vergangenheit mit der Zukunft. Dabei wird von Individuen ausgegangen, die sich innerhalb ihres sozialen Kontextes konstant verändern und eine relativ autonome Entwicklung durchlaufen. Die Welt, also der soziale Kontext, wird ebenfalls als wandel- und veränderbar betrachtet. Im Gegensatz zum Formismus des Passungsparadigmas, wo der Kontext als irrelevant „herauskontrolliert" und mögliche Verallgemeinerungen in den Vordergrund gerückt werden, spielen der Kontext sowie das Spezifische und Individuelle im Kontextualismus eine zentrale Rolle. Als Folge davon macht eine konsequente Trennung zwischen dem Individuum und ihrem gesellschaftlichen Kontext keinen Sinn mehr. Soziale Realitäten werden als sozialer Konsens und deshalb auch als verhandelbar verstanden – ganz im Sinne des sozialen Konstruktionismus. Als Wahrheitskriterium wird dabei das erfolgreiche Funktionieren in der Arbeitswelt oder in anderen Lebensbereichen hinzugezogen. Das Wahrheitskriterium des erfolgreichen Funktionierens kann sich auf das Funktionieren einer einzelnen Person oder auf das Funktionieren einer Person innerhalb eines einzelnen Lebensbereichs (z. B. Arbeit) beziehen. Diese Differenzierung impliziert, dass die Welthypothese des Kontextualismus auch eine eklektizistische Vorgehensweise einschließt. Kontextualist*innen könnten also grundsätzlich auch die Position der Welthypothese des Mechanismus übernehmen, wenn sie damit das erfolgreiche Funktionieren eines Individuums innerhalb seines sozialen Kontextes oder innerhalb eines einzelnen Lebensbereichs (z. B. Arbeitsmarkt) erklären können (Hayes et al., 1988).

Exkurs Bedingungsloses Grundeinkommen (BGE)
Varoufakis (2017, 2020) oder auch Straubhaar (2021) sehen im bedingungslosen Grundeinkommen (BGE) eine Möglichkeit, die soziale Marktwirtschaft – also den seit der Mitte des 20. Jahrhunderts (Tab. 1.1) bestehenden und auf kontinuierlichem Wachstum basierenden sozialen Kompromiss – zu retten. Straubhaar (2021) kommt zum Schluss, dass ein BGE „kostenneutral" über das Besteuern von Löhnen und Kapitalerträgen von Privatpersonen – also als Wertschöpfungssteuer – finanziert werden könnte. Er schlägt gleichzeitig vor, auf Unternehmenssteuern zu verzichten und Parallelstrukturen (Rentenzahlungen, Arbeitslosengeld, Sozialhilfe und sogar die Pflegedienste) durch das BGE zu ersetzen. Das BGE sieht er als naheliegende und finanziell lohnende Investition des Staates, die einem positiven Menschenbild folgt. Mit Bezug zur COVID-19-Pandemie weist er darauf hin, dass es analog zum Kindergeld, welches ebenfalls bedingungslos und allen ausbezahlt wird, die Tradition des „zuerst fördern und dann fordern" weiterführt:

> „Das bedingungslose Grundeinkommen bietet mehr als eine utopische Reaktion auf die dystopischen Erfahrungen der Coronapandemie. Es ist eine zeitgemäße Modernisierung alter bewährter Prinzipien der Sozialen Marktwirtschaft, die Deutschland, Österreich und die Schweiz in der Nachkriegszeit so erfolgreich gemacht haben. Es ermöglicht ein neu ausbalanciertes Zusammenspiel von ‚Freiheit', ‚Sicherheit' und ‚Gerechtigkeit'. Es ist überparteilich und gleichermaßen liberal wie sozial. Damit wird es mehrheitsfähig für gesellschaftlich breit getragene Bewegungen jenseits alter Parteistrukturen." (Straubhaar, 2021, S. 238)

„Freiheit", „Sicherheit" und „Gerechtigkeit" stellen also zentrale Pfeiler der gesellschaftlichen Vision einer funktionierenden sozialen Marktwirtschaften dar (siehe auch die Spalte über die politischen Entscheidungsprozesse in Tab. 1.3). Des Weiteren sollen in unserer Gesellschaft gemäß Straubhaar (2021) Eigenverantwortung, Selbstständigkeit und Leistungswille dazu führen, dass wirtschaftlich besser dasteht, wer viel leistet. Alle sollen die „gerechte" Chance erhalten, mehr als nur das Minimum zu erreichen. Wohlstand durch Innovation und Kreativität der Leistungsträger*innen sollen gleichermaßen gefördert werden wie die Absicherung der Schwächeren gegen Not und Elend, so Straubhaar (2021) weiter. Es geht also darum, das von Welzer (2021) als Suchtnarrativ bezeichnete Heilsversprechen des ewigen Wirtschaftswachstums über die Wettbewerbsorientierung aufrechtzuerhalten und die Schwächeren gegen Not und Elend abzusichern. Dabei wird häufig nicht beachtet, dass sich nicht nur die „Verlierer*innen", sondern auch die „Gewinner*innen" eines solchen meritokratischen Wettbewerbs „in Not" befinden können (Sandel, 2020; siehe auch Schreiber 2022c). Durch das oft unhinterfragte Streben nach „immer mehr" finden sich diese nämlich in einem heimtückischen Hamsterrad wieder. Das Hamsterrad geht einher mit einem oft unerbittlichen und kräftezerrend geführten Konkurrenzkampf und als Folge davon mit unternehmensinternen

1 Gesellschaftliche und wirtschaftliche Entwicklungen ab ...

Tab. 1.3 Paradigmen wirksamer Beratung, Welthypothesen, Rahmenmodell des Modells der Persönlichkeits- und Identitätskonstruktion (MPI) sowie Bezüge zu Politik und Wirtschaft

Paradigmen wirksamer Beratung (Savickas, 2015, 2019a)	Welthypothese (inkl. Wahrheitskriterium) nach Pepper (1942, 1972)	Rahmenmodell und Inhaltstheorien des MPI (McAdams, 1995, 2013; Savickas, 2019b, 2020; Kap. 4)	Politische Entscheidungsprozesse	Unternehmensebene (Rüegg-Stürm & Grand, 2019)
Life Design (soziale Narrative/flexible Entwicklung)	Kontextualismus (erfolgreiches Funktionieren)	Autobiografische*r Autor*in: Identität; Reflexivität	Gesellschaftliche Vision (z. B. Gerechtigkeit, Sicherheit)	Governance: Vision & Mission (normatives Management)
Lebenslanges Lernen (subjektive Ziele/kontinuierliche Entwicklung)	Organizismus (Kohärenz)	Motivierte*r Agent*in: Adaptabilitäts-Kompetenzen; Motive	Politisches Ziel (z. B. Wirtschaftswachstum, durchlässiges Bildungssystem)	Strategie (strategisches Management)
Passung (objektive Fakten/einmalige Passung)	Formismus (Korrespondenz)	Soziale*r Akteur*in: Persönlichkeitseigenschaften (sowie Charakterstärken, Tugenden); Werte	Politischer Entscheid (z. B. branchen- oder zielgruppenspezifische Unterstützung)	Struktur (operatives Management)

Ineffizienzen und von der Allgemeinheit mitgetragenen Gesundheitskosten (z. B. wegen Ausfällen durch Krankheit).

Precht (2020b, 2021, 2022), der das BGE ebenfalls propagiert, nimmt bezüglich der Finanzierung des BGE eine Position ein, die eher in Richtung eines neuen sozialen Kompromisses geht. Er möchte die dem Wesen der Meritokratie entsprechende starke Verknüpfung von Lohn und Arbeitsleistung, die sich in unserer Lohnarbeits- und Leistungsgesellschaft etabliert hat, relativieren und das BGE deshalb nicht direkt über das Besteuern von Arbeit finanzieren. Als Alternative schlägt er das Besteuern aller Finanztransaktionen – also vom Börsengeschäft bis zum Geldbezug am Geldautomaten – sowie Umweltabgaben vor. Ein durch Finanztransaktionen und Umweltabgaben finanziertes BGE würde Lohn und Arbeitsleistung mindestens teilweise entkoppeln und könnte Raum für neue Formen des gesellschaftlichen Zusammenwirkens schaffen, in welchem auch nicht bezahlte Erwerbsarbeit außerhalb des oben skizzierten Hamsterrades eine wichtige Größe darstellt (siehe auch Hornemann & Steuernagel, 2017).

Für eine psychologische Betrachtung der Auswirkungen eines BGE eignet sich das Zürcher Modell der sozialen Motivation (ZMSM) von Bischof (1985, 1993), welches ich in Abschn. 4.4 im Detail erläutere (siehe auch Schreiber, im Druck). Gemäß Tab. 4.6

geht das ZMSM von den 3 Bedürfnis- und Motivsystemen Sicherheit (Anschluss an vertraute Objekte), Erregung (Exploration fremder Objekte) und Autonomie aus. Das Autonomiesystem bezieht sich auf die soziale Hierarchie (Selbstbehauptungsmotivation) und lässt sich gemäß Bischof (1993) weiter ausdifferenzieren in die Bereiche Macht (Ranghierarchie, „anführen und Verantwortung übernehmen"), Geltung (Geltungshierarchie, „im Mittelpunkt stehen"), Leistung (Leistungshierarchie, „dem eigenen Leistungsanspruch entsprechen") sowie Selbstverwirklichung. Bischof (1993) erwähnt die Selbstverwirklichung zwar, differenziert sie aber nicht weiter aus (Abschn. 4.4). Zurück zum BGE: Es könnte dazu beitragen, dass Arbeitnehmende alle 3 Motivsysteme, die im Sinne eines kybernetischen Modells miteinander verbunden sind, besser ausbalancieren können. Das BGE bringt finanzielle Sicherheit und zielt so primär auf das Sicherheitssystem ab.[1] Ein BGE in der Höhe, dass es den Lebensunterhalt einer Person sicherstellen kann, würde eine Basis dafür schaffen, dass sich Arbeitnehmende auch im Kontext von Arbeiten 4.0 die Zeit nehmen können, die sie für die Konstruktion ihres soziales Narrativs über ein sinnstiftendes und gelingendes Leben benötigen (Schreiber, 2020b, 2021a). Dazu gehört auch, dass sie sich selbst mit ihren Werten und Eigenschaften, Zielen und Kompetenzen eine berufliche Zukunftsvision überlegen. Als Antwort auf die disruptiven Veränderungen in der Arbeitswelt könnte es künftig zum „Normalfall" werden, dass sich Arbeitnehmende im Verlauf ihrer Erwerbsbiografie mehrfach neuorientieren. Ein BGE könnte die Volatilität der Arbeitswelt abfedern und Stabilität bringen. Gleichzeitig wären die „Verlierer*innen" des meritokratischen Wettbewerbs weniger stark unter Druck, für die Finanzierung ihres Lebensunterhalts eine „menschenunwürdige" Arbeit[2] annehmen zu müssen. Die nach immer mehr Wohlstand strebenden „Gewinner*innen" wiederum, die sich in einem berufliche Hamsterrad wiederfinden und damit nicht zufrieden sind, könnten, abgesichert durch das BGE, den Ausstieg aus dem Hamsterrad eher wagen. Auch ihnen würde das BGE ermöglichen, sich selbst und ihre Situation zu reflektieren und ihre (berufliche) Zukunft bei Bedarf neu zu konzipieren. So würde das BGE sowohl „Verlierer*innen" als auch „Gewinner*innen" entlasten. Psychologische Theorien wie die PSI-Theorie von Kuhl (2005, 2010, 2018) sowie das ZMSM von Bischof (1985, 1993) zeigen eindrücklich auf, wie sich Druck im Sinne von Unsicherheit und Bedrohung auf unser Erleben und Handeln auswirkt: Er führt zu eingeschränkten Erlebens- und Verhaltensweisen und macht im Extremfall krank (Tab. 4.6). Ob ein BGE eher die soziale Marktwirtschaft stützen oder als Katalysator in Richtung

---

[1] Das Sicherheitsmotiv gemäß dem ZMSM (Bischof, 1985, 1993) bezieht sich zwar primär auf den Anschluss an vertraute Objekte oder Bezugspersonen. Die durch das BGE geschaffene finanzielle Sicherheit knüpft am Sicherheitsmotiv an, weil sie es möglich macht, dass Arbeitnehmende sich in „vertrauter und sicherheitsspendender Umgebung" orientieren können.
[2] Vgl. dazu das Konzept der würdevollen Arbeit (*decent work*; Blustein et al., 2016; Masdonati et al., 2019).

eines „wirklich" neuen sozialen Kompromisses wirken würde, kann aus heutiger Sicht nicht beantwortet werden und wird davon abhängen, wie sich die gesellschaftlichen, politischen und wirtschaftlichen Narrative weiterentwickeln werden.

1.6 Einladung zur Selbstreflexion: Funktioniert Ihr Eklektizismus?

Die narrativen Ansätze in Beratung und Coaching knüpfen direkt am Paradigma des Life Designs an. Bevor ich auf den Hintergrund der narrativen Psychologie eingehe, möchte ich mit ein paar Gedanken zum aktuellen Weltgeschehen und ihrer Bedeutung für die Beratungspraxis überleiten. Bereits erwähnt habe ich, dass wirksame Beratung in der heutigen Zeit nicht nach einem einzelnen Paradigma verlaufen muss und dass der aktuelle Kontext sowie die Präferenzen und Narrative der beteiligten Beratungspersonen und Klient*innen zu berücksichtigen sind. Das gilt insbesondere, wenn man sich der Welthypothese des Kontextualismus verbunden fühlt. Pepper (1942, 1972) sieht innerhalb des Kontextualismus wie erwähnt die Möglichkeit, andere Welthypothesen als Erklärungsgrundlage beizuziehen und diese zu integrieren (Hayes et al., 1988). Dadurch wird ein potenziell wirksames Nebeneinander der verschiedenen Paradigmen wirksamer Beratung explizit mitgedacht. Dies, obwohl Pepper (1942, 1972) die 4 Welthypothesen eigentlich als autonom und deswegen nicht integrierbar konzipiert hat. Doch das Integrieren verschiedener Ansätze entspricht der heutigen Zeit. Bamberger (2015) spricht vom Eklektizismus in der Beratungspraxis und meint damit, dass Praktiker*innen verschiedene „Beratungsschulen" wirksam integrieren und von jedem Ansatz diejenigen Elemente für sich herausnehmen, die ihnen entsprechen. Verständlicherweise wird dabei gegen eine Abschottung der verschiedenen Schulen und für koevolutive Prozesse votiert, in denen sich verschiedene Ansätze gegenseitig befruchten und in Abhängigkeit des Kontextes wirksam eingesetzt werden können (Bamberger, 2015). Dasselbe Argument habe ich bereits für die 3 Paradigmen wirksamer Beratung aufgeführt. Aber ich möchte dieser gängigen Praxis auch kritisch begegnen und gegen einen vorschnellen und potenziell unreflektierten Eklektizismus votieren (siehe auch Pepper, 1942, 1972). Werden nämlich seitens Beratungsperson und/oder Klient*in allzu viele Grundhaltungen und Narrative über die Welt miteinander integriert, so kann das aufgrund der enormen Komplexität auch überfordern.

> **Wichtig**
> Ein Miteinander der verschiedenen Welthypothesen im Sinne eines „wilden" Eklektizismus kann dazu führen, dass in der Beratung oder im Coaching kein „gültiges" Koordinatensystem etabliert werden kann. Fehlt dieser gemeinsame Rahmen in der Beratung, so kann das zu Konfusion, Desorientierung und damit einhergehender Unzufriedenheit führen. Aus diesem Grund erachte ich es als hilfreich, im Rahmen einer Beratung

(z. B. bei der Anliegens-, Ziel-, Rollen- oder Vorgehensklärung) eine Auslegeordnung bezüglich der Weltsicht der Klient*innen zu machen und mindestens teilweise zu explizieren, wie sie*er die Welt strukturiert. In der Folge sollte auch die Beratungsperson transparent machen, wie sie selbst die Welt strukturiert und insbesondere was sie unter einer wirksamen Beratung versteht. Dadurch wird eine stabile Grundlage für die Beratung geschaffen, auf der das gemeinsame Vorgehen diskutiert und festgehalten werden kann.

Die Auseinandersetzung mit den Welthypothesen ist aber nicht nur für das Etablieren eines für die Beratung „gültigen" Koordinatensystems von Relevanz. Es kann auch sein, dass Klient*innen gerade deshalb in eine Beratung oder in ein Coaching kommen, weil sie es nicht (mehr) schaffen, ihre verschiedenen Welthypothesen zu entwirren. Schon „nur" die Integration zweier von „außen" sicherlich gut nachvollziehbarer Haltungen wie „Ich sehe, dass die Arbeitswelt nicht vorhersehbar ist" und „Ich möchte jetzt meine berufliche Laufbahn planen" können im sozialen Narrativ einer*s Klient*in zu einem Spannungsfeld führen, das sie*er nicht mehr ohne Weiteres auflösen kann. Die Integration der verschiedenen Welthypothesen sowie das Etablieren eines sozialen Narrativs im Sinne der (beruflichen) Identitätsentwicklung kann dann zum zentralen Beratungsanliegen gemacht werden.

Gerne möchte ich Sie bei der Gelegenheit zu einer Reflexion Ihrer Haltung bezüglich der beschriebenen Welthypothesen einladen: Nach welcher Welthypothese „funktioniert" die (Arbeits-)Welt aus Ihrer Sicht?

- Mechanismus
  Wirksame berufliche Laufbahnentwicklung funktioniert wie ein physikalisches System (oder eine Maschine). Mitarbeitende können als Werkzeuge betrachtet werden, die als Teileelemente dazu beitragen, dass die Maschine, also die Arbeitswelt, funktioniert.
- Formismus (einmalige Passung)
  Wirksame berufliche Laufbahnentwicklung kann mithilfe einer systematischen (mathematischen) Passung von Berufen und Personen erreicht werden. Mitarbeitende können anhand ihrer Persönlichkeit passenden Berufen zugeordnet werden.
- Organizismus (kontinuierliche Entwicklung)
  Wirksame berufliche Laufbahnentwicklung funktioniert wie ein biologisches System (organische Entwicklung). Mitarbeitende steuern ihre berufliche Entwicklung aufgrund von äußeren und insbesondere inneren Antreibern (z. B. Ziele, Motive).
- Kontextualismus (flexible Entwicklung)
  Wirksame berufliche Laufbahnentwicklung kann durch sinnstiftendes Handeln innerhalb eines sich verändernden Kontextes erreicht werden. Mitarbeitende suchen Sinnhaftigkeit und adaptieren sich permanent in ihrem sozialen Kontext.

Bei mir persönlich läuft diese Reflexion darauf hinaus, dass ich Inkongruenzen und Spannungsfeldern begegne, denen ich mir im täglichen Handeln nicht immer bewusst bin. Mir entspricht die Welthypothese des Kontextualismus und ich würde mir wünschen, mein Handeln sinnstiftend in den jeweiligen sozialen Kontext einbetten und dasselbe auch bei meinen Klient*innen unterstützen zu können. Das gelingt unter anderem deswegen nicht immer, weil mein Erleben und Handeln regelmäßig von Haltungen und Narrativen beeinflusst wird, die auf anderen Welthypothesen basieren. So klingt die Welthypothese des Mechanismus bei mir an, wenn ich mir von Wissenschaft und Politik klare und einfache (mechanistische) Erklärungen und Lösungen im Sinne von Ursache und Wirkung für höchst komplexe Angelegenheiten, wie beispielsweise die COVID-19-Pandemie, wünsche. Darauf werde ich in Abschn. 1.8 nochmals zurückkommen. Manchmal klammere ich den Kontext aus und beziehe meine Aussagen im Sinne der Welthypothese des Formismus auf einzelne Eigenschaften einer Person. Das kann z. B. sein, wenn ich bei einem Klienten (zu Unrecht) den Eindruck habe, dass er es aufgrund seiner Persönlichkeit sehr schwer haben wird, wieder eine Stelle zu finden. Manchmal erachte ich auch die kontinuierliche Entwicklung im Sinne der Welthypothese des Organizismus – also Entwicklung in einer Abfolge von Phasen und von inneren Antreibern gesteuert – als wünschenswert oder angemessen. Das ist z. B. der Fall, wenn ich in der Beratung den Eindruck habe, dass eine Klientin bestimmte Kompetenzen erwerben und sich kontinuierlich in Richtung einer vorgespurten (und von „außen" betrachtet erfolgreichen) beruflichen Laufbahn weiterentwickeln könnte oder sollte.

Mit diesen Beispielen möchte ich aufzeigen, dass mehr oder weniger alltägliche Gedanken und Haltungen in einer Beratung auf sehr unterschiedlichen Welthypothesen beruhen können und deswegen eine Auseinandersetzung mit den verschiedenen Welthypothesen in der Beratung sinnvoll ist. Sie kann dazu beitragen, implizite Haltungen und Narrative seitens Beratungsperson oder Klient*in zu explizieren und als Folge davon, mögliche Spannungsfelder aufzudecken und im Beratungskontext zu adressieren. Zudem können auch das Beratungsziel sowie das Vorgehen in der Beratung sowie im Coaching in Abhängigkeit der vorherrschenden Welthypothesen definiert werden:

Es kann in Beratung und Coaching dann darum gehen,

- den Klient*innen zu vermitteln, wie das (berufliche) „Funktionieren" sowie die (berufliche) Zufriedenheit analog eines physikalischen Systems durch vertieftes Informieren und Abschätzen von Konsequenzen zu planen ist (Mechanismus);
- „Objekte" (z. B. Berufe) zu identifizieren, die auf der Ebene der objektiven Fakten zur Persönlichkeit der Klient*innen passen (Formismus);
- Klient*innen dabei zu unterstützen, (berufliche) Ziele zu definieren und eine Strategie abzuleiten, wie sie ihre subjektiven Ziele erreichen können (Organizismus) oder
- Klient*innen dabei zu unterstützen, den roten Faden ihrer (beruflichen) Identität unter Einbezug von objektiven Fakten und subjektiven Zielen zu „spinnen" und die Umsetzung innerhalb ihres sozialen Kontextes flexibel anzugehen (Kontextualismus).

An dieser Stelle möchte ich den Fokus etwas breiter auf die Arbeitswelt sowie gesellschaftliche Aspekte richten und Spannungsfelder aufzeigen, die im Zusammenhang mit den verschiedenen Welthypothesen nach Pepper (1942, 1972) für Beratung und Coaching von Relevanz sein können. Darüber hinaus möchte ich im Sinne eines Ausblicks auf die weiteren Kapitel aufzeigen, dass psychologische Konzepte im Sinne einer narrativen Psychologie, wie sie im vorliegenden Buch beschrieben wird, einen substanziellen Beitrag leisten können in wichtigen gesellschaftlichen Fragen. Beginnen möchte ich mit der Frage, ob – und wenn ja, wie – in Beratung und Coaching Arbeitsmarktprognosen einbezogen werden sollen. Danach möchte ich erläutern, inwiefern die Welthypothesen auch in Alltagsfragen wie der COVID-19-Pandemie einen Orientierungsrahmen liefern können.

1.7 Arbeitsmarktprognosen in der Laufbahnberatung – Unabdingbar oder unsinnig?

Savickas (2012b, 2015, 2019b) ordnet der heutigen Arbeitswelt – dem Arbeiten 4.0 – die Welthypothese des Kontextualismus und der Zeit um 1950 – dem Arbeiten 3.0 – die Welthypothese des Organizismus zu (Tab. 1.1). Innerhalb der Welthypothese des Kontextualismus sind Prognosen praktisch unmöglich, weil sich der Kontext permanent und unvorhersehbar ändert. Dennoch sind Prognosen in der Arbeitswelt an der Tagesordnung: Die Zeit nach dem Zweiten Weltkrieg ging einher mit einem kontinuierlichen Wirtschaftswachstum und das Narrativ, wonach dieses Wachstum „formistischen" volkswirtschaftlichen Modellen folgt und deshalb auch anhand von mathematischen Modellen abgebildet und prognostiziert werden kann, ist bis heute weit verbreitet. Vertreter*innen des Narrativs eines (unendlichen) Wirtschaftswachstums kann durchaus auch unterstellt werden, dass sie von einem Wirtschaftswachstum ausgehen, das von inneren Treibern gespeist wird und deshalb „organisch" (oder gottgegeben) wächst. Krisen wie 2000 beim Platzen der Dotcom-Blase oder 2007 beim Platzen der Immobilienblase in den USA und der darauffolgenden Finanzkrise deuten aber auf eine bedrohliche Art und Weise darauf hin, dass das gesellschaftliche Narrativ eines kontinuierlichen Wachstums auf der Basis „formistischer" Prognosen auf wackligen Beinen steht. Die COVID-19-Pandemie hat aufgezeigt, dass das bestehende Wirtschaftssystem ohne massive staatliche Eingriffe (politische Entscheide) als Ergebnis von Aushandlungsprozessen zwischen verschiedenen politischen Interessenvertretungen wahrscheinlich gar nicht mehr funktionsfähig wäre (Tab. 1.3).

▶ „Formistische" Prognosen suggerieren, dass die bestehende Wirtschaftsordnung etwas Objektives und Faktenbezogenes darstellt. Das ist aber nicht der Fall. Vielmehr handelt es sich dabei um ein gesellschaftliches Narrativ, welches mithilfe größter finanzieller und politischer Anstrengungen auf der Ebene der subjektiven Ziele und unter Hinzunahme der passenden objektiven Fakten aufrechterhalten wird – ganz im Sinne einer sich selbst erfüllenden Prophezeiung.

Wenn in der Laufbahnberatung Arbeitsmarktprognosen einbezogen werden, so beziehen sich diese immer auf „formistische" Analysen, welche aufgrund einer limitierten Anzahl von Parametern (z. B. bisherige Entwicklung der Stellensituation, offene Stellen) versuchen, die Zukunft aufgrund der Vergangenheit vorherzusagen. Wenn Sie sich genauso wie ich der Welthypothese des Kontextualismus zugeneigt fühlen und wenn Sie auch davon ausgehen, dass der Arbeitsmarkt entsprechend dem Kontextualismus funktioniert, dann wird es Ihnen schwerfallen, an „formistische" Prognosen zu glauben. Sie werden sich dann wahrscheinlich als Berater*in auch hüten, diese allzu prominent in die Beratung einzubeziehen. Nichtsdestotrotz wären sehr viele Klient*innen froh, von Ihnen solche Prognosen zu erhalten. Vielleicht erwarten einige von einer „guten" Laufbahnberatung sogar, dass Beratungspersonen aufgrund einzelner Parameter wie Motivlage, Kompetenz- oder Persönlichkeitsprofil eine Einschätzung der Arbeitsmarktfähigkeit für eine bestimmte Rolle oder Stelle abgeben können. Das würde bedeuten, dass die Beratungsperson Kompetenzprofile von Klient*innen mithilfe mathematischer Modelle (und/oder aufgrund ihrer Intuition) mit dem Arbeitsmarkt in eine Passung bringt. Aus einer „kontextualistischen" Perspektive heraus betrachtet, ist das nicht realistisch, weil sich sowohl der Kontext, nämlich die Arbeitswelt, als auch die Interessen, Eigenschaften, Motive und Werte der Klient*innen permanent verändern können (Schreiber, im Druck). Häufig geht es in einer Beratung oder in einem Coaching ja gerade darum, dass Klient*innen ihre Persönlichkeit entwickeln, berufliche Ziele definieren und neue Kompetenzen erwerben sowie ihre berufliche Identität entwickeln möchten.

Zusammenfassend möchte ich festhalten, dass ein Passungsprozess in einer Situation wie der soeben geschilderten ein sehr unsicheres Unterfangen darstellt und dass im Beratungsprozess gemeinsam mit den Klient*innen geklärt werden sollte, wie mit den Themen Arbeitsmarktprognose und -fähigkeit umgegangen wird. Meine Perspektive dazu ist die folgende (siehe auch Schreiber, 2021a):

Für die Beratung stehen zwar hilfreiche Instrumente zur Verfügung, anhand derer die Entwicklung einzelner Berufe abgeschätzt werden kann.[3] Aus meiner Sicht ist der Einbezug solcher Prognoseinstrumente aber nur dann sinnvoll, wenn Klient*innen diese Information explizit für ihre nächste Laufbahnentscheidung nutzen wollen. Ist dies der Fall, so macht es Sinn, die Klient*innen anzuleiten, die Einschätzung zur Entwicklung des für sie relevanten Arbeitsmarktes sowie ihrer persönlichen Arbeitsmarktfähigkeit

---

[3] Z. B. https://job-futuromat.iab.de für Deutschland oder http://www.arbeitsmarktinfo.ch sowie http://www.berufsberatung.ch für die Schweiz.

selbst zu erarbeiten. So werden die Klient*innen in ihrer Laufbahngestaltungskompetenz (ELGPN, 2013; Neary & Hooley, 2016) – z. B. Persönliche Wirksamkeit („personal effectiveness"), Beschäftigungs- und Arbeitsmarktfähigkeit („finding and accessing work"), Management von Leben und Beruf („managing life and career") – gestärkt und sie können die Verantwortung für ihre berufliche Laufbahnentwicklung selbst übernehmen. Neben der Einschätzung zum Arbeitsmarkt und zur Arbeitsmarktfähigkeit erachte ich es auch als Aufgabe der Klient*innen, sich die relevanten Informationen über die verschiedenen Laufbahnoptionen einzuholen (z. B. Zugangsbedingungen zu einer Aus- oder Weiterbildung, Arbeitsbedingungen und -inhalte …). Über diese faktenbezogene Ebene hinaus sollte auch berücksichtigt werden, dass der Arbeitsmarkt innerhalb eines Berufsfeldes durch staatliche Interventionen, wie beispielsweise eine Regulierung durch geschützte Titel, branchenspezifische Unterstützung durch Subventionen oder die bereits erwähnten staatlichen Unterstützungsbeiträge während der COVID-19-Pandemie beeinflusst wird. Diese staatlichen Interventionen wiederum können sich ändern, weil sie von der (Arbeitsmarkt-)Politik (politisches Ziel) der jeweils amtierenden Regierung sowie der gesellschaftlichen Vision abhängig sind (Tab. 1.3).

▶ Mit dieser Haltung im Sinne der Hilfe zur Selbsthilfe möchte ich *keinesfalls* zum Ausdruck bringen, dass sich Beratungspersonen nicht mit der Arbeitswelt auseinandersetzen sollten. Für Beratungspersonen bedingt das soeben skizzierte Vorgehen mit dem Ziel, Klient*innen in ihrer selbstverantwortlichen Laufbahnentwicklung zu stärken und unterstützen, dass sie sich im Detail mit den Entwicklungen in der Arbeitswelt und insbesondere mit den verfügbaren Informationsquellen auseinandersetzen.

Eine wichtige Entscheidung, die Klient*innen selbst treffen sollten, ist also diejenige, ob sie überhaupt eine differenzierte Arbeitsmarkteinschätzung machen wollen oder nicht. Aus meiner Sicht ist der „formistische" Blick einer Arbeitsmarkteinschätzung in Richtung Arbeitswelt „nur" als Option und nicht als zentrales Thema eines jeden Beratungsprozesses zu betrachten. Mathematische Modelle können die komplexe und sich wandelnde Arbeitswelt im Sinne von Arbeiten 4.0 nur ungenau abbilden. Deshalb macht es keinen Sinn, solche Modelle als unabdingbare Grundlage für berufliche Laufbahnentscheidung zu postulieren. Laufbahnberatung allzu stark auf Arbeitsmarktprognosen und -fähigkeit abzustützen wäre aufgrund der vergangenheitsorientierten Parameter der Prognosen, wie wenn man mit dem Auto vorwärtsfahren und sich dabei ausschließlich auf die Seiten- und Rückspiegel verlassen würde. Beim Autofahren wird der Blick primär nach vorne gerichtet. Nur so kann der Straßenverkehr mit all seinen unvorhersehbaren Ereignissen bestens überblickt werden. Natürlich sind auch Seiten- und Rückspiegel hilfreich, insbesondere wenn man die Spur wechseln möchte. Würde jemand aber nur mit den Seiten- und Rückspiegeln navigieren, so wäre sie*er einerseits sehr langsam unterwegs und andererseits wäre die Gefahr sehr groß, trotz enormer

Anstrengungen das Geschehen im Straßenverkehr nicht richtig zu erfassen und einen Unfall zu verursachen.

Selbst wenn Arbeitsmarktprognosen immer zutreffen würden: Für Klient*innen macht es unter Umständen (die nur sie selbst definieren können) dennoch Sinn, ihre berufliche Laufbahnentscheidung voll und ganz aufgrund ihrer subjektiven Ziele (Interessen, Werte und Motive) sowie ihrem sozialen Narrativ eines gelingenden (Berufs-)Lebens zu treffen und sich dabei auch für eine Laufbahn zu entscheiden, deren Zukunftsaussichten zum Zeitpunkt des Entscheids nicht rosig erscheinen. Zu diesem Schluss komme ich, weil viele ihre berufliche Erfüllung nur deshalb finden, weil sie sich trotz schlechter Arbeitsmarktprognosen, vermeintlich fehlender Kompetenzen oder eines abratenden Umfelds nicht von ihrem sozialen Narrativ abbringen lassen und ihre Vision trotz widriger Umstände nicht aufgegeben. Entsprechend sollten Beratungspersonen auch bei vermeintlich schlechten Arbeitsmarktaussichten nicht versuchen, ihre Klient*innen von ihrer beruflichen Vision abzuhalten.

▶ Beratung und Coaching sollten darauf ausgerichtet sein, die Klient*innen dabei zu unterstützen, *ihr* berufliches Narrativ zu entwickeln, *ihren* beruflichen Weg zu verfolgen, dabei eigenständige Entscheidungen zu treffen und bei diesen Entscheidungen sowohl rationale Vernunft- als auch emotionale Bauchkriterien einfließen zu lassen.

1.8 Objektive Fakten, subjektive Ziele und soziale Narrative in Politik und Wirtschaft

Am Beispiel der aktuellen Gesundheitspolitik im Zusammenhang mit der COVID-19-Pandemie möchte ich auf ein Spannungsfeld eingehen, das sowohl die soeben beschriebenen Arbeitsmarktprognosen als auch Entscheidungen in Politik und Wirtschaft betrifft. Dabei möchte ich auf den großen Nutzen hinweisen, den psychologische Modelle für das Reflektieren politischer und wirtschaftlicher Entscheidungsprozesse mitbringen. Zu dem Zweck greife ich an dieser Stelle vor auf das Modell der Persönlichkeits- und Identitätskonstruktion (MPI), welches ich in Kap. 4 herleite und im Detail beschreibe. Das MPI basiert auf verschiedenen psychologischen Ansätzen und bildet die psychologischen Inhalte und Prozesse ab, die für die Persönlichkeits- und Identitätskonstruktion innerhalb eines sozialen Umfelds relevant sind. Darin enthalten sind auch die 3 Paradigmen der wirksamen Beratung (Savickas, 2015, 2019a) sowie die Welthypothesen gemäß Pepper (1942, 1972). Tab. 1.3 zeigt das Rahmenmodell sowie die Inhaltstheorien des MPI und stellt den Bezug her zu den bisher beschriebenen Ansätzen. Darüber hinaus wird in Tab. 1.3 analog zum Rahmenmodell des MPI zwischen 3 verschiedene Ebenen politischer Entscheidungsprozesse sowie 3 Managementebenen in Unternehmen unterschieden.

Auf das MPI bezogen bedeuten die 3 Ebenen, dass Menschen ihre Persönlichkeit und Identität immer über objektive Fakten (Formismus) im Sinne von Werten und Eigenschaften, subjektive Ziele (Organizismus) im Sinne von Motiven und Kompetenzen sowie soziale Narrative (Kontextualismus) im Sinne von Reflexivität und Identität in ihre verschiedenen Umwelten (z. B. Arbeit, Familie) einbetten. In der Folge möchte ich anhand der COVID-19-Pandemie aufzeigen, dass ein gesellschaftlicher Diskurs, der sich allzu sehr auf die Ebene der objektiven Fakten und die Welthypothese des Formismus konzentriert, wenig verbindende Elemente beinhaltet und deshalb zu kurz greift:

Die verschiedenen wissenschaftlichen Disziplinen wie Konjunkturforschung, Gesundheitsökonomie, Epidemiologie, Virologie, Aerosolforschung oder die Allgemeinmedizin funktionieren allesamt nach der Welthypothese des logischen Positivismus. Sie basieren auf der Welthypothese des Formismus und fokussieren auf möglichst objektive Fakten.[4] Zu Recht nehmen Vertreter*innen dieser Disziplinen eine zentrale Rolle in der Pandemiebekämpfung ein und es ist beeindruckend, wie schnell die Wissenschaft hilfreiche Erkenntnisse generieren konnte. Am meisten beeindruckt sicherlich immer noch die Geschwindigkeit, mit der verschiedene wirksame Impfstoffe entwickelt werden konnten. Für politische Entscheidungsträger*innen stellt aber bereits die Integration der „Fakten" aus den unterschiedlichen Disziplinen eine riesige Herausforderung dar. Die „formistisch" ausgerichteten wissenschaftlichen Disziplinen sind aufgrund ihrer Versuchsanlage kontextausschließend. So liegt es auf der Hand, dass eine volkswirtschaftliche Analyse, welche die epidemiologische Perspektive ausschließt, zu anderen Erkenntnissen und Handlungsempfehlungen gelangt als eine epidemiologische Analyse, die ihrerseits die ökonomische Perspektive ausschließt. Die Aufgabe der politischen Entscheidungsträger*innen (in der Schweiz Bundesrat, Parlament und Kantone) ist also sehr herausfordernd. Durch das Einberufen einer nationalen COVID-19 Science Task Force mit Vertreter*innen verschiedener wissenschaftlichen Disziplinen und verschiedenen Expert*innengruppen wird auch in der Schweiz versucht, die Erkenntnisse verschiedener Disziplinen in die politischen Entscheidungen einfließen zu lassen. Auf der objektiven Faktenebene sind politische Entscheidungen jedoch nicht zu bewältigen. Politisches Wirken kann aufgrund der Vielschichtigkeit nur am Wahrheitskriterium des erfolgreichen Funktionierens (Kontextualismus) ausgerichtet werden. Dass dabei neben Fakten auch politische Ziele und gesellschaftliche Visionen in die Waagschale geworfen werden, liegt auf der Hand. Natürlich sollten die einzelnen Entscheide seitens der Politik nach

---

[4] Dazu ist zu sagen, dass sich auch die Wissenschaft nicht nur auf der Ebene der Fakten abspielt. Forscher*innen entscheiden sich für bestimmte Fragestellungen, die sie bearbeiten. In der Wahl des Fachbereichs sowie der Fragestellung manifestiert sich ein persönliches Interesse und oft auch eine persönliche Betroffenheit (subjektive Ziele). Zudem bringen auch die Forscher*innen ihr soziales Narrativ bewusst oder unbewusst in ihre Forschungstätigkeit mit ein. Zu diesem sozialen Narrativ gehört auch die Frage, wie die Welt aus ihrer Sicht „funktioniert" sowie die dahinterliegende Welthypothese.

bestem Wissen und Gewissen begründet und möglichst mit Fakten untermauert werden. Ich erachte es aber als eine Illusion, zu glauben, dass politische Entscheidungen für oder gegen einen Lockdown, eine Zertifikats- oder Impfpflicht gemäß der Welthypothese des Formismus funktionieren – eine mathematisch eindeutige Lösung ist nicht möglich. Es bleibt immer eine Unsicherheit, die von keiner wissenschaftlichen Evidenz aus der Welt geräumt werden kann. Das bedeutet, dass es auf der Ebene der Fakten immer Argumente gibt, die für noch strengere Maßnahmen sprechen und solche, die für weniger strenge Maßnahmen sprechen. Uneinigkeit auf der Faktenebene ist genauso vorprogrammiert, wie wenn ein Konflikt zweier Personen, die sich nicht mögen, auf der Sachebene ausgefochten wird und dabei Enttäuschungen auf der Beziehungsebene außen vorgelassen werden. Die auf der Ebene der objektiven Fakten entstehende Lücke wird sowohl bei politischen als auch bei unternehmensinternen Entscheidungen immer mit subjektiven Zielen sowie sozialen Narrativen gefüllt (Tab. 1.3).

Für das Verständnis und insbesondere auch für das Treffen politischer Entscheide (z. B. Lockdown, Zertifikatspflicht …) macht es deshalb Sinn, neben der Faktenebene auch die Ebene der subjektiven Ziele (z. B. politische Ziele der Regierung) sowie der sozialen Narrative (z. B. gesellschaftliche Vision) einzubeziehen. Die sozialen Narrative werden genauso wie die subjektiven Ziele proaktiv von Lobbyist*innen (z. B. Pharmabranche oder Umweltorganisationen), politischen Interessenvertreter*innen aller Lager sowie von einzelnen Bürger*innen mitkonstruiert. Sie sind aber auch stark vom jeweiligen Zeitgeist und den damit einhergehenden Narrativen abhängig. Während früher das Narrativ von der religiösen oder adeligen Barmherzigkeit mit Strafe und Belohnung vorherrschte, ist es heute eher das Narrativ der wissenschaftlichen Allmacht. Dazu gehört das Narrativ vom unendlichen ökonomischen Wachstum und von Robotern, die Menschen sind. Wie bereits am Beispiel der Arbeitsmarktprognose veranschaulicht, wird auch am Beispiel der COVID-19-Pandemie deutlich, dass komplexe Alltagsentscheidungen nicht vollständig mithilfe mathematischer Formeln abgebildet werden können. Damit möchte ich mich keinesfalls gegen eine ausgewogene wissenschaftliche Evidenz unter Einbezug verschiedener Disziplinen (z. B. Naturwissenschaften und Philosophie) und methodischer Ansätze (z. B. quantitativ und qualitativ) aussprechen. Ein gelungenes Beispiel dafür stellt das wissenschaftliche Reflexionssymposium über die Coronaviruspandemie vom Center for Applied European Studies der Frankfurt University of Applied Sciences dar (CAES, 2021). Aber neben den objektiven Fakten sind für unser Erleben und Handeln und dafür, wie wir unsere Welt konstruieren, die Ebenen der subjektiven Ziele und sozialen Narrative ebenso wichtig. Deswegen sollten sie auch entsprechend berücksichtigt werden im gesellschaftlichen und politischen Diskurs.

Die 3 Ebenen sind auch in Unternehmen, beispielsweise bei der internen Laufbahnentwicklung, von Relevanz (Schreiber, im Druck). Hier kann gemäß Rüegg-Stürm und Grand (2019) zwischen dem normativen (Vision und Mission; soziales Narrativ), strategischen (Strategie; subjektive Ziele) und operativen Management (Struktur; objektive Fakten) unterschieden werden (Tab. 1.3). Gerade für interne Laufbahnentwicklung ist es wichtig und nicht trivial, alle 3 Ebenen zu berücksichtigen. Klassische

Laufbahnentwicklungskonzepte (z. B. Führungs-, Fach- und Projektlaufbahnen) basieren sehr einseitig auf dem Prinzip der kontinuierlichen Entwicklung. Dass die Realität in vielen Unternehmen aber nicht nach diesem Prinzip funktioniert, erkennt man daran, dass viele Mitarbeitende diese kontinuierliche Entwicklung zwar in Form von internen oder externen Weiterbildungen erfolgreich durchlaufen und die nötigen Kompetenzen erwerben, danach aber realisieren, dass intern gar keine entsprechende Stelle frei ist. Das wäre nicht weiter schlimm, wenn durch die Laufbahnentwicklungskonzepte nicht explizit (im Sinne von falschen Versprechungen) oder implizit (im Sinne fehlender oder intransparenter Kommunikation) suggeriert wird, dass der geplante nächste Laufbahnschritt nach der Weiterbildung auch vollzogen werden kann. Das Beispiel verdeutlicht, was ich bereits in Abschn. 1.7 aufgezeigt habe: Der Arbeitsmarkt und dadurch auch die interne Laufbahnentwicklung funktionieren eher gemäß dem Prinzip der flexiblen Entwicklung (Kontextualismus). Eine gewünschte kontinuierliche Entwicklung (Organizismus) ist oft trotz größter Anstrengungen nicht umsetzbar.

Mit Blick auf Beratung und Coaching geht es aus meiner Sicht darum, Klient*innen dabei zu unterstützen, ihre sozialen Narrative zu entwickeln und dabei sowohl objektive Fakten als auch subjektive Ziele einzubeziehen. Bezogen auf die unterschiedlichen sozialen Umwelten (z. B. Arbeitsstelle), in denen Klient*innen leben, geht es dabei natürlich auch darum, die entsprechenden Narrative (z. B. einen gesellschaftlichen Mehrwert leisten können), Ziele (z. B. führend in der Qualität eines Produktes) und Fakten (z. B. ein Produkt kosteneffizient herstellen) des Unternehmens einzubeziehen.

Literatur

Bamberger, G. G. (2015). *Lösungsorientierte Beratung* (5. Aufl.,). Beltz.
Binswanger, M. (2019). *Der Wachstumszwang*. Wiley-VCH.
Bischof, N. (1985). *Das Rätsel Ödipus*. Piper. http://www.bischof.com/norbert_raetsel_oedipus.html
Bischof, N. (1993). Untersuchungen zur Systemanalyse der sozialen Motivation I: Die Regulation der sozialen Distanz - Von der Feldtheorie zur Systemtheorie. *Zeitschrift Für Psychologie, 201*, 5–43.
Blom, P. (2019). *Was auf dem Spiel steht*. dtv.
BMAS. (2015). *Grünbuch Arbeiten 4.0*. Bundesministerium für Arbeit und Soziales. http://www.arbeitenviernull.de
Brynjolfsson, E., & McAfee, A. (2014). *The second machine age. Work, progress, and prosperity in a time of brilliant technologies*. W. W. Norton & Company.
Cochran, L. R. (1980a). The repertory grid in career counselling: Method and information yield. *Canadian Journal of Counselling and Psychotherapy/Revue Canadienne de Counseling et de Psychothérapie, 14*(4), 212–218.
Cochran, L. R. (1980b). The repertory grid in career counselling: Role and Value. *Canadian Journal of Counselling and Psychotherapy/Revue Canadienne de Counseling et de Psychothérapie, 14*(4), 219–222.
Cochran, L. R. (1997). *Career counseling : A narrative approach*. Sage Publications, Inc.

ELGPN. (2013). *Entwicklung einer Strategie zur Lebensbegleitenden Beratung: Eine Europäische Handreichung.* European Lifelong Guidance Policy Network (ELGPN).

Hayes, S. C., Hayes, L. J., & Reese, H. W. (1988). Finding the philosophical core: A review of Stephen C. Pepper's world hypotheses: A study in evidence. *Journal of the Experimental Analysis of Behavior, 50*(1), 97–111. https://doi.org/10.1901/jeab.1988.50-97.

Hirschi, A. (2012). The career resources model: An integrative framework for career counsellors. *British Journal of Guidance & Counselling, 40*(4), 369–383. https://doi.org/10.1080/03069885.2012.700506

Hirschi, A., Hänggli, M., Nagy, N., Baumeler, F., Johnston, C., & Spurk, D. (2019). Karriere-Ressourcen messen. Validierung der deutschsprachigen Version des Karriere-Ressourcen Fragebogens. *Diagnostica, 65*(Januar), 1–9. https://doi.org/10.1026/0012-1924/a000219

Hornemann, B., & Steuernagel, A. (Hrsg.) (2017). *Sozialrevolution!* Campus.

Kelly, G. A. (1955). *The psychology of personal constructs.* Norton.

Kuhl, J. (2005). *Eine neue Persönlichkeitstheorie.* Website PSI-Theorie. https://www.psi-theorie.com/

Kuhl, J. (2010). *Lehrbuch der Persönlichkeitspsychologie.* Hogrefe.

Kuhl, J. (2018). *Individuelle Unterschiede in der Selbststeuerung.* In J. Heckhausen & H. Heckhausen (Hrsg.), *Motivation und Handeln* (S. 389–422). Springer. https://doi.org/10.1007/978-3-662-53927-9_13

Lent, R. W., & Brown, S. D. (2013). Social cognitive model of career self-management: Toward a unifying view of adaptive career behavior across the life span. *Journal of Counseling Psychology, 60*(4), 557–568. https://doi.org/10.1037/a0033446

Lent, R. W., Brown, S. D., & Hackett, G. (1994). Toward a unifying social cognitive theory of career and academic interest, choice, and performance. *Journal of Vocational Behavior, 45*(1), 79–122. https://doi.org/10.1006/jvbe.1994.1027

McAdams, D. P. (1995). What do we know when we know a person? *Journal of Personality, 63*(3), 365–396.

McAdams, D. P. (2013). The psychological self as actor, agent, and author. *Perspectives on Psychological Science, 8*(3), 272–295. https://doi.org/10.1177/1745691612464657

McAfee, A., & Brynjolfsson, E. (2017). *Machine, platform, crowd: Harnessing our digital future.* W. W. Norton & Company.

Neary, S., & Hooley, T. (2016). *Introducing the LEADER framework for Careers (1.0).* International Centre for Guidance Studies, University of Derby. https://derby.openrepository.com/derby/handle/10545/620563

Pepper, S. C. (1942). *World hypotheses: A study in evidence.* University of California Press.

Pepper, S. C. (1972). *World hypotheses: A study in evidence.* University of California Press.

Precht, R. D. (2020a). *Künstliche Intelligenz und der Sinn des Lebens.* Goldmann.

Precht, R. D. (2020b). *Richard David Precht Vortrag: Epochenumbruch & politische Verantwortung | 16.10.2019.* PRECHT ARCHIV. https://youtu.be/UQrmNRxJv6I

Precht, R. D. (2021). Richard David Precht über Bildung, Arbeit, Digitalisierung, Grundeinkommen, Pflicht... | 05.07.2021. PRECHT ARCHIV. https://youtu.be/Qfh1l9CSMrA

Precht, R. D. (2022). *Freiheit für alle. Das Ende der Arbeit wie wir sie kannten.* Goldmann.

Rüegg-Stürm, J., & Grand, S. (2019). *Managing in a complex world.* Haupt.

Sandel, M. J. (2020). *The tyranny of merit. What's become of the common good?* Allen Lane.

Savickas, M. L. (1993). Career counseling in the postmodern era. *Journal of Cognitive Psychotherapy, 7*(3), 205–2015.

Savickas, M. L. (2012). The 2012 Leona Tyler Award address: Constructing careers – Actors, agents, and authors. *The Counseling Psychologist, 41*, 648–662. https://doi.org/10.1177/0011000012468339

Savickas, M. L. (2013). Career construction theory and practice. In HRS. D. Brown & R. W. Lent (Hrsg.), *Career development and counseling. Putting theory and research to work* (2. Aufl., S. 147–183). John Wiley & Sons.

Savickas, M. L. (2015). Career counseling paradigms: Guiding, developing, and designing. In P. J. Hartung, M. L. Savickas, & W. B. Walsh (Hrsg.), *APA handbook of career intervention: Vol. 1. Foundations* (Vol. 1, S. 129–143). American Psychological Association. https://doi.org/10.1037/14438-000

Savickas, M. L. (2019a). *Career construction counseling manual*. Mark L. Savickas.

Savickas, M. L. (2019b). *Career construction theory. Life portraits of attachment, adaptability, and identity*. Mark L. Savickas.

Savickas, M. L. (2019c). *Career counseling* (2. Aufl.,). American Psychological Association. https://doi.org/10.1037/0000105-000

Savickas, M. L. (2020). Career construction theory and counseling model. In S. D. Brown & R. W. Lent (Hrsg.), *Career development and counseling: Putting theory and research to work*. (3. Aufl., S. 165–200). Wiley & Sons.

Savickas, M. L., & Porfeli, E. J. (2012). Career adapt-abilities scale: Construction, reliability, and measurement equivalence across 13 countries. *Journal of Vocational Behavior, 80*(3), 661–673. https://doi.org/10.1016/j.jvb.2012.01.011

Schreiber, M. (2020a). Narration und Psychometrie in der beruflichen Laufbahnentwicklung. Gegenüberstellung und Integrationsversuch anhand der Whole Trait Theory. In K. Driesel-Lange, U. Weyland, & B. Ziegler (Hrsg.), *Berufsorientierung in Bewegung. Themen, Erkenntnisse und Perspektiven*. (S. 107–121). Steiner.

Schreiber, M. (2020b). *Wegweiser im Lebenslauf*. Kohlhammer.

Schreiber, M. (2021a). Berufs-, Studien- und Laufbahnberatung (BSLB) als Tanz auf drei Bühnen: Beruf, Laufbahn und Berufung. Ein Blick zurück und nach vorne. In M. Scharpf & A. Frey (Hrsg.), *Vom Individuum her denken. Berufs- und Bildungsberatung in Wissenschaft und Praxis*. (S. 93–105). wbv. https://library.oapen.org/handle/20.500.12657/51999

Schreiber, M. (im Druck). Interne Laufbahnentwicklung. In B. Werkmann-Karcher & T. Zbinden (Hrsg.), *Angewandte Personalpsychologie für das Human Resource Management*. Springer.

Schreiber, M. (2022c). Gesellschaftliche Narrative als Auslöser persönlicher Krisen? Eine Auslegeordnung anhand des Modells der Persönlichkeits- und Identitätskonstruktion (MPI). dvb forum, 62(2). Wbv Publikation.

Schwab, K. (2017). *The fourth industrial revolution*. Crown.

Straubhaar, T. (2021). *Grundeinkommen jetzt! - Nur so ist die Marktwirtschaft zu retten*. Schwabe Verlagsgruppe AG.

Straus, R. A. (1987). The Theoretical Base of Clinical Sociology: Root Metaphors and Key Principles. *Clinical Sociology Review, 5*(1), 8.

Super, D. E. (1990). A life-span, life-space approach to career development. In D. Brown & L. Brooks (Hrsg.), *Career choice and development: Applying contemporary theories to practice* (2. Aufl., S. 197–261). Jossey-Bass.

Varoufakis, Y. (2017). Kapitalismus und Freiheit. Warum der Kapitalismus ein Grundeinkommen erforderlich macht. In B. Hornemann & A. Steuernagel (Hrsg.), *Sozialrevolution!* (S. 101–110). Campus Verlag.

Varoufakis, Y. (2020). *Another now. Despatches from an alternative present*. The Bodley Head.

Walls, J. (1982). The psychology of David Hartley and the root metaphor of mechanism : A study in the history of psychology. *The Journal of Mind and Behavior, 3*(3/4), 259–274.

Welzer, H. (2021). *Nachruf auf mich selbst*. Fischer.

Wrzesniewski, A., McCauley, C., Rozin, P., & Schwartz, B. (1997). Jobs, careers, and callings: People's relations to their work. *Journal of Research in Personality, 33*(31), 21–33.

Young, R. A., & Collin, A. (2004). Introduction: Constructivism and social constructionism in the career field. *Journal of Vocational Behavior, 64*(3), 373–388. https://doi.org/10.1016/j.jvb.2003.12.005

Prof. Dr. Marc Schreiber ist Professor für Laufbahn- und Persönlichkeitspsychologie am IAP Institut für Angewandte Psychologie der ZHAW Zürcher Hochschule für Angewandte Wissenschaften. Er berät Privatpersonen und Unternehmen in Fragen der Laufbahnentwicklung. Seine Schwerpunkte in Weiterbildung und Forschung liegen in den Bereichen Laufbahnberatung in der Arbeitswelt 4.0, Laufbahn- und Persönlichkeitspsychologie sowie qualitative (narrative) und quantitative Beratungsmethoden.

Hintergrund der narrativen Ansätze in Beratung und Coaching

Marc Schreiber

2.1 Einleitende Gedanken

Die narrativen Ansätze können im Paradigma des Life Designs als Methode der Wahl bezeichnet werden. Innerhalb der Laufbahnberatung spielt die CCT bereits seit den 1980er-Jahren eine wichtige Rolle. In etwa zur selben Zeit haben White und Epston (1990) innerhalb der Familientherapie die narrative Therapie entwickelt (Carr, 1998). Sie fokussiert in ihrem Ansatz auf das geschriebene Wort und seine Anwendungsmöglichkeiten in der Therapie (Kap. 14) sowie auf die Externalisierung von Problemen mithilfe von Geschichten. Im vorliegenden Buch werde ich die CCT (Savickas, 2019, 2020), die in der weiterentwickelten Form alle Komponenten einer Persönlichkeitsentwicklungstheorie umfasst, ausführlich darstellen. Vorher möchte ich aber noch auf 2 Grundpfeiler der narrativen Psychologie eingehen, nämlich auf die zentralen Grundthesen der sozialkonstruktivistischen Kulturpsychologie von Bruner (1990) sowie auf den sozialen Konstruktionismus (Gergen, 1985). Für eine weitere Auseinandersetzung mit diesen für die narrativen Ansätzen wichtigen Grundlagen empfehle ich, die kurzen und sehr anschaulichen Einführungswerke von Bruner (1990, 1997b) sowie Gergen und Gergen (2004, 2009) zu lesen. An dieser Stelle möchte ich die zentralen Grundthesen erläutern und damit dem Buchprojekt eine theoretische Basis verleihen, die über die CCT hinausgeht. Die verschiedenen narrativen Ansätze in Beratung und Coaching sind sowohl zeitlich und inhaltlich als auch bezogen auf die Anwendungsfelder im Kontext

---

M. Schreiber (✉)
IAP Institut für Angewandte Psychologie, ZHAW Zürcher Hochschule für Angewandte Wissenschaften, Zürich, Schweiz
E-Mail: marc.schreiber@zhaw.ch

© Der/die Autor(en), exklusiv lizenziert an Springer Fachmedien Wiesbaden GmbH, ein Teil von Springer Nature 2022
M. Schreiber (Hrsg.), *Narrative Ansätze in Beratung und Coaching*,
https://doi.org/10.1007/978-3-658-37951-3_2

der systemischen Ansätze, insbesondere des sozialen Konstruktionismus, entstanden. Schlippe und Schweitzer (2016) weisen auf die konstruktionistische Basis sowie die Kompatibilität der narrativen Ansätze mit dem Systembegriff hin. Sie halten aber auch fest, dass die narrativen Ansätze nicht explizit auf den Systembegriff bezogen sind.

2.2 Sozialer Konstruktivismus (Kulturpsychologie von Bruner)

Bruner (1990, 1997b) hat die Entwicklung der Psychologie aus seiner Perspektive gegen Ende des letzten Jahrhunderts reflektiert. Er unterscheidet zwischen der positivistischen „naturwissenschaftlichen Psychologie" und der von ihm postulierten „Alltagspsychologie", welche er auch als Kulturpsychologie bezeichnet. Die Alltagspsychologie funktioniert nach narrativen Prinzipien, ganz im Gegensatz zu einer Psychologie, die sich an den logischen Prinzipien der positivistischen Naturwissenschaften orientiert. Die Psychologie hat sich gemäß Bruner (1997b) von anderen Sozial- und Geisteswissenschaften wie der Linguistik, der Anthropologie oder der Philosophie entkoppelt. Mit der Bezeichnung Alltagspsychologie bringt er zum Ausdruck, dass sowohl die Alltagssprache als auch die „alltäglichen" Erklärungen für bestimmte Phänomene von Bedeutung sind. Mit Blick auf den Kontext von Beratung und Coaching ist diese Perspektive zentral, weil das Etablieren einer gemeinsamen Sprache sowie das kohärente Integrieren verschiedener Bedeutungszuschreibungen seitens Klient*in wichtig sind für das Gelingen eines Beratungsprozesses.

Als an der Kognition interessierter Psychologe wollte Bruner (1997b) die Position des Objektivismus aufgeben und damit auch den Behaviorismus überwinden. Dabei setzte er große Hoffnung in die kognitive Revolution der späten 1950er-Jahre und die damit wieder entdeckte Introspektion. Menschen sollten nicht mehr als Blackbox betrachtet werden, sondern als intentional handelnde Individuen mit Emotionen, Motiven und Werthaltungen. Dadurch sollte der „Geist" wieder in die Humanwissenschaften zurückkehren – analog zum Paradigma des lebenslangen Lernens, welches ebenfalls die subjektiven Ziele in den Vordergrund stellt (Tab. 1.2). Kulturpsychologie soll sich damit auseinandersetzen, wie Menschen Sinn und Bedeutung erfahren. Bruner (1997b) ging davon aus, dass es für das Verständnis eines Menschen wichtig ist, zu verstehen, wie Erfahrungen und Handlungen über die Intentionen geformt werden und dass dabei das Einbetten der Erfahrungen und Handlungen in die Symbolsysteme der entsprechenden Kultur unabdingbar ist – in der Terminologie der Paradigmen wirksamer Beratung klingt hier deutlich das soziale Narrativ des Paradigmas des Life Designs an (Tab. 1.2). Demgegenüber skizziert Bruner (1997b) die zu seiner Zeit vorherrschende Psychologie als eine, welche die Aufmerksamkeit von „Sinn" und „Bedeutung" in Richtung „Information" und von „Konstruktion von Bedeutung" in Richtung „Verarbeitung von Information" richtet. Eine solche Psychologie verfolgt dieselben Ziele wie die positivistischen Naturwissenschaften, nämlich Reduktionismus, Kausalerklärungen sowie Vorhersage von Verhalten. Diese Ausrichtung der Psychologie ist bis heute – 30 Jahre später – noch aktuell.

So bringt die akademische Psychologie auch heute noch vorwiegend kleinteilige und möglichst allgemeingültige Kausalerklärungen hervor. Idiografisch ausgerichtete Fragestellungen, wie beispielsweise „Was geht im Kopf einer unzufriedenen Arbeitnehmerin vor?" werden auf neurobiologische Prozesse reduziert oder als unpräzise und deshalb nicht gut operationalisierbar deklariert und verworfen. Das zeigt sich in den wissenschaftlichen Fachzeitschriften, deren Beiträge bis heute „für Fachfremde kaum mehr als winzige Spezialuntersuchung ohne irgendeinen intellektuellen Bezug" (Bruner, 1997b, S. 15) darstellen.

Innerhalb der Psychologie kritisiert Bruner (1997b, S. 35) zudem den starken Fokus auf das Verhalten (Behaviorismus):

> „Wir beurteilen also das, was Menschen über sich selbst und ihre Welten oder über andere und deren Welten sagen, fast ausschließlich danach, ob daraus eine verifizierbare Beschreibung dessen abgeleitet werden kann, was sie *tun*, *taten* oder *tun werden*."

Er selbst unterscheidet konsequent zwischen Tun (Handeln) und Sagen (Erleben), stellt den Vorrang des Tuns über das Sagen infrage und postuliert eine Kulturpsychologie, welche die beiden Aspekte vereint und die Beziehungen zueinander analysiert. Bruner (1997b) spricht vom situierten Handeln, das immer in den kulturellen Kontext eingebettet ist und auf intentionalem Handeln der beteiligten Akteur*innen basiert. Ein wesentlicher Aspekt ist für ihn auch das Verhältnis zwischen Biologie (Natur) und Kultur. Menschliche Natur und menschliche Kultur stehen für ihn in einer wechselseitigen Abhängigkeit. Er lehnt die Kultur als „Überbau" der biologisch determinierten menschlichen Natur ab und sieht Kultur sowie Sinnsuche innerhalb einer Kultur als eigentliche Ursache menschlichen Handelns. Bruners Kulturpsychologie ist stark handlungstheoretisch ausgerichtet, weswegen sie gemäß Straub (2010) auch als kulturtheoretisch fundierte Handlungspsychologie bezeichnet werden kann. Die menschliche Natur betrachtet Bruner (1997b) als eine einschränkende Bedingung und, wie bereits erwähnt, nicht als Ausgangspunkt jedes intentionalen Handelns. Den Einfluss der kulturellen Errungenschaften sieht er aber nicht nur positiv und auch nur bedingt veränderbar. Er hält dazu fest:

> „Wir sind viel besser beraten, in erster Linie unsere Geschicklichkeit bei der Konstruktion und Rekonstruktion gemeinschaftlicher Lebensformen kritisch zu betrachten als das Versagen des menschlichen Genoms zu beschwören." (Bruner, 1997b, S. 42)

Er möchte die Aufmerksamkeit also unserem kulturellen Erfindergeist schenken und den Fokus weniger auf unsere biologischen Beschränkungen richten. Dabei spielen Intentionen, die sich in realen oder imaginären Erzählungen widerspiegeln, eine zentrale Rolle. Erzählungen oder Geschichten können gemäß Bruner (1997b) zwischen eher vorgegebenen kulturellen Mustern und individuellen Überzeugungen, Wünschen und Hoffnungen vermitteln. So kann das Ausrollen einer Nationalflagge je nach Kontext

(z. B. Nationalfeiertag, Sportereignis, politische Ideologie) und Einbettung in die individuelle Erzählung sehr unterschiedlich interpretiert werden.

Bruner (1997b) weist auf 2 weitere Kontroversen hin, die bis heute von großer Relevanz sind. Erstens antizipiert er die hohe Relevanz der künstlichen Intelligenz (KI), welche als unmittelbare Folge aus der Betrachtung des Menschen als informationsverarbeitendes Wesen im Sinne eines Computers resultiert. Im Zuge der unvorstellbar hohen Verarbeitungskapazitäten und -geschwindigkeiten heutiger Computer haben die Fixierung auf die Technologie, von der Bruner (1997b) spricht, sowie der Glaube an den Computer, der die menschliche Denkkraft ersetzen wird (Brynjolfsson & McAfee, 2014), in der heutigen Zeit weiter zugenommen. Aber natürlich stellt sich damals wie heute die Frage, ob das Narrativ von einer KI als perfektionierte Anwendung der Computermetapher auf den Menschen aufrechterhalten werden kann. Mit Bezug auf die PSI-Theorie von Kuhl (2001) vertrete ich die Haltung, dass KI zwar die analytische, nicht aber die intuitive Intelligenz abbilden kann (Schreiber & Gloor, 2020). Somit lohnt es sich zwar, sich mit KI auseinanderzusetzen und diese für bestimmte Anwendungen auch zu nutzen – man spricht dabei von schwacher KI (Russell & Norvig, 2016; Scheuer, 2020). Starke KI, welche auch die intuitive Intelligenz des Menschen abzubilden und als Folge davon auch komplexe Alltagsherausforderungen analog zu einem Menschen zu lösen vermag, bleibt bisher unerreicht und ich bezweifle auch, dass das je möglich sein wird (Abschn. 4.3). Auch Brynjolfsson (2022; McAfee & Brynjolfsson, 2017) geht nicht davon aus, dass der Hauptnutzen von KI in der Zukunft darin liegen wird, den Menschen nachahmen oder gar ersetzen zu können. Menschen haben ihre soziale Interaktion über Millionen von Jahren hinweg perfektioniert (z. B. eine Geschichte erzählen oder ein Baby trösten) und werden darin wohl bis auf Weiteres besser sein als Computer oder Roboter. Brynjolfsson (2022) sieht jedoch sowohl für die Arbeitswelt als auch für andere Lebensbereiche ein enormes Potenzial von KI darin, die Fähigkeiten des Menschen ergänzen und erweitern zu können (schwache KI). Die Ergänzung durch die KI kann sich auf die physikalische Wahrnehmung der Welt (z. B. Röntgenstrahlen erkennen oder eine Baustelle vermessen) oder die Informationsverarbeitung (z. B. Millionen von Gesetzestexten oder Websites scannen sowie Wortlisten oder Texte übersetzen) beziehen. Forschung genauso wie politische Initiativen sollten sich gemäß Brynjolfsson (2022) viel mehr darauf konzentrieren, wie sich Mensch und Maschine sinnvoll ergänzen können, als darauf, wie KI den Menschen ersetzen kann. Sollte sich eine starke KI in den kommenden Jahren als nicht umsetzbar erweisen, so wird das Narrativ von der menschlichen oder menschenähnlichen KI genauso an kultureller Bedeutung verlieren, wie das Narrativ von der religiösen Barmherzigkeit und allenfalls auch das Narrativ vom ewigen Wirtschaftswachstum.

Zweitens weist Bruner (1997b) auf die Wichtigkeit des Begriffs der Intentionalität im Sinne von zielgerichtetem Handeln, welches auf Überzeugungen, Wünschen und persönlichen Wertvorstellungen beruht, hin. Die Intentionalität wurde von der stark neurologisch ausgerichteten Psychologie sowie von der Neurobiologie (z. B. Roth, 2004; siehe aber auch Bauer, 2018) mindestens teilweise infrage gestellt. Bruner (1997b,

S. 30) hingegen postuliert mit Nachdruck eine Psychologie als Wissenschaft vom Mentalen, welche „den Begriff der Bedeutung und die Prozesse, durch die Bedeutung geschaffen und in einer Gesellschaft ausgehandelt werden, in den Mittelpunkt" rückt. Und genau diese Konstruktionen und Rekonstruktionen, die eine Person immer in ihrem sozialen und kulturellen Kontext betrachten, können mithilfe von narrativen Ansätzen in Beratung und Coaching adressiert werden. Die Kulturpsychologie, welche Bruner (1997b) skizziert, ist also eine (Alltags-)Psychologie, die sich mit den geteilten Bedeutungen und Begriffen auseinandersetzt, die sich im Zusammenleben innerhalb einer Kultur ergeben. Als Vertreter des sozialen Konstruktivismus – und im Gegensatz zum radikalen Konstruktivismus – fokussiert Bruner (1997b) also auch auf soziale und kulturelle Prozesse. Dadurch rückt er mit seiner Haltung in Richtung des sozialen Konstruktionismus. Im Gegensatz dazu bleibt er als Konstruktivist aber beim Vorrang der individuellen kognitiven Prozesse intentional handelnder Individuen über die sozialen Prozesse.

2.3 Sozialer Konstruktionismus

Analog zum sozial*konstruktivistischen* Ansatz spielt auch im sozial*konstruktionistischen* Denken die Bedeutung, die im gemeinsamen Handeln entsteht, eine wichtige Rolle (Gergen, 1985, 2001; Gergen & Gergen, 2009). Erkenntnisprozesse werden als Ausdruck von Beziehung und Bezogenheit im Sinne von zwischenmenschlichen und gesellschaftlichen Prozessen innerhalb einer Kultur verstanden. Gergen und Gergen (2009, S. 10) formulieren dies wie folgt:

> „Alles, was wir für real erachten, ist sozial konstruiert. Oder spannungsgeladener formuliert: Nichts ist real, solange Menschen nicht darin übereinstimmen, dass es real ist."

Dabei beziehen sie diese Prämisse nicht nur auf die zwischenmenschlichen und gesellschaftlichen Prozesse, sondern auch auf die physische Welt des direkt Beobachtbaren. Dies im Gegensatz dazu, dass der fortschreitende Erfolg wissenschaftlicher Forschung uns weiterhin dazu verleitet, dem Narrativ einer Naturwissenschaft, welche objektive Wahrheiten über die Welt zu enthüllen vermag, zu folgen.

Gergen und Gergen (2009) postulieren, dass Werte und Fakten nicht voneinander getrennt werden können, weil Wahrheitsansprüche immer einer Übereinkunft bedürfen und dabei auf soziale Beziehungen sowie Wertetraditionen bezogen sind. Somit sind Realitäten und Wahrheiten ausschließlich auf die Gruppe bezogen, welche eine Konvention teilt. Der Erfolg der naturwissenschaftlichen Forschung soll dabei keineswegs in Abrede gestellt werden. Aber auch deren Methoden des Erkenntnisgewinns sind nicht wertfrei, sondern auf die dahinterliegenden Prämissen und Werte, wie z. B. Kausalität und Vorhersage, – im Sinne der zentralen Metaphern und Wahrheitskriterien der Welthypothesen nach Pepper (1942, 1972) – bezogen und beschränkt. Gergen und Gergen

(2009, S. 23) rücken den kulturellen Standpunkt einer Position in den Vordergrund und postulieren eine Haltung der Neugierde und des Respekts gegenüber anderen, welche konsequenterweise in einen radikalen Pluralismus mündet. Sie weisen aber darauf hin, dass die pluralistische Haltung „im Abstrakten einfacher anzunehmen [ist] als im täglichen Tumult des Lebens". Im sozialen Konstruktionismus wird die Auseinandersetzung mit Wahrheiten also nicht abgelehnt, aber es wird eine kritische Prüfung von Wahrheitsbehauptungen gefordert. Dies insbesondere deshalb, weil ein Anspruch auf Wahrheit, wie bereits erwähnt, ausschließlich in Beziehungen auszuhandeln und deshalb im kulturellen und historischen Kontext und Zeitgeist zu sehen ist.

Der soziale Konstruktionismus stellt also die soziale Beziehung als primären Ort der Konstruktion und Quelle von Wissen und Bedeutung in den Vordergrund (Gergen & Gergen, 2009). Hier unterscheidet sich der soziale Konstruktionismus von konstruktivistischen Positionen, in welchen das einzelne Individuum vor dem Hintergrund seiner Kultur als Ort der Konstruktion betrachtet wird (Kuhn, 2014). Young und Collin (2004, S. 375) fassen den Unterschied zwischen Konstruktivismus und sozialem Konstruktionismus wie folgt zusammen:

> „The former focuses on meaning making and the constructing of the social and psychological worlds through individual, cognitive processes while the latter emphasizes that the social and psychological worlds are made real (constructed) through social processes and interaction."

Im sozialen Konstruktionismus wird das Individuum also durch die Beziehung ersetzt und dadurch auch die westliche Tradition des Individualismus hinterfragt. Bei der Betrachtung des Selbst wird die Perspektive des „Selbst versus Andere" durch diejenige des „Selbst durch Andere" ersetzt (Gergen & Gergen, 2009, S. 40). Dabei spielt die Sprache eine zentrale Rolle. Sie konstituiert die Wirklichkeit und wird nicht „nur" als deren Spiegel betrachtet (Young & Collin, 2004). Jedoch bleiben Äußerungen eines Individuums selbst genauso ohne Bedeutung wie Traditionen nichts determinieren. Bedeutung wird erst durch die soziale Interaktion erzeugt. Von Schlippe und Schweitzer (2016, S. 122/123) formulieren das wie folgt:

> „Während im Konstruktivismus Konstrukte und Wahrnehmungen so gesehen werden, dass sie ihre Form durch das ‚Anstoßen' des Organismus an seine Umwelt erhalten, sieht der soziale Konstruktionismus Ideen, Bilder und Erinnerungen als etwas, das durch sozialen Austausch hervorgebracht, durch Sprache und durch gemeinsam erzählte Geschichten vermittelt wird."

In den sozialen Räumen von Beratung und Coaching wird das genutzt, indem verschiedene Perspektiven betrachtet (z. B. durch zirkuläres Fragen) sowie neue Geschichten und Metaphern entwickelt und dadurch auch Veränderung eingeleitet werden. Von Schlippe und Schweitzer (2016) sehen darin die zentrale Rolle des sozialen Konstruktionismus für die narrativen Ansätze.

Sowohl Bruner (1997a, 2004) als auch Gergen und Gergen (2009) skizzieren ein Selbst, welches sich im sozialen Kontext konstituiert. Gergen (1991) spricht vom „gesättigten" Selbst, welches durch den sozialen Kontext, mit welchem es in ständigem Austausch ist, konstituiert wird. Die durch permanente Umweltreize entstehende Sättigung hat im Zuge der ständigen Verfügbarkeit durch Smartphones und Internet an Brisanz zugenommen. In diesem Zusammenhang sind auch die Arbeiten von Hermans (1996, 2014) und McAdams (1996, 2013, 2015; McAdams & Pals, 2006) zu erwähnen. Beide haben zentrale Aspekte der narrativen Identität aus der Perspektive der Konstruktion des Selbst entwickelt. Hermans (1996, 2014) propagiert ein dialogisches Selbst, in welchem die Ansätze des Menschen als informationsverarbeitender Computer sowie der Narration sich gegenseitig ergänzen und bereichern. Das dialogische Selbst ist dynamisch. Hermans (1996) spricht deshalb nicht von Rollen, die er als eher statisch betrachtet, sondern von unterschiedlichen Positionen des Selbst (z. B. unterstützende und kontrollierende Chefin) sowie deren Stimmen, die im konstanten Dialog stehen und sich sowohl ergänzen als auch widersprechen können. McAdams (1996, 2013, 2015; McAdams & Pals, 2006) postuliert „drei Ebenen des Selbst", auf die sich Savickas (2019, 2020) auch in seiner CCT bezieht und die im folgenden Kapitel beschrieben werden.

Sowohl Konstruktivismus als auch sozialer Konstruktionismus stellen gemäß Young und Collin (2004) Laufbahntheorien infrage, die von normativen, kontinuierlichen und so auch vorhersehbaren Entwicklungsstufen ausgehen. Im Konstruktivismus wird die menschliche Entwicklung als dynamischer Prozess verstanden, der nicht zwingend kontinuierlich verläuft. Beim sozialen Konstruktionismus kommt hinzu, dass nicht mehr von einer stabilen und konstanten Umwelt ausgegangen wird – eine Annahme, die auch im Paradigma des Life Designs aufgrund der potenziell disruptiven Entwicklung von Arbeiten 4.0 verworfen wird (Tab. 1.2). In der Folge stelle ich zuerst die CCT von Savickas (2019, 2020) vor und leite danach das MPI, welches als vereinfachte und ergänzte CCT bezeichnet werden kann, her.

Literatur

Bruner, J. (1990). *Acts of meaning*. Harvard University Press.
Bruner, J. (1997a). A narrative model of self-construction. *Annals New York Academy of Sciences, 818*, 145–161.
Bruner, J. (1997b). *Sinn, Kultur und Ich-Identität*. Carl-Auer-Systeme.
Brynjolfsson, E. (2022). The Turing trap: The promise & peril of human-like artificial intelligence. *Dædalus, Spring*.
Brynjolfsson, E., & McAfee, A. (2014). *The second machine age. Work, progress, and prosperity in a time of brilliant technologies*. W. W. Norton & Company.
Carr, A. (1998). Michael White's Narrative Therapy. *Contemporary Family Therapy, 20*, 485–503. https://doi.org/10.1023/A:1021680116584

Gergen, K. J. (1985). The Social Constructionist Movement in Modern Psychology. *American Psychologist, 40*(3), 266–275. https://doi.org/10.1037/0003-066X.40.3.266

Gergen, K. J. (1991). *The saturated self: Dilemmas of identity in contemporary life.* Basic Books.

Gergen, K. J. (2001). Psychological science in a postmodern context. *American Psychologist, 56*(10), 803–813. https://doi.org/10.1037/0003-066X.56.10.803

Gergen, K. J., & Gergen, M. (2004). *Social construction: Entering the dialogue.* Taos Institute Publications.

Gergen, K. J., & Gergen, M. (2009). *Einführung in den sozialen Konstruktionismus.* Carl Auer.

Hermans, H. J. M. (1996). Voicing the self: From information processing to dialogical interchange. *Psychological Bulletin, 119*(1), 31–50. https://doi.org/10.1037/0033-2909.119.1.31

Hermans, H. J. M. (2014). Self as a society of I-positions: A dialogical approach to counseling. *Journal of Humanistic Counseling, 53*(2), 134–159. https://doi.org/10.1002/j.2161-1939.2014.00054.x

Kuhn, R. (2014). Das Glück der siebenten Welle - Reflexionen zum Nutzen und Sinn in Beratungen. In I. Melter, E. Kanelutti-Chilas, & W. Stifter (Eds.), *Zukunftsfeld Bildungs- und Berufsberatung III. Wirkung, Nutzen, Sinn.* (S. 33–56). W. Bertelsmann.

McAdams, D. P. (1996). Personality, modernity, and the storied self: A contemporary framework for studying persons. *Psychological Inquiry, 7*(4), 295–321. https://doi.org/10.1163/004249310X12577537066873

McAdams, D. P. (2013). The psychological self as actor, agent, and author. *Perspectives on Psychological Science, 8*(3), 272–295. https://doi.org/10.1177/1745691612464657

McAdams, D. P. (2015). *The art and science of personality development.* The Guilford Press.

McAdams, D. P., & Pals, J. L. (2006). A new Big Five: Fundamental principles for an integrative science of personality. *The American Psychologist, 61*(3), 204–217. https://doi.org/10.1037/0003-066X.61.3.204

McAfee, A., & Brynjolfsson, E. (2017). *Machine, platform, crowd: Harnessing our digital future.* W. W. Norton & Company.

Pepper, S. C. (1942). *World hypotheses: A study in evidence.* University of California Press.

Pepper, S. C. (1972). *World hypotheses: A study in evidence.*

Roth, G. (2004). Das Verhältnis von bewusster und unbewusster Verhaltenssteuerung. *Psychotherapie Forum, 12*(2), 59–70. https://doi.org/10.1007/s00729-004-0041-6

Russell, S. J., & Norvig, P. (2016). *Artificial intelligence.* Prentice Hall.

Savickas, M. L. (2019). *Career construction theory. Life portraits of attachment, adaptability, and identity.* Mark L. Savickas.

Savickas, M. L. (2020). Career construction theory and counseling model. In S. D. Brown & R. W. Lent (Eds.), *Career development and counseling: Putting theory and research to work.* (3rd ed., S. 165–200). Wiley & Sons.

Scheuer, D. (2020). *Akzeptanz von Künstlicher Intelligenz.* Springer. https://doi.org/10.1007/978-3-658-29526-4_5

Schreiber, M., & Gloor, P. A. (2020). Psychologie und künstliche Intelligenz (KI) – Parallelen, Chancen, Herausforderungen und ein Blick in die nahe Zukunft. In C. Negri & D. Eberhardt (Hrsg.), *Angewandte Psychologie in der Arbeitswelt* (S. 161–180). Springer.

Straub, J. (2010). Erzähltheorie/Narration. In G. Mey & K. Mruck (Hrsg.), *Handbuch Qualitative Forschung in der Psychologie* (S. 136–150). VS Verlag für Sozialwissenschaften.

von Schlippe, A., & Schweitzer, J. (2016). *Lehrbuch der systemischen Therapie und Beratung I.* Vandenhoeck & Ruprecht. https://doi.org/10.13109/9783666401855.29

White, M., & Epston, D. (1990). *Narrative means to therapeutic ends.* Norton.

Young, R. A., & Collin, A. (2004). Introduction: Constructivism and social constructionism in the career field. *Journal of Vocational Behavior, 64*(3), 373–388. https://doi.org/10.1016/j.jvb.2003.12.005

Prof. Dr. Marc Schreiber ist Professor für Laufbahn- und Persönlichkeitspsychologie am IAP Institut für Angewandte Psychologie der ZHAW Zürcher Hochschule für Angewandte Wissenschaften. Er berät Privatpersonen und Unternehmen in Fragen der Laufbahnentwicklung. Seine Schwerpunkte in Weiterbildung und Forschung liegen in den Bereichen Laufbahnberatung in der Arbeitswelt 4.0, Laufbahn- und Persönlichkeitspsychologie sowie qualitative (narrative) und quantitative Beratungsmethoden.

Narration gemäß der Career Construction Theorie (CCT)

Marc Schreiber

3.1 Einleitende Gedanken

Savickas (2019b, 2020) hat die CCT als theoretischen Rahmen innerhalb des Life Design Paradigmas konzipiert. Die CCT kann aber auch als narrativer Ansatz bezeichnet werden, der die beiden anderen Paradigmen wirksamer Beratung (lebenslanges Lernen und Passung) integriert. Zusammenfassend sind in Tab. 3.1 die bisher erläuterten zentralen Ebenen sowie die jeweilige Position der CCT, die auch im MPI übernommen werden (Kap. 4), zusammengefasst. Grundpfeiler stellen die erkenntnistheoretische Perspektive des sozialen Konstruktionismus und die Welthypothese des Kontextualismus nach Pepper (1942, 1972) im Kontext von Arbeiten 4.0 dar (siehe auch Tab. 1.1 und 1.2). Beratungspersonen unterstützen die Konstruktionsprozesse ihrer Klient*innen im gemeinsamen „Beratungsraum". Mithilfe von narrativen Verfahren unterstützen sie diese dabei, ihre (berufliche) Identität zu konstruieren sowie ein bedeutungsvolles (berufliches) Leben zu führen.

In der CCT geht Savickas (2019b, 2020) davon aus, dass Entwicklung weniger von inneren Reifungsprozessen, sondern vielmehr vom Leitmotiv der Adaptation („adaptation") an das soziale Umfeld angetrieben wird. Die Adaptation geschieht im Sinne des sozialen Konstruktionismus über das reflektierte Handeln im sozialen Kontext mit dem Ziel, das eigene Selbst zu konzipieren und es sinnvoll in die soziale Umgebung einzubetten. Dabei wird nicht nur das Selbst konzipiert („self-making"), sondern auch

---

M. Schreiber (✉)
IAP Institut für Angewandte Psychologie, ZHAW Zürcher Hochschule für Angewandte Wissenschaften, Zürich, Schweiz
E-Mail: marc.schreiber@zhaw.ch

© Der/die Autor(en), exklusiv lizenziert an Springer Fachmedien Wiesbaden GmbH, ein Teil von Springer Nature 2022
M. Schreiber (Hrsg.), *Narrative Ansätze in Beratung und Coaching*,
https://doi.org/10.1007/978-3-658-37951-3_3

Tab. 3.1 Grundpfeiler der CCT als theoretischer Rahmen (Savickas, 2019b, 2021)

Paradigma der beruflichen Laufbahnentwicklung:	Life Design
Rolle der Beratungsperson:	Konstruktionsunterstützer*in
Leitmotiv:	Adaptation an das soziale Umfeld
Arbeitswelt:	Arbeiten 4.0
Erkenntnistheoretische Perspektive/Welthypothese nach Pepper (1942, 1972):	Sozialer Konstruktionismus/Kontextualismus

die (berufliche) Identität herausgebildet (*„shaping an identity"*) und die (berufliche) Laufbahn konstruiert („constructing a career").

Analog zur Arbeitswelt wird auch das Selbst und insbesondere die berufliche Identität einer Person als veränderbar betrachtet. Identität resultiert gemäß Savickas (2012) aus einer Synthese zwischen dem Selbst und einer konkreten sozialen Rolle dieses Selbst. Es geht dabei darum, wie eine Person das eigene Selbst in diese soziale Rolle einbettet. Die Konstruktion dieses Selbst wird in der sozialen Interaktion im Rahmen eines Beratungsprozesses unterstützt. Savickas (2012, S. 14) beschreibt diesen Prozess wie folgt: „As one speaks one's story, so one makes oneself, and this self-constructing is a life project". Über konkrete Erfahrungen im sozialen Kontext der Arbeit, aber auch in anderen Lebensbereichen wie Familie oder Freizeit, adaptieren und aktualisieren sich Selbst und Identität kontinuierlich. Das Selbst wird also nicht selbstkonstruiert, sondern durch die soziale Interaktion mit der Umwelt ko-konstruiert (im Sinne des sozialen Konstruktionismus). Dabei kommt der Sprache eine zentrale Bedeutung zu. Auf der Basis von prototypischen Geschichten, in welchen sich Klient*innen in einem sozialen Kontext beschreiben, wird in der Beratung versucht, die für sie relevanten Aspekte und sinnstiftenden Zusammenhänge zu identifizieren, diese in ein kongruentes Selbst zu integrieren und dadurch sowohl die berufliche Identität als auch die berufliche Laufbahn weiterzuentwickeln.

Savickas (2016) bezieht sich bei dieser Entwicklung auf 4 Prozessschritte gemäß dem Lernzyklus von Kolb (1984). Analog dazu folgen die Konstruktionsprozesse gemäß der CCT einem Ablauf mit 4 Phasen (Savickas, 2011a, 2020; Schreiber, 2021b). Tab. 3.2 beinhaltet nebst dem Lernzyklus von Kolb (1984) und den Konstruktionsprozessen zusätzlich die 4 Phasen des Erlebens der Klient*innen während einer Beratung gemäß der CCT. Bei der ersten Phase nach Kolb (1984) geht es darum, konkrete Erfahrungen im sozialen Kontext zu machen *(feeling)*. Gemäß der CCT wird die erste Phase als Phase der Konstruktion bezeichnet. Dabei geht es darum, kleine Geschichten über sich selbst zu erzählen, z. B. mithilfe des Career Construction Interviews (CCI; Savickas, 2012, 2019a; Kap. 6; Kap. 7). Mithilfe der Geschichten wird im Erleben der Klient*innen die mit der Herausforderung verbundene Spannung („tension") aufgebaut. Die zweite Phase beinhaltet das Beobachten und die Reflexion der Erfahrungen („watching") und damit verbunden das Setzen des Aufmerksamkeitsfokus („attention") bei den Klient*innen.

3 Narration gemäß der Career Construction Theorie (CCT)

Tab. 3.2 Lernzyklus nach Kolb (1984), Konstruktionsprozesse gemäß der CCT und Erleben der Klient*innen nach Savickas (2011a, 2019a, 2020)

Lernzyklus nach Kolb (1984)	Konstruktionsprozesse gemäß der CCT	Erleben der Klient*innen
1. Konkrete Erfahrung (Fühlen, „feeling")	Konstruktion	Spannung („tension")
2. Beobachtung und Reflexion (Zusehen, „watching")	Dekonstruktion	Aufmerksamkeitsfokus („attention")
3. Bildung abstrakter Begriffe (Denken, „thinking")	Rekonstruktion	Intentionsbildung („intention")
4. Aktives Experimentieren (Handeln, „doing")	Ko-Konstruktion	Erweiterung („extension")

Anmerkung: Englische Originalbezeichnungen sind in Klammern aufgeführt.

Gemäß der CCT werden in dieser Phase die Erfahrungen aus verschiedenen Perspektiven im Detail analysiert und dekonstruiert (Dekonstruktion). Dabei wird zwischen 2 unterschiedlichen Perspektiven auf das Selbst, nämlich dem „I" und dem „me", unterschieden. Das „I" beobachtet und analysiert das „me" und die in der vorhergehenden Phase konstruierten Geschichten über dieses „me".

Savickas (2020, S. 166) führt diesen Prozess wie folgt aus:

> „In sum, the self as 'I' denotes mental processes that enable people to take themselves as an object of attention and think self-consciously about their characteristics, motives, and experiences. The self as 'me' denotes an emergent awareness that is culturally shaped, socially constituted, and linguistically narrated."

Über diesen sprachorientierten Prozess gelangt man zur dritten Phase der Bildung abstrakter Begriffe („thinking"). Klient*innen konzipieren in dieser Phase einen Erklärungsansatz für das eigene Selbst, die (berufliche) Identität sowie die (berufliche) Laufbahn. Gemäß der CCT wird diese Phase, in der ein bedeutungsvolles Lebensporträt erstellt wird, Rekonstruktion genannt. Das Lebensporträt kann in sprachlicher Form (Kap. 6; Kap. 7) oder auch mithilfe der sprachlich und visuell ausgerichteten beruflichen Identitätskarte (ID) festgehalten werden (Schreiber, 2021b; Schreiber et al., 2020) (Abb. 5.3). Die beiden Formen können auch miteinander kombiniert werden (Abschn. 5.2). Das Lebensporträt dient im Beratungsprozess der Intentionsbildung („intention"). In der vierten Phase geht es um das aktive Experimentieren im Sinne der Umsetzung des erstellten Lebensporträts („doing"). Gemäß der CCT wird diese Phase Ko-Konstruktion genannt mit dem Ziel der Erweiterung („extension") von Selbst, (beruflicher) Identität und Laufbahn der Klient*innen. Die Lernzyklen nach Kolb (1984) und dadurch auch die Konstruktionsprozesse gemäß der CCT sowie das Erleben der Klient*innen können auch mit der PSI-Theorie in Bezug gebracht werden (Abschn. 4.3).

Sie spielen in der Beratungsarchitektur, die ich in Abschn. 5.3 ausführe, eine zentrale Rolle.

Mit einem Beratungsprozess gemäß der CCT wird das Ziel verfolgt, Klient*innen dabei zu unterstützen, in herausfordernden beruflichen Situationen nicht im passiven Erleiden zu verharren, sondern die Herausforderung proaktiv zu bewältigen („turning passive suffering into active mastery"; Savickas, 2019a, S. 40). Ähnlich wie die PSI-Theorie von Kuhl (2005, 2010, 2018) geht somit auch die CCT davon aus, dass Entwicklung nicht nur durch positive Erfahrungen ausgelöst wird, sondern häufig auf Unzufriedenheit, Frust oder gar einen Schicksalsschlag folgt. Hier zeigt sich die Ausgewogenheit und in einem gewissen Sinne auch die Ganzheitlichkeit der CCT. Sie beinhaltet eine umfassende Beschreibung und Erklärung des Erlebens und Handelns von Personen bei der Konstruktion ihrer beruflichen Laufbahn und adressiert dabei die beiden folgenden Fragen:

1. Welches sind die Konzepte (Inhalte), die relevant sind für das Verständnis der Selbst-Konzeption („self-making"), des Herausbildens einer (beruflichen) Identität („shaping an identity")sowie der (beruflichen) Laufbahnkonstruktion („constructing a career")?*(beschreibend)*
2. Welche Entwicklungsprozesse der Selbst- und Identitätskonstruktion sind relevant für die Funktionsweise dieser Konzepte? *(erklärend)*

Als Antwort auf die beiden Fragen liefert die CCT je eine Metatheorie (eine Theorie über eine Theorie) – ein metatheoretisches Inhaltsmodell für die beschreibenden inhaltlichen Theorien bei der Selbst- und Identitätskonstruktion und ein metatheoretisches Prozessmodell für die erklärenden Entwicklungsprozesse (Tab. 3.3). Die Differenzierung zwischen den beschreibenden Inhalten und erklärenden Prozessen unterstreicht auch die psychologische Fundierung der CCT. Dabei sind Parallelen zu aktuellen Entwicklungen innerhalb der Persönlichkeitspsychologie erkennbar. Neuere Ansätze der Persönlichkeitspsychologie richten den Fokus neben der starken Tradition des Beschreibens der letzten Jahrzehnte wieder vermehrt auf das Erklären des menschlichen Erlebens und Handelns (Baumann & Kuhl, 2021; Cervone & Little, 2019; DeYoung, 2015; McAdams & Pals, 2006; Quirin et al., 2020). In Kap. 4 werde ich sowohl auf die PSI-Theorie von Kuhl (2005, 2010, 2018) als auch auf die Metatraits Stabilität und Plastizität der kybernetischen Big-Five-Theorie (*Cybernetic Big Five Theory*, CB5T) von DeYoung (2015) eingehen und diese neueren Ansätze in den Rahmen des MPI integrieren.

Den beiden Metatheorien übergeordnet spielen die „drei Ebenen des Selbst" nach McAdams (1995, 2013) als Rahmenmodell der CCT ebenfalls eine zentrale Rolle (Tab. 3.3).

Tab. 3.3 Rahmenmodell und Metatheorien der Career Construction Theorie (CCT) nach Savickas (2019b, 2020)

	Paradigma der Passung („vocational guidance")	**Paradigma des lebenslangen Lernens („career education")**	**Paradigma des Life Design („life design")**
Übergeordnetes Rahmenmodell: „Drei Ebenen des Selbst" (McAdams, 1995, 2013)	Selbst als soziale*r Akteur*in („actor")	Selbst als motivierte*r Agent*in („agent")	Selbst als autobiografische*r Autor*in („author")
Metatheoretisches Prozessmodell (erklärend) (Ford, 1987; Vondracek & Porfeli, 2008; Vondracek et al., 2019)	Selbstorganisation („self-organizing")	Selbstregulation („self-regulating")	Selbstkonzeption („self-conceiving")
Metatheoretisches Inhaltsmodell (beschreibend) (Bakan, 1966; Hogan, 1983)	Streben nach Eigenständigkeit („agency"; „getting ahead") Streben nach Gemeinschaft („communion"; „getting along")		

Anmerkung: Englische Originalbezeichnungen sind in Klammern aufgeführt.

3.2 Übergeordneter Rahmen – „Drei Ebenen des Selbst"

Die Konstruktion des Selbst wird in der CCT (Savickas, 2011c, 2011b, 2019b, 2020) aus 3 sich überlagernden Perspektiven heraus betrachtet: Selbst als Objekt (Akteur*in), Selbst als Subjekt (Agent*in) und Selbst als Projekt (Autor*in; Tab. 3.3). Die 3 Ebenen des Selbst beziehen sich gemäß McAdams (2013, 2015; McAdams & Olson, 2010) auf die ontogenetische Entwicklung und dabei insbesondere auf die Interaktionen mit dem sozialen und kulturellen Umfeld einer Person. Im Laufe der Entwicklung werden die 3 Perspektiven des Selbst konzipiert und (berufliche) Identitäten herausgebildet sowie (berufliche) Laufbahnen konstruiert (siehe Abb. 3.1). Als erste Ebene, ab der frühen Kindheit (2.–3. Lebensjahr), entwickelt sich die Ebene des Selbst als soziale*r Akteur*in (Objekt). Auf dieser Ebene bilden sich Persönlichkeitseigenschaften und Rollen für das Erleben und Handeln auf der sozialen Bühne im Hier und Jetzt aus. Personen mit ihren Eigenschaften und Rollen agieren innerhalb ihres Kontextes als soziale Akteure und werden dabei als Objekte betrachtet. Die Ebene des Selbst als Akteur*in entspricht dem objektiven und „faktenorientierten" Paradigma der Passung zwischen Persönlichkeitseigenschaften und Berufen (Tab. 1.2). Anschließend bildet

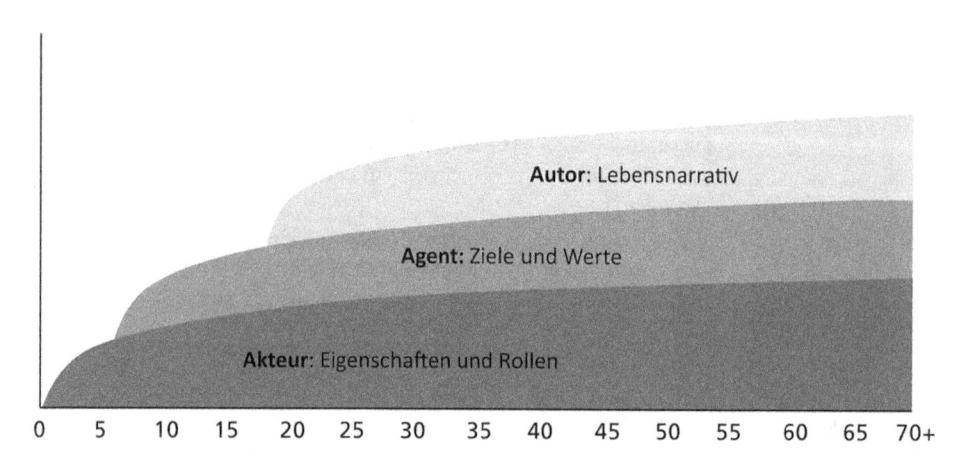

Abb. 3.1 „Drei Ebenen des Selbst" nach McAdams (2013) (Aus: Schreiber, M. 2020b. Wegweiser im Lebenslauf. Kohlhammer, S. 73)

sich ab dem 7.–9. Lebensjahr die Ebene des Selbst als motivierte*r Agent*in (Subjekt), welche mit einer motivationalen Agenda für die Zukunft einhergeht. Die berufliche Laufbahn wird gemäß den subjektiven Zielen und Werten der Klient*innen gemanagt. Diese Ebene korrespondiert mit dem „zielorientierten" Paradigma des lebenslangen Lernens, in dem sich Personen für die Zielumsetzung kontinuierlich an ihre (soziale) Umwelt adaptieren (Tab. 1.2). Ab der Adoleszenz, respektive dem jungen Erwachsenenalter (15.–25. Lebensjahr), entwickelt sich die Ebene des Selbst als autobiografische*r Autor*in (Projekt). Hier werden Vergangenheit, Gegenwart und Zukunft mithilfe sinnstiftender und bedeutungsvoller sozialer Narrative integriert. Diese Ebene entspricht dem „narrationsorientierten" Paradigma des Life Designs, in dem Personen ihre Berufung sowie Sinnhaftigkeit suchen (Tab. 1.2).

Eine flexible Identität dient als Rahmen, in welchem die Eigenschaften des Selbst als Objekt (Akteur*in) in einer kontinuierlichen Geschichte des Selbst als Projekt (Autor*in) mit dem nach subjektiven Zielen strebenden Selbst als Subjekt (Agent*in) vereint werden kann. Hartung und Vess (2016, S. 32) formulieren dies wie folgt:

> „This permits viewing individuals as, respectively, social actors who display dispositions that fit corresponding types of work environments, motivated agents who develop readiness to fit work into life, and autobiographical authors who reflexively form themselves and their careers through self-defining narratives."

Wie bereits erwähnt unterscheidet Savickas (2019b, 2020) nebst dem übergeordneten Rahmenmodell zwischen erklärenden psychologischen Prozessen der Selbst- und Identitätskonstruktion und beschreibenden inhaltlichen Theorien (Tab. 3.3). Letztere enthalten mögliche *kognitive Schemata* der Informationsverarbeitung und Bewertung von Situationen sowie *Strategien zur erfolgreichen Adaptation* im sozialen Kontext, dem Leitmotiv der CCT. Die kognitiven Schemata und Anpassungsstrategien sind als

3   Narration gemäß der Career Construction Theorie (CCT)

```
                    ┌─────────────────────────────┐
                    │  Streben nach Eigenständigkeit │
                    │   (agency; Bakan, 1966);     │
                    │  Status (auch: Soziabilität) │
                    │  (getting ahead; Hogan, 1983)│
                    └─────────────────────────────┘
                                 │
┌──────────────────────────┐     │     ┌──────────────────┐
│ Streben nach Gemeinschaft│     │     │   Entfremdung    │
│  (communion; Bakan, 1966);├─────┼─────┤   (alienation)   │
│ Anschluss (auch: Konformität)│   │     │                  │
│ (getting along; Hogan, 1983)│   │     └──────────────────┘
└──────────────────────────┘     │
                                 │
                    ┌─────────────────────────────┐
                    │         Passivität          │
                    │         (passivity)         │
                    └─────────────────────────────┘
```

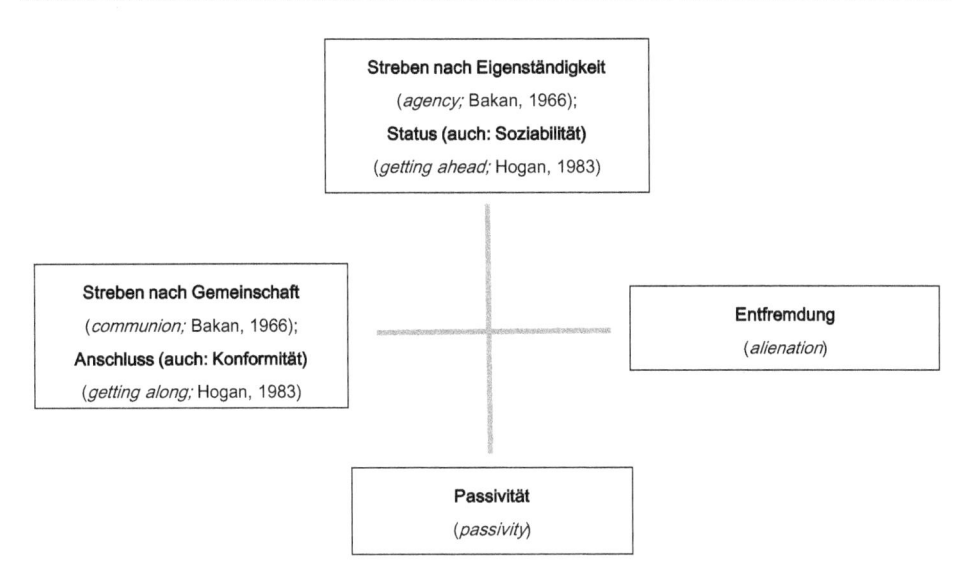

Abb. 3.2 Metatheoretisches Inhaltsmodell der Career Construction Theorie (CCT; Savickas, 2019b, S. 9; eigene Übersetzung)

funktionale Muster im Sinne von Vorlagen zur Vereinfachung der individuellen Prozesse der Selbst- und Identitätskonstruktion zu verstehen. Die darin verankerten inhaltlichen Theorien der CCT haben eine primär beschreibende Funktion. Sie bestehen aus gut etablierten Theorien und sind durch ihren Bezug zum metatheoretischen Inhaltsmodell von Bakan (1966) in welchem zwischen dem Streben nach Eigenständigkeit („agency") und dem Streben nach Gemeinschaft („communion") unterschieden wird, miteinander verbunden. Savickas (2019b) geht davon aus, dass sich die kognitiven Schemata der Informationsverarbeitung und Situationsbewertung sowie Strategien zur erfolgreichen sozialen Adaptation aufgrund dieser beiden grundsätzlich verschiedenen Bewertungs- und Anpassungsarten – der „Dualität der menschlichen Existenz" – entwickeln. Abb. 3.2 bildet die beiden Dimensionen ab. Streben nach Eigenständigkeit („agency") geht gemäß Bakan (1966) einher mit Eigenständigkeit, Selbstbehauptung sowie -entfaltung. Den Gegenpol bezeichnet er mit Passivität („passivity"). In der Terminologie der sozioanalytischen Persönlichkeitstheorie von Hogan (1983) entspricht diese Dimension dem Streben nach Status sowie der Soziabilität („getting ahead"). Das Streben nach Gemeinschaft („communion") geht einher mit Gemeinschaft, Kooperation sowie Bindung und der entsprechende Gegenpol wird als Entfremdung („alienation") bezeichnet (Bakan, 1966). Hogan (1983) spricht vom Streben nach Anschluss oder sozialer Anerkennung sowie von Konformität („getting along").

Die erklärenden Prozesse der Selbst- und Identitätskonstruktion der CCT basieren auf dem metatheoretischen Prozessmodell von Ford (1987), das einen engen Bezug zum übergeordneten Rahmenmodell der „drei Ebenen des Selbst" (McAdams, 1995, 2013) aufweist. Savickas (2019b, 2020) unterscheidet mit Bezug zu Ford (Vondracek & Porfeli, 2008; Vondracek et al., 2019; 1987) zwischen 3 autopoietischen Prozessen, die es Menschen ermöglichen, berufliche Unsicherheiten und Herausforderungen erfolgreich in berufliche Chancen umzuwandeln: Selbstorganisation („self-organizing"), Selbstregulation („self-regulating") und Selbstkonzeption („self-conceiving"). Bezogen auf das übergeordnete Rahmenmodell der „drei Ebenen des Selbst" kann festgehalten werden, dass sich das Selbst als soziale*r Akteur*in *selbstorganisiert,* das Selbst als motivierte*r Agent*in *selbstreguliert* und schließlich das Selbst als autobiografische*r Autor*in *selbstkonzipiert.* Gemäß Savickas (2019b) sind die 3 Prozesse der Selbst- und Identitätskonstruktion – Selbstorganisation, Selbstregulation und Selbstkonzeption – bereits ab der frühen Kindheit aktiv. Somit überlagern sich die „drei Ebenen des Selbst", auch wenn im frühkindlichen Alter gemäß der ontogenetischen Entwicklung die Prozesse der Selbstorganisation und die damit verbundenen individuellen Eigenschaften im Vordergrund stehen. Gegen Ende der Kindheit nehmen die Selbstregulationsprozesse sowie die damit einhergehenden Verhaltensweisen zur Umsetzung individueller Ziele an Bedeutung zu. Während der späten Adoleszenz und im jungen Erwachsenenalter nehmen die Prozesse der Selbstkonzeption und damit einhergehend die autobiografischen Bedeutungszuschreibungen denselben Stellenwert ein wie die beiden anderen Prozesse. Zusammen bilden die 3 Prozesse die Basis für die Ausgestaltung eines kohärenten und kontinuierlichen Selbst.

In der Folge wird die CCT (Savickas, 2019b, 2020) mit den beschreibenden Inhalten sowie den erklärenden Prozessen der Selbst- und Identitätsentwicklung erläutert. Tab. 3.4 beinhaltet die dafür relevanten Theorien und zeigt, dass sowohl die kognitiven Schemata der Informationsverarbeitung und Bewertung von Situationen als auch die Strategien zur erfolgreichen Adaptation im sozialen Kontext zuerst nach den „drei Ebenen des Selbst" differenziert und weiter in je 4 Felder eingeteilt werden. Diese Vierteilung erfolgt in der Regel entlang von 2 Dimensionen. So basieren beispielsweise die 4 Bindungsschemata auf den beiden Dimensionen „Ängstlichkeit" und „(soziale) Vermeidung". Die Einteilung in die 4 Felder und die damit verbundene Typologisierung kann gemäß Savickas (2019b) als Rahmen für die Praxis genutzt werden.

Die folgenden Ausführungen zur CCT erfolgen entlang der „drei Ebenen des Selbst" (Rahmenmodell). Zuerst werden die Selbstorganisationsprozesse sowie die Inhalte des Selbst als soziale*r Akteur*in beschrieben, gefolgt von den Selbstregulationsprozessen und Inhalten des Selbst als motivierte*r Agent*in sowie den Selbstkonzeptionsprozessen und Inhalten des Selbst als autobiografische*r Autor*in. Die 3 Prozesse der Selbst- und Identitätskonstruktion des metatheoretischen Prozessmodells der CCT werden also den entsprechenden Ebenen des „Selbst" zugeordnet. Savickas (2020) hält wie bereits erwähnt fest, dass diese Prozesse zwar voneinander unterscheidbar sind, aber als angeborene Prozesse immer parallel ablaufen. Somit ist die Zuordnung im Sinne einer didaktischen Vereinfachung zu sehen. Für Praxis und Theorie gilt es zu beachten, dass z. B. Selbstkonzeptionsprozesse (Selbst als Autor*in) immer auch Aspekte des Selbst als Akteur*in sowie des Selbst als Agent*in beinhalten können.

Tab. 3.4 Modell der Career Construction Theorie (CCT) nach Savickas (2019b, 2020)

Übergeordneter Rahmen nach McAdams (1995, 2013)	Selbst als soziale*r Akteur*in		Selbst als motivierte*r Agent*in		Selbst als autobiografische*r Autor*in	
Metatheoretisches Prozessmodell der Selbst- und Identitätskonstruktion (erklärend) (Ford, 1987; Vondracek & Porfeli, 2008; Vondracek et al., 2019)	Selbstorganisation („self-organizing") Selbstwahrnehmung („self-awareness") Selbstevaluation („self-evaluation")		Selbstregulation („self-regulating") Selbststeuerung („self-direction") Selbstmanagement („self-management") Selbstmonitoring („self-monitoring")		Selbstkonzeption („self-conceiving") Selbstrepräsentation („self-representation") Selbstkohärenz („self-coherence")	
Inhaltliche Theorien: Kognitive Schemata der Informationsverarbeitung und Bewertung von Situationen	Bindung („attachment"): [Ängstlichkeit/(soziale) Vermeidung]		Motivationale Ausrichtung („motivational focus"): [Annäherung/Vermeidung]		Reflexivität („reflexivity"): [Denken, Sprechen/Handeln] [Eigenständigkeit/Gemeinschaft]	
	Sicher	Unsicher-vermeidend	Gemischt	Annäherung	Autonom	Meta-Reflexivität
	Unsicher-ambivalent	Desorganisiert	Vermeidung	Weder noch	Kommunikativ	Gebrochen
Inhaltliche Theorien: Strategien zur Adaptation im sozialen Kontext	Persönlichkeitseigenschaften („disposition"): [Soziabilität (Eigenständigkeit)/Konformität (Gemeinschaft)]		Adaptabilität („adaptability"): [vorausschauen/um sich schauen]		Identität („identity"): [Eigenständigkeit/Gemeinschaft] [Exploration/Selbstverpflichtung]	
	Alpha-Disposition	Gamma-Disposition	Interesse, Kontrolle, Neugier, Zuversicht	Kontrolle, Zuversicht	Informiert Erarbeitet	Vermeidend Kritisch
	Beta-Disposition	Delta-Disposition	Interesse, Neugier	(sich umsehend)	Normativ Übernommen	(Vermeidend) Diffus

(Fortsetzung)

Tab. 3.4 (Fortsetzung)

Übergeordneter Rahmen nach McAdams (1995, 2013)	Selbst als soziale*r Akteur*in	Selbst als motivierte*r Agent*in	Selbst als autobiografische*r Autor*in
Metatheoretisches Inhaltsmodell der Selbst- und Identitätskonstruktion (beschreibend) (Bakan, 1966; Hogan, 1983)	Streben nach Eigenständigkeit („agency"; „getting ahead") Streben nach Gemeinschaft („communion"; „getting along")		

Anmerkung: Englische Originalbezeichnungen sind in Klammern aufgeführt. Bei den inhaltlichen Theorien werden die beiden Dimensionen, anhand derer die 4 Felder gebildet werden, jeweils in eckigen Klammern aufgeführt. Dazu ein Hinweis: Während die (soziale) Vermeidung bei der Bindung auf den sozialen Kontakt bezogen ist, geht es bei der Vermeidung bei den Motiven um das Verfolgen von Zielen.

3.3 Selbstorganisierende*r soziale*r Akteur*in

> „Self-organization produces an attachment schema and a dispositional strategy for interpersonal relationships and social roles (Savickas, 2020, S. 169)."

Selbstorganisation („self-organizing") umfasst die Prozesse der Selbstwahrnehmung („self-awareness") und Selbstevaluation („self-evaluation") im Sinne von mentalen Prozessen des selektiven Bewusstwerdens, Differenzierens sowie Integrierens von Wissen, Kompetenzen, Überzeugungen und Erfahrungen einer Person. Ein konsistentes Wahrnehmen von Eigenschaften und Verhaltensweisen ermöglicht es bereits Kleinkindern, bestimmte Verhaltensweisen auf ähnliche Situationen zu übertragen. Das Selbst als soziale*r Akteur*in entwickelt sich im Familienkontext. Kleinkinder übernehmen dabei soziale Kategorien wie das Geschlecht oder die soziale Klasse, mit denen sie aufwachsen. Savickas (2019b, 2020) spricht vom „self-organizing actor" und schlägt in der CCT die Bindungstheorie von Bowlby (1982) als kognitives Schema vor. Die Bindungsschemata dienen der Organisation und Stabilisierung der Persönlichkeitseigenschaften, die in der CCT als Strategien zur Adaptation im sozialen Kontext betrachtet werden (Tab. 3.4). Aufgrund des starken Einflusses der primären Bezugspersonen wie Mutter und Vater geht Savickas (2019b, 2021; siehe auch Kuhl, 2018) von der sogenannten „Introjektion" durch die primären Bezugspersonen aus. Damit ist gemeint, dass diese sowohl den Bindungsstil als auch die Persönlichkeitseigenschaften der Kinder stark beeinflussen. Nebst diesem Einfluss („influence") durch Introjektion („introjection") spricht Savickas (2020) von der Identifikation („identification") durch Inkorporation („incorporation"), beispielsweise durch Vorbilder und Rollenmodelle, als zweite Form des Internalisierens von Bindungsstilen und Persönlichkeitseigenschaften. Die Prozesse der Selbstorganisation werden durch beide Formen des Internalisierens – also Einfluss der Eltern (primäre Bezugspersonen) und Identifikation mit Rollenmodellen – sowie deren Einbettung in den kulturellen Kontext bestimmt. Im Rahmen einer Beratung macht es Sinn, das Selbst als Akteur*in unter beiden Gesichtspunkten zu betrachten, also sowohl den Einfluss der primären Bezugspersonen als auch die Identifikation mit selbst gewählten Rollenmodellen zu reflektieren (Kap. 6 und 8). Als Rollenmodelle kommen dabei auch Film- oder Comicfiguren infrage.

Mit Blick auf die Bindungstheorie von Bowlby (1982) unterscheidet Savickas (2019b) zwischen den 4 Bindungsschemata sicher, unsicher-ambivalent, unsicher-vermeidend und desorganisiert. Die Bindungsschemata lassen sich entlang der beiden Dimensionen „Ängstlichkeit" und „Vermeidung" – bezogen auf soziale Situationen – in einem Vier-Felder-Schema anordnen (Tab. 3.4; Abb. 3.3). Eine sichere Bindung geht in der Regel einher mit einer geringen Ängstlichkeit sowie einer geringen Vermeidung und sie führt tendenziell zu einer höheren Anstrengungsbereitschaft und zu mehr (beruflichem) Erkundungsverhalten. Personen mit einer sicheren Bindung sehen sowohl sich selbst als auch andere als positiv und sie können mit Intimität und Autonomie gleichermaßen gut umgehen. Die beiden unsicheren Formen der Bindung unterscheiden

geringe Vermeidung;
extravertiert (Soziabilität)

sicher
Alpha

unsicher-
ambivalent
Gamma

geringe
Ängstlichkeit;
Normen
akzeptierend
(Konformität)

hohe
Ängstlichkeit;
Normen infrage
stellend

unsicher-
vermeidend
Beta

desorganisiert
Delta

hohe Vermeidung;
introvertiert

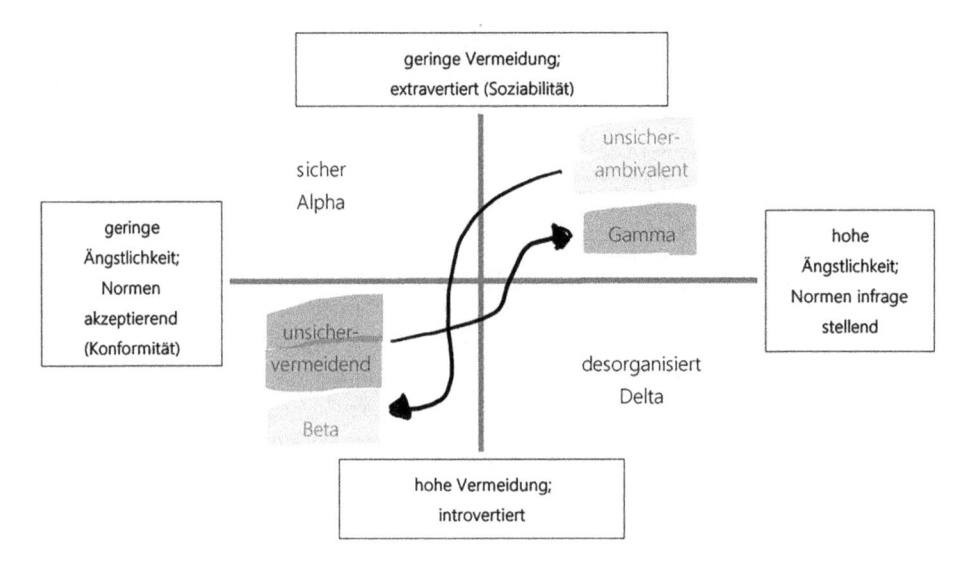

Abb. 3.3 Bindungsschemata und Persönlichkeitseigenschaften des Selbst als soziale*r Akteur*in (Savickas, 2019b, S. 20; eigene Übersetzung)

sich gemäß Bowlby (1982) aufgrund zweier unterschiedlicher Formen der Unsicherheit. Bei der unsicher-ambivalenten Bindung rührt die Unsicherheit aus einer Angst vor dem Verlassenwerden und bei der unsicher-vermeidenden Bindung resultiert sie aus dem Vermeiden von Intimität (Savickas, 2019b). Eine unsicher-ambivalente Bindung geht mit hoher Ängstlichkeit und geringer Vermeidung einher. Personen sehen sich selbst eher negativ und andere positiv, was zu einer geringen Autonomie und Vorsicht gegenüber Intimität führen kann. Auf berufliche Entscheidungen bezogen kann das bedeuten, dass Entscheidungen der Eltern ohne kritische Prüfung übernommen werden. Eine unsicher-vermeidende Bindung geht mit geringer Ängstlichkeit und hoher Vermeidung einher. Personen sehen sich selbst eher positiv und andere negativ. Autonomie ist für sie deshalb sehr wichtig. Das kann zu beruflicher Unentschlossenheit und Vermeidung von beruflichen Verpflichtungen führen. Schließlich geht eine desorganisierte Bindung einher mit hoher Ängstlichkeit und hoher Vermeidung. Personen sehen sich selbst und andere eher negativ mit der Folge, dass sie sich in sozialen Interaktionen unwohl und ängstlich fühlen. Auf den Beruf bezogen kann dies wiederum zu Unentschlossenheit führen.

Kinder wählen Rollenmodelle, die sie als Schablone für ein konstruktives Bewältigen ihrer Herausforderungen und Befürchtungen verwenden. Durch diese Inkorporationsprozesse der Identifikation und Nachahmung entwickeln sie Eigenschaften, die denen ihrer Vorbilder oder Rollenmodelle ähneln. Betrachtet man die Persönlichkeitseigenschaften, so unterscheidet Savickas (2019b) nach Hogan (1983) und Gough (1987) zwischen den beiden Dimensionen Soziabilität (Hogan), respektive „extravertiert – introvertiert" (Gough) und Konformität (Hogan), respektive „Normen akzeptierend – Normen infrage stellend" (Gough). Gemäß Savickas (2019b) verläuft Gough's dimensionales Schema parallel zum metatheoretischen Inhaltsmodell der CCT. So entspricht die interpersonale Orientierung in Richtung sozialer Beziehungen („extravertiert – introvertiert") dem Streben nach Eigenständigkeit („agency") gemäß Bakan (1966) und die Orientierung in Richtung sozialer Anpassung („Normen akzeptierend – Normen infrage stellend") dem Streben nach Gemeinschaft („communion") (Abb. 3.2).

Savickas (2019b, 2020) stellt einen direkten Bezug her zwischen den 4 Bindungsschemata und den Persönlichkeitseigenschaften (Tab. 3.4; Abb. 3.3). Eine sichere Bindung (geringe Ängstlichkeit und geringe Vermeidung) führt tendenziell zu hoher Soziabilität und hoher Konformität (Alpha-Disposition). Personen mit einer Alpha-Disposition tendieren dazu, sich als ehrgeizig, aktiv, produktiv und sozial ausgeglichen zu beschreiben. Eine unsicher-ambivalente Bindung (hohe Ängstlichkeit und geringe soziale Vermeidung) führt tendenziell zu geringer Soziabilität und hoher Konformität (Beta-Disposition).[1] Personen mit einer Beta-Disposition sehen sich selbst als ethisch, gewissenhaft, verlässlich, bescheiden, ausdauernd und verantwortungsbewusst. Eine unsicher-vermeidende Bindung (geringe Ängstlichkeit und hohe soziale Vermeidung) führt tendenziell zu hoher Soziabilität und geringer Konformität (Gamma-Disposition). Personen mit einer Gamma-Disposition beschreiben sich selbst als innovativ, offen, vielseitig und klug. Schließlich führt eine desorganisierte Bindung (hohe Ängstlichkeit und hohe soziale Vermeidung) tendenziell zu geringer Soziabilität und geringer Konformität (Delta-Disposition). Personen mit Delta-Disposition sehen sich selbst als schüchtern, ruhig, zurückgezogen, distanziert und stark mit sich selbst beschäftigt. Savickas (2020) bezieht diese 4 Dispositionen in der CCT auf das zwischenmenschliche und berufliche Verhalten, nicht aber auf die beruflichen Interessen (z. B. Holland, 1997). Diese betrachtet er aus der Perspektive des Selbst als motivierte*r Agent*in.

3.4 Selbstregulierende*r motivierte*r Agent*in

„Self-regulation produces a motivational schema and adaptability strategy for fitting into social roles." (Savickas, 2020, S. 169)

Selbstregulation („self-regulating") umfasst die Prozesse der Selbststeuerung („self-direction") für das Entwickeln eigener Ziele, des Selbstmanagements („self-management") für die Ausführung geplanter Verhaltensweisen zur Zielumsetzung sowie des Selbstmonitorings („self-monitoring") für deren Fortschrittsüberprüfung. Als Ergebnis dieser Selbstregulationsprozesse, welche ab dem mittleren Kindesalter im Zuge der

---

[1] Gemäß Savickas (persönliche Kommunikation, 15. Dezember 2021) führt die unsicher-ambivalente Bindung zur Beta-Disposition (gelb markiert in Abb. 3.3) und die unsicher-vermeidende Bindung zur Gamma-Disposition (violett markiert in Abb. 3.3). In Savickas (2019b, S. 20) ist die Zuordnung falsch abgebildet.

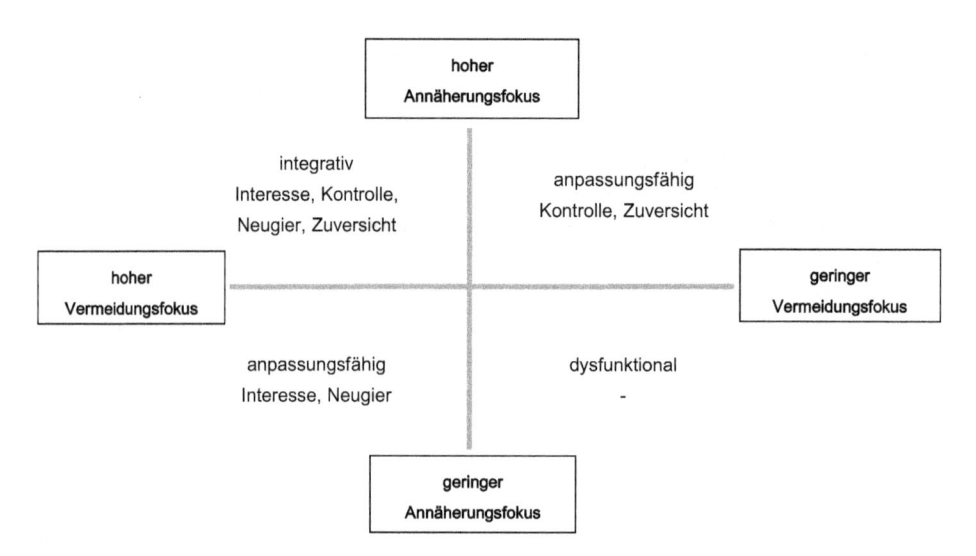

```
                        hoher
                   Annäherungsfokus
                          |
         integrativ       |    anpassungsfähig
    Interesse, Kontrolle, |    Kontrolle, Zuversicht
      Neugier, Zuversicht |
                          |
  hoher ------------------+------------------ geringer
  Vermeidungsfokus        |                   Vermeidungsfokus
                          |
      anpassungsfähig     |    dysfunktional
      Interesse, Neugier  |    -
                          |
                       geringer
                   Annäherungsfokus
```

Abb. 3.4 Motivationale Schemata und Ressourcen der Laufbahn-Adaptabilität des Selbst als motivierte*r Agent*in (Savickas, 2019b, S. 28; eigene Übersetzung)

Einbettung des eigenen Selbst in Schule und Gesellschaft an Relevanz dazugewinnen, entwickeln sich Entscheidungsstrategien, Werte, Interessen, Motive und Ziele, die auch die berufliche Laufbahnentwicklung betreffen. Savickas (2019b, 2020) spricht vom „self-regulating agent" und unterscheidet bei den kognitiven Schemata zwischen unterschiedlichen motivationalen Ausrichtungen. Er bezieht sich dabei auf Higgins (1997), der zwischen dem Annäherungs- („promotion") und dem Vermeidungsfokus („prevention") unterscheidet (Tab. 3.4; Abb. 3.4). Die daraus resultierenden konkreten Ziele werden mithilfe unterschiedlicher Strategien der Adaptation umgesetzt. Dabei fokussiert Savickas (2019b) auf 2 unterschiedliche Strategien der Adaptabilität, nämlich „vorausschauen" („look ahead") und „um sich schauen" („look around").

Gemäß Savickas (2020) stehen die motivationalen Schemata in einem Bezug zur kindlichen Bindung, die sich ontogenetisch bereits früher entwickelt. Dabei spielt die elterliche Erziehung eine wichtige Rolle. Eine Erziehung, die geprägt ist von elterlicher Fürsorge in Richtung der Pflege- und Ernährungsbedürfnisse sowie der Förderung der Kompetenzen des Kindes, geht einher mit Selbstregulationsprozessen, die darauf fokussieren, „etwas erreichen zu wollen" (Annäherungsfokus). Demgegenüber geht eine elterliche Erziehung, die geprägt ist von elterlicher Fürsorge in Richtung der Sicherheitsbedürfnisse sowie der Übernahme bestimmter Normvorstellungen, eher einher mit Selbstregulationsprozessen in Richtung, „etwas vermeiden zu wollen" (Vermeidungsfokus). Entlang der beiden Dimensionen Annäherung und Vermeidung, die sich auf die Prozesse der Zielumsetzung (und nicht wie bei den Bindungsschemata auf soziale Situationen) beziehen, und mit Bezug zu den Bindungsschemata wird in der CCT

Tab. 3.5 Komponenten einer erfolgreichen Adaptation gemäß der Career Construction Theorie (CCT; Savickas, 2019b, 2020)

Wollen	Können	Verhalten	Ergebnisse
Adaptations-Bereitschaft („adaptive readiness")	Adaptabilitäts-Ressourcen („adaptability resources"): Interesse („concern") Kontrolle („control") Neugier („curiosity") Zuversicht („confidence")	Adaptations-Verhalten („adapting responses"): Orientieren („orientation") Erkunden („exploring") Entscheiden („deciding") Planen („planning") Problemlösen („problem-solving")	Adaptations-Ergebnisse („adaptation results")

Anmerkung: Englische Originalbezeichnungen sind in Klammern aufgeführt.

zwischen 4 verschiedenen motivationalen Schemata unterschieden (Tab. 3.4; Abb. 3.4). Eine sichere Bindung führt tendenziell zu einem gemischten motivationalen Fokus (Annäherung und Vermeidung) beim Verfolgen von Zielen. Eine unsicher-ambivalente Bindung führt in der Regel zu einem Vermeidungsfokus und eine unsicher-vermeidende Bindung zu einem Annäherungsfokus beim Erreichen von Zielen. Eine desorganisierte Bindung hingegen ist mit keinem motivationalen Fokus verbunden und kann entsprechend damit einhergehen, dass eine Person keine motivationalen Ziele entwickelt. Der selbstregulatorische Fokus des motivationalen Schemas einer Person beeinflusst die Art und Weise, wie sie in einer beruflichen Übergangssituation, die meist mit konkreten Herausforderungen einhergeht, handelt. Savickas (2020) identifiziert 3 mögliche berufliche Transitionen, welche im Sinne des Selbst als motivierte*r Agent*in zu bewältigen sind: Erstens die berufliche Entwicklung mit dem Einstieg in ein Berufsfeld, welches auf die eigenen Fähigkeiten und Interessen sowie auf die Anforderungen und Erwartungen der Berufswelt bezogen ist. Zweitens die Bewältigung von beruflichen Übergängen, die entweder selbstgewählt oder von außen vorgegeben sein können. Drittens die Bewältigung von Schwierigkeiten, die am Arbeitsplatz auftreten können.

Für eine erfolgreiche Adaptation an solche Herausforderungen sind gemäß Savickas (2019b, 2020) die sogenannten Adaptabilitäts-Ressourcen („adaptability resources"), welche das „Können" bestimmen, von großer Relevanz. Darüber hinaus sind aber auch die Adaptations-Bereitschaft („adaptive readiness") – der Wille und die Bereitschaft zu einem Wechsel, wenn eine Transition ansteht (also das „Wollen") – sowie das Adaptations-Verhalten („adapting responses") wichtig. Letzteres umfasst Verhaltensweisen des Orientierens, Erkundens, Entscheidens, Planens und Problemlösens und führt schließlich zu unterschiedlichen Adaptations-Ergebnissen („adaptation results") (Tab. 3.5).

Die Adaptations-Bereitschaft ist dann relevant, wenn die anstehenden Herausforderungen im Berufsleben nicht mit Routinehandlungen bewältigt werden können und alternatives wirksames Adaptations-Verhalten nötig wird. Meist gehen solche Situationen einher mit einem erhöhten Stresserleben. In solchen Situationen wird auf Selbstregulationsressourcen zurückgegriffen, mit dem Ziel, die ungewohnten und komplexen Herausforderungen zu meistern.

▶ Savickas (2019b, 2020) strukturiert die Adaptabilitäts-Ressourcen entlang der beiden Dimensionen „vorausschauen" („look ahead") und „um sich schauen" („look around"). Er definiert die Ressourcen der Laufbahn-Adaptabilität (Savickas, 1997) als (a) besorgt sein über die Zukunft als Arbeitnehmer*in (Interesse; „concern"), (b) persönliche Kontrolle über die berufliche Zukunft haben (Kontrolle; „control"), (c) Neugier zeigen für das Erkunden möglicher Selbst- und Zukunftsszenarien (Neugier; „curiosity") und (d) gestärktes Vertrauen haben für die Zielverfolgung (Zuversicht; „confidence").

Analog zu den Selbstorganisationsprozessen des Selbst als soziale*r Akteur*in stehen auch bei den Selbstregulationsprozessen des Selbst als motivierte*r Agent*in die kognitiven Schemata der Informationsverarbeitung und Bewertung von Situationen in einem Bezug zu den Strategien zur erfolgreichen Adaptation im sozialen Kontext. Die 4 motivationalen Schemata gehen gemäß der CCT mit unterschiedlichen Ressourcen der Laufbahn-Adaptabilität einher (Tab. 3.4; Abb. 3.4). Ein gemischter motivationaler Fokus bei der Zielumsetzung auf Annäherung und Vermeidung führt gemäß Savickas (2019b) dazu, dass eine Person alle 4 Ressourcen der Laufbahn-Adaptabilität entwickelt, weil sie mit diesem motivationalen Schema sowohl vorausschaut („look ahead") als auch um sich schaut („look around"). Personen mit einem motivationalen Schema in Richtung Vermeidung neigen dazu, Interesse und Neugier zu kombinieren. Sie entwickeln eine Adaptations-Strategie des Vorausschauens („look ahead") und befassen sich eingehend mit verschiedenen Alternativen bevor sie sich entscheiden. Personen mit einem motivationalen Schema in Richtung Annäherung neigen hingegen dazu, Kontrolle und Zuversicht zu kombinieren. Sie entwickeln eine Adaptations-Strategie des um sich Schauens („look around"), nehmen die Dinge, wie sie kommen und beschäftigen sich erst dann mit einer Herausforderung, wenn sie da ist. Schließlich fehlt es Personen, die weder in Richtung Annäherung noch in Richtung Vermeidung fokussiert sind, tendenziell auch an einer Adaptations-Strategie. Sie neigen dazu, „nicht zu schauen" („look out/not looking") und Herausforderungen grundsätzlich zu meiden.

Abb. 3.4 fasst die motivationalen Schemata und Strategien der Adaptabilität des Selbst als motivierte*r Agent*in zusammen. Savickas (2019b) bezeichnet das gemischte motivationale Schema mit hohem Annäherungs- und Vermeidungsfokus als „integrativ". Es geht mit allen Adaptabilitäts-Ressourcen („looking ahead & around") einher. Zudem unterscheidet er 2 „anpassungsfähige" Formen der Selbstregulation, die sich sowohl im motivationalen Fokus als auch bezüglich der Ressourcen der Laufbahn-Adaptabilität unterscheiden (Tab. 3.4). Als „dysfunktional" bezeichnet er die Selbstregulationsprozesse ohne motivationales Streben, die in der Regel auch mit keinen oder nur wenigen Adaptabilitäts-Ressourcen einhergehen („not looking/look out").

Die beruflichen Interessen verbinden gemäß Savickas (2020) individuelle Bedürfnisse mit relevanten (beruflichen) Zielen. So werden die Interessen in der CCT nicht als Persönlichkeitseigenschaften, sondern als ko-konstruierte Überzeugungen betrachtet, die für die berufliche Laufbahnentwicklung von großer Relevanz sind. Das Interesse für berufliche Tätigkeiten resultiert daraus, dass motivierte Akteur*innen diese Tätigkeiten als nützlich einschätzen für die Erfüllung ihrer Bedürfnisse. Die Nützlichkeit besteht nicht zuletzt darin, dass durch das Ausüben der Tätigkeiten Sorgen und Herausforderungen adressiert werden können, die für die Person sowie ihren Familienkontext von Bedeutung sind. Personen, die ihre beruflichen Interessen im Arbeitsalltag umsetzen können, sind in dem Sinne privilegiert, dass sie dadurch einen Teil ihres Selbst als motivierte*r Agent*in erfolgreich in ihrer Umwelt umsetzen können. Personen, denen dies nicht möglich ist, bleibt immer noch die Verwirklichung ihrer Interessen in anderen Lebensbereichen, wie beispielsweise im Hobby.

3.5 Selbstkonzipierende*r autobiografische*r Autor*in

> „Self-conceiving produces a reflexivity schema and identity strategy for authoring a vocational identity and composing a career story." (Savickas, 2020, S. 169)

Selbstkonzeption („self-conceiving") umfasst Prozesse der Selbstrepräsentation („self-representation") eigener Gedanken und Gefühle sowie der Selbstkohärenz („self-coherence"), die ein Bewusstsein für die Bedeutung der Gedanken und Gefühle schafft. Die Selbstkonzeptionsprozesse führen zur Entwicklung eines autobiografischen Identitätsnarrativs. Während es in der Kindheit und frühen Adoleszenz für die aus eigenem Antrieb handelnden Akteur*innen darum geht, eine Ausgeordnung über den Einfluss durch die elterlichen Bezugspersonen sowie die Identifikation mit den selbst gewählten Rollenmodellen zu machen, beginnen sie in der späten Adoleszenz die beiden Formen des Internalisierens zu integrieren (Abschn. 3.3). Sie entwerfen ihre berufliche Identität und verfassen ihre Laufbahngeschichte. Je mehr eine Person dabei über sich selbst als soziale*r Akteur*in und motivierte*r Agent*in erlebt und verinnerlicht hat, desto besser ist sie in der Lage, daraus ein kohärentes Narrativ zu konzipieren. Es beinhaltet einzelne Geschichten darüber, wie das Selbst in bestimmte soziale Kontexte eingebettet ist. Deshalb kann das Narrativ auch einen Einblick in bedeutungsvolle Lebensthemen einer Person geben. Savickas (2019b, 2020) spricht vom „self-conceiving author" und schlägt als mögliche kognitive Schemata 4 unterschiedliche Formen der Reflexivität vor (Tab. 3.4; Abb. 3.5). Dabei bezieht er sich auf Archer (2003, 2012), die zwischen autonomer, kommunikativer, Meta-Reflexivität (infrage stellend) und gebrochener Reflexivität unterscheidet. Die Reflexivitätsformen dienen der Entwicklung

```
                    Streben nach
                    Eigenständigkeit
                    (agency; Bakan, 1966)

            autonom          infrage stellend (meta)
            erarbeitet       kritisch

Streben nach
Gemeinschaft                                          Entfremdung
(communion; Bakan,                                    (alienation)
1966)

            kommunikativ     gebrochen
            übernommen       diffus

                    Passivität
                    (passivity)
```

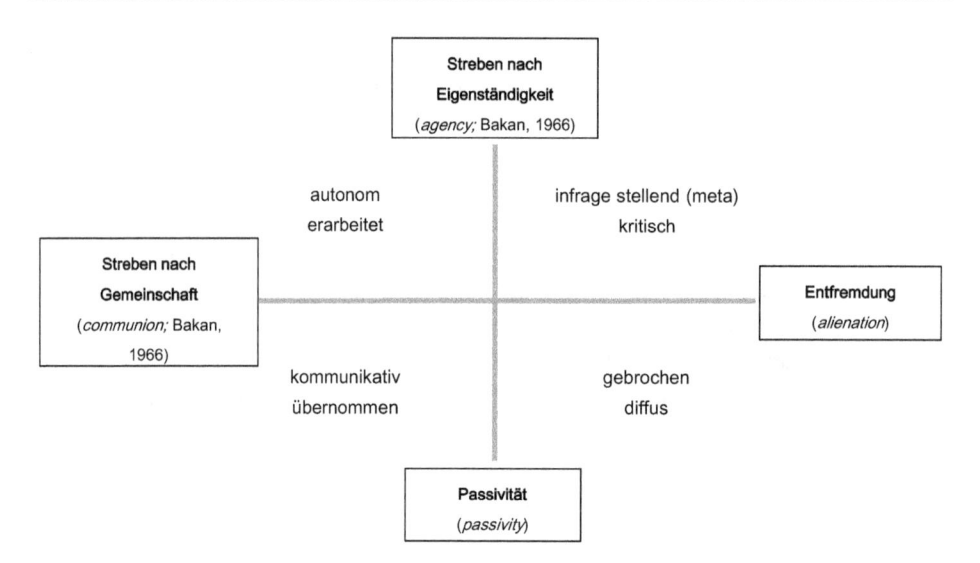

Abb. 3.5 Reflexive Schemata und Strategien der Identitätsentwicklung des Selbst als autobiografische*r Autor*in (Savickas, 2019b; eigene Übersetzung)

unterschiedlicher Strategien der Identitätsentwicklung, die als Strategien zur Adaptation im sozialen Kontext betrachtet werden. Savickas (2019b) unterscheidet dabei gemäß Berzonsky (1989) zwischen der informierten, normativen und vermeidenden Strategie der Identitätsentwicklung. Autobiografische Arbeit besteht darin, die Vergangenheit neu zu ordnen, kreativ umzuinterpretieren und selektiv zu rekonstruieren. Daraus resultiert eine kohärente Erzählung, die gemäß Savickas (2020) die Vergangenheit so darzustellen vermag, wie wenn diese geplant gewesen wäre. Dieses Rekonstruieren ist schließlich die Basis für das individuelle Identitätsnarrativ.

Savickas (2019b, 2020) spricht in Bezug auf die Schemata der Reflexivität von der Biografiearbeit („biographicity") und unterscheidet dabei zwischen der retrospektiven Reflexion („retrospective reflexion") und der prospektiven Reflexivität („prospective reflexivity"), die sich bei der (beruflichen) Selbst- und Identitätskonstruktion gegenseitig ergänzen. Während die Reflexion eher vergangene Erfahrungen in die Gegenwart bringt, beinhaltet die prospektive Reflexivität ein proaktives Gestalten der Zukunft. Autobiografische Autor*innen nutzen die Reflexion über die Vergangenheit, um etwas über sich selbst zu erfahren. Obwohl bei dieser Reflexion die Perspektive auf das Selbst nicht gewechselt wird, kann sie zu einer Veränderung im Verhalten führen (Veränderung erster Ordnung). Savickas (2020) spricht dabei von der ersten Stufe der Biografiearbeit, in welcher die Vergangenheit in die Gegenwart gebracht wird. In der zweiten Stufe der Biografiearbeit nutzen die autobiografischen Autor*innen die Erkenntnisse aus der retrospektiven Reflexion für die Zukunft. Dabei wird das Ziel verfolgt, die Selbst-Reflexion der Gegenwart in konkretes Handeln in der Zukunft zu transferieren. Dieser zukunftsgerichtete kognitive Prozess der prospektiven Reflexivität beinhaltet gemäß Savickas (2020) das Einnehmen einer neuen Perspektive auf das Selbst. Deshalb spricht er dabei von einer Veränderung zweiter Ordnung, die für die Zukunft handlungsleitend ist.

Die autobiografischen Autor*innen unterscheiden sich in ihren reflexiven Schemata. Savickas (2020) ordnet diese – mit Bezug zu den Bindungsschemata sowie den motivationalen Schemata – entlang der Dimensionen Denken („think"), Sprechen („talk") und Handeln („act") sowie der Dimensionen des metatheoretischen Inhaltsmodells (Streben nach Eigenständigkeit, Streben nach Gemeinschaft). Gemäß Archer (2003, 2012) unterscheidet er bei den reflexiven Schemata zwischen der autonomen („autonomous"), kommunikativen („communicative"), Meta-Reflexivität („meta") sowie der gebrochenen („fractured") Reflexivität (Tab. 3.4; Abb. 3.5). Die autonome Reflexivität wird unterstützt durch eine sichere Bindung, einen gemischten motivationalen Fokus (Annäherung und Vermeidung) sowie das gleichzeitige Streben nach Eigenständigkeit und Gemeinschaft. Dabei werden eigene Ziele gesetzt und Denken und Handeln kombiniert, auch im Rahmen einer zielgerichteten und eigenständigen beruflichen Laufbahnentwicklung. Die kommunikative Reflexivität wird unterstützt durch eine unsicher-ambivalente Bindung, einen motivationalen Vermeidungsfokus und das Streben nach Gemeinschaft. Dabei wird Denken und Sprechen kombiniert und die inneren Dialoge der kommunikativen Reflexivität führen in der Regel dann zu entsprechendem Handeln, wenn sie von wichtigen Bezugspersonen bestätigt werden. Die Meta-Reflexivität (infrage stellend) geht vor allem mit Denken einher. Personen hinterfragen sich selbst und ihr Umfeld stark, was dazu führen kann, dass das Schema der Meta-Reflexivität, welches mit einer unsicher-vermeidenden Bindung, einem motivationalen Annäherungsfokus sowie dem Streben nach Eigenständigkeit verbunden ist, zu Desorientierung und erhöhtem Stresserleben führt. Die gebrochene Reflexivität ist mit Denken und Sprechen verbunden, wobei beim Sprechen insbesondere das Gespräch mit sich selbst gemeint ist. Dabei können Desorientierung und Stresserleben ebenfalls erhöht sein. Eine gebrochene Reflexivität geht tendenziell einher mit einer desorganisierten Bindung und mit dem Fehlen eines motivationalen Schemas (weder Annäherungs- noch Vermeidungsfokus). Gleichzeitig streben die Personen weder nach Eigenständigkeit noch nach Gemeinschaft. Sie schränken in der Folge ihre eigene Beteiligung an zwischenmenschlichen Beziehungen und beruflichen Rollen ein und konzentrieren sich auf das tägliche Überleben und die Auseinandersetzung mit sich selbst.

Die unterschiedlichen reflexiven Schemata führen in der Folge gemäß Savickas (2020) zu unterschiedlichen Strategien der Identitätsentwicklung. Identitätsentwicklung findet durch das Erzählen einer Geschichte über das Selbst in einer sozialen Rolle – beispielsweise im Beruf – statt. Personen nehmen in der Regel verschiedene solcher Rollen ein und kombinieren entsprechend auch mehrere Identitäten miteinander. Basierend auf Berzonsky (1989) unterscheidet Savickas (2020) zwischen einer informierten, normativen und vermeidenden Strategie der Identitätsentwicklung. Die 3 Strategien orientieren sich ebenfalls an den Dimensionen des metatheoretischen Inhaltsmodells Streben nach Eigenständigkeit und Streben nach Gemeinschaft und sie beeinflussen die

Art und Weise, wie eine Person ihre psychosozialen Identitäten bildet, aufrechterhält sowie weiterentwickelt und wie sie mit beruflichen Herausforderungen umgeht. Bei den resultierenden Formen der Identität bezieht sich Savickas (2019b, 2020) auf das Konzept des Identitätsstatus von Marcia (1966). Marcia unterscheidet anhand der Dimensionen Exploration („exploration", analog dazu: „agency") und Selbstverpflichtung („commitment", analog dazu: „communion") zwischen dem erarbeiteten, übernommenen, kritischen sowie dem diffusen Identitätsstatus (Abb. 3.5).

Personen mit einer sicheren Bindung neigen zu einer informierten Strategie der Identitätsentwicklung, bei der sie aktiv relevante Informationen sammeln und bewerten, bevor sie sich für einen Beruf entscheiden. Die informierte Strategie (Berzonsky, 1989) führt gemäß Savickas (2020) zu einem erarbeiteten Identitätsstatus (Marcia, 1966), der sich sowohl durch das Streben nach Eigenständigkeit als auch das Streben nach Gemeinschaft charakterisieren lässt. Personen mit einer unsicher-ambivalenten Bindung neigen eher zu einer normativen Strategie der Identitätsentwicklung. Sie akzeptieren bei ihren beruflichen Entscheidungen Normen und Vorschriften von wichtigen Bezugspersonen. Das führt tendenziell zu einem übernommenen beruflichen Identitätsstatus (Marcia, 1966), welcher sich durch das Streben nach Gemeinschaft charakterisieren lässt, sowie zu einer eingeschränkten beruflichen Laufbahnentwicklung.[2] Personen mit einer unsicher-vermeidenden Bindung neigen zu einer vermeidenden Strategie der Identitätsentwicklung, bei der sie sich ihre Entscheidungen von den Umständen und Situationen diktieren lassen. In dem Bestreben, Herausforderungen und Entscheidungen so lange wie möglich zu ignorieren, agieren sie zögerlich und schieben Verpflichtungen auf. Die vermeidende Strategie führt zu einem kritischen Identitätsstatus (Marcia, 1966), der sich durch das Streben nach Eigenständigkeit charakterisieren lässt. Schließlich neigen Personen mit einer desorganisierten Bindung dazu, wenig zu reflektieren und sie entwickeln dadurch keine oder nur wenige Fähigkeiten, das eigene Selbst zu definieren und Engagement für Werte, Ziele oder Beziehungen zu zeigen. Dadurch ist ihre berufliche Laufbahn häufig instabil und von außen gesteuert. Berzonsky (1989) folgend ordnet ihnen Savickas (2020) keine eindeutige Strategie der Identitätsentwicklung zu. Er vermutet, dass sie analog zur vermeidenden Strategie agieren und dass sie einen diffusen Identitätsstatus (Marcia, 1966) entwickeln, der sich dadurch charakterisieren lässt, dass sie weder nach Eigenständigkeit noch nach Gemeinschaft streben.

---

[2] Bei der normativen Strategie der Identitätsentwicklung unterscheidet Savickas (2020) in Abhängigkeit der Dynamik innerhalb der Familie zwischen 2 unterschiedlichen Mustern der Laufbahnkonstruktion. Eine normative Strategie in Verbindung mit unsicher-ambivalenten Beziehungen in der Familie führt in der Regel zum beschriebenen übernommenen Identitätsstatus. Eine normative Strategie in Verbindung mit „gesunden" Familienbeziehungen geht in der Regel einher mit einem Muster, bei dem das kollektive Wohl der Familie als relevantes Kriterium für eine Laufbahnentscheidung zwar einbezogen, von der Person aber frei gewählt wird.

3.6 Objektiver Lebenslauf, beruflicher Handlungsplot und bedeutungsvolle Laufbahnthemen in der CCT

Savickas (2020, S. 180) betrachtet die berufliche Laufbahnentwicklung als eine Abfolge von Geschichten über frühere Herausforderungen und Übergänge, die eine Person über sich selbst erzählt. Die Geschichten beinhalten den objektiven Lebenslauf (Selbst als Akteur*in), einen Handlungsplot (Selbst als Agent*in) und bedeutungsvolle Laufbahnthemen (Selbst als Autor*in):

> „the actor tells what happened in a job resume; the agent explains why it happened by an occupational plot; and the author interprets what it means with a career theme."

Mithilfe des beruflichen Handlungsplots wird der objektive Lebenslauf in eine subjektive Laufbahn verwandelt. Analog zu einem Vorstellungsgespräch verleiht der Plot mit den einzelnen Stationen dem chronologischen Lebenslauf eine persönliche Note, indem die Übergänge erläutert und begründet werden. Erst die autobiografische Argumentation im Sinne der Verdichtung des beruflichen Handlungsplots zu abstrakten und bedeutungsvollen Themen verleiht den Geschichten die Einzigartigkeit, die jede berufliche Laufbahn mit sich bringt. Die bedeutungsvollen Themen können aus sich wiederholenden Mustern hervorgehen, über die es sich lohnt, in einer Laufbahnberatung zu reflektieren. Die Themen bleiben dieselben, auch wenn sich die Geschichten und dadurch auch die beruflichen Handlungsplots verändern. Das Thema – ob klar und einfach oder kompliziert – bringt die Bedürfnisse und Anliegen einer Person, die für die Selbstdefinition und den Ausdruck der Identität wichtig sind, in den sozialen Kontext der Arbeit. Die aus der Reflexion über ein solches Thema abgeleiteten beruflichen Handlungen oder gar beruflichen Optionen ermöglichen es der Person, private Sorgen oder Bedürfnisse in öffentliches Handeln zu verwandeln und dadurch aktiv zu bewältigen, was sie passiv erlitten hat.

Bedürfnisse, Werte und Interessen
Savickas (2019a, S. 48) unterscheidet zwischen Bedürfnissen, Werten und Interessen: Während aus den Kindheitserinnerungen eher unbefriedigte Bedürfnisse im Sinne von Lebensthemen hervorgehen, zeigen Vorbilder anzustrebende Werte auf. Die Ziele der Klient*innen tragen häufig dazu bei, die unbefriedigten Bedürfnisse zufriedenzustellen. Interessen stellen gemäß Savickas (2019a) eine Verbindung zwischen den unbefriedigten Bedürfnissen und den Werten einer Person her. So kann beispielsweise das Interesse für eine Tätigkeit im Gesundheitsbereich dem Bedürfnis entsprechen, andere unterstützen zu wollen. Das daraus abgeleitete Berufsziel Rettungssanitäterin könnte bei einer Klientin zudem zentrale Werte wie Zuverlässigkeit und Loyalität abdecken. Diese Unterscheidung zwischen auf Lebensthemen bezogenen Bedürfnissen, Werten und Interessen ist für die Praxis zentral. Aus diesem Grund ist sie auch im CCI (Savickas, 2012, 2019a) sowie in der beruflichen ID (Schreiber, 2020b; Schreiber et al., 2020) abgebildet (Abb. 5.1).

Savickas (2020, S. 181) schlägt vor, diese Erkenntnisse in der Beratung als sogenanntes Lebensporträt in Form eines prägnanten Satzes festzuhalten:

> „I will become (social actor's reputation) so that I can (motivated agent's goal), and in the process (autobiographical author's theme)."

Zur Veranschaulichung führt er die folgenden unterschiedlichen Sätze zweier Medizinstudierenden auf:

- Ich will Psychiater werden, um Familien in Krisen zu unterstützen und dabei meine eigenen Gefühle der Hilflosigkeit gegenüber dem Leiden meiner eigenen Familie zu verringern.
- Ich will Neurochirurg werden, damit ich heikle Operationen durchführen und dabei meinem Vater beweisen kann, dass ich nicht ungeschickt bin.

Die öffentliche Bedeutung in den beiden Aussagen weist auf den sozialen Beitrag und die berufliche Stellung hin (als Psychiater Familien in Krisen unterstützen/als Neurochirurg heikle Operationen durchführen). Die private Bedeutung hingegen bringt das Laufbahn- oder Lebensthema zum Ausdruck (Gefühl der Hilflosigkeit/etwas beweisen wollen).

Mit der CCT hat Savickas (2019b, 2020) eine umfassende Theorie der Selbst-, Identitäts- und Laufbahnkonstruktion entwickelt, welche auf der Rahmentheorie dreier unterschiedlicher Selbst von McAdams (1996, 2013, 2015; McAdams & Pals, 2006) sowie zweier metatheoretischer Modelle basiert: Erklärendes metatheoretisches Prozessmodell (Ford, 1987; Vondracek & Porfeli, 2008; Vondracek et al., 2019) und beschreibendes metatheoretisches Inhaltsmodell (Bakan, 1966; Hogan, 1983). Aufgrund der Komplexität der soeben beschriebenen Inhaltstheorien über die kognitiven Schemata der Informationsverarbeitung und Situationsbewertung sowie Strategien zur erfolgreichen sozialen Adaptation bedarf die CCT einer umfassenden inhaltlichen Durchdringung seitens Berater*in sowie einer Einbettung in das eigene Beratungskonzept, bevor sie in der Praxis eingesetzt werden kann. Savickas (2012, 2019a) hat für die praktische Anwendung das CCI (Kap. 6) entwickelt und stellt mit dem Arbeitsmittel My Career Story (MCS; Savickas & Hartung, 2012, 2016, 2021; Kap. 7; siehe auch www.mycareerstory.ch sowie Plattform Laufbahndiagnostik[3]) auch ein Booklet für die selbstgesteuerte Durchführung des CCI zur Verfügung (auch auf Deutsch).

In der Folge werde ich das MPI, das auch als vereinfachte und ergänzte CCT bezeichnet werden kann, einführen.

---

[3] Die Nutzung der Arbeitsmittel Entwicklungslinie und My Career Story steht auf der Plattform Laufbahndiagnostik ausschliesslich Personen mit kostenpflichtigem Beratungskonto sowie deren Klient*innen zur Verfügung.

Literatur

Archer, M. S. (2003). *Structure, agency and internal conversation*. Cambridge University Press.
Archer, M. S. (2012). *The reflexive imperative in late modernity*. Cambridge University Press.
Bakan, D. (1966). *The duality of human existence: Isolation and communion in western man*. Beacon Press.
Baumann, N., & Kuhl, J. (2021). *PSI theory in action: The assessment of self-competences as an aid in counseling and therapy*. Elsevier Inc. https://doi.org/10.1016/b978-0-12-813995-0.00051-0.
Berzonsky, M. D. (1989). Identity style: Conceptualization and measurement. *Journal of Adolescent Research, 4*(3), 268–282.
Bowlby, J. (1982). Attachment and loss: Retrospect and prospect. *American Journal of Orthopsychiatry, 52*(4), 664–678. https://doi.org/10.1111/j.1939-0025.1982.tb01456.x.
Cervone, D., & Little, B. R. (2019). Personality architecture and dynamics: The new agenda and what's new about it. *Personality and Individual Differences, 136*, 12–23. https://doi.org/10.1016/j.paid.2017.07.001.
DeYoung, C. G. (2015). Cybernetic big five theory. *Journal of Research in Personality, 56*, 33–58. https://doi.org/10.1016/j.jrp.2014.07.004.
Ford, D. H. (1987). *Humans as self-constructing living systems: A developmental perspective on behavior and personality*. Erlbaum.
Gough, H. G. (1987). *CPI administrator's guide*. Consulting Psychologists Press.
Hartung, P. J., & Vess, L. (2016). Critical moments in career construction counseling. *Journal of Vocational Behavior, 97*, 31–39. https://doi.org/10.1016/j.jvb.2016.07.014.
Higgins, E. T. (1997). Beyond pleasure and pain. *American Psychologist, 52*(12), 1280–1300. https://doi.org/10.1037/0003-066x.52.12.1280.
Hogan, R. (1983). A socioanalytic theory of personality. In M. M. Page (Hrsg.), *1982 Nebraska symposium on motivation* (S. 55–89). University of Nebraska Press.
Holland, J. L. (1997). *Making vocational choices: A theory of vocational personalities and work environments*. Psychological Assessment Resources.
Kolb, D. A. (1984). *Experiential learning: Experience as the source of learning and development (Vol. 1)*. Prentice-Hall.
Kuhl, J. (2005). *Eine neue Persönlichkeitstheorie*. Website PSI-Theorie. https://www.psi-theorie.com/.
Kuhl, J. (2010). *Lehrbuch der Persönlichkeitspsychologie*. Hogrefe.
Kuhl, J. (2018). *Individuelle Unterschiede in der Selbststeuerung*. In J. Heckhausen & H. Heckhausen (Hrsg.), *Motivation und Handeln* (S. 389–422). Springer. https://doi.org/10.1007/978-3-662-53927-9_13.
Marcia, J. E. (1966). Development and validation of ego-identity status. *Journal of Personality and Social Psychology, 3*(5), 551–558.
McAdams, D. P. (1995). What do we know when we know a person? *Journal of Personality, 63*(3), 365–396.
McAdams, D. P. (1996). Personality, modernity, and the storied self: A contemporary framework for studying persons. *Psychological Inquiry, 7*(4), 295–321. https://doi.org/10.1163/0042493 10X12577537066873.
McAdams, D. P. (2013). The psychological self as actor, agent, and author. *Perspectives on Psychological Science, 8*(3), 272–295. https://doi.org/10.1177/1745691612464657.
McAdams, D. P. (2015). *The art and science of personality development*. The Guilford Press.

McAdams, D. P., & Pals, J. L. (2006). A new Big Five: Fundamental principles for an integrative science of personality. *The American Psychologist, 61*(3), 204–217. https://doi.org/10.1037/0003-066X.61.3.204.

Pepper, S. C. (1942). *World hypotheses: A study in evidence*. University of California Press.

Pepper, S. C. (1972). *World hypotheses: A study in evidence*. University of California Press.

Quirin, M., Robinson, M. D., Rauthmann, J. F., Kuhl, J., Read, S. J., Tops, M., & DeYoung, C. G. (2020). The dynamics of personality approach (DPA): 20 tenets for uncovering the causal mechanisms of personality. *European Journal of Personality, 34*(6), 947–968. https://doi.org/10.1002/per.2295.

Savickas, M. L. (1997). Career adaptability: An integrative construct for life-span, life-space theory. *The Career Development Quarterly, 45*(3), 247–259. https://doi.org/10.1002/j.2161-0045.1997.tb00469.x.

Savickas, M. L. (2011a). *Career counseling*. American Psychological Association.

Savickas, M. L. (2011b). Constructing careers: Actor, agent, and author. *Journal of Employment Counseling, 48*(4), 179–181.

Savickas, M. L. (2011c). The self in vocational psychology: Object, subject, and project. In P. J. Hartung & L. M. Subich (Hrsg.), *Developing self in work and career: Concepts, cases, and contexts* (S. 17–33). American Psychological Association.

Savickas, M. L. (2012). Life design: A paradigm for career intervention in the 21st century. *Journal of Counseling and Development, 90*(1), 13–19. https://doi.org/10.1111/j.1556-6676.2012.00002.x.

Savickas, M. L. (2016). Reflection and reflexivity during life-design interventions: Comments on career construction counseling. *Journal of Vocational Behavior, 97*, 84–89. https://doi.org/10.1016/j.jvb.2016.09.001.

Savickas, M. L. (2019a). *Career construction counseling manual*. Mark L. Savickas.

Savickas, M. L. (2019b). *Career construction theory. Life portraits of attachment, adaptability, and identity*. Mark L. Savickas.

Savickas, M. L. (2020). Career construction theory and counseling model. In S. D. Brown & R. W. Lent (Hrsg.), *Career development and counseling: Putting theory and research to work.* (3. Aufl., S. 165–200). Wiley.

Savickas, M. L., & Hartung, P. J. (2012). *My career story*. www.vocopher.com.

Savickas, M. L., & Hartung, P. J. (2016). *My career story. German version*. www.vocopher.com.

Savickas, M. L., & Hartung, P. J. (2021). *My career story*. www.vocopher.com.

Schreiber, M. (2020b). *Wegweiser im Lebenslauf*. Kohlhammer.

Schreiber, M. (2021b). Career Construction Counseling (CCC) – Komplexität abbilden, reduzieren und die berufliche Identität aktiv gestalten. In M. Hammerer, T. Kaar, B. Schmidtke, C. Sieder, & T. Stangl (Hrsg.), *Zukunftsfeld Bildungs- und Berufsberatung VI. Komplexität abbilden und gestalten: Was haben wir im Blick?* (S. 179–199). Bundesinstitut für Erwachsenenbildung (bifeb).

Schreiber, M., Gschwend, A., & Iller, M. L. S. (2020). The vocational ID–connecting life design counselling and personality systems interaction theory. *British Journal of Guidance and Counselling, 48*(1), 52–65. https://doi.org/10.1080/03069885.2018.1538495.

Vondracek, F. W., & Porfeli, E. J. (2008). Social contexts for career guidance throughout the world. Developmental-contextual perspectives on career across the lifespan. In J. A. Athanasou & R. Van Esbroeck (Hrsg.), *International handbook of career guidance* (S. 209–225). Springer Netherlands. https://doi.org/10.1007/978-1-4020-6230-8_3.

Vondracek, F. W., Porfeli, E. J., & Ford, D. H. (2019). Living systems theory: Using a person-in-context behaviour episode unit of analysis in career guidance research and practice. In J. A. Athanasou & H. N. Perera (Hrsg.), *International handbook of career guidance* (2. Aufl, S. 497–512). Springer.

Prof. Dr. Marc Schreiber ist Professor für Laufbahn- und Persönlichkeitspsychologie am IAP Institut für Angewandte Psychologie der ZHAW Zürcher Hochschule für Angewandte Wissenschaften. Er berät Privatpersonen und Unternehmen in Fragen der Laufbahnentwicklung. Seine Schwerpunkte in Weiterbildung und Forschung liegen in den Bereichen Laufbahnberatung in der Arbeitswelt 4.0, Laufbahn- und Persönlichkeitspsychologie sowie qualitative (narrative) und quantitative Beratungsmethoden.

Narration gemäß dem Modell der Persönlichkeits- und Identitätskonstruktion (MPI)

4

Marc Schreiber

4.1 Einleitende Gedanken

Das MPI basiert auf den Grundpfeilern der CCT von Savickas (2019b, 2020). Die Konzepte „Selbst" und „Identität" werden analog zur CCT verwendet (Abschn. 3.1; Abschn. 3.2). „Persönlichkeit" wird als übergeordnetes Konzept verstanden, das sowohl persönlichkeitsbeschreibende Inhalte als auch -erklärende Prozesse umfasst. Dazu werden auch die Prozesse der Selbstkonstruktion gezählt. Mit dem Einbezug des Persönlichkeitsbegriffs im Titel des MPI möchte ich die Wichtigkeit der persönlichkeitspsychologischen Ansätze für das MPI zum Ausdruck bringen.

Im MPI werden Inhalte und Prozesse der Persönlichkeits- und Identitäts*konstruktion* beschrieben. Analog zur CCT werden die erkenntnistheoretische Perspektive des sozialen Konstruktionismus gemäß Gergen und Gergen (2009; Abschn. 2.3) sowie die Welthypothese des Kontextualismus (Pepper, 1942, 1972; Kap. 1) als zentrale Thesen darüber, wie die Welt „funktioniert", übernommen (Tab. 1.1, 1.2). Daraus folgt erstens, dass das MPI auf soziale Konstruktionsprozesse fokussiert und dass alle Erkenntnisse auf den sozialen Kontext sowie die Interaktion mit dem sozialen Kontext bezogen sind. Persönlichkeit und Identität werden im MPI nicht als objektive Realitäten abgebildet. Vielmehr geht es um soziale Narrative, die ihrerseits wiederum objektive Fakten sowie subjektive Ziele sinn- und bedeutungsvoll zu integrieren versuchen (Tab. 1.2).

M. Schreiber (✉)
IAP Institut für Angewandte Psychologie, ZHAW Zürcher Hochschule für Angewandte Wissenschaften, Zürich, Schweiz
E-Mail: marc.schreiber@zhaw.ch

© Der/die Autor(en), exklusiv lizenziert an Springer Fachmedien Wiesbaden GmbH, ein Teil von Springer Nature 2022
M. Schreiber (Hrsg.), *Narrative Ansätze in Beratung und Coaching*,
https://doi.org/10.1007/978-3-658-37951-3_4

In der Beratung sowie im Coaching ist es deshalb wichtig, einen „Beratungsraum" zu etablieren, innerhalb welchem die sozialen Konstruktionsprozesse gemeinsam angegangen werden können. Für das Etablieren dieses gemeinsamen Raumes sind die Phasen Beziehungsaufbau, Klärung des Beratungsanliegens, des Beratungsziels sowie der Rollen und das Verständigen auf eine Vorgehensweise im Beratungsprozess sehr wichtig (Abschn. 5.2). Zweitens kann und soll die sozialkonstruktionistische Grundlage – gewissermaßen auf einer Metaebene – auch auf das Modell und seine Entstehung bezogen werden. Die Inhalte und Prozesse des MPI beruhen zwar auf Ansätzen und Theorien, die der erkenntnistheoretischen Perspektive des Positivismus folgen und zum Ziel haben, allgemeingültige Erkenntnisse über das Erleben und Handeln von Menschen hervorzubringen. Dabei wird der Mensch als biologisches Wesen verstanden und teilweise werden auch (neuro-)biologische Prozesse einbezogen. Die Integration der Ansätze ins MPI bildet jedoch mein soziales Narrativ auf der Basis meiner persönlichen Sozialisation (Familie, Arbeit und Freizeit) ab: Den persönlichen Bezug zur CCT von Savickas (2019b; 2020) habe ich bereits in der Einleitung erläutert. Die Ergänzung umfasst im Wesentlichen 3 Theorien, deren Auswahl ebenfalls geprägt ist von meiner Sozialisation als Psychologe. Im ersten Semester meines Psychologiestudiums an der Universität Zürich bin ich in Kontakt gekommen mit dem ZMSM von Bischof (1985, 1993; Abschn. 4.4). Im letzten Semester meines Psychologiestudiums habe ich mich im Rahmen meiner Lizenziatsarbeit mit dem Konzept der Handlungs- und Lageorientierung von Kuhl (1994) auseinandergesetzt. Kuhl (2001, 2010; Abschn. 4.3) hat mit der PSI-Theorie eine umfassende psychologische Theorie etabliert, in der das Konzept des Selbst ebenfalls eine zentrale Rolle spielt und wie folgt beschrieben wird (Kuhl, 2010, S. 204):

> „Das Selbst ist die höchste Ebene der kognitiv-emotionalen Integration aller persönlich bedeutsamen Lebenserfahrungen, sodass es die Grundlage für die zwischenmenschliche Begegnung auf einer ganz ‚persönlichen' Ebene ist."

Seit mehreren Jahren begleitet mich die PSI-Theorie in meiner Arbeit als Berater und sie hilft mir, mein eigenes Erleben und Handeln sowie dasjenige meiner Klient*innen einzuordnen. Schließlich bin ich im Rahmen einer eigenen Veranstaltung zum Thema „Aktuelle Ansätze der Persönlichkeitspsychologie" auf die CB5T von DeYoung (2015; Abschn. 4.5) gestoßen. In meinem persönlichen sozialen Narrativ habe ich mit dem MPI Ansätze integriert, die theoretisch und empirisch fundiert sind. Ausschlaggebend für die Auswahl der Ansätze war neben der „objektiven" wissenschaftlichen Fundierung insbesondere der Nutzen, den die Ansätze für die Anwendung in Beratung und Coaching haben. Somit habe ich bei der Integration in meinem „sozialen Narrativ" sowohl die Ebene der „objektiven Fakten" als auch diejenige der „subjektiven Ziele" berücksichtigt.

Eine Gemeinsamkeit der 3 Ansätze ist, dass sie – genauso wie die CCT – sowohl allgemein- als auch differenzialpsychologisch anschlussfähig sind. Allgemeinpsychologisch betrachtet liefern sie ein Theoriegerüst mit einem Anspruch auf Allgemeingültigkeit (beschreibende Ebene). Differenzialpsychologisch betrachtet liefern die

Ansätze zudem konkrete Erklärungsansätze für inter- und intraindividuelle Unterschiede (erklärende Ebene). Das bedeutet, dass die Ansätze Prozesse abbilden, die einerseits bei unterschiedlichen Personen (interindividuelle Perspektive) und andererseits bei derselben Person in unterschiedlichen Situationen (intraindividuelle Perspektive) unterschiedlich verlaufen können. Die Ansätze decken dadurch sowohl beschreibende Inhalte als auch erklärende Prozesse ab und liefern, integriert über das MPI, eine gute Basis für das Beschreiben und Erklären der Persönlichkeits- und Identitätskonstruktion.

Verschiedene Ansätze in Beratung und Coaching – insbesondere Ansätze wie die lösungsorientierte Beratung, die auf einem humanistischen Menschenbild beruhen (Tab. 1.2) – vertreten die Haltung, dass eine Beratung lösungs- und ressourcenorientiert ausgerichtet werden sollte und dass Probleme oder Defizite eine untergeordnete Rolle spielen sollten, weil der Fokus auf Probleme damit einhergehen kann, dass Klient*innen in einer Problemtrance verharren. Diese Perspektive wird auch innerhalb der positiven Psychologie vertreten, aus der – ebenfalls mit Bezug zum Humanismus – sehr wertvolle Beiträge für die Beratungspraxis entwickelt wurden. Die positive Psychologie versucht, das „Positive" zu stärken (z. B. im Rahmen von Prävention) und dadurch das subjektive Wohlbefinden („subjective well-being") zu erhöhen. Dabei wird darauf verzichtet, den Fokus darauf zu legen, „Negatives" zu „heilen" (wie es z. B. im Rahmen einer Therapie der Fall ist). Innerhalb der positiven Psychologie hat Seligman (2011) das Konzept des Aufblühens („flourish") geprägt und mit 5 Bereichen ausdifferenziert. Er erläutert auch die Vorteile der Verwendung des Begriffs des subjektiven Wohlbefindens im Gegensatz zu demjenigen des Glücks („happiness"). Glück zielt auf das Erleben von positiven Emotionen ab und hängt gemäß Seligman (2011) zum einen stark mit der eher stabilen Persönlichkeitseigenschaft Extraversion zusammen (vgl. dazu auch die Ausführungen zum positiven Affekt und zur positiven Aktivierung in Abschn. 4.3 und Abschn. 4.4 sowie die kybernetische Funktion der Extraversion in der CB5T in Tab. 4.10). Zum anderen gibt es eine Diskrepanz zwischen Erhebungen der positiven Emotionen im Moment und retrospektiven Erhebungen. So ist das Erleben von positiven Emotionen in den Ferien oft reduziert und manchmal dominiert sogar eher das negative Erleben (z. B. weil man sich in einer fremden Stadt oder Kultur nicht auf Anhieb zurechtfindet). Dennoch überwiegen in retrospektiven Ferienberichten die positiven Emotionen – unter Umständen einfach deshalb, weil das „Feriennarrativ" mit positiven Emotionen verbunden sein „muss". Mit der Bezeichnung subjektives Wohlbefinden wird die positive Psychologie breiter als nur gerade auf die positiven Emotionen abgestützt. Die 5 Bereiche, die gemäß Seligman (2011) allesamt als eigene Forschungszweige ihren Beitrag zur Förderung des subjektiven Wohlbefindens leisten können, werden mit dem Akronym „PERMA" abgekürzt.

Die 5 Bereiche des Aufblühens gemäß Seligman (2011): „PERMA"

- Positive Emotionen („positive emotions"; P) tragen aufgrund des Glücksgefühls, das mit ihnen einhergeht, zum subjektiven Wohlbefinden bei. Sie entsprechen im Wesentlichen dem Smiley :-)

und decken den hedonistischen Teil des subjektiven Wohlbefindens ab. Dieser ist zwar eher auf die kurzfristige Bedürfnisbefriedigung, beispielsweise im Spielcasino oder bei Risikosportarten, ausgerichtet, kann das subjektive Wohlbefinden aber dennoch stärken.
- Engagement („engagement"; E) führt ebenfalls zu einem höheren subjektiven Wohlbefinden, wobei Personen dann „engagiert" sind, wenn sie einer Aktivität nachgehen können, die sie bei sich selbst als Charakterstärke oder Tugend betrachten. Eine Person kann dann vollkommen in dieser Aktivität aufgehen und darin im positiven Sinne sowohl das Zeit- als auch das Raumgefühl verlieren. Csikszentmihalyi (2014) spricht dabei vom Flow-Erleben. Peterson und Seligman (2004; Ruch & Proyer, 2015; Ruch et al., 2010) unterscheiden zwischen 24 Charakterstärken, die sie den 6 übergeordneten Tugenden Weisheit, Mut, Menschlichkeit, Gerechtigkeit, Mäßigung und Transzendenz zuordnen.
- Mit dem Einbezug der positiven Beziehungen („positive relationships"; R) bringt Seligman (2011) zum Ausdruck, dass das subjektive Wohlbefinden auch durch Beziehungen beeinflusst wird. Er schlägt konkret vor, in (Arbeits-)Beziehungen darauf zu achten, sowohl aktiv als auch konstruktiv zu kommunizieren.
- Sinn und Bedeutung („meaning"; M) tragen gemäß der positiven Psychologie ebenfalls zur Stärkung des subjektiven Wohlbefindens bei. Aktivitäten, die mit Sinn und Bedeutung verbunden sind (beispielsweise altruistische Tätigkeiten), führen im Gegensatz zu hedonistischen Tätigkeiten zu einer länger andauernden Erhöhung des Wohlbefindens.
- Schließlich wird auch der Zielerreichung („achievement"; A) ein Einfluss auf das subjektive Wohlbefinden zugesprochen. Dieser im Zusammenhang mit der positiven Psychologie vielleicht unerwartete Bereich bringt zum Ausdruck, dass das Erreichen eines Ziels, auch (oder gerade) wenn dabei große Herausforderungen zu überwinden sind, ebenfalls zu einem höheren subjektiven Wohlbefinden beiträgt. Manchmal geht es darum, ein selbst gestecktes Ziel beharrlich und mit Ausdauer umzusetzen (beispielsweise eine Aus- oder Weiterbildung), auch wenn die einzelnen Schritte, die dazugehören, nicht immer Spaß machen.

Während die positive Psychologie entsprechend ihrem Namen den Fokus auf das „Positive" legt, schließen sowohl die CCT als auch die PSI-Theorie explizit mit ein, dass Wachstum und Entwicklung sowohl durch „Positives" als auch durch „Negatives" ausgelöst werden können.[1]

> **Wichtig**
> Savickas spricht in der CCT von „work traumas" (Savickas, 2020, S. 173) oder von „turning passive suffering into active mastery" (Savickas, 2019a, S. 40).
> Kuhl (2005, 2010, 2018; Kuhl & Baumann, 2021) spricht in der PSI-Theorie von der Selbstkonfrontation mit negativen Objekten, die für das Selbstwachstum essenziell ist.

---

[1] Dazu ist zu ergänzen, dass die beiden Bereiche Sinn und Bedeutung (M) sowie Zielerreichung (A) auch mit negativem Erleben einhergehen können. So kann es sehr wohl sein, dass jemand bei einem sinn- und bedeutungsvollen Vorhaben oder auf dem Weg zur Zielerreichung Hürden zu überwinden hat, die als negativ erlebt werden. Dennoch tragen sowohl die sinn- und bedeutungsvollen Vorhaben als auch die Zielerreichung insgesamt zum subjektiven Wohlergehen bei.

Savickas (2019b, 2020) versteht in der CCT die beiden metatheoretischen Theorien auf der Prozess- und Inhaltsebene sowie die Verbindungen zu den einzelnen inhaltlichen Theorien nicht als allgemeines metatheoretisches Modell, sondern als übergreifenden Rahmen, in dem er die in Kap. 3 wiedergegebenen Erkenntnisse aus dem Feld der Laufbahnberatung zusammenfasst und auf die Praxis bezieht. Im MPI übernehme ich Teile dieses Rahmens, um in der Folge Aspekte der PSI-Theorie (Kuhl, 2010, 2018), des ZMSM (Bischof, 1985, 1993) sowie der CB5T (DeYoung, 2015) darin einzubetten.

4.2 Grundstruktur des Modells der Persönlichkeits- und Identitätskonstruktion (MPI)

Im MPI werden wie bereits erwähnt Inhalte und Prozesse der Persönlichkeits- und Identitätskonstruktion beschrieben. Das übergeordnete Leitmotiv der Adaptation („adaptation"), also der Anpassung an das soziale Umfeld mit dem Ziel eines gelingenden Lebens, wird im MPI genauso von der CCT (Savickas, 2019b, 2020) übernommen, wie die sozialkonstruktionistische Perspektive, die Welthypothese des Kontextualismus und das Life Design Paradigma einer wirksamen Beratung (Tab. 3.1). Beratungs- und Coachingprozesse gemäß dem MPI (Kap. 5) orientieren sich sehr stark an der CCT. Sie orientieren sich am Lernzyklus nach Kolb (1984) sowie an den Konstruktionsprozessen und dem Erleben der Klient*innen gemäß der CCT (Tab. 3.2).

„Persönlichkeit" wird verstanden als übergeordnetes Konzept für die persönlichkeitsbeschreibenden Inhalte sowie die -erklärenden Prozesse. Die Grundstruktur des MPI inklusive Angabe der Theoriebezüge ist in Tab. 4.3 zusammengefasst. Abb. 4.1 enthält eine für die Anwendung in Beratung und Coaching aufbereitete Grafik der Grundstruktur des MPI.

In der Grundstruktur verankert sind das Rahmenmodell der drei sich überlagernden Ebenen des Selbst gemäß McAdams (1995, 2013; McAdams & Olson, 2010; Abschn. 3.2). Im MPI sind die beschreibenden Inhaltstheorien für die soziale Adaptation direkt den „drei Ebenen des Selbst" zugeordnet. Als erklärende Prozesse werden im MPI gemäß der PSI-Theorie (Kuhl, 2010, 2018) die Prozesse Selbstwachstum (Wie entwickle ich mich selbst weiter?) und Zielumsetzung (Wie setze ich meine Ziele um?) beigezogen und entlang der „vier Phasen kreativer Selbstregulation" nach Quirin et al. (2020) angeordnet: (1) Zielselektion, (2) Planung, (3) Handlung und (4) Evaluation.

Im Vergleich zur CCT (Savickas, 2019b, 2020) wird das MPI vereinfacht, indem zum einen auf Metatheorien verzichtet wird. Zum anderen wird bei den Inhaltstheorien die Unterscheidung zwischen den kognitiven Schemata der Informationsverarbeitung und Situationsbewertung (bei der CCT: Bindungsschemata, motivationale und reflexive Schemata) und den Strategien zur sozialen Adaptation (bei der CCT: Eigenschaften, Adaptabilität und Identitätsentwicklung) vereinfacht und leicht verändert. Die Vereinfachung besteht darin, dass die einzelnen Inhaltstheorien nicht wie bei der CCT in

Inhaltstheorien:
Ebenen des Selbst

Prozesstheorien:
Phasen der kreativen Selbstregulation

komplex

Selbst als autobiografische*r Autor*in
Soziale Narrative: Reflexivität und Identität

Selbst als motivierte*r Agent*in
Subjektive Ziele: Bedürfnisse, Motive und Adaptabilitäts-Kompetenzen

Selbst als soziale*r Akteur*in
Objektive „Fakten": Werte und Persönlichkeitseigenschaften (Charakterstärken, Tugenden)

elementar

2) Planung (Motorik)
1) Zielselektion (Sensorik)
4) Evaluation (Sensorik)
3) Handlung (Motorik)

Zielumsetzung / Selbstwachstum

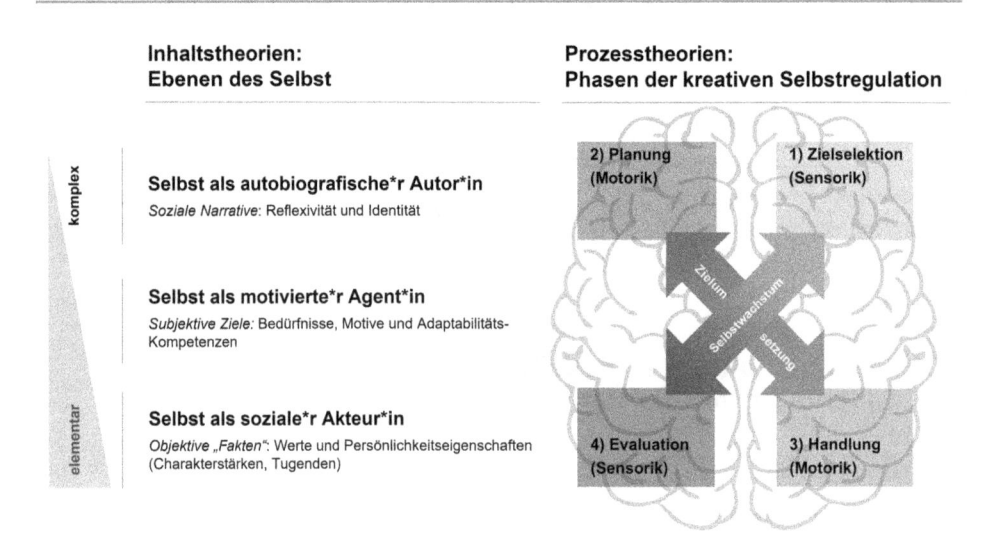

Abb. 4.1 Grundstruktur des Modells der Persönlichkeits- und Identitätskonstruktion (MPI) (vereinfacht) Anmerkung: Die Inhaltstheorien des MPI können sich sowohl auf einer expliziten (dem Bewusstsein zugänglichen) als auch auf einer impliziten Ebene (dem Bewusstsein nicht ohne Weiteres zugänglichen) manifestieren. Mit Blick auf die Prozesse Selbstwachstum und Zielumsetzung bilden die Phasen (1) und (3) eher implizite und die Phasen (2) und (4) eher explizite Prozesse ab

jeweils 4 Felder unterteilt werden (vgl. Tab. 3.4). So ist auch keine Metatheorie notwendig, welche die Inhaltstheorien „zusammenhält".

▶ Das MPI bietet dadurch einen Rahmen ohne Typologisierungen und es soll Beratungspersonen und Klient*innen zu einer idiografisch ausgerichteten Persönlichkeits- und Identitätskonstruktion einladen.

In der Folge erläutere ich zuerst die beschreibenden Inhaltstheorien für die soziale Adaptation und dann die erklärenden Prozesstheorien des MPI. Die im Vergleich zur CCT leicht modifizierten Inhaltstheorien werden im MPI wie bereits erwähnt direkt in das Rahmenmodell der 3 sich überlagernden Ebenen des Selbst gemäß McAdams (1995, 2013; McAdams & Olson, 2010) integriert und wie bei Savickas (2020) entlang der 3 Paradigmen wirksamer Beratung strukturiert (Abb. 4.1; Tab. 4.3). Die Inhaltstheorien werden mit Bezug zur CCT unterteilt in *Kognitive Schemata der Situationsbewertung* und *Strategien zur sozialen Adaptation* (Tab. 4.3).

▶ **Wichtig**
Die kognitiven Schemata der Situationsbewertung enthalten Aspekte, die sich darauf beziehen, wie eine Person ihre Umwelt bewertet und was sie dabei als wünschenswert erachtet.

Die Strategien zur sozialen Adaptation hingegen decken Aspekte ab, die eine Person für die Adaptation an das soziale Umfeld nutzen kann.

Die kognitiven Schemata der Situationsbewertung werden im MPI von der CCT (Savickas, 2019b, 2020) übernommen, wobei im MPI auf der Ebene des Selbst als soziale*r Akteur*in anstelle der Bindungsschemata das Konzept der Werte integriert wird (Tab. 4.3). Schwartz und Bilsky (1987, S. 551) beschreiben Werte wie folgt:

> „Values are cognitive representations of three types of universal human requirements: biologically based needs of the organism, social interactional requirements for interpersonal coordination, and social institutional demands for group welfare and survival."

In der revidierten Version der Theorie der basalen individuellen Werte (rBIW-Theorie) von Schwartz (Schwartz & Cieciuch, 2021; Schwartz et al., 2012) werden insgesamt 19 Werte auf 3 Ebenen abgebildet (Tab. 4.1). Während auf der dritten Ebene die 19 Werte der rBIW-Theorie ausdifferenziert sind, stehen auf der zweiten Ebene die ursprünglichen 10 Werte der Theorie der basalen individuellen Werte (BIW-Theorie; Schwartz, 1992). Auf der ersten Ebene stehen 4 Werte höherer Ordnung, nämlich Selbsttranszendenz („self-transcendence"), Wahrung des Bestehenden („conservation"), Selbsterhöhung („self-enhancement") und Offenheit für Neues („openness to change").

Bei der Zuteilung der Werte auf der Ebene des Selbst als soziale*r Akteur*in beziehe ich mich auf Savickas (2019a), der die Werte in der Logik des CCI als eng verbunden mit den ebenfalls auf der Ebene der sozialen Akteur*innen angesiedelten Eigenschaften einer Person betrachtet (Abschn. 3.6). Das ist auch naheliegend. So geht z. B. Gewissenhaftigkeit häufig einher mit Werten wie der regelbezogenen Konformität (vgl. dazu auch die kybernetische Funktion der Gewissenhaftigkeit in der CB5T in Tab. 4.10). Die Nähe zu den Persönlichkeitseigenschaften zeigt sich auch darin, dass in Tab. 4.1 „Offenheit für Neues" als Bezeichnung für einen der 4 Werte höherer Ordnung verwendet wird. Gleichzeitig wird „Offenheit für Erfahrung" in der CB5T (DeYoung, 2015) als Aspekt bei den Persönlichkeitseigenschaften bezeichnet (Tab. 4.10). Gemäß McAdams (1995, 2013) werden die Werte gemeinsam mit den Motiven zur Ebene der motivierten Agent*innen gezählt. Die inhaltliche Nähe zwischen Werten und Motiven geht ebenfalls aus Tab. 4.1 hervor: Sowohl Leistung als auch Macht – klassische Motive (Tab. 4.7) – werden gemäß Schwartz und Cieciuch (2021) als Werte aufgeführt.

▶ Im MPI wird die inhaltliche Nähe der Werte zu den Persönlichkeitseigenschaften sowie zu den Motiven abgebildet, indem die Werte einerseits gemeinsam mit den Persönlichkeitseigenschaften auf der Ebene des Selbst als soziale*r Akteur*in aufgeführt werden. Andererseits werden sowohl die Werte als auch die Motive als kognitive Schemata der Situationsbewertung zusammengefasst (Tab. 4.3).

Tab. 4.1 Werte verschiedener Ordnung gemäß der revidierten Version der Theorie der basalen individuellen Werte (rBIW-Theorie) von Schwartz (gemäß Schwartz & Cieciuch, 2021, S. 3)

Werte höherer Ordnung	10 ursprüngliche Werte (BIW-Theorie; Schwartz, 1992)	19 erweiterte Werte (rBIW-Theorie)
Selbsttranszendenz („self-transcendence")	Wohlwollen („benevolence")	Wohlwollen-Zuverlässigkeit („benevolence-dependability") Wohlwollen-Fürsorge („benevolence-caring")
	Universalismus („universalism")	Universalismus-Toleranz („universalism-tolerance") Universalismus-Besorgnis („universalism-concern") Universalismus-Natur („universalism-nature") Demut („humility")
Wahrung des Bestehenden („conservation")	Konformität („conformity")	Konformität-zwischenmenschlich („conformity-interpersonal") Konformität-Regeln („conformity-rules")
	Tradition („tradition")	Tradition („tradition")
	Sicherheit („security")	Sicherheit-gesellschaftlich („security-societal") Sicherheit-persönlich („security-personal") Gesichtswahrung („face")
Selbsterhöhung („self-enhancement")	Macht („power")	Macht-Ressourcen („power-resources") Macht-Dominanz („power-dominance")
	Leistung („achievement")	Leistung („achievement")
	Hedonismus („hedonism")	Hedonismus („hedonism")
Offenheit für Neues („openness to change")	Stimulation („stimulation")	Stimulation („stimulation")
	Selbstbestimmung („self-direction")	Selbstbestimmung im Handeln („self-direction-action") Selbstbestimmung im Denken („self-direction-thought")

Anmerkung: Englische Originalbezeichnungen sind in Klammern aufgeführt

Tab. 4.2 Tugenden und Charakterstärken gemäß Ruch und Proyer (2015)

Tugenden	Charakterstärken
Weisheit und Wissen („wisdom and knowledge")	Kreativität („creativity") Neugier („curiosity") Urteilsvermögen („open-mindedness") Liebe zum Lernen („love of learning") Weisheit („perspective")
Mut („courage")	Ehrlichkeit („authenticity") Tapferkeit („bravery") Ausdauer („persistence") Tatendrang („zest")
Menschlichkeit („humanity")	Freundlichkeit („kindness") Fähigkeit zu lieben und geliebt zu werden („love") Soziale Intelligenz („social intelligence")
Gerechtigkeit („justice")	Fairness („fairness") Führungsvermögen („leadership") Teamwork („teamwork")
Mäßigung („temperance")	Vergebungsbereitschaft und Gnade („forgiveness") Bescheidenheit und Demut („modesty") Vorsicht („prudence") Selbstregulation („self-regulation")
Transzendenz („transcendence")	Sinn für das Schöne und Exzellenz („appreciation of beauty and excellence") Dankbarkeit („gratitude") Hoffnung („hope") Humor („humor") Religiosität und Spiritualität („spirituality")

Anmerkung: Englische Originalbezeichnungen sind in Klammern aufgeführt

Auch die Strategien zur sozialen Adaptation werden im MPI von der CCT (Savickas, 2019b, 2020) übernommen. Auf der Ebene des Selbst als soziale*r Akteur*in werden jedoch im MPI neben den Eigenschaften aus der CCT zusätzlich die Charakterstärken sowie die ihnen übergeordneten Tugenden gemäß Peterson und Seligman (2004; Ruch & Proyer, 2015; Ruch et al., 2010) einbezogen (Tab. 4.3). Dabei werden 24 Charakterstärken 6 übergeordneten Tugenden zugeordnet (Tab. 4.2). Charakterstärken und Tugenden sind im Gegensatz zu den Persönlichkeitseigenschaften explizit wertebezogen und stellen dadurch einen Bezug her zwischen den Persönlichkeitseigenschaften (Strategien zur sozialen Adaptation) und den Werten (kognitive Schemata der Situationsbewertung). Im MPI werden die Charakterstärken und Tugenden den Strategien zur sozialen Adaptation zugeordnet.

Tab. 4.3 Grundstruktur des Modells der Persönlichkeits- und Identitätskonstruktion (MPI)

Übergeordnetes Rahmenmodell: „Drei Ebenen des Selbst" (McAdams 1995, 2013) Paradigmen wirksamer Beratung (Savickas, 2015, 2019a)	Inhaltstheorien für die soziale Adaptation (Savickas, 2019b, 2020)		„Vier Phasen kreativer Selbstregulation" (Quirin et al., 2020) Zielumsetzung und Selbstwachstum gemäß der PSI-Theorie (Kuhl, 2010, 2018)
	Strategien zur sozialen Adaptation	Kognitive Schemata der Situationsbewertung	1) Zielselektion (Sensorik) 2) Planung (Motorik) 3) Handlung (Motorik) 4) Evaluation (Sensorik)
Autobiografische*r Autor*in Life Design	Identität	Reflexivität	
Motivierte*r Agent*in Lebenslanges Lernen	Adaptabilitätskompetenzen	Bedürfnisse, Motive	
Soziale*r Akteur*in Passung	Persönlichkeitseigenschaften (sowie Charakterstärken, Tugenden)	Werte	

Anmerkung: Die Inhaltstheorien des MPI können sich sowohl auf einer expliziten (dem Bewusstsein zugänglichen) als auch auf einer impliziten Ebene (dem Bewusstsein nicht ohne Weiteres zugänglichen) manifestieren. Mit Blick auf die „vier Phasen kreativer Selbstregulation" bilden die Phasen (1) und (3) eher implizite und die Phasen (2) und (4) eher explizite Prozesse ab

Tab. 4.4 Konkretisierung der Inhaltstheorien gemäß dem Modell der Persönlichkeits- und Identitätskonstruktion (MPI)

	Kognitive Schemata der Situationsbewertung	Strategien zur sozialen Adaptation
Autobiografische*r Autor*in	Reflexivität (Biografiearbeit durch retrospektive Reflexion und prospektive Reflexivität) gemäß Savickas (2019b, 2020; Abschn. 3.5)	Identität gemäß Savickas (2019b, 2020; Abschn. 3.5)
Motivierte*r Agent*in	Bedürfnisse und Motive gemäß dem ZMSM (Bischof, 1985, 1993; Abschn. 4.4) Interessen gemäß dem RIASEC-Modell von Holland (1997)	Adaptabilitäts-Kompetenzen gemäß Savickas (2019b, 2020; Abschn. 3.4)
Soziale*r Akteur*in	Werte gemäß der revidierten Version der Theorie der basalen individuellen Werte (rBIW-Theorie) von Schwartz (Schwartz & Cieciuch, 2021; Schwartz et al., 2012)	Eigenschaften gemäß der CB5T (DeYoung, 2015; Abschn. 4.5) Charakterstärken und Tugenden (Peterson & Seligman, 2004)

> **Ebenen des Selbst und Inhaltstheorien gemäß dem MPI**
> Eine auf der Basis von Reflexivität ausgestaltete Identität im Sinne des *Selbst als autobiografische*r Autor*in* dient der kontinuierlichen Entwicklung eines sinnstiftenden und bedeutungsvollen sozialen Narrativs (z. B. im Beruf). Dabei werden subjektive Ziele und objektive Fakten sowie Vergangenheit, Gegenwart und Zukunft integriert.
>
> Bedürfnisse und Motive sowie Kompetenzen der Adaptabilität im Sinne des *Selbst als motivierte*r Agent*in* dienen der erfolgreichen Bewältigung von Herausforderungen sowie der Zielumsetzung (z. B. bei beruflichen Herausforderungen). Dabei geht es primär darum, die motivationale Agenda für die Zukunft zu setzen und die subjektiven Ziele zu erreichen.
>
> Werte sowie Persönlichkeitseigenschaften (sowie Charakterstärken und Tugenden) im Sinne des *Selbst als soziale*r Akteur*in* dienen einer guten Passung mit dem sozialen Umfeld (z. B. im Beruf). Dabei wird vorwiegend auf das Erleben und Handeln auf der sozialen Bühne, basierend auf objektiven Fakten im Hier und Jetzt, fokussiert.

Die Zuordnung der Inhaltstheorien zu den „drei Ebenen des Selbst" macht inhaltlich Sinn, stellt jedoch eine Vereinfachung dar, die ich am Beispiel des Selbst als autobiografische*r Autor*in aufzeigen möchte: Obwohl auf dieser Ebene des Selbst insbesondere die Reflexivität sowie die Entwicklung einer Identität zentral sind, werden auf der Ebene des Selbst als autobiografische*r Autor*in auch alle anderen Inhaltstheorien integriert (z. B. Eigenschaften, Motive, Werte …). Diese Integration ist zwar charakteristisch für die Ebene des Selbst als autobiografische*r Autor*in, findet aber auch auf den beiden anderen Ebenen des Selbst statt. So spielt beispielsweise die Reflexivität auch auf der Ebene des Selbst als soziale*r Akteur*in eine Rolle.

Tab. 4.4 enthält eine Konkretisierung der Inhaltstheorien gemäß dem MPI auf den „drei Ebenen des Selbst". Dabei werden die Inhaltstheorien – unterteilt in kognitive Schemata der Situationsbewertung und Strategien zur sozialen Adaptation – auf allen Ebenen des Selbst anhand von konkreten Ansätzen ausdifferenziert. Die Konkretisierung der Inhaltstheorien stellt die Grundlage für die in Abschn. 5.3 beschriebene Beratungsarchitektur dar. Tab. 4.4 mit der Konkretisierung der Inhaltstheorien gemäß dem MPI zeigt – analog zur Grundstruktur des MPI in Tab. 4.3 – sowohl die Parallelen als auch die Unterschiede zwischen dem MPI und der CCT (Savickas, 2019b, 2020):

Auf der Ebene der autobiografischen Autor*innen wird die Konkretisierung der Konzepte Reflexivität und Identität von Savickas (2019b, 2020) übernommen. Dasselbe gilt für die Interessen sowie die Adaptabilitäts-Kompetenzen auf der Ebene der motivierten Agent*innen. Auf derselben Ebene werden die Bedürfnisse und Motive als kognitive Schemata der Situationsbewertung im MPI jedoch nicht wie in der CCT anhand von Higgins (1997), sondern anhand des ZMSM von Bischof (1985, 1993) ausdifferenziert (Abschn. 4.4). Auch die Konkretisierung auf der Ebene der sozialen Akteur*innen unterscheidet sich im MPI von der CCT. Die kognitiven Schemata der Situationsbewertung werden anhand der Werte gemäß der revidierten Version der Theorie der basalen individuellen Werte (rBIW-Theorie) von Schwartz (Schwartz & Cieciuch, 2021; Schwartz et al., 2012) ausdifferenziert und bei den Strategien zur sozialen Adaptation werden Persönlichkeitseigenschaften gemäß den Big Five der CB5T (DeYoung, 2015; Abschn. 4.5) und Charakterstärken und Tugenden gemäß Peterson und Seligman (2004; Ruch & Proyer, 2015; Ruch et al., 2010) konkretisiert.

Nach der Beschreibung der Inhaltstheorien des MPI beziehen sich die folgenden Ausführungen auf die Prozesstheorien für die soziale Adaptation. In der Grundstruktur des MPI spielen dabei insbesondere die PSI-Theorie (Kuhl, 2010, 2018) sowie die CB5T (DeYoung, 2015) eine zentrale Rolle (Abb. 4.1; Tab. 4.3). Als Startpunkt für die weiteren Ausführungen beziehe ich mich auf die „vier Phasen kreativer Selbstregulation" von Quirin et al. (2020; Quirin & Kuhl, 2022), die sich wiederum auf Heckhausen und Gollwitzer (1987) sowie auf die PSI-Theorie beziehen. Es handelt sich um ein zyklisches Modell mit den folgenden vier Phasen: (1) Zielselektion, (2) Planung, (3) Handlung und (4) Evaluation. Das zyklische Modell bildet ab, wie Menschen Ziele entwickeln und umsetzen. Die Phasen entsprechen dem kybernetischen Zyklus der CB5T von DeYoung (2015), den ich in Abschn. 4.5 erläutere. In Abb. 4.1 sowie Tab. 4.3 sind die „vier Phasen kreativer Selbstregulation" aufgeführt, dargestellt entlang der beiden sich kreuzenden Achsen der auf die Motorik bezogenen Zielumsetzung und des auf die Sensorik bezogenen Selbstwachstums der PSI-Theorie von Kuhl (2010, 2018). Diese Darstellung zeigt, dass sich die kreative Selbstregulation – also das menschliche „Funktionieren" – sowohl auf das Setzen und Umsetzen von Zielen (Zielumsetzung) als auch auf die kontinuierliche Entwicklung des Selbst (Selbstwachstum) bezieht. Aus Abb. 4.1 sowie Tab. 4.3 geht weiter hervor, dass für die Zielumsetzung insbesondere die Phasen (2) Planung und (3) Handlung relevant sind. In der Terminologie der PSI-Theorie, die ich im folgenden Kapitel erläutern werde, sind dabei die kognitiven Erkenntnissysteme des Intentionsgedächtnisses (IG) und der intuitiven Verhaltenssteuerung (IVS) von Relevanz (Abb. 4.2). Dem Selbstwachstum werden die Phasen (1) Zielselektion und (4) Evaluation zugeordnet. In der Terminologie der PSI-Theorie sind dabei das Extensionsgedächtnis (EG) sowie das Objekterkennungssystem (OES) wichtig (siehe auch Quirin et al., 2020; Quirin & Kuhl, 2022).

Mithilfe der vier Phasen können sowohl inter- als auch intraindividuelle Unterschiede im Erleben und Handeln von Personen erklärt werden. Über Feedbackschlaufen sind die Phasen von der Zielsetzung bis zur Evaluation miteinander vernetzt und es wird überprüft, ob die Adaptation an das soziale Umfeld (bezogen auf die Zielumsetzung oder das Selbstwachstum) als gelungen erlebt wird oder nicht (z. B. ein Beruf, der meinen Werten, Bedürfnissen und Motiven sowie den Erkenntnissen meiner Reflexivität entspricht). Als Folge davon wird entweder ein neues Ziel verfolgt oder der Zyklus wird bezüglich des bestehenden Ziels nochmals durchlaufen. Die vier Phasen gemäß Quirin et al. (2020) sowie die Achsen Zielumsetzung und Selbstwachstum gemäß der PSI-Theorie (Kuhl, 2010, 2018) gehören zur Grundstruktur des MPI. Diese wird in den folgenden Kapiteln erläutert sowie fortlaufend ergänzt und zum Gesamtmodell des MPI (Tab. 4.11) weiterentwickelt. Dabei wird das Ziel verfolgt, beschreiben und erklären zu können, wie sich Personen in ihrem sozialen Umfeld adaptieren und wie sie dabei ihre Persönlichkeit sowie ihre Identität konstruieren.

Tab. 4.11 enthält das Gesamtmodell des MPI inklusive der folgenden relevanten Bezüge zur PSI-Theorie (Kuhl, 2010, 2018), zum ZMSM (Bischof, 1985, 1993) sowie zur CB5T (DeYoung, 2015).

- „Sieben Funktionsebenen der PSI-Theorie" (Kuhl, 2005, 2010, 2018; Kuhl & Baumann, 2021; Abschn. 4.3)
- Soziale Motive Sicherheit und Erregung sowie Macht, Leistung, Geltung und Selbstverwirklichung gemäß dem ZMSM (Bischof, 1985, 1993; Abschn. 4.4)
- Persönlichkeitsdomänen und -aspekte (inkl. dazugehörige Metatraits) gemäß der CB5T (DeYoung, 2015; Abschn. 4.5)

4.3 Zielumsetzung und Selbstwachstum – Theorie der Persönlichkeits-System-Interaktionen (PSI-Theorie)

Die PSI-Theorie von Kuhl (2001, 2005, 2010, 2018; Kuhl & Baumann, 2021) basiert auf einem funktionsanalytischen Ansatz, in welchem Erlebens- und Handlungsmuster adressiert werden, die das menschliche „Funktionieren" in konkreten Alltagssituationen abbilden. Dabei spielen Bedürfnisse, Motive sowie Emotionen und Affekte für unser Erleben und Handeln eine maßgebliche Rolle. Analog zu den kybernetischen Prozessen des ZMSM (Bischof, 1985; Abschn. 4.4) sowie der CB5T (DeYoung, 2015; Abschn. 4.5) fokussiert der funktionsanalytische Ansatz nicht ausschließlich auf zeit- und situationsüberdauernde Persönlichkeitseigenschaften, sondern stellt das funktional auf unterschiedliche Situationen angepasste Erleben und Handeln in den Vordergrund. Genau in diesem Prozess- und Entwicklungsfokus sehe ich auch den enormen Praxisnutzen für Beratung und Coaching (Schreiber, 2020b; Schreiber, Gschwend, et al., 2020). Für eine detaillierte Auseinandersetzung mit der PSI-Theorie empfehle ich die Ursprungsquellen von Kuhl (2001, 2005, 2010, 2018; Kuhl & Baumann, 2021).

Vier kognitive Erkenntnissysteme

In der PSI-Theorie werden 2 zentrale Prozesse im Detail beleuchtet, die eine „gestandene" Persönlichkeit ausmachen (Kuhl, 2005) und die auch für das Beratungssetting von großer Relevanz sind und deshalb in der Grundstruktur des MPI enthalten sind (Abb. 4.1; Tab. 4.3). Es geht erstens um die Willensstärke, also die Fähigkeit, die eigenen Absichten und Ziele auch dann umsetzen zu können, wenn es schwierig wird. Hier spricht Kuhl (2010, 2018) von der Zielumsetzung. Zweitens geht es darum, Absichten und Ziele zu bilden, mit denen sich eine Person identifizieren kann (Selbstkongruenz) und die gleichzeitig auf die Werte der sozialen Umwelt bezogen sind. Hier spricht Kuhl (2010, 2018) vom Selbstwachstum. Bei beiden Prozessen – Zielumsetzung und Selbstwachstum – wirken jeweils 2 kognitive Erkenntnissysteme als Antagonisten zusammen (Abb. 4.2; Tab. 4.5). Von einem Antagonismus spricht man in der PSI-Theorie deshalb, weil die beiden Systeme zwar zusammenspielen (müssen), sich dabei aber gegenseitig hemmen. Bei der Zielumsetzung geht es darum, wie Personen planen, wie sie ihre Pläne und Ziele in konkretes Handeln umsetzen und wie sie dabei auftretende Schwierigkeiten meistern (Motorik). Dabei spielen die kognitiven Funktionen des analytisch-intellektuellen „Denkens" und kreativen „Intuierens" eine zentrale Rolle. Kuhl (2005, 2010) bezieht sich dabei auf die Typologie der Persönlichkeit von Jung (1936). In der Terminologie der PSI-Theorie spricht er beim ersten Zusammenwirken, der Zielumsetzung, vom planenden Intentionsgedächtnis (IG; Denken) und der umsetzenden intuitiven Verhaltenssteuerung (IVS; Intuieren). In Abb. 4.2 ist das IG analog zu einer Ampel im Straßenverkehr rot eingefärbt, weil man im Planungsmodus innehält und stoppt. Es ist nicht möglich, einen Plan auszuhecken und dabei gleichzeitig im kreativen Umsetzungsmodus im Sinne der IVS zu sein. Vielmehr gilt es, den für die Umsetzung eines Plans richtigen Zeitpunkt abzuwarten und den Plan so lange im IG „aufzubewahren" bis er umgesetzt werden kann. Die IVS ist grün eingefärbt. Damit wird in der PSI-Theorie analog zur Ampel zum Ausdruck gebracht, dass im Modus der IVS motorische Verhaltensprogramme aktiviert sind, die uns dazu bringen, spontan zu handeln, beispielsweise wenn ein Plan umgesetzt werden kann. Für das Zusammenspiel von IG und IVS ist der positive Affekt (A+) zentral. Darauf werde ich später zurückkommen.

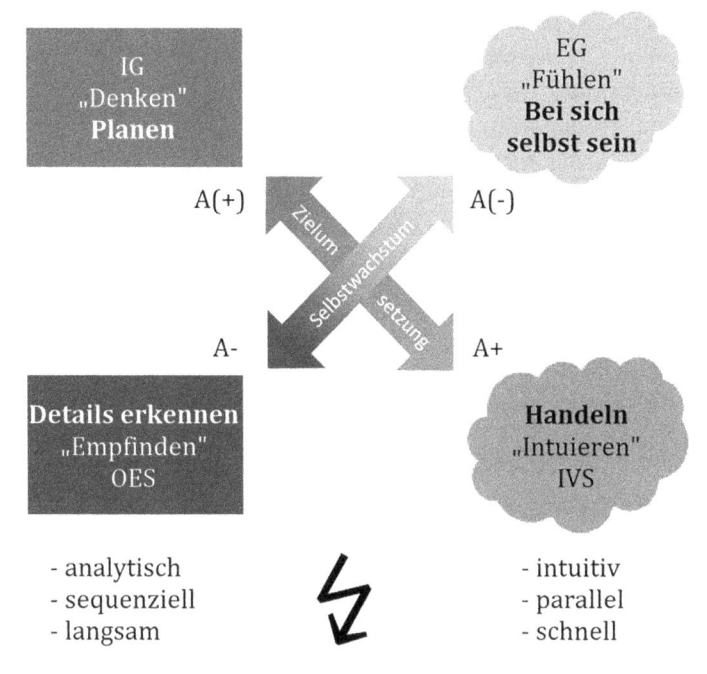

4 Narration gemäß dem Modell der Persönlichkeits- und ...

Abb. 4.2 Zielumsetzung und Selbstwachstum gemäß der PSI-Theorie (vereinfachte Darstellung nach Kuhl, 2010)

Beim zweiten Zusammenwirken zweier Antagonisten, dem Selbstwachstum, geht es darum, wie Personen sich entwickeln und wie sie dabei sowohl kontextfreie, neue Detailinformationen (im Sinne von Entropie) als auch ihre gesamte integrierte und kontextbezogene Lebenserfahrung einfließen lassen. Prozesse des Selbstwachstums beziehen sich auf das Erleben (Sensorik) und die zentralen kognitiven Erkenntnissysteme werden mit Bezug zu Jung (1936) als integrierendes „Fühlen" und differenzierendes, detailbezogenes „Empfinden" bezeichnet. Kuhl (2005, 2010) spricht von den beiden kognitiven Erkenntnissystemen des Extensionsgedächtnisses (EG; Fühlen) und des Objekterkennungssystems (OES; Empfinden). In Abb. 4.2 ist das OES blau eingefärbt, weil wir uns immer dann auf wichtige Details konzentrieren, wenn wir mit negativen und bedrohlichen Ereignissen konfrontiert sind. Die Farbe Blau („feeling blue") signalisiert den negativen Affekt (A-), der uns dazu bringt, uns voll und ganz der unmittelbaren Bedrohung zu widmen, um diese abzuwenden (Kuhl, 2005). Der damit verbundene „Tunnelblick" hilft uns, das negative Ereignis aus dem Kontext herauslösen und es dadurch besser durchdringen zu können. Würden wir negative Ereignisse konstant verdrängen, so könnten wir die Erkenntnisse aus dieser (Selbst-)Konfrontation nicht im Selbst integrieren (EG) – wir würden aus negativen Erfahrungen nichts lernen und Selbstwachstum würde ausbleiben. Das EG ist orange eingefärbt. Analog zur Ampel im Straßenverkehr signalisiert die Farbe Orange eine erhöhte Wachsamkeit sowie eine integrierende und auch intuitive Funktionsweise, bei der nicht auf einzelne Details fokussiert, sondern mit einem breiten Fokus alles Relevante „gefühlt" wird. Dabei werden die impliziten und expliziten Bedürfnisse des Selbst sowie diejenigen aus dem Umfeld integriert. Tunnelblick (OES) und Integration der gesamten Lebenserfahrung (EG) hemmen sich gegenseitig. Aber es liegt auf der Hand, dass sich die beiden Prozesse auch gegenseitig ergänzen und gleichermaßen zum Selbstwachstum beitragen. Dabei ist auch wieder die Ebene des Affektes von zentraler Bedeutung. Während es bei der Zielumsetzung um A+ geht, ist es beim Selbstwachstum der negative Affekt (A-). Ich werde gleich darauf zurückkommen.

Wie bereits im Rahmen der CCT ausgeführt, zeigt sich auch bei der PSI-Theorie, dass negative und bedrohliche Erfahrungen häufig Auslöser von wichtigen Entwicklungsschritten sind und es deshalb in der Beratung auch sehr wertvoll sein kann, die negativen Erfahrungen einzubeziehen.[2]

▶ Das Zusammenspiel der kognitiven Erkenntnissysteme für das Selbstwachstum und die Zielumsetzung im Sinne von Abb. 4.2 kann in der Beratung sowie im Coaching genutzt werden. Viele Klient*innen erleben sich unausgeglichen bezüglich der Zielumsetzung oder bezüglich des Selbstwachstums. Bei der Zielumsetzung kann sich die Unausgeglichenheit darin äußern, dass es einer Person immer wieder schwerfällt, von der Planung in die Umsetzung zu gelangen. Es kann aber auch genau das Gegenteil der Fall sein: Eine Person erlebt sich dann sehr umsetzungsorientiert und vermisst bei sich selbst die Fähigkeit, innezuhalten und vor der Umsetzung einen selbstkongruenten Plan zu erstellen. Beim Selbstwachstum kann sich Unausgeglichenheit so äußern, dass sich eine Person nicht von einzelnen (unwichtigen) Details lösen kann und dabei immer wieder den Überblick und den Bezug zu sich selbst verliert. Auch hier kann genau das Gegenteil der Fall sein: Eine Person erlebt sich dann sehr stark bei sich selbst, was wiederum mit der Herausforderung verbunden ist, dass dabei der Blick auf wichtige Details aus dem Umfeld abhandenkommen kann.

Analytisch-sequenzielle (IG, OES) und intuitiv-parallele Informationsverarbeitung (EG, IVS)
Die 4 kognitiven Erkenntnissysteme der PSI-Theorie sind in Abb. 4.2 analog ihrer Zuordnung zu verschiedenen Hirnarealen dargestellt. Die beiden Erkenntnissysteme IG und OES sind gemäß Kuhl (2001, 2018) auf der linken Hirnhemisphäre lokalisiert und verkörpern die analytisch-sequenzielle und eher langsame sowie explizite (dem Bewusstsein zugängliche) Informationsverarbeitung, während EG und IVS auf der rechten

---

[2] Dabei ist es wichtig, den eigenen Kompetenzbereich nicht zu überschreiten und Klient*innen falls nötig zu triagieren (z. B. diskutieren, ob eine (ergänzende) Psychotherapie hilfreich sein könnte, wenn ich selbst nicht als Psychotherapeut*in arbeite).

Hemisphäre lokalisiert sind und die intuitiv-parallele und dadurch schnelle sowie eher implizite und dadurch nicht unmittelbar dem Bewusstsein zugängliche Informationsverarbeitung repräsentieren. Kuhl (2005, 2018) geht davon aus, dass die Erkenntnissysteme auf derselben Hirnhemisphäre einfacher zusammen funktionieren als diejenigen auf gegenüberliegenden Hemisphären. Das bedeutet, dass zum einen „Planen" (IG) und „Details erkennen" (OES) und zum anderen „Bei sich selbst sein" (EG) und „Handeln" (IVS) besser miteinander einhergehen.

▶ **Wichtig**
Auch die unterschiedliche Funktionsweise der beiden Hirnhemisphären kann in der Beratung sowie im Coaching genutzt werden. Vielen Klient*innen haben ein gutes Gefühl oder Empfinden dafür, ob sie eher analytisch und über die Sprache oder eher intuitiv „funktionieren". Personen, die ihre Stärke in der Analyse und im rationalen Argument sehen, sind vielfach mit der Hausforderung konfrontiert, weniger gut „aus dem Bauch heraus" Bedürfnisse formulieren zu können, die mit ihrem Selbst kongruent und gleichzeitig auf ihre soziale Umwelt abgestimmt sind. Sie schaffen es zwar, detailliert zu planen und dabei zahlreiche Details in den Plan einzubeziehen, sind sich aber nie ganz sicher, ob es auch der für sie „richtige" und „sinnstiftende" Plan ist. Mithilfe der PSI-Theorie kann aufgezeigt werden, dass in einer solchen Situation der Zugriff zum Selbst wichtig ist. Dieser ist dann gut möglich ist, wenn der Blick „auf die andere Seite" gerichtet wird. In der Beratung können Klient*innen beispielsweise mit narrativen Verfahren dabei unterstützt werden, „sich selbst zu fühlen" und ihrer Intuition zu folgen.

Personen, die ihre Stärke in der intuitiven und schnell funktionierenden Informationsverarbeitung haben, haben bisweilen Mühe damit, ihre Intuition „fassbar" zu machen und sie benennen zu können. Das kann sich darin äußern, dass eine Person zwar ein prägnantes Bild über einen Sachverhalt „fühlt" (z. B. ein ungutes Gefühl bezüglich einer Stelle oder eines Vorstellungsgesprächs). Wird die Person jedoch „aufgefordert", ihre Argumente dafür darzulegen, so fällt es ihr sehr schwer und es kann sogar sein, dass ihr klares Bild über den Sachverhalt komplett verschwindet. In der Beratung kann mithilfe der PSI-Theorie aufgezeigt werden, dass die intuitive Funktionsweise (insbesondere des komplexen EG) geradezu charakteristisch dafür ist, dass sie nur sehr schwer über die Sprache zum Ausdruck gebracht werden kann. Daraus sollte keinesfalls gefolgert werden, dass die intuitiv gefühlten Inhalte weniger wichtig sind für die beiden Prozesse der Zielumsetzung und des Selbstwachstums. Im Gegenteil: In der Beratung sowie im Coaching sollte darauf geachtet werden, Intuition und Gefühle genauso wertzuschätzen wie das rationale Argument. Es wäre gemäß der PSI-Theorie eine einseitige Betrachtung, wenn alles als unwichtig deklariert oder gar abgewertet würde, was nicht über die Sprache zum Ausdruck gebracht werden kann.

Die hirnhemisphärisch unterschiedlichen Funktionsweisen können auch für die Methodenwahl in der Beratung sowie im Coaching genutzt werden. Grundsätzlich eignen sich narrative Verfahren, wie sie im vorliegenden Buch im Teil II vorgestellt werden, dafür, Intuition und Gefühle in der Beratung „fassbar" zu machen und dadurch den Fokus auf das EG zu legen. Die Unterscheidung der beiden hirnhemisphärischen Funktionsweisen sowie das einfachere Zusammenwirken der beiden Erkenntnissysteme auf derselben Hemisphäre können erklären, weshalb körperliche Bewegung – also das (motorische) Aktivieren des IVS – für viele Personen in der Beratung sehr wichtig ist, wenn es darum geht „vorwärts zu kommen (IVS)" und „bei sich selbst zu sein (EG)" (Schreiber, 2020b). Das ist auch ein Argument dafür, Beratungen in Form eines Spaziergangs durchzuführen und dadurch im Beratungsprozess automatisch „unterwegs" zu sein, sowie Klient*innen zu Spaziergängen oder ähnlichen Tätigkeiten anzuregen, um die Erkenntnisse aus dem Beratungsprozess „nachzubearbeiten". Durch die motorische Aktivität der IVS werden die intuitiv-parallele Informationsverarbeitung und somit auch das ebenfalls intuitiv-parallel arbeitende EG aktiviert. So lassen sich motorische Aktivitäten (z. B. Spaziergang) fast automatisch mit selbst-bezogenen Gedanken (z. B. in Gedanken versinken und dabei verschiedene Ideen und Bedürfnisse integrieren) kombinieren.

In der Beratung kann zudem die Wahl der Methode auf bestimmte Klient*innen (und Beratungspersonen) abgestimmt werden: Analytisch funktionierende Klient*innen (und Beratungspersonen), die sich insbesondere im IG bewegen, legen tendenziell einen großen Wert auf wissenschaftliche Instrumente mit quantitativer Fundierung. Fragebogen (oder gar Intelligenztests) mit klar ermittelbaren wissenschaftlichen Gütekriterien und einem Profil als konkretes Ergebnis sind für sie überzeugender als eher prozessorientierte und ergebnisoffenere Arbeitsmittel, deren wissenschaftliche Fundierung häufig qualitativer Natur ist. Andererseits sprechen Klient*innen (und Beratungspersonen), die sich eher im EG bewegen, mehr auf die prozessorientierten und qualitativen Instrumente, wie beispielsweise narrative Verfahren an, und sie fühlen sich in quantitativen Fragebogenprofilen oft nicht in all ihren Facetten wahrgenommen. Natürlich kommt auch das Gegenteil vor, nämlich, dass sich Personen, die sich vorwiegend auf der linken Hemisphäre bewegen und stark analytisch Denken, nach „etwas Anderem" sehnen und einen intuitiven Zugang bevorzugen oder auch umgekehrt, nämlich, dass intuitiv ausgerichtete Personen den analytischen Zugang suchen.

Kuhl (2005, S. 19) unterscheidet sowohl auf der linken als auch auf der rechten Hemisphäre zwischen elementaren (OES und IVS) und komplexen („hochinferenten") kognitiven Erkenntnissystemen (IG und EG). Er veranschaulicht die Unterscheidung zwischen der komplexen und der elementaren Verarbeitungsform am Beispiel des elementaren analytischen OES. So kann dieses „zu einem relativ wenig „intelligenten" Fokussieren auf Einzelheiten degenerieren" und wichtige komplexe Zusammenhänge außer Acht lassen, wie bei einer medizinischen Diagnose, bei der zusammenwirkende Ursachen einer Krankheit übersehen werden, sobald eine einzelne Ursache gefunden wird. Das hat auch damit zu tun, dass die Funktionsweise des OES für die detaillierte Bearbeitung eines Objekts kontextausschließend ist. Komplexe Zusammenhänge können gemäß der PSI-Theorie im ebenfalls auf der linken Hirnhemisphäre angesiedelten komplexen

(„hochinferenten") System des IG berücksichtigt werden. Die gesamte integrierte Lebenserfahrung einer Person kann aber nur einbezogen werden, wenn zusätzlich das ebenfalls hochinferente, aber auf der rechten Hirnhemisphäre angesiedelte EG, aktiviert ist.

Ein für Beratung und Coaching wesentlicher Aspekt der PSI-Theorie ist, dass Kuhl (2005) die komplexe und ganzheitlich intuitive Verarbeitungsform (intuitive Intelligenz; EG) auf dieselbe Stufe hebt wie die oft fälschlicherweise im Sinne der Intelligenztests als eigentliche Intelligenz verstandene komplexe und analytisch-rationale Verarbeitungsform (analytische Intelligenz; IG). Intelligentes Handeln beruht also zu gleichen Anteilen sowohl auf dem komplexen „Denken" gemäß dem IG als auch auf dem intuitiven „Fühlen" gemäß dem EG. Das hier beschriebene Verständnis von analytischer (IG) und intuitiver Intelligenz (EG) kann als grobe Vereinfachung der beiden Persönlichkeitsaspekte Intellekt und Offenheit für Erfahrungen – wie in der CB5T von DeYoung (2015) beschrieben (Abschn. 4.5) – verstanden werden. Im MPI wird Offenheit für Erfahrungen gemäß Quirin et al. (2020) dem EG zugeordnet (Tab. 4.11). Intellekt wird jedoch nicht dem IG zugeordnet, weil Intellekt als Persönlichkeitsaspekt (im Gegensatz zur analytischen Intelligenz, die mit Intelligenztests erfasst wird) trotz starker analytischer Komponente auch eine intuitiv-integrierende Komponente umfasst und deshalb sowohl im IG als auch im EG anzusiedeln ist.

Mithilfe der Unterscheidung zwischen analytisch-sequenziellen und intuitivparallelen Informationsverarbeitungsprozessen kann unter anderem das künftige Potenzial von KI sehr gut veranschaulicht werden (Schreiber & Gloor, 2020). KI kann aufgrund ihrer enormen Rechenkapazität viel schneller und wahrscheinlich auch besser als der Mensch analytisch-sequenzielle Prozesse verarbeiten und dabei kognitive Funktionen, wie beispielsweise die Sprach- und Bilderkennung, übernehmen. Beispiele, denen wir bereits in unserem Alltag begegnen, sind die Sprachassistent*innen Siri von Apple sowie Alexa von Amazon oder maschinelle Sprachübersetzungen wie Google Übersetzer oder DeepL. Das Potenzial solcher Anwendungen, die auch als „schwache" KI (Russell & Norvig, 2016; Scheuer, 2020) bezeichnet werden, ist enorm und wird zahlreiche Praxisanwendungen disruptiv beeinflussen, von der „einfachen" Kommunikation mit Bots sowie der Krankheitserkennung in der Medizin über die Aktenanalyse für juristische Fragestellungen, teilautonom navigierende Fahrzeuge im Bauwesen bis hin zum Einsatz von Drohnen für die Kriegsführung. Jedoch sind diese Anwendungen der schwachen KI nicht mit einer „starken" KI zu verwechseln, die eigenständig komplexe menschliche Alltagsherausforderungen unter Einbezug aller Freiheitsgrade menschlichen Erlebens und Handelns zu lösen vermag. Starke KI wird nach meiner persönlichen Einschätzung in absehbarer Zeit nicht erreicht. Dafür wäre es nämlich nötig, dass Computer und Roboter neben der analytisch-sequenziellen auch die intuitiv-parallele Informationsverarbeitung beherrschen (Abschn. 2.2).

„Sieben Funktionsebenen der PSI-Theorie"
Insgesamt unterscheidet Kuhl (2001, 2010, 2018) in der PSI-Theorie zwischen sieben Funktionsebenen der Persönlichkeit (Tab. 4.5). In der Folge werde ich auf die sieben Ebenen

eingehen, mit denen die beiden Prozesse der Zielumsetzung und des Selbstwachstums, welche zusammen die kreative Selbstregulation ausmachen, ausdifferenziert werden.

Auf der ersten Ebene sind die beiden bereits beschriebenen elementaren kognitiven Erkenntnissysteme des OES für das Selbstwachstum sowie der IVS für die Zielumsetzung angesiedelt. Im empfindenden und analytisch-sequenziell funktionierenden OES werden sowohl „Objekte" der visuellen Wahrnehmungswelt als auch Gefühle aus ihrem Kontext herausgelöst und im Detail analysiert. Dadurch liefert das OES wichtige Inputs für die Integration im EG (sechste Funktionsebene) im Sinne des Selbstwachstums (Kuhl, 2018). Die auf das Handeln bezogene und intuitiv-parallel funktionierende IVS dient der motorischen Umsetzung von Zielen, die im IG (sechste Funktionsebene) gespeichert sind. Für die motorische Umsetzung (z. B. Bewerbung verfassen) eines Ziels (z. B. neue Anstellung) muss der „richtige" Zeitpunkt (z. B. Stelle ist ausgeschrieben) abgewartet werden. Die Koordination der sehr zahlreich beteiligten Muskelfasern funktioniert nur, wenn sie parallel und über weite Strecken unbewusst abläuft.

Auf der zweiten Ebene unterscheidet Kuhl (2010) im Kontext der PSI-Theorie zwischen der für das Selbstwachstum relevanten sensorischen Erregung und der für die Zielumsetzung wichtigen motorischen Aktivierung. Erregung und Aktivierung sind zum einen von der aktuellen Situation und zum anderen von der (stabilen) Persönlichkeitsdis-

Tab. 4.5 Die „sieben Funktionsebenen der PSI-Theorie" gemäß Kuhl (2010) inklusive der „vier Phasen kreativer Selbstregulation"

Linke Hirnhemisphäre	Rechte Hirnhemisphäre
(2) Planung (Motorik)	**(1) Zielselektion (Sensorik)**
7. Selbstkontrolle (Ich)	7. Selbstregulation (Selbst)
6. Intentionsgedächtnis (IG) / Abstrakte Pläne erstellen („Denken") / Analytisches Denken	6. Extensionsgedächtnis (EG) / Bei sich selbst sein („Fühlen") / Holistisches Fühlen
5. Leistungsmotiv (sowie Machtmotiv): Wirkungsorientiert	5. Beziehungsmotiv (sowie Motiv zum freien Selbstsein): Erlebnisorientiert
	4. Selbstberuhigung / Bottom-up (von ängstlich (A-) zu gelassen (A(-))
	4. Selbstmotivierung / Top-down (von frustriert (A(+)) zu optimistisch (A+))
(4) Evaluation (Sensorik)	**(3) Aktion (Motorik)**
3. Negativer Affekt (A-) / Vermeidungsziele	3. Positiver Affekt (A+) / Annäherungsziele
2. Sensorische Erregung	2. Motorische Aktivierung
1. Objekterkennungssystem (OES) / Fehler erkennen („Empfinden")	1. Intuitive Verhaltenssteuerung (IVS) / Spontan handeln („Intuieren")

position für die Empfänglichkeit von Erregung und Aktivierung abhängig. Die Praxisrelevanz dieser Unterscheidung beschreibt Kuhl (2010, S. 156) anhand zweier häufig angewendeter Entspannungsmethoden – dem autogenen Training sowie der progressiven Muskelentspannung:

> „Bei der progressiven Muskelentspannung werden nach und nach verschiedene Muskelpartien des Körpers stark angespannt und dann durch Loslassen der Anspannung wieder entspannt. Hier bezieht sich die Entspannung also direkt auf die motorische Aktivierung (,Spannen Sie Ihren Unterarm jetzt stark an, halten Sie die Spannung, bis ich das Signal zum Loslassen gebe …'). Beim autogenen Training dagegen steht das Erleben und die Selbstwahrnehmung stärker im Vordergrund als die Anspannung der Körpermotorik. Auch hier kann die Körperwahrnehmung eine Rolle spielen, wobei jedoch nicht die Anspannung und Entspannung der Muskeln im Vordergrund steht, sondern die innere Wahrnehmung (z. B. von Wärmegefühlen). Die Erlebniszentrierung ist nicht auf die Körperwahrnehmung beschränkt, sondern kann entspannende Vorstellungsbilder wie sanft stimmende Naturszenen u. Ä. mit einbeziehen."

Je nachdem, ob sich die Stresssituation einer Person oder deren Persönlichkeitsdisposition eher auf die Motorik (im Sinne einer gehemmten Zielumsetzung) oder die Sensorik (im Sinne eines gehemmten Selbstwachstums) bezieht, kann so in der Beratung sowie im Coaching die „richtige" Entspannungsübung angewendet oder empfohlen werden.

Auf der dritten Ebene wird in der PSI-Theorie zwischen den Affekten A- und A+ unterschieden (Abb. 4.3). Kuhl (2010) unterscheidet diese von der Erregung und

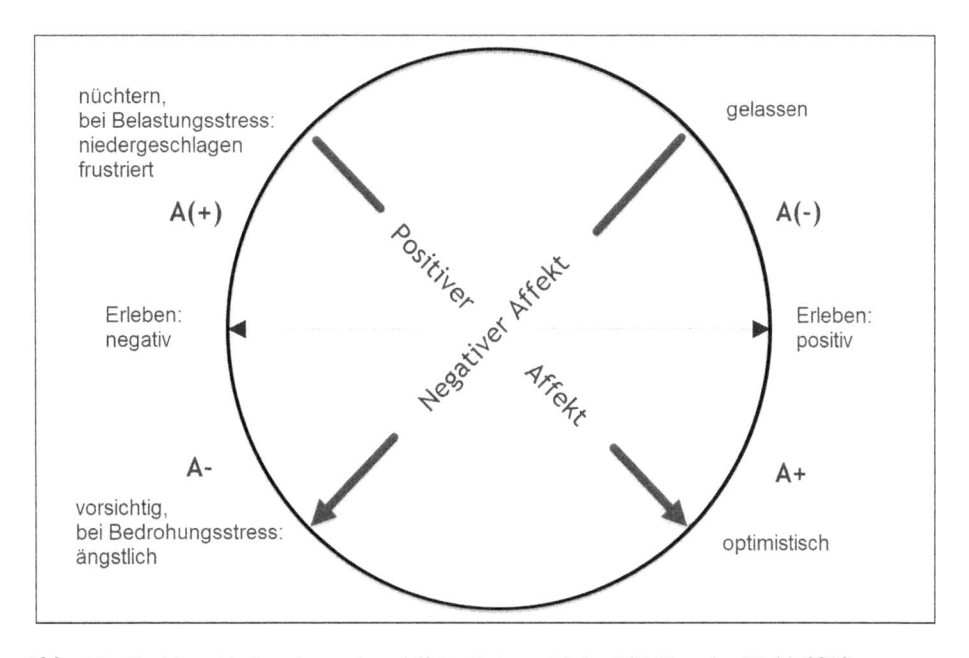

Abb. 4.3 Positiver (A+) und negativer Affekt (A-) gemäß der PSI-Theorie. (Kuhl, 2018)

Aktivierung der zweiten Funktionsebene dadurch, dass sich letztere auf globale und unspezifische Quellen der Erregbarkeit der Wahrnehmung (Sensorik) und Aktivierbarkeit des Verhaltens (Motorik) beziehen. A- und A+ hingegen sind mit spezifischen Objekten wie einer bestimmten beruflichen Aufgabe oder einem beruflichen Ziel verknüpft. Gemäß Kuhl (2010) gehen Affekte immer mit einem spezifischen Vermeidungs- oder Annäherungsfokus, der sich in der PSI-Theorie auf implizite und explizite Ziele, Handlungsoptionen und Selbstaspekte beziehen kann, einher. A- und A+ spielen auch auf der vierten Ebene eine zentrale Rolle.

Auf der vierten Ebene findet sowohl beim Selbstwachstum als auch bei der Zielumsetzung ein Wechsel der Hirnhemisphären statt (Tab. 4.5). Gemäß der PSI-Theorie (Kuhl, 2005, 2018; Kuhl & Baumann, 2021; Kuhl & Strehlau, 2014) wird dieser Hemisphärenwechsel beim Selbstwachstum durch das Bewältigen schmerzlicher und bedrohlicher Erfahrungen moduliert (Abb. 4.2; Tab. 4.5). Das Bewältigen von Bedrohungsstress geht gemäß Abb. 4.3 mit einem positiven Erleben (nicht zu verwechseln mit A+) einher. Dieses positive Erleben basiert jedoch auf A-, respektive darauf, dass A- herunterreguliert wird (A(-)). Bezogen auf die Funktionsebenen findet die Modulierung dabei von den unteren elementaren Ebenen nach oben statt (bottom-up). Kuhl (2010, S. 469) spricht von der Selbstberuhigung (A- → A(-)), welche gemäß der zweiten Modulationsannahme der PSI-Theorie wie folgt funktioniert:

> „Die zweite Modulationsannahme der PSI-Theorie besagt, dass Selbstentwicklung, die den Kontakt zwischen dem integrierten Selbst und schmerzlichen oder Angst auslösenden Einzelerfahrungen erfordert, durch die selbstkonfrontative (d. h. nicht durch Verdrängung und Abwehr vermittelte) Herabregulierung negativen Affekts gebahnt wird, während übermäßiger negativer Affekt (oder seine defensive Verdrängung) den Zugang zu integrierten Selbstrepräsentationen hemmt."

Demgegenüber wird das Umsetzen von Plänen (Zielumsetzung) durch A+ moduliert (Abb. 4.2; Tab. 4.5). Die Modulierung findet dabei top-down statt, also von den oberen komplexen Ebenen nach unten. Kuhl (2010, S. 464) spricht von der Selbstmotivierung (A(+) → A+), welche der ersten Modulationsannahme der PSI-Theorie entspricht und ebenfalls mit positivem Erleben einhergeht (Abb. 4.3):

> „Die erste Modulationsannahme der PSI-Theorie besagt, dass willentliches Handeln, das den Informationstransfer vom Absichtsgedächtnis zur intuitiven Verhaltenssteuerung erfordert, durch das Aufheben der Dämpfung positiven Affekts ermöglicht wird (die ihrerseits zunächst nötig ist, damit überhaupt eine explizite Absicht gebildet wird)."

Funktioniert die zielorientierte Selbstkontrolle nicht wunschgemäß, so ist der Wille gehemmt (Kuhl, 2018). Dies geht einher mit gedämpftem positivem Affekt (A(+)), der auch als Niedergeschlagenheit, Frust und Belastung (z. B. weil ein berufliches Ziel noch nicht erreicht ist) und dadurch als negativ erlebt wird (Abb. 4.3). Im Modell der PSI-Theorie wird dieses negative Erleben als Affekt A(+) gesehen (nicht zu verwechseln mit A-), der eine Person darauf hinweist, dass für die Zielumsetzung weitere Schritte nötig sind und eine (weitere) Planungsphase im IG angezeigt ist. A- hingegen geht wie bereits erwähnt mit dem Erleben von Bedrohung und Angst einher (z. B. weil man sich in der beruflichen Rolle überfordert fühlt). Gemäß der PSI-Theorie führt A- zu einer Hemmung des Selbst. Stellt sich eine Person ihrem A- im Sinne einer Selbstkonfrontation im OES und schafft sie es, A- herunterzuregulieren (A(-)), so geht dies mit einem positiven Erleben einher und es ermöglicht der Person den Zugang zum Selbst (EG). Dort können die ursprünglich als Bedrohung erlebte und im OES dekontextualisierte Erfahrung wieder in einen Kontext gesetzt und relativiert sowie die neuen Erkenntnisse integriert werden. Dadurch wird das Selbstwachstum trotz vorübergehender Selbsthemmung gefördert. Kuhl (2018, S. 402) beschreibt den Unterschied zwischen Willens- und Selbsthemmung wie folgt:

> „Willenshemmung wird eher durch Belastungsstress verursacht, der den für das Handeln wichtigen positiven Affekt dämpft (z. B. wenn jemand viele unerledigte Vorsätze hat), während Selbsthemmung mehr durch Bedrohungsstress verursacht wird, der den Überblick über persönlich relevante Inhalte des Erfahrungsgedächtnisses (d. h. des Selbst) einschränkt."

Abb. 4.3 zeigt die Dimensionen A+ und A- im soeben beschriebenen Sinne der PSI-Theorie. Die Wechsel vom A(+) zu A+ sowie vom A- zum A(-) *und umgekehrt* sind deswegen so wichtig, weil bei den Übergängen jeweils sowohl die rechte als auch die linke Hirnhemisphäre gleichermaßen aktiviert sind und so ein optimaler Austausch zwischen den Erkenntnissystemen stattfinden kann.

Auf der fünften Ebene spielen die Motive eine zentrale Rolle. Gemäß der PSI-Theorie wird dabei zwischen wirkungs- und erlebnisorientierten Motiven unterschieden (Kuhl, 2010; Kuhl & Strehlau, 2014). Die wirkungsorientierten Motive nach Leistung und Macht sind insbesondere für die Prozesse der Zielumsetzung wichtig (Alsleben & Kuhl, 2011). Personen mit hohem Leistungsmotiv (sowie Personen mit einem hohen Machtmotiv) fällt es leichter, ein gesetztes Ziel auch dann weiter zu verfolgen, wenn bei der Umsetzung Stolpersteine zu überwinden sind. Aufgrund des Annäherungsfokus, der mit den beiden wirkungsorientierten Motiven einhergeht, können sie Frustration und Niedergeschlagenheit (A(+)) besser erdulden. Das hat auch damit zu tun, dass ihre Ziele stärker mit A+ verknüpft sind und dadurch sogenannte Annäherungsziele darstellen. Folglich können sie das IVS besser aktivieren und ihren Willen „enthemmen". Dabei spielt aber auch die Ebene des Selbstwachstums eine wichtige Rolle.

> **„Vier Phasen kreativer Selbstregulation": Wichtiges Zusammenspiel zwischen Zielumsetzung und Selbstwachstum**
> Selbst-kongruente Ziele unter Berücksichtigung der impliziten und expliziten Bedürfnisse aus dem EG ((1) Zielselektion) werden nachhaltiger umgesetzt als von außen übernomme Ziele. Wird ein Ziel von außen vorgegeben oder übernimmt eine Person Normvorstellungen aus dem Umfeld, die nicht kongruent sind mit ihrem Selbst, so muss A+ für die Aktivierung der IVS mit ungleich größerem Energieaufwand aufrechterhalten werden. Das ist beispielsweise dann der Fall, wenn jemand sich für die nächsthöhere Stufe auf der Karriereleiter entscheidet (IG, (2) Planung) und sich für eine entsprechende Stelle bewirbt (IVS, (3) Handlung), obwohl sich dieser Laufbahnschritt eigentlich gar nicht stimmig „anfühlt" (EG). An dieser Stelle liefert die PSI-Theorie einen vielversprechenden Lösungsansatz dafür, wie man Klient*innen in Beratung und Coaching dabei unterstützen kann, selbst-kongruente Ziele zu setzen und dadurch das Selbstwachstum zu fördern: Man sollte sie dabei unterstützen, Zugriff zu ihren impliziten und expliziten Bedürfnissen des EG zu erhalten und daraus Ziele für das IG abzuleiten, die selbst-kongruent sind und gleichzeitig die Bedürfnisse aus dem sozialen Umfeld berücksichtigen. Dabei macht es aufgrund der PSI-Theorie Sinn, abstrakte Ziele zu setzen (z. B. in Form einer Vision für eine wünschenswerte berufliche Entwicklung). Konkrete Ziele, wie z. B. die so oft propagierten SMART-Ziele[3], schränken den Fokus unnötig auf ein spezifisches Ziel ein und lassen bei der Umsetzung keinen Spielraum für Flexibilität (Schreiber, Gschwend, et al., 2020). Selbst-kongruente Ziele aus dem EG können gemäß der PSI-Theorie insbesondere dann generiert werden, wenn Klient*innen es schaffen, A- herunterzuregulieren und dadurch aus dem auf einzelne Details fokussierenden OES ((4) Evaluation) aufzutauchen und eine ganzheitliche Sicht zu gewinnen.

Die beiden erlebnisorientierten Motive nach Beziehung und freiem Selbstsein (auch Selbstentwicklung oder -verwirklichung) werden in der PSI-Theorie der Ebene des Selbstwachstums zugeordnet (Alsleben & Kuhl, 2011). Sie folgen einem Vermeidungsfokus und beeinflussen das Modulieren von A-, wobei Personen mit hohem Beziehungsmotiv (sowie Personen mit einem hohen Motiv nach freiem Selbstsein) dazu neigen, A- zu erleben. Dabei schaffen sie es aber, einen Umgang mit A- zu finden und dadurch im Kontakt mit dem EG zu bleiben. Über diese Selbstberuhigung können sie A- herunterregulieren, die gewonnenen Erkenntnisse im EG integrieren und daraus

---

[3] Unter einem SMART-Ziel wird ein Ziel verstanden, das spezifisch (S), messbar (M), attraktiv (A), realistisch (R) und zeitlich terminiert (T) ist.

kongruente und auf die impliziten und expliziten Motive bezogene sowie mit ihrer Umwelt abgestimmte Ziele für das IG ableiten.

IG und EG bilden als komplexe kognitive Erkenntnissysteme die sechste Funktionsebene der PSI-Theorie ab. Das oben aufgeführte Beispiel einer kreativen Selbstregulation im Bereich der beruflichen Laufbahnentwicklung – entwickeln selbst-kongruenter Ziele (IG) aus dem EG heraus sowie Umsetzung der Ziele über die IVS und Evaluation im OES – zeigt, dass das „Funktionieren" im Alltag immer sowohl die Zielumsetzung als auch das Selbstwachstum betrifft.

Auf der siebten Ebene unterscheidet Kuhl (2010) zwischen der Selbstregulation (des „Selbst") – hier verstanden als Teilprozess der „vier Phasen kreativer Selbstregulation" gemäß Quirin et al. (2020), der auch als Selbstzugang bezeichnet werden kann – und der Selbstkontrolle (des „Ich"), die auch als Selbstdisziplin bezeichnet werden kann (Tab. 4.11). Es handelt sich um 2 grundsätzlich unterschiedliche Funktionsprofile eines zentralen Koordinationssystems, die mit einer demokratischen und autoritären Staatsform verglichen werden können:

> „Die Selbstregulation lässt sich als eine Form der zentralen Koordination verstehen, die wie das Oberhaupt eines demokratisch geführten Unternehmens oder Landes möglichst viele Stimmen integriert (Gedanken, Emotionen, eigene und fremde Bedürfnisse und Werte, etc.), um zu Entscheidungen und Handlungsabsichten zu kommen, die möglichst viele Selbstanteile repräsentieren, sodass auch ‚Stimmen', die bislang nicht integrierbar waren, zur emotionalen und kognitiven Unterstützung der Entscheidung bewegt werden können (vgl. den Begriff der Selbstmotivierung)." (Kuhl, 2010, S. 377/378)
>
> „Der Begriff der Selbstkontrolle beschreibt die in der westlichen Welt verbreitete Auffassung vom Willen. Sie ist nicht durch die Einbindung unterstützender, sondern durch den Ausschluss vom Ziel ablenkender Kräfte charakterisiert, also mit der Disziplin des expliziten Ich vergleichbar, das alle Gedanken, Gefühle oder Handlungstendenzen ausfiltert oder sogar unterdrückt, die die Ausführung der aktuellen (expliziten) Intention gefährden." (Kuhl, 2010, S. 378)

Die Ausführungen über die „sieben Funktionsebenen der PSI-Theorie" (Kuhl, 2010, 2018) stehen parallel zur CCT (Savickas, 2019b, 2020), wo die berufliche Laufbahnentwicklung aufgrund zentraler Lebensthemen, die in ein kohärentes Lebensnarrativ eingebettet werden, angegangen wird. Eine Herausforderung des soeben beschriebenen Prozessablaufs besteht darin, dass die im EG integrierten Bedürfnisse und Motive häufig implizit verankert und dadurch nicht ohne Weiteres dem Bewusstsein sowie der Sprache zugänglich sind. In der Beratung sowie im Coaching können diese impliziten Anteile des Selbst mithilfe der in Teil II dieses Buches vorgestellten narrativen Verfahren erleb- und fassbar gemacht werden.

Ich-orientierte Selbstkontrolle (IG) ohne Fremdbeeinflussung und selbst-orientierte Selbstregulation (EG) ohne Selbstinfiltration

Abschließend möchte ich nochmals auf die grundsätzlich unterschiedlichen Funktionsweisen der dem Bewusstsein sowie der Sprache leichter zugänglichen und dadurch expliziten ich-orientierten Selbstkontrolle (Selbstdisziplin) und der eher impliziten selbst-orientierten Selbregulation (Selbstzugang) zu sprechen kommen. In einer Welt, die geprägt ist von expliziten Zielen, die zu erreichen sind, besteht die Tendenz, der Selbstkontrolle den Vorrang zu gewähren (Kuhl, 2018; McGilchrist, 2009). Dabei übernimmt das IG die Kontrolle: Geht es darum, ein Ziel zu erreichen, so schaltet das IG im Sinne der Selbstkontrolle alle Stimmen auf „stumm", die nicht unmittelbar der Zielumsetzung dienen (z. B. implizite Bedürfnisse und Motive aus dem EG). Das macht zwar im Sinne der konsequenten Zielumsetzung Sinn, unterdrückt aber gleichzeitig zentrale Aspekte der „vier Phasen kreativer Selbregulation" gemäß Quirin et al. (2020), nämlich die selbst-orientierte Selbregulation und dadurch die Integration wichtiger (Lebens-)Erfahrungen. Gemäß Kuhl (2018) konzentriert sich auch die Diskussion um die Frage des freien Willens einseitig auf die bewusste und dadurch besser erforschbare Willensform der Selbstkontrolle. Ziele, die primär dem IG entspringen, sind jedoch aufgrund der Abkopplung vom Selbst anfällig für Fremdbeeinflussung (Introjektion; vgl. dazu auch die Ausführungen zur CCT in Abschn. 3.3). Diese kann von engen Bezugspersonen oder von gesellschaftlichen Normen herrühren. Genauso wie McGilchrist (2009) bezieht sich Kuhl (2018, S. 403) bei dieser Betrachtung unterschiedlicher Funktionsweisen im Gehirn auf die Neurobiologie. Er hält dazu fest,

> „dass Motivdiskrepanzen, die auf einer einseitigen Betonung (linkshemisphärischer) analytisch-verbal repräsentierter Ziele und deren Abkopplung von (rechtshemisphärischen) Motiven und anderen impliziten Selbstrepräsentationen beruhen, zu Störungen bei der Wahrnehmung und Bewältigung emotionaler Erfahrungen und zu entsprechenden Symptomen beitragen können."

Ich habe bereits erwähnt, dass motorische Bewegung (z. B. in Form eines Spaziergangs) und die damit verbundene Aktivierung der IVS diesem Ungleichgewicht entgegenwirken kann. Für die Anwendung in der Praxis kann auch die Erkenntnis genutzt werden, dass das 3-minütige Drücken eines Gummiballs mit der linken Hand und die damit verbundene Aktivierung der rechten Hirnhemisphäre den Selbstzugang fördern und dazu führen kann, dass selbst-kongruente Motive besser mit expliziten Zielen integriert werden (Kuhl, 2018). Fremdbeeinflussung entsteht insbesondere, wenn es jemandem schwerfällt, selbst gesteckte Ziele zu erreichen und die Person deshalb frustriert ist. Dann steigt die Empfänglichkeit dafür, sich von fremden Erwartungen leiten zu lassen. Das kann beispielsweise der Fall sein, wenn Klient*innen ihre beruflichen Ziele nicht unmittelbar umsetzen können und ihre weiteren Schritte dann allzu sehr auf Gedanken und Ideen von außen (z. B. einer Beratungs- oder Vertrauensperson) abstützen. Auch wenn die Gedanken und Ideen von den Personen gut gemeint sind, ist dieses Vorgehen zu hinterfragen. In solchen Situationen ist es hilfreich, Klient*innen dabei zu unterstützen, ihre emotionale Dialektik zwischen IG und IVS (1. Modulationsannahme) zu üben und mit ihnen zu erarbeiten, wie sie mit der „frustrierenden" Situation umgehen, die anstehenden Hürden überwinden und schließlich ihr Ziel erreichen können. Die Unterstützung kann sich in der Beratung darauf beziehen, A+, der mit der Zielerreichung voraussichtlich einhergehen wird, zu antizipieren und dadurch die Toleranz zu erhöhen, Frustration auszuhalten (siehe dazu WOOP, 2017). Andererseits kann sich die Unterstützung aber auch darauf beziehen, wie die Hürden konkret überwunden werden können.

Auch bei der 2. Modulationsannahme ist die emotionale Dialektik wichtig, um der Gefahr entgegenzuwirken, bei einer Entscheidung nicht bei sich selbst zu sein. Dabei geht es um den Prozess der Selbstregulation und um die Dialektik zwischen EG und OES sowie dem damit verbundenen A-. Kuhl (2018, S. 414) spricht von Selbstinfiltration und meint damit „die Verwechslung fremder mit den eigenen Wünschen oder Entscheidungen". Selbstinfiltration kann dann passieren, wenn der Selbstzugang aufgrund von Bedrohungsstress (A-) eingeschränkt ist, dadurch die impliziten Motive und Bedürfnisse nicht „gefühlt" und in der Folge nicht in die Selbstregulation einbezogen werden.

▶ **Wichtig**
In Beratung und Coaching ist es hilfreich und wichtig, Klient*innen dabei zu unterstützen, selbst-kongruente Ziele setzen zu können (ich-orientierte Selbstkontrolle), die sowohl die eigenen impliziten und expliziten Motive und Bedürfnisse als auch die Werte der sozialen Umwelt berücksichtigen (selbst-orientierte Selbstregulation).

Bei der Selbstkontrolle (IG, Ich) stellt die Fremdbeeinflussung durch Personen aus dem Umfeld oder soziale Normen genauso eine Gefahr dar, wie bei der Selbstregulation (EG, Selbst) die Selbstinfiltration, also das Verwechseln fremder Bedürfnisse und Wünsche mit den eigenen. Beiden Gefahren kann begegnet werden, indem im Beratungsprozess auf die emotionale Dialektik der beiden Affekte – A+ und A- – geachtet wird.

4.4 Bindung, Unternehmungslust und Autonomie – Zürcher Modell der sozialen Motivation (ZMSM)

Das ZMSM (Bischof, 1985, 1993) bildet als Modell der sozialen Motivation die menschliche Motivstruktur ab. In Form eines kybernetischen Modells wird die motivationale Lage einer Person mithilfe dreier Regelkreise, welche die Motivsysteme Sicherheit, Erregung und Autonomie abbilden, beschrieben. Die soziale Motivation ist gemäß Bischof (1993) vorwiegend auf dem Umgang mit Artgenossen, also die soziale Interaktion und auch die soziale Distanzregulation zu den Artgenossen, ausgerichtet. Sie kann sich aber auch auf „Ersatzobjekte" wie beispielsweise auf die berufliche Situation einer Person beziehen.

Bedürfnisse, Motive, Antriebsmuster und Verhaltensprogramme
Gemäß ZMSM werden für die 3 Regelkreise die jeweiligen Bedürfnisse (Sollwerte: Abhängigkeit, Unternehmungslust, Autonomieanspruch) permanent mit der entsprechenden emotionalen Befindlichkeit (Istwerte: Sicherheit, Erregung, Autonomie-

Tab. 4.6 Bedürfnisse, Motive, Antriebsmuster und entsprechende Verhaltensprogramme gemäß dem ZMSM (Bischof, 1993)

Motivsystem	Bedürfnis (Subkognitiver Sollwert)	Motiv (Istwert der emotionalen Befindlichkeit; durch Detektoren erfasst)	Antriebsmuster (Motivation) (Bedürfnisbasierte Befindlichkeitsemotionen)	Verhaltensprogramm
Sicherheit	Abhängigkeit (=Bindungsbedürfnis)	Sicherheitsbefinden	Bindung (Appetenz) Überdruss (Aversion) → Anschluss an vertraute Objekte (Bindungsmotivation)	Anschluss Meidung
Erregung	Unternehmungslust (=Erregungsbedürfnis)	Erregungsbefinden	Neugier (Appetenz) Furcht (Aversion) → Exploration fremder Objekte (Explorationsmotivation)	Exploration Meidung
Autonomie	Autonomieanspruch Macht Geltung Leistung (Selbstverwirklichung)	Autonomiegefühl	Assertion (Appetenz) Submission (Aversion) → Verhalten zur Steigerung (oder Reduktion) des Autonomiegefühls (Selbstbehauptungsmotivation)	Aggression Supplikation

Anmerkung: Bischof (1993, S. 15) bezieht seine Ausführungen über die Autonomiegefühle im ZMSM primär auf das Machtbedürfnis. Somit steht bei den Antriebsmustern (Assertion, Submission) und Verhaltensprogrammen (Aggression und Supplikation) auch der Bezug zum Machtbedürfnis im Vordergrund.

gefühl) abgeglichen. Je nach Ergebnis dieses Abgleichs werden unterschiedliche Antriebsmuster und Verhaltensprogramme aktiviert (Motorik; Tab. 4.6). Die Istwerte werden über Detektoren erfasst, anhand derer Personen ihre soziale Umwelt differenziert wahrnehmen (Sensorik). Dabei spielen die Entropie, hier verstanden als Maß für die Fremdheit (hohe Entropie) respektive Vertrautheit (niedrige Entropie) eines Objekts, sowie dessen (soziale) Relevanz eine Rolle (Abb. 4.4). Entropie und Relevanz werden durch das Aussehen eines Objekts gespeist. Während nahe Bezugspersonen (z. B. Eltern oder langjährige Arbeitskolleg*innen) als vertraut und relevant wahrgenommen werden, sind noch unbekannte Bezugspersonen (z. B. neue Arbeitskolleg*innen) zwar in der Regel relevant, aber (noch) nicht vertraut. Vertraute Objekte werden grundsätzlich als Geborgenheit und Schutz spendend und dadurch auch als positiv erlebt. Fremde Objekte hingegen werden als potenziell gefährlich und dadurch auch als negativ wahrgenommen (Scheffer & Heckhausen, 2018). Neben der Charakterisierung des Aussehens wird auch die örtliche Distanz zum Objekt erfasst. Im ZMSM werden die Motivsysteme primär über Verhaltensprogramme ausbalanciert, welche die örtliche Distanz (im Sinne der sozialen Distanz) regeln. Dass die örtliche Distanz auch in der Arbeitswelt eine Rolle spielt und dort Verhaltensprogramme triggern kann, zeigt sich beispielsweise, wenn Arbeitskolleg*innen auf engem Raum nebeneinander arbeiten (müssen) oder wenn Teams auf mehreren Stockwerken oder Kontinenten verteilt arbeiten und die örtliche Distanz auch als soziale Distanz erlebt wird. Bischof (1993) schließt explizit mit ein, dass eine nicht optimale örtliche Distanz auch durch die psychologische Distanz (z. B. Körperhaltung, Intimität des Gesprächsstoffs oder symbolische Gesten) kompensiert werden kann.

▶ **Unterscheidung zwischen Bedürfnissen und Motiven**
Kuhl (2001, S. 450) weist mit Bezug zum ZMSM auf die Unterscheidung zwischen Bedürfnissen und Motiven sowie daraus resultierenden Verhaltensweisen hin. Tab. 4.6 fasst diese Unterscheidung, die auch für die PSI-Theorie relevant ist, im Sinne des ZMSM zusammen. Während *Bedürfnisse* als „subkognitive Führungsgrößen (Sollwerte) für bedürfnisrelevante Ereignisse und für die mit ihnen assoziierten Affekte" definiert werden, stellt „ein *Motiv* eine Vernetzung des betreffenden Bedürfnisses mit den affektiv-motivationalen (Belohnungs- und Bestrafungs-)Systemen" dar. Motive sind dadurch immer mit einem Annäherungs- oder Vermeidungscharakter verbunden. Sie können sich gemäß Kuhl (2001, S. 452) auf implizite und explizite Ziele, Handlungsoptionen und Selbstaspekte beziehen und führen zu spezifischen Antriebsmustern (Motivation), die auch als bedürfnisbasierte Befindlichkeitsemotionen bezeichnet werden (Tab. 4.6).

Der Annäherungs- und Vermeidungscharakter der Motive der PSI-Theorie von Kuhl (2010; Kuhl & Strehlau, 2014) kann sich also auf verschiedene Aspekte wie die soeben erwähnten Ziele, Handlungsoptionen und Selbstaspekte beziehen. Im Gegensatz dazu sind Annäherung (Appetenz) und Vermeidung (Aversion) im ZMSM (Bischof, 1993) primär auf die soziale Distanzregulation zu vertrauten oder fremden Objekten „eingeschränkt". Auf diese wichtige Unterscheidung bin ich bereits in Abschn. 3.4 im Zusammenhang mit der CCT (Savickas, 2019b, 2020) und der Differenzierung zwischen den Bindungsschemata und den motivationalen Schemata eingegangen. Ich werde darauf später nochmals zurückkommen (Tab. 4.7).

Zeigt der Ist-Sollwert-Abgleich bei einem der 3 Systeme ein Ungleichgewicht an (Sensorik), so führt dies zu spezifischen Antriebsmustern und Verhaltensprogrammen (Motorik), um die Werte wieder auszugleichen (Tab. 4.6). Bischof (1993, S. 18) unterscheidet zwischen 5 zur Verfügung stehenden Verhaltensprogrammen: Anschluss, Meidung, Exploration, Aggression und Supplikation. Die Verhaltensprogramme können entweder durch den Ist-Sollwert-Abgleich der 3 Motivsysteme oder durch Copingstrategien ausgelöst werden. In Tab. 4.6 sind ausschließlich die Motivsysteme sowie die entsprechenden Verhaltensprogramme abgebildet. In der Folge werde ich zuerst die Funktionsweise der Motivsysteme ausführen und danach auch die Copingstrategien erläutern.

Funktionsweise der Motivsysteme – bedürfnisbasiertes Verhalten
Aus dem Ist-Sollwert-Abgleich der 3 Motivsysteme resultieren die bedürfnisbasierten Befindlichkeitsemotionen im Sinne von Antriebsmustern (Bindung, Überdruss, Neugier, Furcht, Assertion und Submission) sowie die dazugehörenden Verhaltensprogramme (Tab. 4.6; Abb. 4.4).

Zeigt der Abgleich bei einer Person zu wenig Sicherheit an, so führt das zu einer sogenannten Sicherheitsappetenz, die sich darin äußert, dass die Person die Nähe zu vertrauten und sicherheitsspendenden Objekten und nach Bindung sucht. Das resultierende Bindungsverhalten entspricht dem Anschluss-Verhaltensprogramm. Demgegenüber resultiert bei zu viel Sicherheit eine Sicherheitsaversion. Diese führt zu Überdruss und dazu, dass sich die Person von vertrauten und sicherheitsspendenden Objekten entfernt, wobei das Verhaltensprogramm der Meidung aktiviert ist. Beide Verhaltensprogramme – Anschluss und Meidung – zielen darauf ab, das Sicherheitssystem (über die soziale

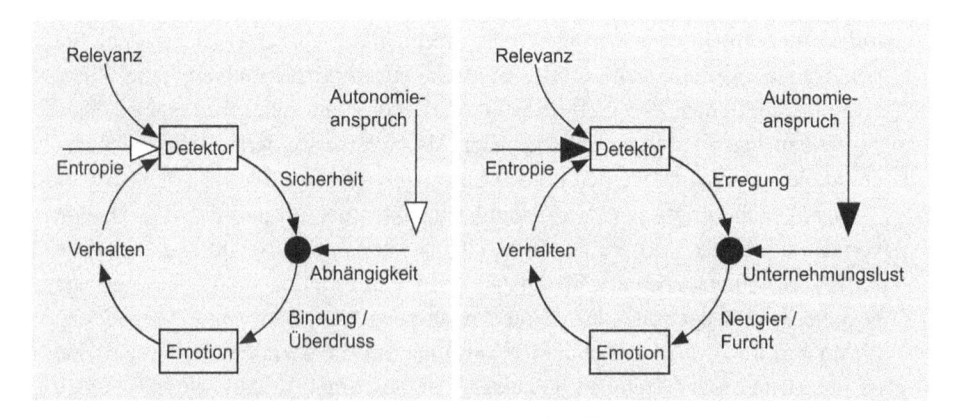

Abb. 4.4 Sicherheits- (links) und Erregungsregelkreis (rechts) gemäß dem Zürcher Modell der sozialen Motivation (ZMSM) (Aus: Scheffer, D., & Heckhausen, H. (2018). Eigenschaftstheorien der Motivation. In J. Heckhausen & H. Heckhausen (Eds.), Motivation und Handeln (S. 49–82). Springer. https://doi.org/10.1007/978-3-662-53927-9_3, S. 22)

Distanz) wieder auszubalancieren. Dabei spielt die Abhängigkeit, der Sollwert des Sicherheitssystems – auch Bindungsbedürfnis genannt – eine zentrale Rolle (Abb. 4.4, links; Schönbrodt et al., 2009; siehe auch Schreiber, Iller, et al., 2020):

▶ Personen mit einem hohen *Bindungsbedürfnis* ist die Zugehörigkeit zu engen und nahestehenden Menschen wichtig – meist ist dies die*der Lebenspartner*in, die Eltern oder Geschwister. Ohne diese engen Beziehungen fühlen sich Menschen mit einem hohen Bindungsbedürfnis schnell unsicher und allein. Sie werden daher immer wieder versuchen, enge Beziehungen aufzubauen, die ihnen das Gefühl von Sicherheit und Geborgenheit vermitteln. Dabei haben sie den Wunsch, sich möglichst dauerhaft in der Nähe dieser Bindungspersonen aufzuhalten. Menschen mit niedrigem Bindungsbedürfnis neigen dazu, sich von anderen Menschen zu distanzieren. Es macht ihnen in aller Regel nichts aus allein zu sein – sie schätzen das Alleinsein sogar. Ihnen wird es in Beziehungen schnell „zu eng" und sie versuchen dann, den jeweiligen Personen aus dem Weg zu gehen. Geborgenheit und Sicherheit führen bei Personen mit einem niedrigen Bindungsbedürfnis häufig zu Überdrussgefühlen.

Mit Blick auf das Erregungssystem führen Erregungsappetenz zu Neugier sowie zu entsprechendem Explorationsverhalten (Verhaltensprogramm Exploration) und Erregungsaversion zu Furcht und entsprechendem Vermeidungsverhalten, welches dem Verhaltensprogramm der Meidung entspricht. Beide Verhaltensprogramme – Exploration und Meidung – zielen darauf ab, das Erregungssystem (über die soziale Distanz) wieder auszubalancieren. Es zeigt sich, dass das Verhaltensprogramm der Meidung sowohl durch eine Sicherheits- als auch durch eine Erregungsaversion aufgerufen wird. Im Gegensatz zum Sicherheitssystem, welches auf den Anschluss an vertraute Objekte bezogen ist, wird das Erregungssystem durch die Exploration fremder Objekte reguliert. Dabei spielt die Unternehmungslust, der Sollwert des Erregungssystems, eine zentrale Rolle (Abb. 4.4, rechts; Schönbrodt et al., 2009; siehe auch Schreiber, Iller, et al., 2020):

▶ Menschen mit einer hohen *Unternehmungslust* wollen stets etwas Neues erleben und entdecken. Sie sind neugierig und haben ein hohes Verlangen nach Abwechslung und Abenteuer. Sie sind ständig auf der Suche nach neuen Reizen und Eindrücken. Sie fürchten sich eher selten und sind risikofreudig. Im Gegenzug langweilen sie sich recht schnell, wenn ihre Umgebung nicht ausreichend Anreize und Unterhaltung bietet. Menschen mit einer niedrigen Unternehmungslust haben wenig Bedürfnis nach neuen Dingen und Eindrücken. Sie sind nicht besonders neugierig und geben sich mit Bekanntem zufrieden. Sie suchen eher selten aus eigenem Antrieb neue Orte auf oder knüpfen neue Kontakte. Das Fremde erscheint eher bedrohlich als faszinierend. Sie schätzen das Vertraute und erleben deshalb kaum Langeweile.

Das Autonomiesystem bezieht sich gemäß Bischof (1993) vor allem auf Aspekte der Rangordnung und Dominanz im sozialen Geschehen und dadurch auf das Machtbedürfnis (Tab. 4.6). Dabei geht es nicht mehr im engeren Sinne um die Distanzregulation. Eine Autonomieappetenz – der Autonomieanspruch ist höher als das Autonomiegefühl – führt zu Assertion. Assertion äußert sich beispielsweise in Form von Imponierverhalten oder Drohen und es entspricht dem Verhaltensprogramm der Aggression. Eine Autonomieaversion – der Autonomieanspruch ist tiefer als das Autonomiegefühl – führt zu Submission und äußert sich beispielsweise in Demutsverhalten, welches dem Verhaltensprogramm der Supplikation entspricht. Beide Verhaltensprogramme – Aggression und Supplikation – zielen darauf ab, das Autonomiesystem wieder auszubalancieren. Das Autonomiesystem setzt sich gemäß Bischof (1993) neben der Macht (Ranghierarchie, „anführen und Verantwortung übernehmen") noch zusätzlich aus der Geltung (Geltungshierarchie, „im Mittelpunkt stehen") und der Leistung (Leistungshierarchie, „dem eigenen Leistungsanspruch entsprechen") zusammen. Bischof (1993) erwähnt zudem die Selbstverwirklichung als viertes Motiv, differenziert es jedoch nicht weiter aus (vgl. dazu das Motiv des freien Selbstseins in der PSI-Theorie von Kuhl [2010, 2018]). Schönbrodt et al. (2009; siehe auch Schreiber et al., 2020) haben die Sollwerte (Autonomieanspruch) für Macht, Geltung und Leistung ausdifferenziert. Analog zum Sicherheits- und Erregungssystem werden diese hier als Bedürfnisausprägungen beschrieben:

▶ Menschen mit einem hohen *Machtbedürfnis* wollen gerne alles kontrollieren und möchten, dass sich andere Menschen ihnen unterordnen und ihnen Respekt entgegenbringen. Sie bestehen auf ihrem Willen und setzen ihn manchmal auch mit Nachdruck durch. Dabei erwarten sie, dass ihnen auch Privilegien gegenüber anderen zukommen. Gleichzeitig sind sie gewillt, für diejenigen, die sich ihnen unterordnen, Verantwortung zu übernehmen und Sicherheiten zu geben. Menschen mit einem niedrigen Machtmotiv ordnen sich gerne und bereitwillig anderen unter. Sie fühlen sich in erhöhtem Maße auf die Nähe vertrauter Artgenossen angewiesen und gehen entsprechend gerne in die „zweite Reihe". Sie richten viel Aufmerksamkeit auf Personen in Machtpositionen und sind sensibel für deren Bedürfnisse. Im Gegenzug erwarten sie, dass sich die Personen in Machtpositionen im Ernstfall für sie einsetzen.

Menschen mit einem hohen *Geltungsbedürfnis* möchten gerne von anderen Menschen bewundert und gemocht werden. Sie genießen es, Aufmerksamkeit auf sich zu ziehen und im Mittelpunkt zu stehen. Sie sind stets darauf bedacht „gut anzukommen" und fragen sich häufig, was andere Menschen von ihnen denken. Sie verhalten sich prosozial und fühlen sich durch Dank und Anerkennung sehr geschmeichelt. Dagegen sind sie leicht gekränkt, wenn ihnen diese Anerkennung von anderen nicht zugebilligt wird. Menschen mit einem niedrigen Geltungsmotiv ist es relativ egal, was andere von ihnen halten. Sie kümmern sich nicht darum, positiv zu wirken und sind oft eher Einzelgänger. Durch Komplimente von anderen fühlen sie sich in der Regel kaum geschmeichelt und sie streben es auch nicht an, im Mittelpunkt zu stehen.

▶ Menschen mit einem *Leistungsbedürfnis* wollen gerne alles perfekt machen. Es geht ihnen im Gegensatz zu den Geltungsbedürftigen weniger darum, gut da zu stehen, als ihren eigenen hohen Ansprüchen zu genügen. Solche Menschen neigen zur Perfektion und sind bereit, sich dafür auch anzustrengen. Von anderen Personen werden Menschen mit einer hohen Leistungsmotivation häufig als tüchtig und ausdauernd beschrieben. Menschen mit einem niedrigen Leistungsmotiv haben keinen besonders hohen Anspruch an die Qualität ihrer Arbeit – wenn es einigermaßen passt, sind sie zufrieden. Sie lassen gerne mal „fünf gerade sein" und verwenden keine besonders großen Anstrengungen auf die Erledigung von Aufgaben.

Der Regelkreis des Autonomiesystems wird durch einen Detektor, der Erfolg und Misserfolg erfasst, determiniert. Bekommt eine Person den Erfolg, den sie sucht (z. B. Erfahrung fremder Unterwürfigkeit, Genuss von Geltung, Bewusstsein eigener Kompetenz), so muss sie sich weniger im Triebverzicht üben. Entsprechend erlebt sie sich selbst als erfolgreich. Das daraus resultierende Autonomiegefühl wird mit dem Sollwert des Autonomieanspruchs verglichen. Gemäß ZMSM beeinflusst der Autonomieanspruch einer Person die beiden anderen Motivsysteme: Je höher der Autonomieanspruch einer Person ist desto tiefer ist ihr Bindungsbedürfnis (Sollwert bezüglich der Abhängigkeit im Sicherheitssystem) und desto höher hingegen ist ihr Erregungsbedürfnis (Sollwert bezüglich der Unternehmungslust im Erregungssystem) (Abb. 4.4).

Appetenz und Aversion der Motivsysteme
Im Falle einer erfolgreichen Annäherung zur angestrebten Reizkonfiguration, also eines erfolgreichen Ist-Sollwert-Ausgleichs, führt eine Appetenz gemäß Schönbrodt (2021) bei allen Regelkreisen zu „positivem Erleben". Analog zum Affektmodell der PSI-Theorie (Abb. 4.3) können bei der Appetenz 2 Arten unterschieden werden, nämlich ein gelassenpositives Erleben und ein optimistisch-positives Erleben. Für das Verständnis der Unterscheidung der beiden Arten des positiven Erlebens sowie die weiteren Ausführungen im Kontext des MPI ist es an dieser Stelle wichtig, das ZMSM etwas konkreter auf die Konzepte der PSI-Theorie (Kuhl, 2010, 2018) zu beziehen. Vor diesem Schritt möchte ich in Form eines Exkurses das Affektmodell der PSI-Theorie mit dem PANAVA-Modell (Schallberger, 2005, 2006) verschränken.

Exkurs: Affektmodell der PSI-Theorie und PANAVA-Modell der positiven und negativen Aktivierung
Im Zusammenhang mit dem ZMSM erachte ich das PANAVA-Modell gemäß Schallberger (2005, 2006) sowie dessen Terminologie als sehr hilfreich (Schreiber, 2020b). Es ist in Abb. 4.5 abgebildet. Daraus geht hervor, dass im PANAVA-Modell analog zur PSI-Theorie (Abb. 4.3) zwischen 2 Arten der Zufriedenheit (Valenz, VA) unterschieden werden kann. Im PANAVA-Modell wird von einer friedlich-entspannten Zufriedenheit (anstelle eines gelassen-positiven Erlebens) und von einer begeistert-tatkräftigen Zufriedenheit (anstelle eines optimistisch-positiven Erlebens) gesprochen (Abb. 4.5). Die Bezeichnungen des PANAVA-Modells beschreiben das Zusammenwirken von positiver Aktivierung (PA), negativer Aktivierung (NA) und das daraus resultierende

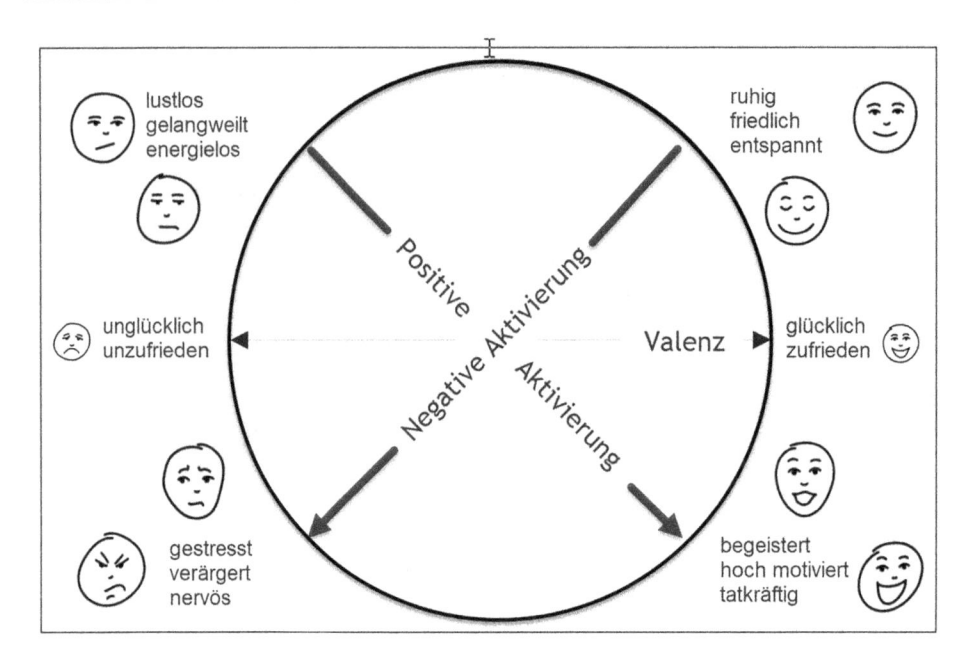

Abb. 4.5 Positive Aktivierung (PA), Negative Aktivierung (NA) und Valenz (VA) im PANAVA-Modell nach Schallberger (2006; Schreiber & Jenny, 2020)

subjektive Wohlbefinden (Valenz, VA). Abb. 4.5 beinhaltet die Dimensionen PA, NA und VA sowie deren Entsprechung in Form einer Skala, die aus Emoticons besteht.[4]

Die Pole der beiden Dimensionen PA und NA können mit Adjektiven beschrieben werden. Fühlt sich jemand gestresst, verärgert oder nervös, so entspricht das einer hohen NA. Eine tiefe NA kann mit den Adjektiven ruhig, friedlich oder entspannt beschrieben werden. Fühlt sich hingegen jemand begeistert, hoch motiviert oder tatkräftig, so entspricht das einer hohen PA. Eine tiefe PA kann mit den Adjektiven lustlos, gelangweilt oder energielos beschrieben werden. Die zusätzlich beschriebene VA bezieht sich auf die Pole „unglücklich, unzufrieden" versus „glücklich, zufrieden" und signalisiert, inwiefern sich eine Person in der individuellen Kombination von PA und NA wohlfühlt. Eine Erkenntnis von Schallberger (2006) besteht darin, dass die im Arbeitsalltag erlebte Zufriedenheit (VA) sowohl durch das Stresserleben (NA) als auch durch die Begeisterung (PA) durch die Arbeit zu erklären ist. Für die Praxis heißt das, dass die VA einer Person hoch sein kann, obwohl sie einen sehr stressigen Job ausübt und dabei NA erfährt. Dies ist insbesondere dann der Fall, wenn der Job gleichzeitig mit Begeisterung und Motivation (PA) einher geht.

Die Konzepte NA und PA gemäß dem PANAVA-Modell (Abb. 4.5) sowie A- und A+ gemäß dem Affektmodell der PSI-Theorie (Abb. 4.3) werden im MPI im Sinne einer Vereinfachung als äquivalent betrachtet. Beide Konzepte unterscheiden zwischen einem Annäherungs- (PA, A+) und einem Vermeidungscharakter (NA, A-) und werden, auch wenn sie nicht vollständig identisch sind, aufgrund ihrer inhaltlichen Nähe im Alltag sehr ähnlich erlebt. Aufgrund der Ähnlichkeit könnten sie nur sehr schwer voneinander getrennt operationalisiert werden, weswegen ich mich entschieden habe, die Konzepte im MPI als äquivalent zu behandeln.

---

[4] Wir haben die „Lebender Emoticon PANAVA (LE-PANAVA)"-Skala für die mobile Erfassung der Aktivierungsdimensionen im Alltag über das Smartphone entwickelt (Schreiber & Jenny, 2020).

Es folgen jetzt 4 Gedankengänge, welche das ZMSM (Bischof, 1993) auf die Konzepte der PSI-Theorie (Kuhl, 2010, 2018) beziehen. Die differenzierten Ausführungen münden unter anderem in ein Mapping der Motive gemäß der PSI-Theorie mit den Motiven gemäß dem ZMSM. Dieses Mapping ist in Tab. 4.7 abgebildet. Das Nachvollziehen der nun folgenden Gedankengänge ist für die praktische Anwendung des MPI nicht zwingend erforderlich. Deshalb können Sie die Ausführungen (1–4) auch überspringen und bei der Tab. 4.7 wieder einsteigen:

1. Gemäß der PSI-Theorie (Kuhl, 2010) wird auf der dritten Funktionsebene zwischen den beiden Affekten A-/NA und A+/PA unterschieden (Tab. 4.5; Abb. 4.5). Auf der fünften Funktionsebene werden in der PSI-Theorie den beiden Affekten die 4 Motive Leistung und Macht sowie Beziehung und freies Selbstsein zugeordnet:
   – A-/NA ist auf die beiden erlebnisorientierten Motive Beziehung sowie freies Selbstsein bezogen. Beide Motive verfolgen Vermeidungsziele, weil es darum geht, A-/NA zu vermeiden. Sie tragen auf der vierten Funktionsebene zur Selbstberuhigung bei und dazu, dass eine Person von A- zu A(-) gelangt, also eine Situation nicht mehr ängstlich, sondern gelassen erlebt (auch: friedlich-entspannte Zufriedenheit gemäß dem PANAVA-Modell).
   – A+/PA ist auf die beiden wirkungsorientierten Motive Leistung sowie Macht bezogen. Die beiden Motive verfolgen Annäherungsziele und können auf der vierten Funktionsebene zur Selbstmotivierung beitragen und dazu, dass eine Person von A(+) zu A+ gelangt, also eine Situation nicht mehr lustlos, sondern optimistisch erlebt (auch begeistert-tatkräftige Zufriedenheit gemäß dem PANAVA-Modell).
2. Die Motive gemäß der PSI-Theorie (Kuhl, 2010) können mit denjenigen des ZMSM (Bischof, 1993) gemappt werden (Tab. 4.7). Dabei sei aber nochmals erwähnt, dass sich das ZMSM analog zu den Bindungsschemata der CCT von Savickas (2019b, 2020) primär auf die soziale Motivation und dadurch auf die soziale Distanzregulation bezieht. Die Motive der PSI-Theorie hingegen sind analog zu den motivationalen Schemata der CCT breiter auf implizite und explizite Ziele, Handlungsoptionen und Selbstaspekte bezogen.
   – Aufgrund der inhaltlichen Nähe zum Beziehungsmotiv kann das Sicherheitssystem des ZMSM und das entsprechende Motiv des Sicherheitsbefindens (Tab. 4.6), einhergehend mit einem Bindungsbedürfnis, als erlebnisorientiertes Motivsystem bezeichnet und dadurch auf A-/NA bezogen werden (Tab. 4.7).
   Daraus folgt gemäß Abb. 4.3 und Abb. 4.5, dass eine erfolgreich aufgelöste Sicherheitsappetenz zu einem gelassenen Erleben (auch: friedlich-entspannte Zufriedenheit gemäß dem PANAVA-Modell) führt, weil A-/NA dadurch vermieden werden kann. Der Annäherungscharakter bezieht sich hier auf die soziale Distanzregulation, die bei der Sicherheitsappetenz zu einer Annäherung an ein vertrautes

Objekt führt. Dennoch ist das erlebnisorientierte Motiv gemäß Tab. 4.7 vermeidungsorientiert, weil es darum geht, A-/NA zu vermeiden.
- Das Erregungssystem des ZMSM und das entsprechende Motiv des Erregungsbefindens hingegen, einhergehend mit Unternehmungslust und Explorationsverhalten, ist eher wirkungsorientiert und auf A+/PA bezogen (Tab. 4.7).
Eine Erregungsappetenz führt zu einer Annäherung an ein fremdes Objekt. Kann die Erregungsappetenz dadurch erfolgreich aufgelöst werden, so findet eine Annäherung an A+/PA statt. Diese geht gemäß Abb. 4.3 und Abb. 4.5 mit einem optimistischen Erleben einher (auch: begeistert-tatkräftige Zufriedenheit gemäß dem PANAVA-Modell). Bei der Erregungsappetenz weisen also sowohl die soziale Distanzregulation (Annäherung an fremdes Objekt) als auch das wirkungsorientierte Motiv an sich (Annäherung an A+/PA) einen Annäherungsfokus auf (Tab. 4.7).
3. Analog zur Appetenz können auch bei der Aversion 2 Arten unterschieden werden. Bei der Aversion geht es darum, einer „überschießenden" Reizkonfiguration zu entkommen, respektive diese zu vermeiden. Verglichen mit der Appetenz verläuft die Entwicklung bei der Aversion gemäß Abb. 4.3 und Abb. 4.5 in die entgegengesetzte Richtung.
- Ein „überschießendes" Sicherheitssystem (Sicherheitsaversion) kann man sich als Verlängerung der A-/NA-Achse nach oben im Sinne einer „überschießenden" Gelassenheit oder Entspannung vorstellen. Die Sicherheitsaversion kann durch Vermeiden von vertrauten Objekten, beispielsweise durch eine Kündigung und das damit verbundene Verlassen des vertrauten Umfeldes, „aufgelöst" werden.
- Ein „überschießendes" Erregungssystem (Erregungsaversion) kann man sich als Verlängerung der A+/PA-Achse nach unten im Sinne eines „überschießenden" Optimismus oder einer „überschießenden" Tatkraft vorstellen. Die Erregungsaversion kann durch Vermeiden von fremden Objekten „aufgelöst" werden, beispielsweise durch das Ablehnen und Vermeiden von neuartigen Aufgaben, die zudem noch mit neuen Arbeitskolleg*innen einhergehen würden.
4. Macht und Leistung, beide zugehörig zum Autonomiesystem sowie dem entsprechenden Motiv des Autonomiegefühls (Tab. 4.6) können analog zur PSI-Theorie (Kuhl, 2010) als erlebnisorientierte Motive bezeichnet und dadurch auf A-/NA bezogen werden.
Geltung sowie das im ZMSM nicht weiter ausdifferenzierte Motiv der Selbstverwirklichung, ebenfalls zugehörig zum Autonomiesystem sowie dem entsprechenden Motiv des Autonomiegefühls (Tab. 4.6), können hingegen als erlebnisorientierte Motive bezeichnet und dadurch auf A-/NA bezogen werden.

Tab. 4.7 Mapping der Motive gemäß der PSI-Theorie mit den Motiven gemäß dem ZMSM

Wirkungsorientierte Motive mit einem Annäherungsfokus (Annäherung an A+/PA und bezogen auf die Motorik)	Erlebnisorientierte Motive mit einem Vermeidungsfokus (Vermeidung von A-/NA und bezogen auf die Sensorik)

Motive gemäß der PSI-Theorie
• Leistung
• Macht
Motive gemäß dem ZMSM
• Erregungsbefinden
  - Erregungsappetenz: Annäherung an ein fremdes Objekt
  - Erregungsaversion: Vermeiden fremder Objekte
• Autonomiegefühl
  - Macht und Leistung
	Motive gemäß der PSI-Theorie
	• Beziehung
	• Freies Selbstsein
	Motive gemäß dem ZMSM
	• Sicherheitsbefinden
	  - Sicherheitsappetenz: Annäherung an ein vertrautes Objekt
	  - Sicherheitsaversion: Vermeiden vertrauter Objekte
	• Autonomiegefühl
	  - Geltung (und Selbstverwirklichung)

Anmerkung: Die Motive des ZMSM beziehen sich primär auf die soziale Motivation und dadurch auf die soziale Distanzregulation. Die Motive der PSI-Theorie hingegen sind breiter auf implizite und explizite Ziele, Handlungsoptionen und Selbstaspekte bezogen

▶ **Wichtig**

Die Motivsysteme des ZMSM können auf die Arbeitswelt im Sinne von Arbeiten 2.0 bis Arbeiten 4.0 bezogen werden (Tab. 1.1; Tab. 1.2). Dabei stellt sich auch die Frage, welche Rolle die Unternehmen für ihre Mitarbeitenden übernehmen können (Schreiber, im Druck). In einer Arbeitswelt, die geprägt ist von Arbeiten 2.0, geht es für die Unternehmen primär darum, das (finanzielle) Sicherheitsbedürfnis ihrer Mitarbeitenden zufriedenzustellen. Demgegenüber können Unternehmen in einer Welt der kontinuierlichen Entwicklung im Sinne von Arbeiten 3.0 den Autonomieanspruch ihrer Mitarbeitenden zufriedenstellen. Dabei spielen klassische Laufbahnpfade (z. B. Führungs-, Fach- und Projektlaufbahn) eine wichtige Rolle. Mitarbeitende können ihren Autonomieanspruch über diese vorgegebenen Pfade ausleben. Mit Blick auf das Arbeiten 4.0 und den damit verbundenen schnellen Wandel der (beruflichen) Umwelt, der alle Branchen betreffen kann, funktionieren die vorgespurten Laufbahnen nicht mehr als normatives Konzept für die Laufbahnentwicklung. Die potenzielle Disruption in einer Arbeitswelt, die geprägt ist von Arbeiten 4.0, bedeutet für viele Mitarbeitende, dass sie sich mit einem „überschießenden" Erregungssystem sowie einer Sicherheitsappetenz konfrontiert sehen. In einer solchen Arbeitswelt ist es die Rolle der Unternehmen, ihren Mitarbeitenden Orientierung zu geben. Nachhaltige Laufbahnentwicklung kann sich aber nicht (mehr) auf eine langfristige Planung beziehen. Deshalb bezieht sich diese Orientierung vielmehr auf die Ebene der sozialen Narrative (Tab. 1.3), nämlich auf die Vision und Mission des Unternehmens. Mitarbeitende können diese dann mit ihrer (beruflichen) Identität sowie ihrer Reflexivität abgleichen und auf dieser Basis kann entschieden werden, ob ein gemeinsamer Weg stimmig und sinnvoll ist (Schreiber, im Druck).

Tendenziell führt Arbeiten 4.0 jedoch zu einer anhaltenden Diskrepanz zwischen den Ist- und Sollwerten der 3 Motivsysteme des ZMSM, insbesondere des Erregungs- und des Sicherheitssystems. Die teilweise radikalen Veränderungen in der Arbeitswelt gehen damit einher, dass Personen ein Übermaß an Erregung resp. einen Mangel an Sicherheit erleben. Als Folge dieser Erregungsaversion neigen sie zu Furchtverhalten (Meidung) und als Folge der Sicherheitsappetenz neigen sie zu Bindungsverhalten (Anschluss). Das bedeutet, dass Arbeiten 4.0 tendenziell vermehrt dazu führt, dass Arbeitnehmende fremde Objekte (z. B. unbekannte Personen, neue Projekte oder neue berufliche Herausforderungen) meiden und sich vermehrt an vertraute Objekte (z. B. enge Bezugspersonen, bekannte berufliche Umfelder) binden. An dieser Stelle möchte ich nochmals auf eine mögliche Rolle des Staates hinweisen, der auf der Ebene der Sicherheitsappetenz mithilfe eines bedingungslosen Grundeinkommens (BGE) intervenieren könnte (Abschn. 1.5).

Natürlich gilt es in der Beratung sowie im Coaching immer, den Einzelfall zu betrachten und die soeben beschriebenen allgemeinen Tendenzen nicht unhinterfragt auf alle Klient*innen zu übertragen. Es gibt nämlich auch Personen, deren Sollwert an Unternehmungslust (Erregungssystem) so hoch ausgeprägt ist, dass sie sich in einer von Arbeiten 4.0 geprägten Arbeitswelt äußerst wohl fühlen. Auf der Basis der individuellen Reizkonfiguration und dem damit einhergehenden Erleben (im Sinne der Motive, Antriebsmuster und Verhaltensprogramme) leitet eine Person für sich konkrete Verhaltensweisen ab. Dabei werden die Phasen (1) Zielselektion, (2) Planung, (3) Handlung und (4) Evaluation durchlaufen (Tab. 4.3; Abb. 4.1). Übergeordnet wird dabei das Ziel eines gelingenden Lebens auf der Basis einer erfolgreichen sozialen Adaptation verfolgt. In der Terminologie des ZMSM bedeutet dies, allfällige Soll-Ist-Diskrepanzen bezüglich der 3 Motivsysteme auszubalancieren. In der Beratung ist es dabei hilfreich, konkretes Verhalten der Klient*innen bezüglich der dahinterliegenden Verhaltensprogramme und Motive zu reflektieren (Tab. 4.6) und dadurch die Selbstreflexion und -klarheit zu fördern.

Funktionsweise der Copingstrategien – bewältigungsorientiertes Verhalten
Wenn bei einer Person jedoch die ausbalancierenden Handlungstendenzen (z. B. Bindungs- oder Neugierverhalten) nicht erfolgreich sind, bleibt ein Aktivationsüberschuss übrig. In diesem Fall werden Copingstrategien aktiviert. In Anlehnung an Bischof (1993) schildert Schönbrodt (2021) diesen Prozess wie folgt:

> „Bischof beschreibt die Situation mit dem Bild einer Barriere, die der spezifischen Reaktion im Weg steht. Der dadurch entstehende Aktivationsüberschuss greift nun auf

Tab. 4.8 Verhaltensprogramme sowie bedürfnisbasierte Befindlichkeitsemotionen und bewältigungsorientierte Emotionen gemäß dem ZMSM (Bischof, 1993)

		Verhaltensprogramme				
		Aggression	Supplikation	Exploration	Meidung	Anschluss
Sicherheit	Motivsysteme (bedürfnisbasiert)				Überdruss	Bindung
Erregung				Neugier	Furcht	
Autonomie	Assimilative	Assertion	Submission			
Aggression	Copingstrategien (bewältigungsorientiert)	Ärger	Hilflosigkeit			
Supplikation						
Invention				Besorgnis		

das Copingsystem über, welches fünf unspezifische Handlungsprogramme bereithält, die diese Aktivation auf indirektem Weg abbauen können (vgl. Bischof, 1993, S. 16). Drei dieser Copingstrategien (Aggression, Supplikation und Invention) werden als „äußeres" oder „assimilatives" Coping beschrieben, während zwei Strategien (Revision und Akklimatisation) als „inneres" bzw. „akkommodatives" Coping beschrieben werden. Die Attribute beziehen sich auf den Wirkort des Copings: der Aktivationsüberschuss kann durch Änderung der äußeren Umwelt abgebaut werden („Assimilation") oder durch Anpassung der inner-psychischen Gegebenheiten („Akkommodation")."

Assimilation als bewältigungsorientierte Anpassung durch eine Veränderung der Umwelt und Akkommodation als Anpassung bei sich selbst stellen auch im Arbeitskontext zwei grundsätzliche Optionen dar, wie potenzieller Aktivationsüberschuss abgebaut werden kann (Brandtstädter, 2009; Brandtstädter & Renner, 1990; Quirin & Kuhl, 2022). Aggression (Barriere mit Gewalt beseitigen), Supplikation (Barriere beseitigen, indem man andere um Hilfe bittet) und Invention (einen Umweg um die Barriere finden, Exploration) beziehen sich als assimilative Copingstrategien auf konkretes Handeln (Motorik). Die drei Copingstrategien komplettieren so die in Tab. 4.6 bereits erwähnten Verhaltensprogramme (Tab. 4.8).

Die Modellergänzung durch die drei assimilativen Copingstrategien führt dazu, dass die fünf Verhaltensprogramme des ZMSM – Aggression, Supplikation, Exploration, Meidung und Anschluss – nicht nur von den sechs bedürfnisbasierten Befindlichkeitsemotionen (assertive und submissive Gefühle (Autonomie); Neugier und Furcht (Erregung); Überdruss und Bindung (Sicherheit)) abhängen, sondern zusätzlich von den drei bewältigungsorientierten Emotionen Ärger (Aggression), Hilflosigkeit (Supplikation) und Besorgnis (Invention), die wiederum den assimilativen Copingstrategien zugeordnet werden (Tab. 4.8). Genauso, wie das Meidungsverhalten sowohl durch Überdruss (Sicherheitsaversion) als auch durch Furcht (Erregungsaversion) hervorgerufen werden kann, können gemäß Bischof (1993) auch bei den drei Verhaltensprogrammen Aggression, Supplikation und Exploration jeweils zwei Formen unterschieden werden:

Bedürfnisbasierte und bewältigungsorientierte (Coping) Auslöser für Verhalten
So gibt es eine ärgervermittelte Aggression, die sich aufgrund von Frustration ergibt und als Copingstrategie bewältigungsorientiert ausgerichtet ist. Gleichzeitig gibt es eine bedürfnisbasierte Aggression, die sich aufgrund einer Autonomieappetenz ergibt und gemäß Kuhl (2010, S. 198) entweder kühl (A(+)) oder gar lustvoll (A+/PA) sein kann. Das Autonomiesystem sowie das resultierende Verhalten wird deshalb als wirkungsorientiert und mit A+/PA einhergehend betrachtet, weil Bischof (1993, S. 15) das Autonomiesystem im ZMSM primär für das Machtbedürfnis ausdifferenziert hat. Dadurch steht bei den Antriebsmustern (Assertion, Submission) und Verhaltensprogrammen (Aggression und Supplikation) auch der Bezug zum Machtbedürfnis, das gemäß Tab. 4.7 wirkungsorientiert ausgerichtet ist, im Vordergrund und man kann auch von einer machtbezogenen Aggression sprechen.

Dasselbe gilt für die Autonomieaversion und das Verhaltensprogramm der Supplikation. Auch bei der Supplikation sind zwei Formen zu unterscheiden, eine hilflosigkeitsmotivierte (Barriere löst hilfesuchende Geste als Copingstrategie aus) und eine bedürfnismotivierte (Supplikation durch

Submission, also sich unterordnen). Die bedürfnismotivierte Supplikation (sich unterordnen) ergibt sich bei einer Autonomieaversion, die sich auch wieder primär auf das Machtbedürfnis bezieht. Ein Autonomiesystem (Appetenz und Aversion), das sich primär auf die Leistung sowie die Geltung bezieht, müsste gemäß Bischof (1993, S. 15) „niveauadäquat modifiziert werden". Genau diese Modifikation liefert zum einen Schönbrodt et al. (2009; siehe auch Schreiber et al., 2020) und zum anderen die PSI-Theorie (Kuhl, 2010) mit den vier Motiven Leistung, Macht, Beziehung und freies Selbstsein.

Schließlich ergeben sich auch zwei Formen der Exploration, nämlich eine bewältigungsorientierte (Barriere löst Besorgnis aus) und eine bedürfnisbasierte Exploration, die sich aufgrund einer Erregungsappetenz ergibt. Anhand der beiden Formen der Exploration und unter Einbezug der Affekte A- und A+ veranschaulicht Kuhl (2001, S. 453) die Unterscheidung zwischen dem OES und der IVS: Die lustvolle (und auch gelassene) Exploration geht mit A+ sowie einem breiten Aufmerksamkeitsfokus einher und entspricht der für die Zielumsetzung wichtigen IVS. Dieses bedürfnismotivierte Verhalten wird durch die Erregungsappetenz sowie die damit verbundene divergierende Neugier ausgelöst (Tab. 4.8; Tab. 4.11). Die diverse Exploration entspricht auch der Broaden-and-Build Theorie der positiven Emotionen, wonach positive Emotionen das momentane Denk- und Handlungsrepertoire erweitern und dadurch persönliche Ressourcen aufgebaut werden können (Fredrickson, 2001). Demgegenüber entspringt die besorgnisvermittelte spezifizierende Neugier (Exploration) im Sinne einer detaillierten Betrachtung eines Objektes, einhergehend mit A-, der Copingstrategie der Invention (einen Umweg um die Barriere finden) und bildet das für das Selbstwachstum relevante OES ab (spezifische Exploration). PSI-Theorie und ZMSM können so gemäß Kuhl (2001, S. 453; siehe auch Scheffer & Heckhausen, 2018) ohne nennenswerte Modifikation integriert werden. Im MPI wird diese Integration abgebildet (Tab. 4.11).

Die Differenzierung zwischen bedürfnisbasierten und bewältigungsorientierten Auslösern für ein- und dasselbe Verhaltensprogramm (z. B. Exploration) ist relevant für die Praxis, weil sie aufzeigt, dass unterschiedliche Systeme (Motivsysteme oder Copingstrategien) zu demselben Verhalten führen können. Dabei wird auch klar, dass Erklärungen für bestimmte Verhaltensweisen nicht trivial sind und auch nur sehr schwer von „außen" bestimmt werden können. Für die Beratungspraxis bedeutete dies, dass vorschnelle Schlüsse (sowohl von den Klient*innen selbst als auch seitens der Beratungsperson) zu kurz greifen können und dass es in der Beratung Sinn macht, konkretes Handeln (und Erleben) in bestimmten Situationen (z. B. Verhalten gegenüber Vorgesetzter*m/Mitarbeitenden oder Verhalten beim Explorieren der Arbeitswelt) anhand des ZMSM zu reflektieren. Dabei kann die Unterscheidung zwischen bedürfnisbasierten und bewältigungsorienterten Auslösern für Verhaltensprogramme als Raster genutzt werden, mit dem Ziel, die dem Handeln zugrunde liegenden Bedürfnisse und Motive zu identifizieren (Tab. 4.3; Abb. 4.1; Tab. 4.11). Diese spezifische Form der Selbstreflexion kann bei den Klient*innen sowohl die Selbstklarheit als auch das Selbstverständnis stärken.

Die (ebenfalls bewältigungsorientierten) akkommodativen Copingstrategien, nämlich Revision (Istwert wird dem Sollwert angepasst; durch eine andere Betrachtung) und Akklimatisation (Sollwert passt sich dem Istwert an; indem der Wunsch den Möglichkeiten angepasst wird), beziehen sich auf das Erleben (Sensorik). Sie sind in Tab. 4.8 nicht aufgeführt, weil sie mit keinem spezifischen Verhaltensprogramm verbunden sind. Dennoch sind die akkommodativen Copingstrategien nicht minder wichtig in der Beratung. Sie rücken immer dann in den Vordergrund, wenn die assimilativen Copingstrategien nicht erfolgreich waren und für das Selbstwachstum oder die Zielumsetzung innere Muster angepasst werden müssen. Quirin und Kuhl (2022) heben die Wichtigkeit des akkommodativen Copings für das Selbstwachstum im Sinne einer Anpassung der eigenen Weltsicht speziell hervor. Akkommodatives Coping kann auch nach einem Unfall nötig sein, wenn jemand den auf der Basis der eigenen Werte und Motive erlernten Beruf nicht mehr ausüben kann und durch diese von „außen" angestoßene Veränderung eine Anpassung „bei sich selbst" nötig wird. Sowohl Revision im Sinne einer Umdeutung der (beruflichen) Situation (z. B. „meine neue berufliche Situation wird meine Bedürfnisse genauso abdecken wie die alte") als auch Akklimatisation (z. B. „ich passe meine Bedürfnisse aufgrund meiner beruflichen Situation an") können dabei wichtige Optionen darstellen und deshalb in der Beratung sowie im Coaching thematisiert werden.

4.5 Stabilität und Plastizität – Kybernetische Big-Five-Theorie (CB5T)

In der CB5T (DeYoung, 2015) werden analog zum ZMSM (Bischof, 1985, 1993) kybernetische Prozesse beschrieben. Diese liefern eine Erklärung dafür, wie Menschen ihre (bewussten und unbewussten) Ziele erreichen und wie sie neue Ziele entwickeln. Dabei spielen die beiden Metatraits Plastizität und Stabilität eine wichtige Rolle. Plastizität erklärt, wie neue Ziele entwickelt werden und Stabilität bezieht sich darauf, wie Ziele erreicht werden. Die CB5T nimmt mit der Bezeichnung „Big Five" zum einen Bezug zum Trait-Ansatz der Big Five mit den Dimensionen Neurotizismus, Extraversion, Offenheit, Verträglichkeit und Gewissenhaftigkeit (Costa & McCrae, 1992; Goldberg, 1993) und zum anderen zu dem von McAdams und Pals (2006) postulierten 5 Prinzipien einer neuen Big-Five-Theorie, die allesamt auch im MPI abgebildet sind. In der Folge werde ich die CB5T entlang der 5 Prinzipien gemäß McAdams und Pals (2006) ausführen.

Das erste Prinzip der CB5T bildet den kybernetischen Zyklus der Zielentwicklung und -erreichung ab. Der Zyklus entspricht den „vier Phasen kreativer Selbstregulation" gemäß Quirin et al. (2020; Quirin & Kuhl, 2022) in Abb. 4.1 und Tab. 4.11: (1) Zielselektion, (2) Planung, (3) Handlung und (4) Evaluation. Mithilfe dieses Zyklus können sowohl inter- als auch intraindividuelle Unterschiede im Erleben und Handeln von Personen beschrieben und erklärt werden. Menschen werden dabei als Wesen betrachtet, die sich an ihre (soziale) Umwelt adaptieren, indem sie (ständig) Ziele setzen, umsetzen und evaluieren. Über Feedbackschlaufen sind die 4 Phasen miteinander vernetzt und es wird überprüft, ob die vorgefundene Umwelt dem ursprünglichen Ziel entspricht oder nicht. Je nach Ergebnis dieser Überprüfung wird entweder ein neues Ziel verfolgt oder der Zyklus wird bezüglich des bestehenden Ziels nochmals durchlaufen. Dabei ist

Tab. 4.9 Metatraits der Persönlichkeit und dahinterliegende kybernetische Prozesse gemäß DeYoung (2015, S. 42) (Eigene Übersetzung)

Persönlichkeitseigenschaften: Metatraits	Kybernetische Funktion	Gegenpol
Stabilität	Ziele aufrechterhalten, Interpretationen und Strategien gegen Störungen durch Impulse	Instabil
Plastizität	Exploration: Entwickeln neuer Ziele, Interpretationen und Strategien	Starr

wichtig zu erwähnen, dass die 4 Phasen nicht hintereinander, sondern neben- und miteinander ablaufen. Im kybernetischen Zyklus werden über die Sensorik permanent Rückmeldungen aus der Umwelt aufgenommen, direkt interpretiert und auch bezüglich der wünschenswerten Ziele evaluiert (bewusst und unbewusst). Dadurch kann auch während einer Handlung erkannt werden, ob der eingeschlagene Weg der „richtige" ist. Gemäß DeYoung (2015) macht eine lineare Darstellung des Zyklus analog zu Abb. 4.1 und Tab. 4.11 aber dennoch Sinn, weil dadurch das Nadelöhr, welches sich vor der Handlungsphase (IVS; (3) Handlung) ergibt, zum Ausdruck gebracht werden kann. Es ist nämlich sehr schwierig oder gar unmöglich, mehr als eine motorische Aktivität gleichzeitig auszuführen (z. B. eine Bewerbung schreiben und gleichzeitig im Garten arbeiten). Deswegen erfolgt die motorische Umsetzung verschiedener Ziele nacheinander und die Auswahl und Priorisierung der Ziele (EG; (1) Zielselektion) sowie die Vorbereitung und Speicherung (IG; (2) Planung) der motorischen Zielumsetzung bestimmen, welches Ziel verfolgt wird. Die gemäß der PSI-Theorie (Kuhl, 2010, 2018; Abschn. 4.3) analytischsequenziell funktionierende Speicherung im IG ist deshalb wichtig, weil ein Ziel nur umgesetzt werden kann, wenn es die Situation, also der soziale Kontext, erlaubt. Die motorische Umsetzung (IVS; (3) Handlung) erfolgt dann unter Einbezug der einzelnen Muskelfasern, die gemäß der PSI-Theorie (Kuhl, 2010, 2018; Abschn. 4.3) intuitivparallel koordiniert werden. Schließlich wird die Zielerreichung überprüft (OES; (4) Evaluation).

▶ Bei den „vier Phasen kreativer Selbstregulation" von Quirin et al. (2020) stehen die Prozesse Selbstwachstum und Zielumsetzung gemäß der PSI-Theorie (Kuhl, 2010, 2018) gleichermaßen im Fokus. Der kybernetische Zyklus der Zielentwicklung und -erreichung gemäß der CB5T von DeYoung (2015) entspricht den „vier Phasen kreativer Selbstregulation" unter Einbezug der diagonal angeordneten Prozesse Selbstwachstum und Zielumsetzung.

Metatraits und untergeordnete Domänen der Persönlichkeit
Das zweite Prinzip der CB5T, welches im MPI der Ebene des Selbst als soziale*r Akteur*in entspricht (Abb. 4.1; Tab. 4.11), bildet die bereits erwähnten Metatraits Plastizität und Stabilität sowie ihnen untergeordnete Persönlichkeitsdomänen und

-aspekte ab (Tab. 4.9; Tab. 4.10). Während der Metatrait Stabilität, bezogen auf den kybernetischen Zyklus, darauf ausgerichtet ist, Ziele aufrechtzuerhalten sowie Interpretationen und Strategien gegen Störungen durch Impulse zu entwickeln, ist der Metatrait Plastizität auf die Exploration durch das Entwickeln neuer Ziele, Interpretationen und Strategien ausgerichtet. Die Big Five Dimensionen (Costa & McCrae, 1992; Goldberg, 1993) werden im Kontext der CB5T als Domänen bezeichnet und den beiden Metatraits untergeordnet (DeYoung, 2015). Stabilität repräsentiert die gemeinsame Varianz von Gewissenhaftigkeit, Verträglichkeit und niedrigem Neurotizismus. Der niedrige Pol des Neurotizismus wird oft auch als emotionale Stabilität bezeichnet, aber auch die Rollen von Verträglichkeit und Gewissenhaftigkeit sind im Kontext des Metatraits Stabilität wichtig. Gewissenhaftigkeit kann als motivationale Stabilität beschrieben werden, die den Fortschritt in Richtung langfristiger oder abstrakter Ziele aufrechterhält, und Verträglichkeit als soziale Stabilität, die die Harmonie sozialer Interaktionen im Dienste der Zielerreichung aufrechterhält. Insgesamt gehen die Stabilität und insbesondere hoher Neurotizismus mit einer erhöhten Sensitivität für A-/NA einher (Tab. 4.10). Plastizität hingegen geht einher mit einer erhöhten Sensitivität für A+/PA und stellt die gemeinsame Varianz von Extraversion und Offenheit/Intellekt dar. Offenheit/Intellekt kann als Ausdruck der Tendenz zur kognitiven Exploration beschrieben werden und Extraversion spiegelt die Tendenz zur handlungsbezogenen Exploration. Analog zum Neurotizismus bei der Stabilität ist es bei der Plastizität insbesondere die Extraversion, welche die erhöhte Sensitivität für A+/PA widerspiegelt. Beide Formen des Explorierens (kognitive und handlungsbezogene) werden jedoch genutzt, um potenziell lohnende Möglichkeiten in Bezug auf bestimmte (neue) Ziele zu entdecken.

Metatraits und Domänen zählen zu den Persönlichkeitsmerkmalen (personality traits), welche als Beschreibungen von relativ stabilen Emotions-, Motivations-, Kognitions- und Handlungsmustern als Reaktion auf bestimmte Umweltreize charakterisiert werden. Dabei ist für die CB5T die Ergänzung wichtig, dass diese Persönlichkeitsmerkmale kulturübergreifend konzipiert sind. Das bedeutet, dass die Reaktion auf einen bestimmten Umweltreiz in allen menschlichen Kulturen vorkommen muss. Somit kann jede Person oder jede Kultur durch ihre individuelle Ausprägung in einem Persönlichkeitsmerkmal (entsprechend dem Selbst als Akteur*in) charakterisiert werden.

Domänen und untergeordnete Aspekte der Persönlichkeit
Neben den beiden Metatraits und den 5 Domänen werden Persönlichkeitsmerkmale gemäß der CB5T von DeYoung (2015) auf einer weiteren Ebene in 10 Persönlichkeits*aspekte* – ebenfalls kulturübergreifend konzipiert – unterteilt. Tab. 4.10 beinhaltet sowohl die Metatraits als auch die Domänen und Aspekte der Persönlichkeit inklusive der von DeYoung (2015; DeYoung & Blain, 2020) postulierten dahinter liegenden kybernetischen Funktionen zur Zielentwicklung und -erreichung. In Tab. 4.11 werden die relevanten Persönlichkeitsdomänen und -aspekte den „vier Phasen kreativer Selbstregulation" gemäß Quirin et al. (2020) zugeordnet. In der ersten Phase der Ziel-

selektion ist vor allem der Aspekt Offenheit für Erfahrungen (Domäne Offenheit/Intellekt; Metatrait Plastizität) von Relevanz. Dabei spielt die kybernetische Funktion des Erkennens von räumlichen und zeitlichen Zusammenhängen in Sinnes- und Wahrnehmungsinformationen eine zentrale Rolle. In der zweiten Phase der Planung wird der Aspekt Fleiß (Domäne Gewissenhaftigkeit; Metatrait Stabilität) sowie die kybernetische Funktion des Priorisierens nichtunmittelbarer Ziele benötigt. In der dritten Phase der Handlung ist die Domäne Extraversion (Metatrait Plastizität) und die kybernetische Funktion der Verhaltensexploration und des Umgangs mit spezifischer Belohnung (Annäherungsziele) von großer Relevanz. Dabei spielen die beiden Aspekte Enthusiasmus (Sensitivität für unmittelbar bedürfnisbezogene Belohnungen: Freude an der tatsächlichen oder imaginären Zielerreichung [„liking"]) und Durchsetzungsvermögen (Sensitivität für Anreizbelohnung: Streben nach Zielen [„wanting"]) eine Rolle. Schließlich spielt in der vierten Phase der Evaluation die Domäne Neurotizismus (Metatrait Stabilität) und die damit verbundene kybernetische Funktion der Abwehrreaktionen auf Unsicherheit, Bedrohung und Bestrafung eine zentrale Rolle (Vermeidungsziele). Dabei sind die Aspekte Rückzug (passive Vermeidung: Unterdrückung von Zielen, Interpretationen und Strategien als Reaktion auf Unsicherheit oder Fehler [nicht zwingend sozialer Rückzug]) und Volatilität (aktive Vermeidung oder Abwehr von Bedrohung) wichtig. Darüber hinaus ist in der Phase der Evaluation auch der Aspekt Ordnung (Domäne Gewissenhaftigkeit; Metatrait Stabilität) und die kybernetische Funktion der Vermeidung von Entropie (Unsicherheit) durch Befolgen von selbst- oder fremderstellten Regeln zentral.

Tab. 4.10 Domänen (mit jeweils 2 Aspekten) der Persönlichkeit und dahinterliegende kybernetische Prozesse gemäß DeYoung (2015, S. 42) (eigene Übersetzung)

Persönlichkeitseigenschaften: Domänen mit jeweils 2 Aspekten (in Klammer: relevanter Metatrait)	Kybernetische Funktion	Gegenpol
Extraversion (Plastizität)	Verhaltensexploration und Umgang mit spezifischer Belohnung (Annäherungsziele)	Zurückhaltend
Durchsetzungsvermögen	Sensitivität für Anreizbelohnung: Streben nach Zielen (wanting)	Unterwürfig
Enthusiasmus	Sensitivität für unmittelbar bedürfnisbezogene Belohnungen: Freude an der tatsächlichen oder imaginären Zielerreichung (liking)	begeisterungslos
Neurotizismus (Stabilität)	Abwehrreaktionen auf Unsicherheit, Bedrohung und Bestrafung	Unerschütterlich
Volatilität	Aktive Vermeidung oder Abwehr von Bedrohung	Ausgeglichen

(Fortsetzung)

Tab. 4.10 (Fortsetzung)

Persönlichkeitseigenschaften: Domänen mit jeweils 2 Aspekten (in Klammer: relevanter Metatrait)	Kybernetische Funktion	Gegenpol
Rückzug (Angst, Depression)	Passive Vermeidung: Unterdrückung von Zielen, Interpretationen und Strategien als Reaktion auf Unsicherheit oder Fehler (nicht zwingend sozialer Rückzug)	Selbstbewusst
Offenheit/Intellekt (Plastizität)	Kognitive Exploration und Informationsverarbeitung	Fantasielos
Intellekt	Erkennen von logischen oder kausalen Mustern in abstrakten und semantischen Informationen	Unintellektuell
Offenheit für Erfahrungen	Erkennen von räumlichen und zeitlichen Zusammenhängen in sensorischen und wahrnehmungsbezogenen Informationen	Unaufmerksam
Gewissenhaftigkeit (Stabilität)	Aufrechterhalten nicht-unmittelbarer oder abstrakter Ziele und Strategien gegen Veränderung	Unzuverlässig
Fleiß	Priorisieren nicht-unmittelbarer Ziele	Undiszipliniert
Ordnung	Vermeidung von Entropie (Unsicherheit) durch Befolgen von selbst- oder fremderstellten Regeln	Unorganisiert
Verträglichkeit (Stabilität)	Altruismus und Kooperation; Koordination eigener Ziele, Interpretationen und Strategien mit denjenigen anderer	Eigennützig
Mitgefühl	Emotionale Bindung an und Sorge um Andere	Gefühllos
Höflichkeit	Unterdrückung und Vermeidung von aggressiven oder normverletzenden Impulsen und Strategien	Angriffslustig

Zusammenfassend kann festgehalten werden, dass Persönlichkeitsdomänen und -aspekte des Metatraits Stabilität speziell in den Phasen (2) Planung und (4) Evaluation des kybernetischen Zyklus des ersten Prinzips der CB5T wichtig sind. Hingegen sind Persönlichkeitsdomänen und -aspekte des Metatrait Plastizität in den Phasen (1) Zielselektion und (3) Handlung stärker gefordert (Tab. 4.11). Mit Blick auf die PSI-Theorie (Kuhl, 2010, 2018) kann aufgrund dieser Zuordnung der Persönlichkeitsdomänen und -aspekte zu den „vier Phasen kreativer Selbstregulation" nach Quirin et al. (2020, S. 955) der Metatrait Stabilität tendenziell den beiden analytisch-sequenziellen Erkenntnissystemen (IG, OES) und der Metatrait Plastizität tendenziell den beiden intuitiv-parallelen Erkenntnissystemen (EG, IVS) zugeordnet werden (Tab. 4.11). Diese Zuordnung bezieht sich jedoch ausschließlich auf die in Tab. 4.11 aufgeführten Persönlichkeitsdomänen und -aspekte und stellt deshalb eine starke Vereinfachung dar.

Charakteristische Adaptationen und soziales Umfeld
Im Gegensatz zu den universellen Persönlichkeitsmerkmalen sind die charakteristischen Adaptationen („characteristic adaptations"), welche dem dritten Prinzip der CB5T entsprechen, nicht kulturübergreifend konzipiert. Die charakteristischen Adaptationen werden als relativ stabile Ziele, Interpretationen und Strategien gesehen, die sich aufgrund der besonderen Lebensumstände einer Person entwickeln. Sie entsprechen gemäß der CB5T der Ebene des Selbst als motivierte*r Agent*in (Tab. 4.3; Abb. 4.1; Tab. 4.11). Die Unterscheidung zwischen Persönlichkeitsmerkmalen und charakteristischen Adaptationen wird von DeYoung (2015) anhand des Motivationskonzepts veranschaulicht: Während beispielsweise bei allen Personen davon ausgegangen wird, dass sie eine bestimmte Ausprägung der Annäherungs- oder Vermeidungsmotivation aufweisen, ist dies bei der Motivation, ein Buch zu schreiben oder in der Produktentwicklung zu arbeiten, nicht der Fall. Die Motivation, ein Buch zu schreiben oder in der Produktentwicklung zu arbeiten, ist auf spezifische Lebensumstände einer Person zurückzuführen. Diese Umstände sind in der CB5T das zentrale Kriterium für die Unterscheidung zwischen Persönlichkeitsmerkmalen und charakteristischen Adaptationen. Hier zeigt sich ein Unterschied zum Modell der „drei Ebenen des Selbst" gemäß McAdams (2013, 2015; McAdams & Olson, 2010) sowie zum MPI. Analog zu McAdams (2013) werden im MPI Ziele und Motive sowie daraus abgeleitete Motivationen auch dann zur Ebene des Selbst als motivierte*r Agent*in gezählt, wenn es sich um kulturübergreifende Konzepte handelt.

Das vierte Prinzip der CB5T entspricht dem Selbst als autobiografische*r Autor*in (Tab. 4.3; Abb. 4.1; Tab. 4.11) und das fünfte Prinzip widerspiegelt analog zur erkenntnistheoretischen Perspektive des sozialen Konstruktionismus sowie zur CCT (Savickas, 2019b, 2020) die Wichtigkeit des sozialen und kulturellen Umfelds bei der Konstruktion der Persönlichkeit sowie der Identität. Beide Prinzipien werden hier deshalb nicht weiter ausgeführt.

4.6 Modell der Persönlichkeits- und Identitätskonstruktion (MPI)

In Tab. 4.11 ist das Gesamtmodell des MPI inklusive der persönlichkeitsbeschreibenden Inhalte sowie der -erklärenden Prozesse enthalten. Das MPI umfasst die „drei Ebenen des Selbst" (McAdams 1995; 2013), die im Vergleich zur CCT (Savickas, 2019b, 2020) leicht modifizierten Inhaltstheorien sowie die drei Paradigmen wirksamer Beratung gemäß Savickas (2015, 2019a). Den drei sich überlagernden Ebenen des Selbst werden die Inhaltstheorien – unterteilt in kognitive Schemata der Situationsbewertung

(Reflexivität; Bedürfnisse, Motive; Werte) und Strategien zur sozialen Adaptation (Identität; Adaptabilitäts-Kompetenzen; Persönlichkeitseigenschaften sowie Charakterstärken, Tugenden) – zugeordnet (Tab. 4.11). Die Darstellung folgt den „vier Phasen kreativer Selbstregulation" (Quirin et al., 2020; Quirin & Kuhl, 2022) sowie den beiden Achsen Zielumsetzung und Selbstwachstum gemäß der PSI-Theorie (Kuhl, 2005, 2010, 2018; Kuhl & Baumann, 2021). Die beiden zum Prozess des Selbstwachstums zählenden Phasen – (1) Zielselektion und (4) Evaluation) – sind auf die Sensorik, also

Tab. 4.11 Modell der Persönlichkeits- und Identitätskonstruktion (MPI)

Autobiografische*r Autor*in (Life Design; kontinuierliche Entwicklung) / Identität / Reflexivität	7. Selbstkontrolle (Ich) (Selbstdisziplin)	7.	Selbstregulation (Selbst) (Selbstzugang)
	6. Intentionsgedächtnis (IG; „Denken"): Abstrakte Pläne erstellen Analytisches Denken (analytische Intelligenz) auch: Fleiß (Gewissenhaftigkeit → Stabilität)	6.	Extensionsgedächtnis (EG; „Fühlen"): Bei sich selbst sein Holistisches Fühlen (intuitive Intelligenz) auch: Offenheit für Erfahrungen (Offenheit/Intellekt → Plastizität)
Motivierte*r Agent*in (Lebenslanges Lernen; kontinuierliche Entwicklung) / Adaptabilitäts-Kompetenzen / Bedürfnisse, Motive	5. Leistungsmotiv (sowie Machtmotiv): Wirkungsorientiert auch: Erregungssystem, Macht und Leistung	5.	Beziehungsmotiv (sowie Motiv des freien Selbstseins): Erlebnisorientiert auch: Sicherheitssystem, Geltung (und Selbstverwirklichung)
	4. Selbstmotivierung / Top-down (von frustriert (A(+)) zu optimistisch (A+))	4.	Selbstberuhigung / Bottom-up (von ängstlich (A-) zu gelassen (A(-)))
	3. Negativer Affekt (A-/NA) Vermeidungsziele	3.	Positiver Affekt (A+/PA) Annäherungsziele
Soziale*r Akteur*in (Passung; einmalige Passung) / Eigenschaften (Charakters, Tugenden) / Werte	2. Sensorische Erregung	2.	Motorische Aktivierung
	1. Objekterkennungssystem (OES; „Empfinden"): Fehler erkennen auch: bewältigungsorientierte Copingstrategien: Spezifische Exploration, ärgervermittelte Aggression, Supplikation durch Hilfesuchen auch: Neurotizismus (→ Stabilität), Ordnung (Gewissenhaftigkeit → Stabilität	1.	Intuitive Verhaltenssteuerung (IVS; „Intuieren"): Spontan handeln auch: bedürfnisbasiertes Verhalten: Diverse Exploration (Neugier), machtbezogene Aggression, Supplikation durch Unterordnen auch: Extraversion (→ Plastizität)

Anmerkung: Die Inhaltstheorien des MPI können sich allesamt sowohl auf einer expliziten (dem Bewusstsein zugänglichen) als auch auf einer impliziten Ebene (dem Bewusstsein nicht ohne weiteres zugänglichen) manifestieren. Mit Blick auf die „vier Phasen kreativer Selbstregulation" bilden die Phasen (1) und (3) eher implizite und die Phasen (2) und (4) eher explizite Prozesse ab.

auf das Erleben bezogen, während die beiden auf die Zielumsetzung bezogenen Phasen – (2) Planung und (3) Handlung – der motorischen Umsetzung dienen und sich auf das Handeln beziehen.

Ausgerichtet auf das Leitmotiv eines gelingenden Lebens sowie einer erfolgreichen Adaptation an das soziale Umfeld werden die vier Phasen im MPI kontinuierlich durchlaufen. Die Phasen haben zum einen die Funktion eines beschreibenden allgemeinpsychologischen Rahmens. Zum anderen können sie als Erklärung für differenzialpsychologische Unterschiede beigezogen werden. Dies, weil die Phasen von jeder Person in ihrer einzigartigen Form und in jeder Situation (sozialer Kontext) wieder anders durchlaufen werden.

Über die Grundstruktur des MPI (Tab. 4.3; Abb. 4.1) hinaus beinhaltet das Gesamtmodell des MPI (Tab. 4.11) zusätzlich die „sieben Funktionsebenen der PSI-Theorie" (Kuhl, 2005, 2010, 2018; Kuhl & Baumann, 2021), ergänzt mit den folgenden Komponenten:

- Sechste Funktionsebene: Persönlichkeitsdomänen und -aspekte (inkl. dazugehöriger Metatrait) gemäß der CB5T (DeYoung, 2015; Abschn. 4.5)
- Fünfte Funktionsebene: Bedürfnisse und Motive gemäß dem ZMSM (Bischof, 1985, 1993; Abschn. 4.4)
- Erste Funktionsebene: Differenzierung zwischen bedürfnismotivierten und bewältigungsorientierten Auslösern für Verhalten gemäß dem ZMSM (Bischof, 1985, 1993; Abschn. 4.4)
- Erste Funktionsebene: Persönlichkeitsdomänen und -aspekte (inkl. dazugehörige Metatraits) gemäß der CB5T (DeYoung, 2015; Abschn. 4.5)

In der PSI-Theorie wird in beiden Hirnhemisphären von elementaren und komplexen kognitiven Erkenntnissystemen ausgegangen. In Anlehnung an Quirin et al. (2020) werden im MPI bei den Persönlichkeitsdomänen und -aspekten – eigentlich verstanden als Persönlichkeitseigenschaften auf der Ebene des Selbst als soziale*r Akteur*in – zwischen elementaren (soziale*r Akteur*in) und komplexen Eigenschaften (autobiografische*r Autor*in) unterschieden. Mit dieser Differenzierung werden Extraversion und Neurotizismus (sowie Ordnung) gemäß der CB5T (DeYoung, 2015) als elementare und dem Selbst als soziale*r Akteur*in zugehörige Eigenschaften betrachtet, während die Persönlichkeitsaspekte Offenheit für Erfahrungen und Fleiß als komplexe und dem Selbst als autobiografische*r Autor*in zugehörige Eigenschaften betrachtet werden. Diese Differenzierung ist relevant, weil daraus die folgende Hypothese als Diskussionsgrundlage für einen Konstruktionsprozess gemäß dem MPI abgeleitet werden kann: Klient*innen mit hohen Ausprägungen in den beiden komplexen Eigenschaften (Offenheit für Erfahrungen und Fleiß) „bewegen" sich tendenziell stärker auf der Ebene des Selbst als autobiografische*r Autor*in und vertiefen sich dadurch stärker in die prospektive Reflexivität (sowie die retrospektive Reflexion). Dadurch sind sie tendenziell weiter fortgeschritten in ihrer Identitätsentwicklung und haben eine stärker ausdifferenzierte (berufliche) Identität (Tab. 4.11).

Im Teil II dieses Buches werden 11 narrative Methoden vorgestellt, die im Rahmen von Beratungen und Coachings gemäß dem MPI eingesetzt werden können. Vor der Darstellung der einzelnen Methoden möchte ich den Teil I mit einer Beratungsarchitektur abschließen und damit eine mögliche Umsetzung des MPI in der Praxis aufzeigen (siehe auch Schreiber, 2021b).

Literatur

Alsleben, P., & Kuhl, J. (2011). Touching a person's essence: Using implicit motives as personal resources in counseling. In W. M. Cox & E. Klinger (Hrsg.), *Handbook of motivational counseling: Goal-based approaches to assessment and intervention with addiction and other problems* (S. 109–129). Wiley. https://doi.org/10.1002/9780470979952.ch5.
Bischof, N. (1985). *Das Rätsel Ödipus*. Piper. http://www.bischof.com/norbert_raetsel_oedipus.html.
Bischof, N. (1993). Untersuchungen zur Systemanalyse der sozialen Motivation I: Die Regulation der sozialen Distanz - Von der Feldtheorie zur Systemtheorie. *Zeitschrift Für Psychologie, 201*, 5–43.
Brandtstädter, J. (2009). Goal pursuit and goal adjustment: Self-regulation and intentional self-development in changing developmental contexts. *Advances in Life Course Research, 14*(1–2), 52–62. https://doi.org/10.1016/j.alcr.2009.03.002.
Brandtstädter, J., & Renner, G. (1990). Tenacious goal pursuit and flexible goal adjustment: Explication and age-related analysis of assimilative and accommodative strategies of coping. *Psychology and Aging, 5*(1), 58–67. https://doi.org/10.1037/0882-7974.5.1.58.
Costa, P. T., & McCrae, R. R. (1992). Four ways five factors are basic. *Personality and Individual Differences, 13*(6), 653–665. https://doi.org/10.1016/0191-8869(92)90236-I.
Csikszentmihalyi, M. (2014). *Flow and the foundations of positive psychology*. Springer. https://doi.org/10.1007/978-94-017-9088-8.
DeYoung, C. G. (2015). Cybernetic big five theory. *Journal of Research in Personality, 56*, 33–58. https://doi.org/10.1016/j.jrp.2014.07.004.
DeYoung, C. G., & Blain, S. D. (2020). Personality neuroscience. In P. J. Corr & G. Matthews (Eds.), The Cambridge handbook of personality psychology (S. 273–291). Cambridge University Press. https://doi.org/10.1017/9781108264822.026
Fredrickson, B. L. (2001). The role of positive emotions in positive psychology. The Broaden-and-Build Theory of Positive Emotions. *American Psychologist, 56*(3), 218–226. https://doi.org/10.1037/0003-066X.56.3.218.
Gergen, K. J., & Gergen, M. (2009). *Einführung in den sozialen Konstruktionismus*. Carl-Auer.
Goldberg, L. R. (1993). The structure of phenotypic personality traits. *American Psychologist, 48*(1), 26–34. https://doi.org/10.1037/0003-066X.48.1.26.
Heckhausen, H., & Gollwitzer, P. M. (1987). Thought contents and cognitive functioning in motivational versus volitional states of mind. *Motivation and Emotion, 11*(2), 101–120.
Higgins, E. T. (1997). Beyond pleasure and pain. *American Psychologist, 52*(12), 1280–1300. https://doi.org/10.1037/0003-066x.52.12.1280.
Holland, J. L. (1997). *Making vocational choices: A theory of vocational personalities and work environments*. Psychological Assessment Resources.
Jung, C. G. (1936). *Typologie*. dtv.

Kolb, D. A. (1984). *Experiential learning: Experience as the source of learning and development (Bd. 1)*. Prentice-Hall.
Kuhl, J. (1994). A theory of action and state orientation. In J. Kuhl & J. Beckmann (Hrsg.), *Volition and personality: Action versus state orientation* (S. 9–46). Hogrefe.
Kuhl, J. (2001). *Motivation und Persönlichkeit*. Hogrefe.
Kuhl, J. (2005). *Eine neue Persönlichkeitstheorie*. Website PSI-Theorie. https://www.psi-theorie.com/.
Kuhl, J. (2010). *Lehrbuch der Persönlichkeitspsychologie*. Hogrefe.
Kuhl, J. (2018). *Individuelle Unterschiede in der Selbststeuerung*. In J. Heckhausen & H. Heckhausen (Hrsg.), *Motivation und Handeln* (S. 389–422). Springer. https://doi.org/10.1007/978-3-662-53927-9_13.
Kuhl, J., & Baumann, N. (2021). Personality systems interactions (PSI theory): Toward a dynamic integration of personality theories. In J. F. Rauthmann (Hrsg.), *The handbook of personality dynamics and processes* (S. 1297–1316). Elsevier Inc. https://doi.org/10.1016/b978-0-12-813995-0.00027-3.
Kuhl, J., & Strehlau, A. (2014). *Handlungspsychologische Grundlagen des Coaching. Anwendung der Theorie der Persönlichkeits-System-Interaktionen (PSI)*. Springer VS.
McAdams, D. P. (1995). What do we know when we know a person? *Journal of Personality, 63*(3), 365–396.
McAdams, D. P. (2013). The psychological self as actor, agent, and author. *Perspectives on Psychological Science, 8*(3), 272–295. https://doi.org/10.1177/1745691612464657.
McAdams, D. P. (2015). *The art and science of personality development*. The Guilford Press.
McAdams, D. P., & Pals, J. L. (2006). A new big five: Fundamental principles for an integrative science of personality. *The American Psychologist, 61*(3), 204–217. https://doi.org/10.1037/0003-066X.61.3.204.
McAdams, D. P., & Olson, B. D. (2010). Personality development: Continuity and change over the life course. *Annual Review of Psychology, 61*, 517–542. https://doi.org/10.1146/annurev.psych.093008.100507.
McGilchrist, I. (2009). *The master and his emissary: The divided brain and the making of the western world*. Yale University Press.
Pepper, S. C. (1942). *World hypotheses: A study in evidence*. University of California Press.
Pepper, S. C. (1972). *World hypotheses: A study in evidence*. University of California Press.
Peterson, C., & Seligman, M. E. P. (2004). *Character strengths and virtues : A handbook and classification*. American Psychological Association.
Quirin, M., & Kuhl, J. (2022). The concert of personality: Explaining personality functioning and coherence by personality systems interactions. *European Journal of Personality*. https://doi.org/10.1177/08902070221078478.
Quirin, M., Robinson, M. D., Rauthmann, J. F., Kuhl, J., Read, S. J., Tops, M., & DeYoung, C. G. (2020). The dynamics of personality approach (DPA): 20 tenets for uncovering the causal mechanisms of personality. *European Journal of Personality, 34*(6), 947–968. https://doi.org/10.1002/per.2295.
Ruch, W., & Proyer, R. T. (2015). Mapping strengths into virtues: The relation of the 24 VIA-strengths to six ubiquitous virtues. *Frontiers in Psychology, 6*, 460. https://doi.org/10.3389/fpsyg.2015.00460.
Ruch, W., Proyer, R. T., Harzer, C., Park, N., Peterson, C., & Seligman, M. E. P. (2010). Values in action inventory of strengths (VIA-IS). Adaptation and validation of the german version and the development of a peer-rating form. *Journal of Individual Differences, 31*(3), 138–149. https://doi.org/10.1027/1614-0001/a000022.
Russell, S. J., & Norvig, P. (2016). *Artificial intelligence*. Prentice Hall.

Savickas, M. L. (2015). Career counseling paradigms: Guiding, developing, and designing. In P. J. Hartung, M. L. Savickas, & W. B. Walsh (Hrsg.), *APA handbook of career intervention: Vol. 1. Foundations* (Bd. 1, S. 129–143). American Psychological Association. https://doi.org/10.1037/14438-000.

Savickas, M. L. (2019a). *Career construction counseling manual*. Mark L. Savickas.

Savickas, M. L. (2019b). *Career construction theory. Life portraits of attachment, adaptability, and identity*. Mark L. Savickas.

Savickas, M. L. (2020). Career construction theory and counseling model. In S. D. Brown & R. W. Lent (Eds.), *Career development and counseling: Putting theory and research to work.* (3. Aufl., S. 165–200). Wiley & Sons.

Schallberger, U. (2005). Kurzskalen zur Erfassung der Positiven Aktivierung, Negativen Aktivierung und Valenz in Experience Sampling Studien (PANAVA-KS). In *Forschungsberichte aus dem Projekt: „Qualität des Erlebens in Arbeit und Freizeit"* (Issue 6). http://www.psychologie.uzh.ch/institut/angehoerige/emeriti/schallberger/schallberger-pub/PANAVA_05.pdf.

Schallberger, U. (2006). Die zwei Gesichter der Arbeit und ihre Rolle für das Wohlbefinden: Eine aktivierungstheoretische Interpretation. *Wirtschaftspsychologie, 2*(3), 96–102.

Scheffer, D., & Heckhausen, H. (2018). Eigenschaftstheorien der Motivation. In J. Heckhausen & H. Heckhausen (Hrsg.), *Motivation und Handeln* (S. 49–82). Springer. https://doi.org/10.1007/978-3-662-53927-9_3.

Scheuer, D. (2020). *Akzeptanz von Künstlicher Intelligenz*. Springer. https://doi.org/10.1007/978-3-658-29526-4_5.

Schönbrodt, F. D. (2021). *Das Zürcher Modell sozialer Motivation*. Web Page Felix Schönbrodt. http://www.nicebread.de/research/zm/.

Schönbrodt, F. D., Unkelbach, S. R., & Spinath, F. M. (2009). Broad motives in short scales: A questionnaire for the zurich model of social motivation. *European Journal of Psychological Assessment, 25*(3), 141–149. https://doi.org/10.1027/1015-5759.25.3.141.

Schreiber, M. (2020b). *Wegweiser im Lebenslauf*. Kohlhammer.

Schreiber, M. (2021b). Career Construction Counseling (CCC) – Komplexität abbilden, reduzieren und die berufliche Identität aktiv gestalten. In M. Hammerer, T. Kaar, B. Schmidtke, C. Sieder, & T. Stangl (Hrsg.), *Zukunftsfeld Bildungs- und Berufsberatung VI. Komplexität abbilden und gestalten: Was haben wir im Blick?* (S. 179–199). Bundesinstitut für Erwachsenenbildung (bifeb).

Schreiber, M. (im Druck). Interne Laufbahnentwicklung. In B. Werkmann-Karcher & T. Zbinden (Hrsg.), *Angewandte Personalpsychologie für das Human Resource Management*. Springer.

Schreiber, M., & Gloor, P. A. (2020). Psychologie und künstliche Intelligenz (KI) – Parallelen, Chancen, Herausforderungen und ein Blick in die nahe Zukunft. In C. Negri & D. Eberhardt (Hrsg.), *Angewandte Psychologie in der Arbeitswelt* (S. 161–180). Springer.

Schreiber, M., & Jenny, G. J. (2020). Development and validation of the ‚Lebender emoticon PANAVA' scale (LE- PANAVA) for digitally measuring positive and negative activation, and valence via emoticons. *Personality and Individual Differences, 160*(February), 109923. https://doi.org/10.1016/j.paid.2020.109923.

Schreiber, M., Gschwend, A., & Iller, M. L. S. (2020). The vocational ID–connecting life design counselling and personality systems interaction theory. *British Journal of Guidance and Counselling, 48*(1), 52–65. https://doi.org/10.1080/03069885.2018.1538495.

Schreiber, M., Iller, M.-L., Gehbauer, M., & Mäder, R. (2020). *Handbuch Fragebogen zur Erfassung des Motivprofils nach dem Zürcher Modell (MPZM)*. IAP Institut für Angewandte Psychologie der ZHAW. https://laufbahndiagnostik.ch/de/download.

Schwartz, S. H. (1992). Universals in the content and structure of values: Theoretical advances and empirical tests in 20 countries. *Advances in Experimental Social Psychology, 25*(C), 1–65. https://doi.org/10.1016/S0065-2601(08)60281-6.

Schwartz, S. H., & Bilsky, W. (1987). Toward a universal psychological structure of human values. *Journal of Personality and Social Psychology, 53*(3), 550–562. https://doi.org/10.1037/0022-3514.53.3.550.

Schwartz, S. H., & Cieciuch, J. (2021). Measuring the refined theory of individual values in 49 cultural groups: Psychometrics of the revised portrait value questionnaire. *Assessment.* https://doi.org/10.1177/1073191121998760.

Schwartz, S. H., Cieciuch, J., Vecchione, M., Davidov, E., Fischer, R., Beierlein, C., Ramos, A., Verkasalo, M., Lönnqvist, J. E., Demirutku, K., Dirilen-Gumus, O., & Konty, M. (2012). Refining the theory of basic individual values. *Journal of Personality and Social Psychology, 103*(4), 663–688. https://doi.org/10.1037/a0029393.

Seligman, M. E. P. (2011). *Flourish: A visionary new understanding of happiness and well-being.* Free Press.

WOOP. (2017). *Was ist WOOP? | 24.07.2017.* WOOP. https://youtu.be/2ujFwJtUyg4

Prof. Dr. Marc Schreiber ist Professor für Laufbahn- und Persönlichkeitspsychologie am IAP Institut für Angewandte Psychologie der ZHAW Zürcher Hochschule für Angewandte Wissenschaften. Er berät Privatpersonen und Unternehmen in Fragen der Laufbahnentwicklung. Seine Schwerpunkte in Weiterbildung und Forschung liegen in den Bereichen Laufbahnberatung in der Arbeitswelt 4.0, Laufbahn- und Persönlichkeitspsychologie sowie qualitative (narrative) und quantitative Beratungsmethoden.

Beratung und Coaching gemäß dem Modell der Persönlichkeits- und Identitätskonstruktion (MPI)

5

Marc Schreiber

5.1 Einleitende Gedanken

Beratung und Coaching gemäß dem MPI fokussiert auf ein gelingendes Leben unter Einbezug aller erdenklichen Lebensbereiche wie Freizeit und Hobby, Familie und Freunde, Gesundheit sowie Beruf und Ausbildung. Die Konstruktionsprozesse in Beratung und Coaching beziehen sich also sowohl auf die berufliche Laufbahn als auch auf alle anderen Lebensbereiche. Ein gelingendes Leben kann durch eine erfolgreiche Adaptation an das soziale Umfeld im Sinne des erfolgreichen Funktionierens gemäß der Welthypothese des Kontextualismus (Pepper, 1942, 1972; Tab. 1.1) charakterisiert werden. Dazu gehört auch, dass eine Person ihr Leben als sinn- und bedeutungsvoll erlebt (Sinn und Bedeutung; „meaning").

Unterschiede in Laufbahnberatung und Coaching

Laufbahnberatung und Coaching unterscheiden sich im typischen Prozessablauf. Während Coachingprozesse von unmittelbaren Herausforderungen (z. B. in der Führungsrolle oder im Selbstmanagement) ausgehen, startet eine Laufbahnberatung häufig damit, dass Klient*innen ihre sozialen Narrative entwickeln (Reflexivität und Identität). Die soziale Narrative sind zukunftsorientiert und zeigen, wie sich eine Person mit all ihren verschiedenen Rollen im sozialen Umfeld bewegen möchte. Dabei spielen nicht nur die Persönlichkeit unter Einbezug der Interessen, Werte und Kompetenzen (im Sinne einer Standortbestimmung) eine Rolle, sondern auch die konkreten Chancen und Herausforderungen, die sich für eine Person in ihrem sozialen Umfeld ergeben. Im beruflichen Narrativ ist dabei neben der persönlichen Sicht über die Gesellschaft und das mensch-

---

M. Schreiber (✉)
IAP Institut für Angewandte Psychologie, ZHAW Zürcher Hochschule für Angewandte Wissenschaften, Zürich, Schweiz
E-Mail: marc.schreiber@zhaw.ch

© Der/die Autor(en), exklusiv lizenziert an Springer Fachmedien Wiesbaden GmbH, ein Teil von Springer Nature 2022
M. Schreiber (Hrsg.), *Narrative Ansätze in Beratung und Coaching*,
https://doi.org/10.1007/978-3-658-37951-3_5

liche Leben auch die persönliche Sicht über die Arbeit sowie die berufliche Entwicklung relevant. In der Laufbahnberatung besteht die Rolle der Beratungsperson darin, Klient*innen darin zu unterstützen, ihre sozialen Narrative zu formulieren, dessen Umsetzung zu planen sowie relevante Umsetzungsschritte in die Wege zu leiten. Danach folgt die Umsetzungsbegleitung analog zu einem Coaching. Dabei spielt der Lebensbereich Arbeit im Gegensatz zum Coaching praktisch immer eine zentrale Rolle.

Die in der Folge vorgestellte Beratung gemäß dem MPI ist zwar aus dem Kontext der Laufbahnberatung entstanden, kann aber auch ohne spezifischen Fokus auf die Arbeitswelt angewendet werden und bezieht sich sowohl auf Laufbahnberatungen als auch auf Coachingprozesse.

In Abschn. 5.3 beschreibe ich einen Beratungsprozess gemäß dem MPI, der auf ca. 2–5 Beratungstermine ausgerichtet ist. Dabei schlage ich konkrete Methoden sowie Reflexionsaufgaben für die Zeit zwischen den Beratungsterminen vor. Tab. 5.1 zeigt

Tab. 5.1 Prozessebenen für Beratung und Coaching gemäß dem Modell der Persönlichkeits- und Identitätskonstruktion (MPI)

Dialogischer Beratungsprozess (CCT; Savickas, 2020)	Konstruktionsprozesse (Erleben der Klient*innen) (CCT; Savickas, 2012; Tab. 3.2)	Narrativer Veränderungsprozess der Klient*innen (Savickas, 2020)	„Vier Phasen der kreativen Selbstregulation" (Quirin et al., 2020) sowie kognitive Erkenntnissysteme (PSI-Theorie; Kuhl, 2010)	Beratungsprozess (IAP Beratungskonzept; ZHAW/IAP, 2020)
Beziehungsaufbau Beratungssetting etablieren	–	Reflexion 1 Handlung 1 Protest 1	–	Zusammenarbeit gestalten
1) Fokus auf die Herausforderung	Konstruktion (Spannung)	Reflexion 1 Protest 1	(1) Zielselektion (Extensionsgedächtnis, EG)	Erkennen & verstehen
2) Fokus auf die Veränderung	Dekonstruktion (Aufmerksamkeitsfokus) Rekonstruktion (Intentionsbildung)	Reflexion 1 Reflexion 2 Protest 2 Handlung 2	(4) Evaluation (Objekterkennungssystem, OES) (2) Planung (Intentionsgedächtnis, IG)	Entwerfen & explorieren
3) Konsolidierung der Veränderung	Ko-Konstruktion (Erweiterung)	Reflexion 2 Protest 2 Handlung 2	(3) Handlung (Intuitive Verhaltenssteuerung, IVS)	Entscheiden & realisieren

die dafür relevanten Prozessebenen, die stark auf die CCT (Savickas, 2019b, 2020) bezogen sind. Savickas (2020) bezeichnet eine Beratung gemäß der CCT als Career Construction Counseling (CCC) und unterscheidet dabei im dialogischen Prozess zwischen der Beratungsperson und den Klient*innen neben dem Aufbauen und Etablieren einer Beratungsbeziehung zwischen den 3 Phasen 1) Fokus auf die Herausforderung, 2) Fokus auf die Veränderung und 3) Konsolidierung der Veränderung. Der dialogische Beratungsprozess kann auch als Beratungsarchitektur bezeichnet werden (Schreiber, 2020, 2021). Er wird durch das Handwerkszeug der Beratung, den Einsatz der verschiedenen Verfahren und Methoden sowie der dahinterliegenden Paradigmen mitbestimmt. Neben dem dialogischen Prozess sind in Tab. 5.1 auch die Konstruktionsprozesse (siehe auch Tab. 3.2) sowie der narrative Veränderungsprozess gemäß der CCT aufgeführt. Tab. 5.1 (ganz rechts) enthält zudem den Beratungsprozess, den wir am IAP Institut für Angewandte Psychologie der ZHAW für die Laufbahnberatung entwickelt haben (ZHAW/IAP, 2020; Schreiber, 2020). Er bildet eine Beratungsarchitektur ab, die kongruent ist mit derjenigen des dialogischen Prozesses gemäß der CCT.

Narrativer Veränderungsprozess der Klient*innen
Savickas (2020) bildet den narrativen Veränderungsprozess der Klient*innen gemäß Tab. 5.1 innerhalb der Phasen des dialogischen Beratungsprozesses ab. Dabei bezieht er sich auf das Modell der innovativen Momente („innovative moments model", IMM) von Gonçalves (Fernández-Navarro et al., 2019; Gonçalves et al., 2011), welches Veränderungsprozesse in der narrativen Psychotherapie beschreibt. Cardoso und Savickas (2019; Cardoso et al., 2014, 2019) haben das Modell auf die Laufbahnberatung bezogen. Im IMM wird in den Narrationen der Klient*innen zwischen 3 unterschiedlichen innovativen Momenten (IM) der Veränderung unterschieden: Reflexion („reflection"), Handlung („action") und Protest („protest"). Neben diesen 3 Hauptformen der narrativen Innovation wird zudem zwischen IM unterschieden, die sich auf die Problemerzählung (Reflexion 1, Handlung 1 und Protest 1) und solchen, die sich auf den Veränderungsprozess (Reflexion 2, Handlung 2 und Protest 2) beziehen. Mithilfe der IM können die Erzählungen der Klient*innen reflektiert und im dialogischen Beratungsprozess gemäß der CCT genutzt werden.

Die IM können erstens von Klient*innen selbst eingebracht, zweitens von der Beratungsperson angeboten und von den Klient*innen aufgenommen oder drittens von der Beratungsperson vorgeschlagen und von den Klient*innen (weiter-)entwickelt werden. Mit dieser Differenzierung wird zum Ausdruck gebracht, dass im Beratungsprozess ganz im Sinne des sozialen Konstruktionismus Ideen auch von der Beratungsperson ausgehen können. In der Frage, ob und in welcher Form sich die Beratungsperson mit Ideen einbringt, spielen deren Beratungsgrundhaltung und -konzept sowie das mit den Klient*innen gemeinsam etablierte Beratungssetting eine zentrale Rolle (Schreiber, 2020).

In der Folge werde ich die Prozessebenen des MPI und dabei auch den dialogischen Prozess sowie den narrativen Veränderungsprozess gemäß der CCT beschreiben. Danach werde ich eine Beratungsarchitektur gemäß dem MPI inklusive Vorschläge für konkrete Methoden und Instrumente vorstellen.

5.2 Prozessebenen des Modells der Persönlichkeits- und Identitätskonstruktion (MPI)

Beratung und Coaching gemäß dem MPI basieren auf der erkenntnistheoretischen Perspektive des sozialen Konstruktionismus (Gergen & Gergen, 2009) sowie der Welthypothese des Kontextualismus (Pepper, 1942, 1972; Abschn. 4.2; Tab. 3.1). Zu Beginn eines Beratungs- oder Coachingprozesses – unabhängig davon, ob dieser im Online-, Präsenz-Setting oder in hybrider Form durchgeführt wird – ist es deshalb von großer Bedeutung, den Fokus auf die soziale Interaktion zwischen Klient*in und Beratungsperson, also auf das Beratungssetting, die Beratungsbeziehung sowie das Etablieren einer gemeinsamen Sprache und eines gemeinsamen „Beratungsraumes" zu richten. Dabei ist es hilfreich, Klient*innen auf der Basis eines Beratungskonzepts die eigene Beratungsgrundhaltung sowie die eigene Vorstellung darüber, wie die Welt „funktioniert" (Pepper, 1942, 1972; Kap. 1) und was eine wirksame Beratung ausmacht, aufzeigen zu können. Dazu gehören auch die Klärung des Beratungsanliegens (Warum bin ich in der Beratung?), des Beratungsziels (Was möchte ich in der Beratung erreichen?) sowie der Rollenklärung (Wer hat welche Rolle und Verantwortlichkeiten im Beratungsprozess?) und das Verständigen auf eine Vorgehensweise im Beratungsprozess (Wie gehen wir vor, um das Beratungsziel zu erreichen?). Auf der Basis dieses gemeinsamen „Beratungsraumes" können die Klient*innen ihre Persönlichkeit sowie ihre (berufliche) Identität „konstruieren".

Beim Etablieren der Beratungsbeziehung sollte darauf geachtet werden, dass Klient*innen das nötige Vertrauen aufbauen können, das es ihnen in der Folge ermöglicht, möglichst unzensiert auf ihr EG („Fühlen"; (1) Zielselektion) zugreifen zu können und ihren Gedanken freien Lauf zu lassen (Tab. 5.1; Abb. 4.1; Tab. 4.11). Im Beratungsprozess ist das Offenlegen persönlicher Einstellungen, Wertungen oder auch Verhaltensweisen der Klient*innen hilfreich, auch wenn die Klient*innen diese selbst als „naiv", „unrealistisch" oder gar „unangemessen" bezeichnen (z. B. dass jemand möglichst wenig arbeiten möchte oder dass jemand abends am besten „abschalten" kann, wenn sie*er eine „niveaulose" TV-Serie über Beziehungsthemen schaut). Gerade aus der Reflexion solcher Einstellungen, Wertungen oder Verhaltensweisen können wichtige Erkenntnisse resultieren (z. B. dass für jemanden neben der Arbeit auch noch andere Lebensbereiche wichtig sind oder dass sich jemand für zwischenmenschliche Themen interessiert und diese auch stärker im Beruf einbringen möchte).

▶ **Übergeordnete Haltung der Beratungsperson ist wichtig, persönliche Wertungen und Meinungen jedoch nicht**
Im Gegensatz zu den Klient*innen sollten die Beratungspersonen ihre persönlichen Wertungen und Meinungen nicht in den Vordergrund stellen und versuchen, sich voll und ganz auf diejenigen ihrer Klient*innen einzulassen. Sonst besteht die Gefahr, dass sich Klient*innen von der Meinung ihrer Beratungsperson beeinflussen lassen oder dass sie sich nicht (mehr) trauen, ihre eigene Perspektive darzulegen.

Im Gegensatz zu konkreten Meinungen und Wertungen erachte ich es jedoch als sinnvoll, dass Beratungspersonen ihr persönliches Weltbild transparent machen. Während sich Wertungen und Meinungen auf konkrete Sachverhalte und vermeintliches Wissen, wie beispielsweise die zukünftige Entwicklung eines konkreten Berufes oder die Passung zwischen Klient*innen und Berufen beziehen, geht es beim persönlichen Weltbild eher um übergeordnete Haltungen, wie beispielsweise die Haltung zur „Funktionsweise" der Welt, das Verständnis darüber, wie Beratung und Coaching wirken können – die Beratungsgrundhaltung.

Im Zusammenhang mit dem Umgang mit eigenen Meinungen und Wertungen als Beratungsperson hilft die Auseinandersetzung mit dem Ansatz der Haltung des Nichtwissens, der Haltung des Nichtverstehens, der Haltung des Eingebundenseins sowie der Haltung des Vertrauens gemäß Barthelmess (2016). Entsprechend der sozialkonstruktionistischen Perspektive geht auch Barthelmess (2016) davon aus, dass wir als Beratungsperson eingebunden und Teil des gemeinsamen Raumes sind und dass es darum geht, einen Umgang mit unseren „inneren Wissens- und Verstehensstimmen" zu entwickeln.

Bezogen auf die Klärung des Anliegens sowie des Beratungsziels möchte ich ein Spannungsfeld ansprechen, welches im Zusammenhang mit der innerhalb der PSI-Theorie (Kuhl, 2005, 2010, 2018) beschriebenen Unterscheidung zwischen expliziten Zielen und impliziten Bedürfnissen sowie Motiven relevant ist. Explizite Ziele passen zum IG (Denken; (2) Planung), während implizite Bedürfnisse und Motive dem EG („Fühlen"; (1) Zielselektion) entsprechen (Tab. 4.3, 4.11 und 5.1; Abb. 4.1). Die Frage an die Klient*innen, das Beratungsziel zu formulieren, geht einher mit der Aufforderung, etwas Fühlbares (aus dem EG) in etwas Denkbares (in das IG) zu transferieren und über die Sprache zu explizieren (Abb. 4.2). Dieser Prozess birgt die Gefahr, dass wichtige implizite Bedürfnisse und Motive, die im EG verankert sind, ausgeklammert werden. Das kann passieren, weil die Aufforderung das IG aktiviert und dieses wiederum das EG auf „stumm" schaltet, um möglichst präzise Formulierungen zu finden. Dessen sollte man sich in der Beratung bewusst sein, weswegen ich an dieser Stelle nochmals auf meine kritische Haltung gegenüber SMART-Zielen hinweisen möchte: Sie können Klient*innen im Gegensatz zu abstrakten Zielen unnötig einschränken (Abschn. 4.3). Im Beratungsprozess sollte nicht zuletzt deshalb regelmäßig auf das vereinbarte Beratungsziel geschaut und sowohl die Zielerreichung als auch das Ziel als solches überprüft sowie bei Bedarf angepasst werden.

Narrativer Veränderungsprozess der Klient*innen
Gemäß Savickas (2019b, 2020) konzentriert sich die Beratungsperson beim Beziehungsaufbau sowie beim Etablieren des Beratungssettings bereits auf mögliche IM, also auf den narrativen Veränderungsprozess der Klient*innen (Tab. 5.1):
So geht es bei der Schilderung des Anliegens bereits darum, dass Klient*innen ihre Herausforderungen (besser) verstehen (Reflexion 1). Dabei sind auch Überlegungen dazu relevant, was

zur Herausforderung geführt haben könnte, welche negativen (oder auch positiven) Auswirkungen diese mit sich bringt sowie die Frage, wie sich die Herausforderung auf das (berufliche) Leben der Klient*innen auswirkt. Durch die Reflexion über die zeitliche Perspektive sowie über verschiedene Kontexte hinweg wird die Perspektive auf die Herausforderung ausgeweitet und neue Denk- und Gefühlsweisen können gefördert werden. In dieser Phase kann auch bereits die zweite Art von IM adressiert werden, indem beispielsweise frühere Versuche, mit der Herausforderung umzugehen, thematisiert werden (Handlung 1). Die Handlungen können die Suche nach Informationen oder Lösungen, das Entwickeln von Fähigkeiten, das Erkunden neuer Kontexte und das Ausprobieren neuer Bewältigungsstrategien umfassen. Die dritte Art von IM liegt dann vor, wenn Klient*innen bereits realistische Einwände gegen das Aufrechterhalten der Herausforderung erheben oder Institutionen oder Personen kritisieren, durch welche die Herausforderung aufrechterhalten wird (Protest 1).

Die im weiteren Verlauf beschriebenen Phasen 1) Fokus auf die Herausforderung, 2) Fokus auf die Veränderung und 3) Konsolidierung der Veränderung stellen nicht zwingend einen einmaligen Prozessablauf dar. Erstreckt sich der Beratungsprozess über mehrere Termine hinweg, so werden in den ersten Beratungsterminen (Tab. 5.2) insbesondere die Phasen eins und zwei mehrfach durchlaufen.

1) Fokus auf die Herausforderung – Konstruktion
In der Phase eins hilft die Beratungsperson gemäß Savickas (2020) den Klient*innen, Mikronarrative oder kleine Geschichten über für die Gestaltung der (beruflichen) Laufbahn relevante Aspekte zu erforschen und zu verstehen (Konstruktion). In der Terminologie der PSI-Theorie von Kuhl (2005, 2010, 2018) spielt dabei die Ebene des Selbstwachstums und insbesondere der Zugriff zum EG („Fühlen"; Tab. 4.11 und 5.1; Abb. 4.1) eine wichtige Rolle. Klient*innen werden eingeladen, kleine Geschichten (Mikronarrative) über wichtige Ereignisse, wiederkehrende Episoden und Selbstbestimmende Momente zu erzählen. Beratungspersonen tun dies mithilfe narrativer Verfahren, beispielsweise indem sie einzelne Kapitel im Leben der Klient*innen (Kap. 9), Vorbilder und Mottos (Kap. 6 und 7), Heldengeschichten (Kap. 11) oder auch begeisternde Projekte (Kap. 12) erfragen. Bezogen auf die Persönlichkeitseigenschaften geht es darum, die kleinen Geschichten mit einer möglichst großen Offenheit für Erfahrungen (dem Metatrait Plastizität untergeordnet) zu erzählen (Tab. 4.11).

▶ Bei narrativen Verfahren (Bilder, Geschichten) kann es sein, dass Klient*innen oder Beratungspersonen einen Leistungsanspruch bezogen auf die visuelle oder sprachliche Ausdrucksform entwickeln (z. B. gehaltvolle Geschichte schreiben oder schönes Bild malen). Dem Thema sollte im Beratungsprozess Raum gegeben werden, mit dem Ziel, diesen Leistungsanspruch zu relativieren. Das kann gemacht werden, indem vor der Anwendung transparent gemacht wird, wie der Prozess abläuft, welches Ziel mit dem Einsatz des narrativen Verfahrens verfolgt wird und dass bei der visuellen oder sprachlichen Ausdrucksform die Inhalte sowie die Symbolik im Vordergrund stehen (und nicht die Ästhetik). Dabei sollte auch die Ergebnisoffenheit, die mit den meisten narrativen Verfahren einhergeht, erwähnt werden.

Tab. 5.2 Ablauf und konkrete Methoden einer Beratung gemäß dem Modell der Persönlichkeits- und Identitätskonstruktion (MPI) – Teil 1: „erkennen & verstehen" und „entwerfen & explorieren"

Beratungstermin (Dauer)	Methode	Beratungsziel
1. Termin (1–1,5 h)	• Anliegen und Ziel der Beratung klären • Rollen klären und Vorgehen gemeinsam definieren	• Anliegen-, Ziel- und Rollenklärung
	• Hauptkapitel meiner Lebensgeschichte (McAdams, 2007) – 2–7 Kapitel inklusive Titel definieren – Titel für das kommende Kapitel als Ausblick auf die Beratung setzen	• Fokus auf Wendepunkte und Entwicklung im Leben
	• Ausblick und Aufgaben für die kommenden Termine besprechen	• Ausblick
Aufgaben auf 3. Termin: 1. Entwicklungslinie erarbeiten und ID ausfüllen (z. B. Plattform Laufbahndiagnostik[1], www.laufbahndiagnostik.ch) 2. Fragebogen und Arbeitsmittel ausfüllen (z. B. Plattform Laufbahndiagnostik, www.laufbahndiagnostik.ch) – Fragebogen zur Erfassung – der Persönlichkeit (BFAS-G-R; 100 Fragen) – der Charakterstärken (VIA-IS; 264 Fragen) – der beruflichen Interessen (ORVIS-R; 76 Fragen oder VIT; 45 Fragen) – des Motivprofils (MPZM; 30 Fragen) – Arbeitsmittel Ressourcenbilder – Arbeitsmittel „Meine (beruflichen) Werte" 3. [Option: Klient*in führt CCI auf www.mycareerstory.ch oder auf der Plattform Laufbahndiagnostik[1] durch]			
2. Termin (1,5–2 h; 1–3 Wochen später)	• Rückblick auf 1. Termin sowie das Beratungsziel	• Rückblick
	• CCI (Savickas, 2012, 2019a) durchführen und Erkenntnisse auf ID (Schreiber, et al., 2020a, b; ZHAW/IAP, 2022a) festhalten [Falls Klient*in das CCI auf www.mycareerstory.ch oder auf der Plattform Laufbahndiagnostik durchgeführt hat: Erkenntnisse und Fragen aus der Durchführung in der Beratung besprechen]	• Lebensporträt erstellen
	• Ausblick	• Ausblick
Aufgabe: CCI Revue passieren lassen (z. B. bei einem Spaziergang) und ID ergänzen			
3. Termin (1–2 h; 1–3 Wochen später)	• Rückblick auf 2. Termin sowie das Beratungsziel	• Rückblick
	• Entwicklungslinie besprechen und Erkenntnisse auf ID festhalten	• Lebensporträt erstellen
	• Ausblick	• Ausblick

(Fortsetzung)

Tab. 5.2 (Fortsetzung)

Beratungstermin (Dauer)	Methode	Beratungsziel
Aufgabe: 1. ID wirken lassen und konsolidieren (z. B. auf der Plattform Laufbahndiagnostik) 2. Eventuell: Berufs- und/oder Weiterbildungsideen festhalten		
4. Termin (1–2 h; 1–3 Wochen später)	• Rückblick auf 3. Termin sowie das Beratungsziel	• Rückblick
	• Fragebogen und Arbeitsmittel besprechen und Erkenntnisse auf ID festhalten	• Lebensporträt erstellen
	• Ausblick	• Ausblick

Aufgabe:
 1. Fragebogen und Arbeitsmittel Revue passieren lassen und ID ergänzen und konsolidieren (z. B. auf der Plattform Laufbahndiagnostik)
 2. Fokus auf neue berufliche Ausrichtung
    – Berufs- und/oder Weiterbildungsideen ergänzen: Berufsregister (Bergmann & Eder, 2018; Joerin Fux et al., 2013)
    – Berufliche Optionen explorieren: Informationen über Berufe einholen: https://berufenet.arbeitsagentur.de (Deutschland); www.bic.at (Österreich); www.berufsberatung.ch (Schweiz); Gespräche mit Berufspersonen führen (informelles Interview)
 3. Fokus auf aktuelle Stelle
    – Inwiefern passt meine aktuelle Stelle zu meiner ID? (Wo sind allenfalls Spannungsfelder erkennbar?)
 4. Fokus auf andere Lebensbereiche (z. B. Familie, Freizeit): Welche Entwicklung möchte ich in Angriff nehmen?		

Mikronarrative können auch mithilfe quantitativer Verfahren wie Fragebogen initiiert werden. Werden Fragebogen eingesetzt, so ist dabei genauso wie bei den narrativen Verfahren zu berücksichtigen, dass Fragebogenprofile keine objektiven Befunde darstellen. Entsprechend eingebettet in den Beratungsprozess können die Profile als Ausgangsbasis für Beratungsprozesse gemäß der MPI genutzt werden. Dabei sind die „idiografischen" (auf die einzelne Person ausgerichteten) Erkenntnisse aus dem Beratungsprozess wichtiger als das „nomothetische" (auf allgemeingültige Aussagen ausgerichtete) Fragebogenprofil.

Damit ist aber keinesfalls gemeint, dass Beratungspersonen keine fundierten Kenntnisse in quantitativer Diagnostik benötigen: Wer Fragebogen einsetzt, sollte in der Lage sein, den Klient*innen den nomothetischen Hintergrund der Fragebogen zu erläutern (z. B. Normierung und Vertrauensintervalle) und Klient*innen dazu anzuleiten, die für sie relevanten Schlüsse zu ziehen. Kann die Beratungsperson im Prozess auftretende Fragen über Anwendung und Hintergrund der angewendeten Methode nicht beantworten, so besteht – genauso wie bei den narrativen Verfahren – die Gefahr, dass das Vertrauen und dadurch auch die Beziehungsebene in der Beratung beeinträchtigt werden. Deswegen gilt für Fragebogen genauso wie für andere Methoden: Es ist wichtig, die Hintergründe der Methode gut zu kennen und die Methode in Selbsterfahrung auch schon erlebt zu haben, bevor man sie in der Beratung mit Klient*innen anwendet.

Klient*innen beginnen in der Phase der Konstruktion durch das Erzählen und Reflektieren der kleinen Geschichten bereits, wichtige Lebensthemen, Persönlichkeitseigenschaften, Werte, berufliche Interessen und sowohl explizite als auch implizite Bedürfnisse und Motive zu erkennen und zu verstehen, wie sie ihre (berufliche) Laufbahn konstruiert haben. Der Fokus wird in dieser Phase auf die Herausforderungen und Spannungen der Klient*innen (tension) gelegt (Tab. 5.1).

Narrativer Veränderungsprozess der Klient*innen
Savickas (2019b, 2020) beschreibt die IM bezogen auf den narrativen Veränderungsprozess der Klient*innen während der Phase 1) Fokus auf die Herausforderung wie folgt (Tab. 5.1):

Durch die mit der Schilderung der Mikronarrative oder kleinen Geschichten einhergehenden Spannungen werden Veränderungsschritte im Sinne der IM eingeleitet, weil durch das Erzählen und Reflektieren der kleinen Geschichten ein tieferes Verständnis gefördert wird, insbesondere im Hinblick auf Bedürfnisse, Interessen und Werte (Reflexion 1). Veränderung findet auch statt, wenn Klient*innen es schaffen, problemorientierte Annahmen, die ihren Konstruktionen zugrunde liegen, zu dekonstruieren, zu hinterfragen oder zu widerlegen (Protest 1).

2) Fokus auf die Veränderung – Dekonstruktion und Rekonstruktion

In der Phase zwei hilft die Beratungsperson den Klient*innen, die kleinen Geschichten (Mikronarrative) zu dekonstruieren und daraus eine große Geschichte (Makronarrativ) zu rekonstruieren. Die große Geschichte beinhaltet einen Perspektivenwechsel und führt dadurch zu neuen Erkenntnissen (Savickas, 2019b). Dies geschieht, indem der Aufmerksamkeitsfokus („attention") der Klient*innen auf die relevanten Themen gelenkt wird (Dekonstruktion) und die resultierenden Erkenntnisse integriert werden. Daraus werden Intentionen für die nächsten Schritte abgeleitet („intention"; Rekonstruktion; Tab. 5.1). In der Terminologie der PSI-Theorie von Kuhl (2005, 2010, 2018) spielen beim Dekonstruieren das OES („Empfinden"; (4) Evaluation) und beim Rekonstruieren das IG („Denken"; (2) Planung) eine zentrale Rolle (Tab. 4.3, 4.11 und 5.1; Abb. 4.1). Es sind also insbesondere die kognitiven Erkenntnissysteme, welche sich gemäß der PSI-Theorie auf der linken Hirnhemisphäre befinden und dadurch die analytisch-sequenzielle und eher langsame und bewusste Informationsverarbeitung verkörpern. Bezogen auf die Persönlichkeitseigenschaften gemäß der CB5T (DeYoung, 2015) sind dabei insbesondere dem Metatrait der Stabilität untergeordnete Eigenschaften relevant (Tab. 4.11): Bei der Dekonstruktion sind es die Eigenschaften Neurotizismus und Ordnung (Gewissenhaftigkeit) und bei der Rekonstruktion der Fleiß (Gewissenhaftigkeit).

▶ **Wichtig**
Im Zusammenhang mit der CB5T sind die kybernetischen Prozessbeschreibungen aus Tab. 4.9 und 4.10 speziell erwähnenswert: Arbeitet man in Beratung und Coaching mit Persönlichkeitseigenschaften gemäß der CB5T (z. B. mit dem Persönlichkeitsfragebogen BFAS-G-R (Iller & Schreiber, 2022; Mussel &

Paelecke, 2018; ZHAW/IAP, 2022c)), so können die Prozessbeschreibungen bei der Dekonstruktion genutzt werden. Das ist ein großer Vorteil gegenüber Modellen ohne erklärende Modellkomponente. Konkret kann beispielsweise anhand der Eigenschaft Extraversion die Verhaltensexploration sowie der Umgang mit spezifischer Belohnung im Sinne von Annäherungszielen und die Unterscheidung zwischen dem Streben nach Zielen (Durchsetzungsvermögen) und der Freude an der tatsächlichen oder imaginären Zielerreichung (Enthusiasmus) reflektiert werden.

In der Phase der Dekonstruktion können auch die kybernetischen Prozesse des ZMSM (Bischof, 1993) für das weitere Verständnis des „Funktionierens" der Klient*innen beigezogen werden. So kann beispielsweise konkretes Handeln, das von den Klient*innen als herausfordernd erlebt wird (z. B. „angriffiges" Handeln gegenüber Projektmitarbeitenden) auf der Basis der Motivsysteme sowie der daraus resultierenden Muster im Erleben und Handeln reflektiert werden. Dabei kann Verhalten sowohl durch die Motivsysteme Sicherheit, Erregung und Autonomie als auch durch die assimilativen Copingstrategien Aggression (Barriere mit Gewalt beseitigen), Supplikation (Barriere beseitigen, indem man andere um Hilfe bittet) und Invention (einen Umweg um die Barriere finden, Exploration) ausgelöst werden (Tab. 4.8). „Angriffiges" Handeln (Verhaltensprogramm der Aggression) kann so gemäß dem ZMSM (Bischof, 1993) entweder einer Autonomieappetenz entspringen und bedürfnisbasiert sein (in Tab. 4.11 rechts unten auf der ersten Ebene; IVS) oder es kann ärgerbasiert sein und zustande kommen, weil die Person mit dem Handeln versucht, einen Aktivationsüberschuss, abzubauen. Der Aktivationsüberschuss kann sich dabei auf alle 3 Motivsysteme beziehen. Das Verhalten würde dann der bewältigungsorientieren Copingstrategie der Aggression entspringen (Abschn. 4.4; in Tab. 4.11 links unten auf der ersten Ebene; OES).

Zusätzlich zu den Motivsystemen und den verhaltensbezogenen assimilativen Copingstrategien macht es auch Sinn, in der Beratung die akkommodativen Copingstrategien Revision (Istwert wird dem Sollwert angepasst; durch eine andere Betrachtung) und Akklimatisation (Sollwert passt sich dem Istwert an; indem der Wunsch den Möglichkeiten angepasst wird) zu reflektieren.

Die Erkenntnisse aus der Dekonstruktion der kleinen Geschichten können mithilfe der ID (Schreiber, 2020; Schreiber, et al., 2020a, b) festgehalten werden (Abb. 5.1). Die ID als mögliche Form eines sprachlichen und visuellen Lebensporträts kann entweder in Papierform (ZHAW/IAP, 2022a) oder online auf der Plattform Laufbahndiagnostik (ZHAW/IAP, 2022c) frei zugänglich genutzt werden. Sie enthält 4 Felder, die zusammen das Lebensporträt der Klient*innen ausmachen:

1. Zentrale Lebensthemen (links unten)
2. Wichtige Eigenschaften, Charakterstärken, Kompetenzen („ich bin" und „ich werde"; links oben)

Identitätskarte (ID) – Psychologische Konzepte

Eigenschaften, Charakterstärken, Kompetenzen („*ich bin*" und „*ich werde*") [Vorbilder in der Kindheit; CCI, Frage 2]	Interessen, Werte, Bedürfnisse, Motive, Umfeld („*ich möchte*") [Zeitschriften, Fernsehsendungen; CCI, Frage 3]
Psychologische Konzepte • Persönlichkeit (CCI; Savickas, 2019a) • Persönlichkeit, Rollen (Soziale*r Akteur*in; McAdams, 2013) • Persönlichkeit, Adaptabilität, Kompetenzen, Identität (CCT; Savickas, 2019b, 2020)	*Psychologische Konzepte* • Interessen, Umfeld (CCI; Savickas, 2019a) • Ziele, Werte (Motivierte*r Agent*in; McAdams, 2013) • Motive, Reflexivität (CCT; Savickas, 2019b, 2020) • Explizite Ziele, implizite (und explizite) Bedürfnisse und Motive, Motivation (Bischof, 1993; Kuhl, 2001)
	Zukunftsbild oder Fortbewegungsmittel [Beratungsanliegen; CCI, Frage 1] *Psychologische Konzepte* Selbstwachstum (EG-OES) und Zielumsetzung (IG-IVS) gemäß der PSI-Theorie (Kuhl, 2018)
Psychologische Konzepte • Lebensthemen (CCI; Savickas, 2019a)	*Psychologische Konzepte* • Narrativ (CCI; Savickas, 2019a) • Lebensnarrativ (Autobiografische*r Autor*in; McAdams, 2013)
Lebensthemen [Kindheitserinnerungen; CCI, Frage 6]	**persönlicher Rat, konkretes Vorgehen** [Lieblingsgeschichte, -motto; CCI, Frage 4, 5]

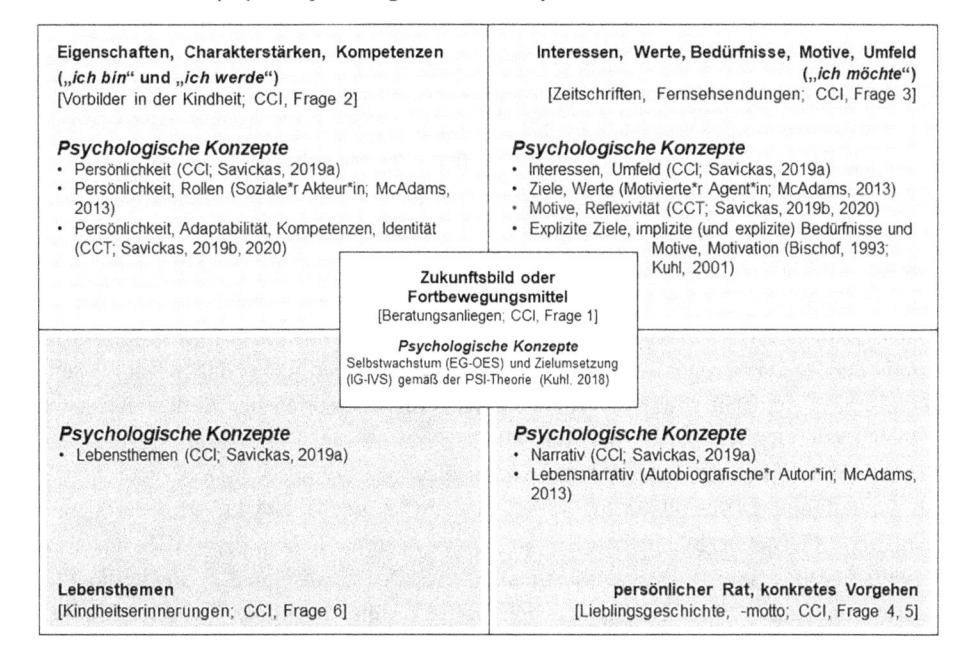

Abb. 5.1 Identitätskarte (ID) als Lebensporträt gemäß dem MPI (inklusive Bezug zu den relevanten psychologischen Konzepten)

3. Interessen, Werte, Bedürfnisse und Motive sowie ein für die zukünftige Entwicklung wünschenswertes (Arbeits-)Umfeld („ich möchte"; rechts oben)
4. Für eine gelingende Entwicklung hilfreiche konkrete Vorgehensweisen sowie ein persönlicher Rat, den sich die Klient*innen selbst geben (rechts unten)

In der Mitte der ID kann die wünschenswerte Zukunft mit einem oder mehreren Ressourcenbildern (Kap. 10) visuell verankert werden. Dadurch enthält die ID sowohl sprachliche als auch visuelle Aspekte, die als Kompass die innere Ausrichtung einer Person abbilden. Die ID dient den Klient*innen als Grundlage für konkrete Entwicklungsschritte, beispielsweise indem die Entsprechung einer beruflichen Möglichkeit mit der inneren Ausrichtung abgeglichen wird.

Die 4 Felder der ID in Abb. 5.1 folgen der Logik des MPI, wobei der enge Bezug zum CCI (Savickas, 2012, 2019a; Kap. 6 und 7) sowie zur CCT (Savickas, 2019b, 2020; Kap. 4) auf der Hand liegt. Im Feld unten links können (Lebens-)Themen aufgeführt werden. Sie zeigen zentrale Herausforderungen, die es für eine Person zu bewältigen gilt. Im Feld oben links liegt der Fokus auf „ich bin" und „ich werde". Darin sind die Strategien zur sozialen Adaptation gemäß dem MPI abgebildet: Eigenschaften (sowie Charakterstärken, Tugenden), Adaptabilitäts-Kompetenzen, Identität (Abb. 4.1; Tab. 4.11). Unter

„ich bin" werden die Aspekte, die eine Person auszeichnen und die sie beim Bewältigen von anstehenden Herausforderungen nutzen kann, aufgeführt. Unter „ich werde" können, ebenfalls im Feld oben links, Entwicklungsfelder eingetragen werden. Entwicklungsfelder sind Strategien, die eine Person (weiter-)entwickeln möchte. Im Feld oben rechts liegt der Fokus auf „ich möchte" und gemäß dem MPI auf den kognitiven Schemata der Situationsbewertung: Werte, Bedürfnisse und Motive, Reflexivität. Es geht dabei darum, in was für einem Umfeld sich eine Person engagieren möchte und welche Interessen, Werte, Bedürfnisse und Motive die Person verfolgen möchte. Schließlich können im Feld unten rechts konkrete Vorgehensweisen aufgeführt werden. Die Vorgehensweisen sollen zum einen möglichst konkret aufzeigen, wie die anstehenden Herausforderungen angegangen werden können. Zum anderen sollen die Vorgehensweisen auf das (weiterentwickelte) soziale Narrativ der Person bezogen sein. Dadurch sind im Feld unten rechts das Selbst als autobiografische*r Autor*in sowie die dazugehörigen Inhaltstheorien der Reflexivität sowie der Identität von Relevanz (Abb. 4.1; Tab. 4.11).

Die für die einzelnen Felder der ID relevanten psychologischen Konzepte sind in Abb. 5.1 aufgeführt. Sie bilden die – gemäß Abb. 4.1 und Tab. 4.11 – für die soziale Adaptation relevanten Inhaltstheorien ab. Dabei werden neben dem MPI auch die „drei Ebenen des Selbst" gemäß McAdams (1995, 2013; Abschn. 3.2) sowie die PSI-Theorie von Kuhl (2001, 2018), der sich bei der Unterscheidung zwischen Bedürfnissen, expliziten Zielen, impliziten und expliziten Motiven, sowie der Motivation auf das ZMSM (Bischof, 1993) bezieht (Abschn. 4.4), einbezogen. Die in den 4 Feldern hinterlegten Farben bilden zudem die kognitiven Erkenntnissysteme der PSI-Theorie (Abschn. 4.3) und dadurch gemäß Tab. 5.1 auch die Konstruktionsprozesse sowie das Erleben der Klient*innen gemäß der CCT (Savickas, 2012) ab.

Die Überschriften der vier Felder der ID sind so gewählt, dass mit der ID in Beratung und Coaching gearbeitet werden kann. Deswegen fehlt bei den Strategien zur sozialen Adaptation in der Überschrift die „Identität" (oben links) und bei den kognitiven Schemata der Situationsbewertung fehlt in der Überschrift die „Reflexivität" (oben rechts; Abb. 5.1). Sollten die vorgeschlagenen Überschriften einer Beratungsperson oder einer*m Klient*in nicht entsprechen, so können diese auch angepasst werden.

Während die einzelnen Felder der ID (dekonstruierte) Erkenntnisse aus den einzelnen Geschichten der Klient*innen enthalten, stellt die ID als Ganze das (rekonstruierte) Lebensporträt der Klient*innen dar. Sie enthält gemäß Savickas (2019b, S. 37 ff.) einen Handlungsplot (Was passiert?) mit den relevanten Themen für die wünschenswerte Entwicklung (Warum passiert es?). Auf der Basis der ID kann im Sinne einer Kondensierung der Inhalte aus der ID ein sprachliches und auf die Zukunft ausgerichtetes Lebensporträt verfasst werden. Genau dieser Prozess ist in der frei zugänglichen deutschen Version des MCS auf www.mycareerstory.ch sowie auf der Plattform Laufbahndiagnostik[1] (ZHAW/IAP, 2022c) umgesetzt: Anhand der CCI-Fragen werden die Prozesse Konstruktion, Dekonstruktion und Rekonstruktion durchlaufen und in Form der ID zusammengefasst. Analog zu Abb. 5.1 kann die ID auch mit einem persönlichen Ressourcenbild ergänzt werden. Wie bereits erwähnt stellt die ID die Basis dar für das sprachliche Lebensporträt, welches die zukünftige Entwicklung beschreiben soll. Als Vorlage für www.mycareerstory.ch diente das Arbeitsheft MCS, welches sowohl auf Englisch (Savickas & Hartung, 2012) als auch auf Deutsch (Savickas & Hartung, 2016) frei zur Verfügung steht.

Auf der Basis des Lebensporträts wird der Fokus gemäß Savickas (2020) weg vom Verstehen und Reflektieren der Herausforderung hin zur gewünschten Veränderung gerichtet. Die große Geschichte (Makronarrativ) beinhaltet eine neue Perspektive auf die künftige Entwicklung der Klient*innen. Sie ist mit einem zentralen Lebensthema verknüpft und gibt dem Handeln dadurch Sinn und Bedeutung. Während die kleinen Geschichten der Klient*innen mit selbstverneinenden Gedanken, einschränkenden Rollenbildern oder kulturellen Barrieren verbunden sein können, werden festgefahrene Gedankengänge im Lebensporträt aufgelöst, indem neue Bedeutungszuschreibungen und Möglichkeiten entwickelt werden. Klient*innen reorganisieren ihre Erfahrungen und Rollenbilder im sozialen Kontext und bilden ein neues Makronarrativ, welches den nächsten Schritt in der Entwicklung einbezieht (Savickas, 2020). Daraus resultiert mehr Selbstklarheit aus der heraus die Klient*innen einen abstrakten Plan für ihre Laufbahnentwicklung skizzieren und in der Folge ihre Prioritäten und Absichten ableiten können. Auf dieser Grundlage erarbeiten die Klient*innen eine Agenda, welche sie von der aktuellen Situation in die gewünschte Richtung führt.

Narrativer Veränderungsprozess der Klient*innen
Savickas (2019b, 2020) beschreibt die IM bezogen auf den narrativen Veränderungsprozess der Klient*innen während der Phase 2) Fokus auf die Veränderung wie folgt (Tab. 5.1):

In der Phase zwei überdenken die Klient*innen die Bedeutung vergangener beruflicher Erfahrungen und erkennen relevante Themen und Muster (Reflexion 1). Auf der Basis dieser Erkenntnis können sie neue Denkweisen annehmen und diese zunehmend auf zukünftige Handlungen beziehen. Dabei spielt die Reflexivität eine zentrale Rolle: Was hat sich wie verändert? Die prospektive Reflexivität (Reflexion 2) konzentriert sich auf die retrospektive Reflexion (Reflexion 1) mit dem Ziel einer aktualisierten Persönlichkeits- und Identitätskonstruktion. Die Klient*innen erkennen ihre Wirksamkeit bezüglich der aktuellen Herausforderung und sie können sich die nächste Szene ihrer Geschichte vorstellen. Das ermöglicht es ihnen, sich in Bezug auf ihre Herausforderung neu zu positionieren. Beratungspersonen achten dabei auf IM des Protests. Diese charakterisieren sich dadurch, dass Klient*innen sich selbst ermächtigen, den Anforderungen der aktuellen Situation zu trotzen und selbstbewusste Pläne für die Entwicklung zu erstellen (Protest 2). Darauf können auch IM folgen, die sich auf erwünschte Verhaltensweisen in der Zukunft beziehen (Handlung 2).

3) Konsolidierung der Veränderung – Ko-Konstruktion
In der Phase drei wird der Fokus gemäß Savickas (2019a, 2020) auf die Konsolidierung der Transformation, die Überprüfung der Pläne und die Umsetzung der Veränderung gerichtet (Ko-Konstruktion). Auf Basis des erarbeiteten Lebensporträts werden konkrete Schritte in Richtung Verwirklichung der inneren Ausrichtung in die Wege geleitet. Auch in dieser Phase, in der die Klient*innen auf eine Erweiterung (extension) fokussieren (Tab. 4.3, 4.11 und 5.1; Abb. 4.1), sind diese oft stark gefordert, weshalb eine weitere Begleitung durch

eine Beratungsperson oft sinnvoll ist. In der Terminologie der PSI-Theorie von Kuhl (2005, 2010, 2018) ist bei der Ko-Konstruktion das IVS („Intuieren"; (3) Handlung) wichtig. Wie das EG („Fühlen"; (1) Zielselektion), welches bei der Konstruktion speziell wichtig ist, ist gemäß der PSI-Theorie auch das IVS auf der rechten Hirnhemisphäre lokalisiert. Dadurch repräsentiert es die intuitiv-parallele sowie schnelle und eher implizite Informationsverarbeitung. Gemäß der CB5T (DeYoung, 2015) ist dabei die Persönlichkeitseigenschaft Extraversion (dem Metatrait der Plastizität untergeordnet) speziell relevant (Tab. 4.11).

▶ **Wichtig**
Auch in der Phase der Ko-Konstruktion können die kybernetischen Prozesse des ZMSM (Bischof, 1993) beigezogen werden, insbesondere für das Verständnis und die Reflexion möglicher Verhaltens- und Erlebensweisen der Klient*innen beim Ko-Konstruieren. So können mögliche Verhaltensmuster auf der Basis der 3 Motivsysteme Sicherheit, Erregung und Autonomie sowie der assimilativen Copingstrategien Aggression (Barriere mit Gewalt beseitigen), Supplikation (Barriere beseitigen, indem man andere um Hilfe bittet) und Invention (einen Umweg um die Barriere finden, Exploration) reflektiert werden (Tab. 4.8 und 4.11). Mithilfe dieser auf das ZMSM bezogenen Reflexion können Klient*innen konkrete Strategien für die Umsetzung des eigenen Lebensporträts entwickeln.

Darüber hinaus können aber gerade beim Ko-Konstruieren auch die akkommodativen Copingstrategien eine wichtige Rolle spielen. Sie beziehen sich nicht auf eine Anpassung der Umwelt, sondern auf eine Anpassung bei sich selbst: Revision (Istwert wird dem Sollwert angepasst; durch eine andere Betrachtung) und Akklimatisation (Sollwert passt sich dem Istwert an; indem der Wunsch den Möglichkeiten angepasst wird).

In Phase drei wird der Fokus gemäß Savickas (2019b, 2020) darauf gelegt, dass die Klient*innen ihr neues Narrativ stabilisieren, damit sie die weiterentwickelte große Geschichte – visualisiert durch das Lebensporträt – nachhaltig umsetzen können.

Narrativer Veränderungsprozess der Klient*innen
Savickas (2019b, 2020) beschreibt die IM bezogen auf den narrativen Veränderungsprozess der Klient*innen während der Phase 3) Konsolidierung der Veränderung wie folgt (Tab. 5.1):

Die Beratungsperson lädt Klient*innen ein, den Unterschied zwischen der alten und der wünschenswerten neuen Geschichte zu erkennen und den Prozess zu verinnerlichen, mit dem sie die Veränderung selbst als Autor*innen initiiert und umgesetzt haben (Reflexivität, Reflexion 2). Das Erkennen der Unterschiede zwischen der herausfordernden Vergangenheit und einer anpassungsfähigeren Zukunft erweitert die Kohärenz und Kontinuität der Erzählung. Indem sie den Veränderungsprozess verstehen, erkennen die Klient*innen, dass sie nicht nur Akteur*in sind in diesem Prozess, sondern auch Autor*in. Diese Erkenntnis stärkt die persönliche Handlungsfähigkeit, um Maßnahmen zu mobilisieren. An diesem Punkt zeigen Klient*innen häufig sowohl Durchsetzungsvermögen (Protest 2) als auch eine emotionale Verankerung, die sie in die Lage versetzt, die Umsetzung ihres Plans zu antizipieren und in der Folge auch umzusetzen (Handlung 2; Tab. 5.1). Die Transformation ist dann gefestigt, wenn die Klient*innen die Veränderungen beschreiben, die sie erreicht haben, die Prozesse erkennen, die diesen Veränderungen zugrunde liegen, und ihre eigene Autor*innenschaft beim Erzählen der neuen Geschichte wahrnehmen.

Abschließend wird das Erreichen des Beratungsziels reflektiert. Die Beratungsperson signalisiert den Abschluss des Prozesses mit einer kurzen Zusammenfassung des reflexiven Konzeptes der Klient*innen für die Veränderung in Richtung der wünschenswerten neuen Geschichte und der Ermutigung, den weiteren Weg zu gehen.

5.3 Beratungsarchitektur gemäß dem Modell der Persönlichkeits- und Identitätskonstruktion (MPI)

Abb. 5.2 zeigt die Visualisierung des Beratungskonzeptes, welches wir am IAP Institut für Angewandte Psychologie der ZHAW für die Laufbahnberatung entwickelt haben. Im Beratungskonzept sind die verschiedenen für den Beratungsprozess relevanten Ebenen für unsere Beratungsarbeit ausdifferenziert (ZHAW/IAP, 2020; Schreiber, 2020). An dieser Stelle möchte ich die bereits in Tab. 5.1 aufgeführte Beratungsarchitektur mit den 3 Phasen „erkennen & verstehen", „entwerfen & explorieren" sowie „entscheiden & realisieren" hervorheben. Die 3 Phasen stehen parallel zum dialogischen Beratungsprozess gemäß der CCT (Savickas, 2019b, 2020) sowie der anderen in Tab. 5.1 abgebildeten Prozessebenen.

Die Beratungsarchitektur gemäß dem MPI wird durch die 3 Phasen „erkennen & verstehen", „entwerfen & explorieren" sowie „entscheiden & realisieren" determiniert. In die Architektur eingebettet sind konkrete Methoden und Instrumente – sowohl narrative Verfahren als auch psychometrische Fragebogen – und mögliche Reflexionsaufgaben, anhand derer Klient*innen zu einer vertiefenden narrativen Exploration angeregt werden können. Mit den Methoden und Instrumenten können die in Tab. 4.4 aufgeführten Inhaltstheorien in der Beratung adressiert werden. Dadurch können Klient*innen im Sinne einer Beratung gemäß dem MPI dabei unterstützt werden, die eigene Persönlichkeit sowie die (berufliche) Identität zu konstruieren.

Tab. 5.2 beinhaltet den ersten Teil eines konkreten Beratungsablaufs gemäß dem MPI von der Anliegens-, Ziel- und Rollenklärung bis zum Erstellen des Lebensporträts (Konstruktion, Dekonstruktion und Rekonstruktion). Die vorgeschlagenen Methoden und Instrumente sind als Vorschlag zu verstehen und können auch in anderer Reihenfolge angewendet werden. Zudem können auch andere Methoden – beispielsweise aus dem Teil II dieses Buches – in den Ablauf eingebettet werden.

Das Lebensporträt kann in einer Beratung gemäß dem MPI anhand der ID abgebildet werden. Abb. 5.3 enthält die berufliche ID sowie eine Zuordnung der in im Beratungsablauf vorgeschlagenen Methoden und Instrumente. Die ID kann entweder in Papierform (ZHAW/IAP, 2022a) oder online auf der Plattform Laufbahndiagnostik (ZHAW/IAP, 2022c) frei zugänglich genutzt werden.

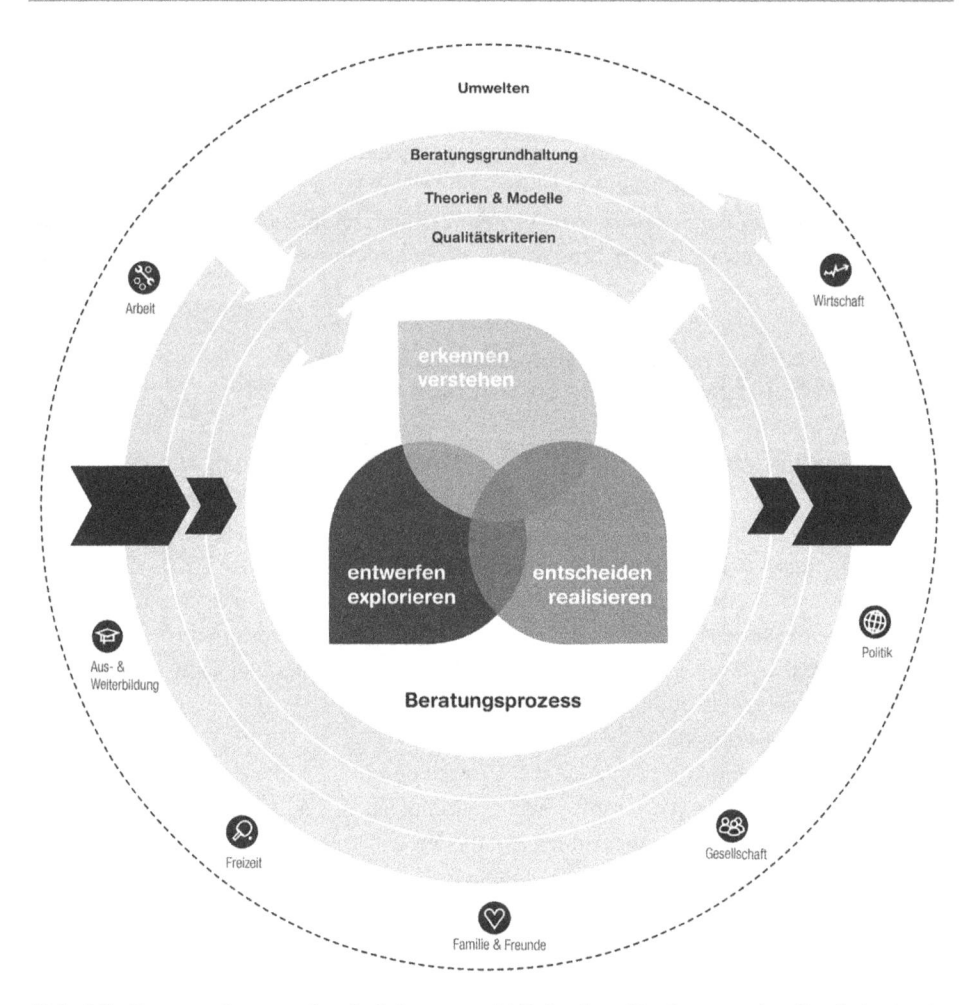

Abb. 5.2 Beratungskonzept Laufbahnberatung IAP Institut für Angewandte Psychologie der ZHAW (ZHAW/IAP, 2020)

Im in Tab. 5.2 vorgeschlagenen Beratungsablauf werden die folgenden Methoden und Instrumente einbezogen:

- Mein Leben als Buch mit 2–7 Hauptkapiteln und Entwicklungslinie (Kap. 9)
  Diese Methode bezieht sich auf das Life Story Interview von McAdams (2007). Es geht darum, über das eigene Leben nachzudenken, als wäre es ein Buch oder ein Roman, mit dem Ziel, ein Inhaltsverzeichnis mit den Titeln der Hauptkapitel zu erstellen. Die einzelnen Hauptkapitel (ca. 2–7) sowie die jeweiligen Übergänge werden in der Beratung beschrieben. Klient*innen werden eingeladen, Kapitel für Kapitel ihrer Geschichte in Form einer allgemeinen und kurz gehaltenen Zusammenfassung zu erzählen. Dafür wird ein Zeitrahmen von ca. 30–40 min gesetzt. Am

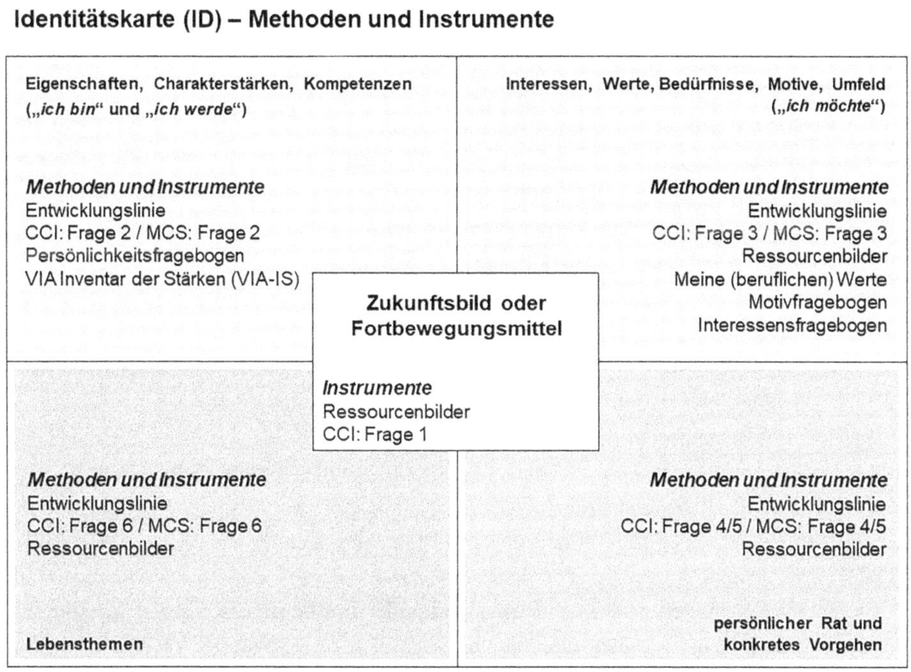

Identitätskarte (ID) – Methoden und Instrumente

Eigenschaften, Charakterstärken, Kompetenzen ("ich bin" und "ich werde")	Interessen, Werte, Bedürfnisse, Motive, Umfeld ("ich möchte")
Methoden und Instrumente Entwicklungslinie CCI: Frage 2 / MCS: Frage 2 Persönlichkeitsfragebogen VIA Inventar der Stärken (VIA-IS)	*Methoden und Instrumente* Entwicklungslinie CCI: Frage 3 / MCS: Frage 3 Ressourcenbilder Meine (beruflichen) Werte Motivfragebogen Interessensfragebogen
Methoden und Instrumente Entwicklungslinie CCI: Frage 6 / MCS: Frage 6 Ressourcenbilder Lebensthemen	*Methoden und Instrumente* Entwicklungslinie CCI: Frage 4/5 / MCS: Frage 4/5 Ressourcenbilder persönlicher Rat und konkretes Vorgehen

Zukunftsbild oder Fortbewegungsmittel

Instrumente
Ressourcenbilder
CCI: Frage 1

Abb. 5.3 Identitätskarte (ID) als Lebensporträt gemäß dem MPI (inklusive Methoden und Instrumente für die Beratung)

Schluss wird ein Titel für das nächste Kapitel bestimmt. Das Erarbeiten der Hauptkapitel im Leben dient als Vorbereitung für das Erstellen und umfassende Reflektieren der sogenannten Entwicklungslinie (Schreiber, 2020).

Das Arbeitsmittel Entwicklungslinie inklusive der Möglichkeit, verschiedene Kapitel zu definieren und im Detail umfassend zu reflektieren, kann entweder in Papierform (ZHAW/IAP, 2022b) oder online auf der Plattform Laufbahndiagnostik[1] (ZHAW/IAP, 2022c) genutzt werden. Die Anleitung für die Reflexion sowie die Erkenntnisse werden bei beiden Durchführungsformen entlang der 4 Felder der ID (Abb. 5.1) strukturiert.

- Career Construction Interview (CCI; Kap. 6 und 7)
Die Durchführung des CCI als Interview in der Beratung dauert zirka 1,5 h. In einem möglichst vertrauensvollen Setting und einem klaren Prozessablauf folgend, werden Klient*innen eingeladen, Geschichten aus ihrem Leben zu erzählen. Savickas (2011) spricht dabei von „Konstruktion". Aus den einzelnen Geschichten werden

---

[1] Die Nutzung der Arbeitsmittel Entwicklungslinie und My Career Story steht auf der Plattform Laufbahndiagnostik ausschließlich Personen mit kostenpflichtigem Beratungskonto sowie deren Klient*innen zur Verfügung.

anschließend die wesentlichen Erkenntnisse, bezogen auf das Beratungsziel, extrahiert (Dekonstruktion) und in der Folge zum individuellen Lebensporträt zusammengefügt (Rekonstruktion). Mit Blick auf das CCI unterscheidet Savickas (2012) zwischen dem impliziten und dem expliziten Handlungsplot (Abschn. 3.6). Der explizite Plot wird durch die Fragen 2–5 des CCI abgedeckt, während der implizite Plot durch die (Lebens-)Themen aus der Frage sechs des CCI abgeleitet wird. Beim impliziten Handlungsplot geht es darum, subjektive Erklärungen für den expliziten Handlungsplot zu finden und ihm Sinn- und Zweckhaftigkeit zu verleihen.

Option: Das CCI kann auch selbstgesteuert, entweder anhand des Booklets „My Career Story" (MCS; Savickas & Hartung, 2012, 2016, 2021; Kap. 7) oder online auf www.mycareerstory.ch sowie auf der Plattform Laufbahndiagnostik[1] (ZHAW/IAP, 2022c) durchlaufen werden.

- Arbeitsmittel Ressourcenbilder (Kap. 10)
  Das Arbeitsmittel Ressourcenbilder besteht in einem ersten Schritt darin, dass Klient*innen 80 Bilder danach einschätzen, ob das Bild sie anspricht oder nicht. In der Folge können sie Kategorien bilden und die Bilder den Kategorien zuteilen. Schließlich wählen die Klient*innen ihr persönliches Ressourcenbild und verfassen dazu eine Geschichte. Das Arbeitsmittel der Ressourcenbilder mit dem persönlichen Ressourcenbild sowie der dazu verfassten Geschichte eignet sich zur Erfassung von impliziten und expliziten Motiven, Bedürfnissen oder Lebensthemen (Schreiber, 2020). Dadurch können das persönliche Ressourcenbild sowie die Geschichte sowohl Aspekte des impliziten als auch des expliziten Handlungsplots enthalten. Das Arbeitsmittel Ressourcenbilder ist auf der Plattform Laufbahndiagnostik (ZHAW/IAP, 2022c) frei verfügbar.
- Arbeitsmittel „Meine (beruflichen) Werte"
  Mit diesem Arbeitsinstrument können Klient*innen ihre (beruflichen) Werte reflektieren und besonders wichtige Werte festhalten. Das Arbeitsmittel „Meine (beruflichen) Werte" ist auf der Plattform Laufbahndiagnostik (ZHAW/IAP, 2022c) frei verfügbar.
- Fragebogen zur Erfassung
  – der Persönlichkeit (BFAS-G-R; 100 Fragen; Iller & Schreiber, 2022; Mussel & Paelecke, 2018):
    Die BFAS-G-R erfassen die in Tab. 4.10 aufgeführten Persönlichkeitseigenschaften. Der Fragebogen basiert auf der CB5T (DeYoung, 2015) und ist auf der Plattform Laufbahndiagnostik (ZHAW/IAP, 2022c) frei verfügbar.
  – der Charakterstärken (VIA Inventar der Stärken (VIA-IS; Ruch et al., 2010)):
    Das VIA-IS erfasst die 24 Charakterstärken der VIA Klassifikation. Der Fragebogen ist auf der Plattform Plattform www.charakterstaerken.org (Universität Zürich/Persönlichkeitspsychologie und Diagnostik, 2015) frei verfügbar.
  – der beruflichen Interessen (Oregon Vocational Interest Scales – Revised; ORVIS-R; 76 Fragen; Schreiber et al., 2019):
    Die ORVIS-R erfasst die beruflichen Interessen gemäß dem RIASEC-Modell von Holland (1997) sowie die beiden zusätzlichen Interessensdimensionen Abenteuer

und Sprache (Pozzebon et al., 2010) und ist auf der Plattform Laufbahndiagnostik (ZHAW/IAP, 2022c) frei verfügbar.
- der beruflichen Interessen (Verb-Interessen-Test; Hell et al., 2013; Wetzel et al., 2012):
Der VIT erfasst die beruflichen Interessen gemäß dem RIASEC-Modell von Holland (1997) und ist auf der Plattform Laufbahndiagnostik (ZHAW/IAP, 2022c) frei verfügbar.
- des Motivprofils nach dem Zürcher Modell (MPZM; 30 Fragen; Schönbrodt et al., 2009; Schreiber, et al., 2020a, b):
Mit dem MPZM wird das ZMSM (Bischof, 1985, 1993; Abschn. 4.4) erfasst. Konkret werden die Sollwerte der Motivsysteme Sicherheit (Abhängigkeit/Bindung), Erregung (Unternehmungslust) und Autonomie (Autonomieanspruch: Macht, Geltung und Leistung) erfasst. Der Fragebogen ist auf der Plattform Laufbahndiagnostik (ZHAW/IAP, 2022c) frei verfügbar.

Den Einsatz von Fragebogen in Beratungsprozessen habe ich andernorts im Detail beschrieben (Schreiber, 2020). Auch beim Einsatz von Fragebogen können, wie bereits in Abschn. 5.2 ausgeführt, die Phasen 1) Fokus auf Herausforderung (Konstruktion: Fragebogen ausfüllen) und 2) Fokus auf Veränderung (Dekonstruktion: Fragebogenprofil interpretieren; Rekonstruktion: Erkenntnisse ins Lebensporträt integrieren) unterschieden werden. Fragebogenprofile können aber wiederum als Ausgangslage für das Erzählen von kleinen Geschichten aus dem Leben der Klient*innen genutzt werden. Fragen, wie die folgenden können dabei unterstützen:

- Was für eine Situation kommt Ihnen bei der Betrachtung Ihres Fragebogenprofiles/Ihrer Ausprägung in einer bestimmten Dimension wie z. B. Extraversion in den Sinn?
- Gibt es auch eine Situation, in der Sie sich ganz anders erlebt haben?

Eine Beratung oder ein Coaching gemäß dem MPI kann aber auch komplett ohne Fragebogen umfassend umgesetzt werden. Beratung und Coaching gemäß dem MPI ist idiografisch, also auf den Einzelfall, ausgerichtet. Die nomothetisch, also auf Allgemeingültigkeit, ausgerichteten Inhaltstheorien (Tab. 4.3 und 4.11; Abb. 4.1) können entweder mithilfe von Fragebogen in den Beratungsprozess eingebunden werden. Alternativ können die Konzepte wie Persönlichkeit, Motive und Interessen auch mithilfe von (spontanen) Selbsteinschätzungen in den Beratungsprozess einbezogen werden. Ein konkretes Beispiel dafür stellt das Arbeitsmittel „Meine (beruflichen) Werte" auf der Plattform Laufbahndiagnostik (ZHAW/IAP, 2022c) dar.

▷ **Erfassung der aktuellen Situation auf der Plattform Laufbahndiagnostik**
Füllen Klient*innen Fragebogen oder Arbeitsmittel auf der Plattform Laufbahndiagnostik (ZHAW/IAP, 2022c) aus, so wird vor dem Ausfüllen immer die aktuelle Situation, in der sich die Person gerade befindet, erfasst:

> Beim Ausfüllen der Fragebogen und Arbeitsmittel kann die aktuelle Situation einen Einfluss auf die Beantwortung der Fragen haben. Aus diesem Grund bitten wir Sie bei jeder Sitzung, Ihre aktuelle Situation kurz zu beschreiben und anzugeben, wie Sie sich gerade fühlen.
>
> Die aktuelle Situation wird anhand des PANAVA-Modells (Schallberger, 2005, 2006; Schreiber & Jenny, 2020) erfasst (Abschn. 4.4; Abb. 4.5). Jedes Fragebogenprofil und jede Auswertung eines Arbeitsmittels enthalten die Ergebnisse dieser Situationserfassung. Dadurch kann die aktuelle Stimmungslage beim Ausfüllen der Fragebogen und Arbeitsmittel anhand der Konzepte positive (PA) und negative Aktivierung (NA) in den Beratungsprozess einbezogen werden. Werden Fragebogen oder Arbeitsmittel beispielsweise in einer Situation bearbeitet, in der die Person gestresst ist (hohe Ausprägung in NA), so kann dies die Antworten beeinflussen.
>
> Deshalb sollte die aktuelle Situation beim Ausfüllen eines Fragebogens oder Arbeitsmittels in der Beratung thematisiert werden.

Mit Blick auf Tab. 5.1 und 5.2 werden die kleinen Geschichten in den Terminen eins bis vier sowie als Aufgaben zwischen den Terminen erzählt und reflektiert. Dabei stehen die beiden Phasen „erkennen & verstehen" sowie „entwerfen & explorieren" im Vordergrund. Bezogen auf die PSI-Theorie (Kuhl, 2010) ist dabei insbesondere die Ebene des Selbstwachstums mit den kognitiven Erkenntnissystemen EG („Fühlen"; (1) Zielselektion) und OES („Empfinden"; (4) Evaluation) relevant (Tab. 4.3 und 4.11; Abb. 4.1; siehe auch Schreiber, 2020). Aufgrund der Aktivierung des IG („Denken"; (2) Planung) während der Phase des Rekonstruierens – als Teil der Phase „entwerfen & explorieren" – ist aber auch die Ebene der Zielumsetzung bereits in den ersten Terminen des Beratungsprozesses von Relevanz.

Die Ebene der Zielumsetzung ist dann aber insbesondere in der Phase „entscheiden & realisieren", in der es um die Konsolidierung der Veränderung geht, zentral. Dabei liegt der Fokus auf dem Erkenntnissystem der IVS („Intuieren"; (3) Handlung), aber auch auf dem IG („Denken"; (2) Planung), wenn es darum geht, dass Pläne nicht unmittelbar umgesetzt werden können und deswegen im IG „aufbewahrt" werden müssen (Abschn. 4.3).

Tab. 5.3 beinhaltet den zweiten Teil der Beratung und bildet die Phase der Umsetzung des Lebensporträts ab (Ko-Konstruktion). Der gesamte Beratungsprozess einer Beratung gemäß dem MPI kann in Abhängigkeit von Beratungsziel und -setting auf 2–5 oder auch mehr Termine ausgerichtet werden.

Mit der Darstellung des Beratungsablaufs gemäß dem MPI schließe ich den ersten Teil dieses Buches ab. Im zweiten Teil werden konkrete Methoden und Instrumente vorgestellt, die eine mögliche Anwendung einer Beratung oder eines Coachings gemäß der MPI veranschaulichen.

Tab. 5.3 Ablauf und konkrete Methoden einer Beratung gemäß dem Modell der Persönlichkeits- und Identitätskonstruktion (MPI) – Teil 2: „entscheiden & realisieren"

Beratungstermin (Dauer)	Methode	Beratungsziel
5. Termin (1–2 h; 1–3 Wochen später)	• Rückblick auf 4. Termin sowie das Beratungsziel	• Rückblick
	• Fokus auf neue berufliche Ausrichtung: Berufs- und/oder Weiterbildungsideen und berufliche Optionen besprechen → nächste Schritte ableiten und planen (z. B. Schnuppern, Shadowing, Gespräch mit Berufsleuten organisieren) • Fokus auf aktuelle Stelle: ID und Stelle gegenüberstellen → nächste Schritte ableiten und planen (z. B. Gespräch mit Vorgesetzter*m) • Fokus auf gewünschte Entwicklung bezogen auf einen anderen Lebensbereich	• Arbeitswelt explorieren • Aktuelle Stelle beleuchten und verändern • Entwicklung initiieren
	• Weiteres Vorgehen in Abhängigkeit des Beratungsziels besprechen • Optionen – Entscheidungsberatung (Informationen einholen und bewerten) – Umsetzungsberatung (Bewerbungsstrategie und/oder Bewerbungsunterlagen erarbeiten, Vorstellungsgespräch vorbereiten, Umgang mit herausfordernden Situationen im Bewerbungsprozess reflektieren) – Jobcrafting: aktuelle Stelle verändern – Monatliche Termine als weitere Begleitung im Prozess der Laufbahnentwicklung vereinbaren	• Weiteres Vorgehen in der Beratung definieren und Optionen aufzeigen
	• Beratungsprozess abschließen und Zielerreichung des Beratungsziels reflektieren	• Gemeinsame Prozessreflexion

Literatur

Barthelmess, M. (2016). *Die systemische Haltung: Was systemisches Arbeiten im Kern ausmacht.* Vandenhoeck & Ruprecht. https://doi.org/10.13109/9783666491610.14.

Bergmann, C., & Eder, F. (2018). *Allgemeiner Interessen-Struktur-Test – Version 3 (AIST-3).* Hogrefe.

Bischof, N. (1985). *Das Rätsel Ödipus.* Piper. http://www.bischof.com/norbert_raetsel_oedipus.html.

Bischof, N. (1993). Untersuchungen zur Systemanalyse der sozialen Motivation I: Die Regulation der sozialen Distanz – Von der Feldtheorie zur Systemtheorie. *Zeitschrift Für Psychologie, 201,* 5–43.

Cardoso, P., & Sales, C. M. D. (2019). Individualized career counselling outcome assessment: A case study using the personal questionnaire. *Career Development Quarterly, 67*(1), 21–31. https://doi.org/10.1002/cdq.12160.

Cardoso, P., Silva, J. R., Gonçalves, M. M., & Duarte, M. E. (2014). Narrative innovation in life design counseling: The case of Ryan. *Journal of Vocational Behavior, 85*(3), 276–286. https://doi.org/10.1016/j.jvb.2014.08.001.

Cardoso, P., Savickas, M. L., & Gonçalves, M. M. (2019). Innovative moments in career construction counselling: Proposal for an integrative model. *The Career Development Quarterly, 67*(3), 188–204.

DeYoung, C. G. (2015). Cybernetic big five theory. *Journal of Research in Personality, 56*, 33–58. https://doi.org/10.1016/j.jrp.2014.07.004.

Fernández-Navarro, P., Ribeiro, A. P., Soylemez, K. K., & Gonçalves, M. M. (2019). Innovative moments as developmental change levels: A case study on meaning integration in the treatment of depression. *Journal of Constructivist Psychology*, 1–17. https://doi.org/10.1080/10720537.2019.1592037.

Gergen, K. J., & Gergen, M. (2009). *Einführung in den sozialen Konstruktionismus*. Carl Auer.

Gonçalves, M. M., Ribeiro, A. P., INÊS, M., Matos, M., & Santos, A. (2011). Tracking novelties in psychotherapy process research: The innovative moments coding system. *Psychotherapy Research, 21*(5), 497–509. https://doi.org/10.1080/10503307.2011.560207.

Hell, B., Wetzel, E., & Pässler, K. (2013). *Verb-Interessentest (VIT)*. University of Konstanz.

Holland, J. L. (1997). Making vocational choices: A theory of vocational personalities and work environments. *Psychological Assessment Resources*.

Iller, M., & Schreiber, M. (2022). *Handbuch Fragebogen zur Erfassung der Persönlichkeit BFAS-G – Big Five Aspect Scales (German) und Einführung in die Cybernetic Big Five Theory der Persönlichkeit nach DeYoung (2015)*. IAP Institut für Angewandte Psychologie der ZHAW. https://laufbahndiagnostik.ch/de/download.

Joerin Fux, S., Stoll, F., Bergmann, C., & Eder, F. (2013). *Explorix – Das Werkzeug zur Berufswahl und Laufbahnplanung*. Huber.

Kuhl, J. (2001). *Motivation und Persönlichkeit*. Hogrefe.

Kuhl, J. (2005). *Eine neue Persönlichkeitstheorie*. Website PSI-Theorie. https://www.psi-theorie.com/.

Kuhl, J. (2010). *Lehrbuch der Persönlichkeitspsychologie*. Hogrefe.

Kuhl, J. (2018). *Individuelle Unterschiede in der Selbststeuerung*. In J. Heckhausen & H. Heckhausen (Hrsg.), *Motivation und Handeln* (S. 389–422). Springer. https://doi.org/10.1007/978-3-662-53927-9_13.

McAdams, D. P. (1995). What do we know when we know a person? *Journal of Personality, 63*(3), 365–396.

McAdams, D. P. (2007). *The life story interview II*. Northwestern University. https://sites.northwestern.edu/thestudyoflivesresearchgroup/instruments/.

McAdams, D. P. (2013). The psychological self as actor, agent, and author. *Perspectives on Psychological Science, 8*(3), 272–295. https://doi.org/10.1177/1745691612464657.

Mussel, P., & Paelecke, M. (2018). BFAS-G – Big five aspect scales – German. In *Leibniz-Zentrum für Psychologische Information und Dokumentation (ZPID)*. ZPID. https://doi.org/10.23668/psycharchives.2341.

Pepper, S. C. (1942). *World hypotheses: A study in evidence*. University of California Press.

Pepper, S. C. (1972). *World hypotheses: A study in evidence*. University of California Press.

Pozzebon, J. A., Visser, B. A., Ashton, M. C., Lee, K., & Goldberg, L. R. (2010). Psychometric characteristics of a public-domain self-report measure of vocational interests: The Oregon Vocational Interest Scales. *Journal of Personality Assessment, 92*(2), 168–174. https://doi.org/10.1080/00223890903510431.

Quirin, M., Robinson, M. D., Rauthmann, J. F., Kuhl, J., Read, S. J., Tops, M., & DeYoung, C. G. (2020). The dynamics of personality approach (DPA): 20 tenets for uncovering the causal mechanisms of personality. *European Journal of Personality, 34*(6), 947–968. https://doi.org/10.1002/per.2295.

Ruch, W., Proyer, R. T., Harzer, C., Park, N., Peterson, C., & Seligman, M. E. P. (2010). Values in action inventory of strengths (VIA-IS). Adaptation and validation of the german version and the development of a peer-rating form. *Journal of Individual Differences, 31*(3), 138–149. https://doi.org/10.1027/1614-0001/a000022.

Savickas, M. L. (2011). *Career counseling*. American Psychological Association.

Savickas, M. L. (2012). Life design: A paradigm for career intervention in the 21st century. *Journal of Counseling and Development, 90*(1), 13–19. https://doi.org/10.1111/j.1556-6676.2012.00002.x.

Savickas, M. L. (2019a). *Career construction counseling manual*. Mark L. Savickas

Savickas, M. L. (2019b). *Career construction theory. Life portraits of attachment, adaptability, and identity*. Mark L. Savickas.

Savickas, M. L. (2020). Career construction theory and counseling model. In S. D. Brown & R. W. Lent (Hrsg.), *Career development and counseling: Putting theory and research to work.* (3. Aufl., S. 165–200). Wiley.

Savickas, M. L., & Hartung, P. J. (2012). *My career story*. www.vocopher.com.

Savickas, M. L., & Hartung, P. J. (2016). *My career story. German version.* www.vocopher.com.

Savickas, M. L., & Hartung, P. J. (2021). *My career story*. www.vocopher.com.

Schallberger, U. (2005). Kurzskalen zur Erfassung der Positiven Aktivierung, Negativen Aktivierung und Valenz in Experience Sampling Studien (PANAVA-KS). In *Forschungsberichte aus dem Projekt: „Qualität des Erlebens in Arbeit und Freizeit"* (Issue 6). http://www.psychologie.uzh.ch/institut/angehoerige/emeriti/schallberger/schallberger-pub/PANAVA_05.pdf.

Schallberger, U. (2006). Die zwei Gesichter der Arbeit und ihre Rolle für das Wohlbefinden: Eine aktivierungstheoretische Interpretation. *Wirtschaftspsychologie, 2*(3), 96–102.

Schönbrodt, F. D., Unkelbach, S. R., & Spinath, F. M. (2009). Broad motives in short scales: A questionnaire for the zurich model of social motivation. *European Journal of Psychological Assessment, 25*(3), 141–149. https://doi.org/10.1027/1015-5759.25.3.141.

Schreiber, M. (2020). *Wegweiser im Lebenslauf*. Kohlhammer.

Schreiber, M. (2021). Career Construction Counseling (CCC) – Komplexität abbilden, reduzieren und die berufliche Identität aktiv gestalten. In M. Hammerer, T. Kaar, B. Schmidtke, C. Sieder, & T. Stangl (Hrsg.), *Zukunftsfeld Bildungs- und Berufsberatung VI. Komplexität abbilden und gestalten: Was haben wir im Blick?* (S. 179–199). Bundesinstitut für Erwachsenenbildung (bifeb).

Schreiber, M., & Jenny, G. J. (2020). Development and validation of the 'Lebender emoticon PANAVA' scale (LE- PANAVA) for digitally measuring positive and negative activation, and valence via emoticons. *Personality and Individual Differences, 160*(February), 109923. https://doi.org/10.1016/j.paid.2020.109923.

Schreiber, M., Nüssli, N., Spiegelberg, S., Ballmann, K., & Iller, M.-L. (2019). *Handbuch Fragebogen zur Erfassung der beruflichen Interessen (ORVIS-R) – Aktualisierung*. IAP Institut für Angewandte Psychologie der ZHAW. https://laufbahndiagnostik.ch/de/download.

Schreiber, M., Gschwend, A., & Iller, M. L. S. (2020a). The vocational ID–connecting life design counselling and personality systems interaction theory. *British Journal of Guidance and Counselling, 48*(1), 52–65. https://doi.org/10.1080/03069885.2018.1538495.

Schreiber, M., Iller, M.-L., Gehbauer, M., & Mäder, R. (2020b). *Handbuch Fragebogen zur Erfassung des Motivprofils nach dem Zürcher Modell (MPZM)*. IAP Institut für Angewandte Psychologie der ZHAW. https://laufbahndiagnostik.ch/de/download.

Universität Zürich, Persönlichkeitspsychologie und Diagnostik. (2015). *VIA-IS. Informationen zur Interpretation Ihrer Ergebnisse.* http://www.charakterstaerken.org/public/files/docs/VIA_Interpretationshilfe.pdf.

Wetzel, E., Hell, B., & Pässler, K. (2012). Comparison of different test construction strategies in the development of a gender fair interest inventory using verbs. *Journal of Career Assessment, 20*(1), 88–104. https://doi.org/10.1177/1069072711417166.

ZHAW/IAP. (2020). *Beratungskonzept Laufbahnberatung IAP Institut für Angewandte Psychologie.* https://www.zhaw.ch/storage/psychologie/upload/beratung/zbsl/fachpublikum/BSLB_Beratungskonzept_2020.pdf.

ZHAW/IAP. (2022a). *Identitätskarte.* https://www.zhaw.ch/storage/psychologie/upload/beratung/zbsl/fachpublikum/IAP_Arbeitsblatt_ID-Karte_2022a.pdf.

ZHAW/IAP. (2022b). *Arbeitsblatt Entwicklungslinie.* https://www.zhaw.ch/storage/psychologie/upload/beratung/zbsl/fachpublikum/IAP_Berufliche-private_Entwicklung_2022b.pdf.

ZHAW/IAP. (2022c). *Plattform Laufbahndiagnostik.* https://laufbahndiagnostik.ch.

Prof. Dr. Marc Schreiber ist Professor für Laufbahn- und Persönlichkeitspsychologie am IAP Institut für Angewandte Psychologie der ZHAW Zürcher Hochschule für Angewandte Wissenschaften. Er berät Privatpersonen und Unternehmen in Fragen der Laufbahnentwicklung. Seine Schwerpunkte in Weiterbildung und Forschung liegen in den Bereichen Laufbahnberatung in der Arbeitswelt 4.0, Laufbahn- und Persönlichkeitspsychologie sowie qualitative (narrative) und quantitative Beratungsmethoden.

Teil II
Narrative Methoden in der Praxis

Portraiture: A Career Construction Counseling Method

Mark L. Savickas

During career construction counseling, a pivotal point occurs when a practitioner turns from interviewing a client about small stories to a dialogue about the large story. The success of this pivot depends on the preparation and presentation of a career portrait, that is, a verbal portrait of a client composed for counseling discourse. Before describing career portraiture, the main topic of this article, I discuss the importance of stories in career construction counseling.

Vocational guidance interprets inventory scores, and career coaching teaches how to deal with developmental tasks. In comparison, career construction counseling elicits and edits stories to clarify choices and shape lives. Stories provide the means by which cultures communicate complex ideas about how to live in society. Cultural stories present scripts for the timing of life events as well as provide evaluative frameworks for interpretation and meaning-making. Individuals use cultural stories as sources for self-construction. There is nothing in the self that was not first in society. The stories that individuals learn and like shape the way they think and how they form an identity. Functioning as an autobiographical author, a self coalesces individually interesting and personally significant stories into one overarching explanation of lived experience. Using life themes and personal values, this large story links the disparate events in small stories together into a continuous, coherent, compelling, and complicated autobiography. In making career decisions, individuals use self-constructed stories of their work life in autobiographical reasoning to deal with biographical disruptions caused by vocational

M. L. Savickas (✉)
Department of Family and Community Medicine, Northeast Ohio Medical University, Rootstown, USA
E-Mail: ms@neomed.edu

development tasks, occupational transitions, or work troubles. Consequently, career construction counseling concentrates on helping clients who encounter problematic tasks, transitions, or troubles by prompting them to review and rewrite a large story that resolves the problem they experience.

As I begin counseling for career construction, I concentrate on comprehending and appreciating a client's small stories about career construction experiences. Following the admonition of the literary critic Eudora Welty (1984), I listen for the story, not to the story. To listen for the story systematically, I ask a uniform set of questions in a structured format called the *Career Construction Interview* (*CCI;* Savickas, 2015, Chap. 3). The *CCI* consists of five story-crafting questions that focus attention on the essential constructs that shape a career story and form a vocational identity. In telling their stories, clients are remembering the past in a way that anticipates a possible future. Clients tell practitioners the stories that they themselves need to hear. From all their available stories, they narrate those stories that support current goals and inspire action. Rather than reporting historical facts, individuals remembering the past so that prior events support current choices and lay the groundwork for future moves. This subjective truth often differs from objective facts because it fictionalizes the past in order to preserve dispositional continuity and narrative coherence in the face of biographical change. It is critical that neither the client nor the practitioner view the career stories as determining the future; instead, they should view the stories as a function of autobiographical reasoning to evaluate opportunities and constraints to shape the future.

Clients, as they tell their stories, feel that they become more real. The more stories they tell, the more real they become. The more they view their "me", the more they elaborate their narrative identity. Storytelling crystallizes what they think of themselves. Many clients laugh and cry while telling their stories because they see their life themes emerge in the space between client and practitioner. It is important that practitioners not interpret the stories but rather prompt client themselves to make sense of what their stories tell about them. Sense-making includes relating the stories to the problem posed at the beginning of the interview. It is also best to use the client's own favorite words (especially those they have used repeatedly) and most dramatic metaphors. Improving the narratability of the career story increases clients' ability to re-story their experience, understand who they are, and communicate what they seek.

In listening to client responses to the *CCI*, practitioners attempt to discern the career theme running through particulars of the five sets of responses. Client and practitioner eventually integrate the narrative constructions from the five sets of small stories or micro-narratives into one large story or macro-narrative. After the interview, practitioners string the separate small stories along a through-line to compose a coherent narrative that portrays the wider landscape and clarifies what is at stake. This large story or career portrait transcends the specific stories by synthesizing the disparate parts into a unified narrative of purpose and meaning. The macro-narrative told in the career portrait thereby places the client's concerns in sharp relief. In so doing, it enables autobiographical reasoning by highlighting the choices to make and actions to take. I have shared a free manual that expounds career construction counseling (Savickas, 2015), which practitioners might find useful. In two publications I have written extensively about how to use the *CCI* and presented brief case studies (Savickas, 2019, 2020). I have also published training videos (2006, 2009) and a free workbook (Savickas & Hartung, 2021). I will not belabor those topics herein. Instead, I will now concentrate on one particular method—how to compose a career portrait based on the *CCI*. To do this, I present a case study, first briefly summarizing the results of a *CCI* and then explaining how one might arrange the stories into a career portrait that enables clients to make educational and vocational choices and then enact occupational roles that extend their careers.

6.1 A Case Study

A key skill in counseling for career construction, and the topic of this article, involves composing a career portrait after conducting a *CCI*. To learn this skill, practice on the following case presentation about one client. Fred works as a middle-level manager at a large insurance company. He has recovered from substance abuse issues and is now considering a mid-career change. To begin the interview, I asked Fred, *How can I be useful to you in constructing your career?* Fred replied, *I need clarity on what I want to do next.* The following succinctly reports Fred's responses to the five *CCI* questions.

Role Models
Stevie Ray Vaughn = He was a drug addict. He got clean.
  Bruce Sutter = Outstanding; very cool; always in control of himself; always willing to speak with people; tenacious
  Spider-Man = Cool; nerd; helped people; did good stuff; helped people fight evil; saved people
  Bruce Lee = Determined; helped people fight against bad things happening to them; humble yet great skill; strong; huge personality; big heart

Favorite Television Shows
Blacklist = About an ex-agent who went to wrong side of the tracks. He is redeeming himself. Works together with a team to put bad people away.
  Walking Dead = People trying to survive. Team. Help each other. A dysfunctional family of a guidance counselor and her drug-addicted son. They must either revamp themselves or stick with their deep flaws.

Current Favorite Story
The Croods = About a family with the world changing on them. They are afraid of the modern world. They find this guy who could help them. Every day they follow the light to tomorrow.

Motto
Never give up.
   You are going to make where you are going to be.

Earliest Recollection
I was in the car with my old man, going to a boat show. Dad was a cop. A guy pulled up and caused trouble. Dad yanked out his gun. The guy went away.
   Feeling = It was really scary.
   Headline = Dad saved the day.
   A practitioner may hear Fred's responses through the amplifier of their favorite career theory. A practitioner may listen for a client's self-efficacy, personality type, or career beliefs. As for me, I listen for the critical constructs with which clients storied their careers. In what follows, I consider Fred's responses to the *CCI* and arrange them into an initial career portrait that he will edit and authorize. I typically follow a seven-step routine to comprehend story elements that I will combine into a career portrait.
   First, I began to make sense of Fred's micro-narratives by considering how he wants to use the counseling experience. His goal provides the perspective from which to view the stories and anticipate the counseling dialogue to come. In response to my introductory question, Fred responded that from counseling he sought clarity on what he wants to do next. Clarity means that a situation has become less confused and more comprehensible. Fred's choice of the word "clarity" suggests that he already has some ideas about what he wants to do next. This understanding gives a point of reference. I will seek to support him to further make sense of and more fully articulate his tacit understanding of what he wants to do next. In particular, I will clarify the constructs he uses to make sense of career experiences and shape his aspirations.
   Second, I considered Fred's early recollection. In career construction counseling, an early recollection expresses an apperceptive schema, that is, a structure for understanding something perceived in terms of previous experience. The first four questions in the *CCI* activate an early recollection closely tied to the present situation and current emotions. It is emblematic of the larger career concern and encapsulates the central issue in the concern experienced by a client. To prompt Fred to consider the meaning of his early recollection, I had asked him to imagine that the recollected story was going to appear in a newspaper and it needed a catchy headline, one that includes a verb. In career construction counseling, a headline presents a rhetorical compression that expresses the gist of a story. Fred's headline used the verb "saved". This is a particularly important form of movement in his life. To me it may mean that Fred has been saved himself and would like to save others. I then looked to the remaining *CCI* stories for evidence to support this idea, and indeed found substantial evidence in his role models and favorite story.
   Third, I looked at Fred's models for self-design. As the architect of his own character, he has selected them as blueprints because they have solved the problems he himself

once faced. Fred has incorporated these key figures as ego ideals, imitated some of their salient behaviors, and now identifies with them. How he describes them reveals constructs in his narrative identity. More than that, the descriptions serve as goals that he has set for himself. These qualities are reaffirmed in his other stories.

Fourth, I compared Fred's early recollection to his role models. The early recollection portrays the perspective on the problem, while the role models propose ways of resolving the problem. In Fred's case, the story is about Dad saving the day. Fred's models for self-construction also save the day as they help people fight off evil in their lives.

Fifth, career construction counseling uses client extrospection to identify manifest interests. Extrospection is the examination of behavior as opposed to introspection, which is the examination of thoughts and feelings. Extrospection of favorite television programs reveals manifest interests, which are more accurate predictors than introspective responses to interest inventory items. What Fred does in front of a television is a better indicator of his interests than what he reports on an inventory. Accordingly, I looked at Fred's behavior in front of a television to identify his manifest interests and preferred work environment. It is clear from Fred's manifest interests that he wants to work as part of a team who helps people survive dysfunction and revamp themselves.

Sixth, from the script of his current favorite story, we learn that Fred especially wants to help frightened people follow the light to tomorrow. This is the specific plot for his next career move.

Seventh, Fred's motto expresses the advice he gives himself about making his next career move. He tells himself, *You are going to make where you are going to be.*

The *CCI Counselor Worksheet* (Savickas & Hartung, 2021) in Fig. 6.1 summarizes the understandings I gleaned from Fred's small stories in response to the five *CCI* questions.

Next, the elements listed in the Figure must be combined to rehearse a career portrait for Fred to contemplate. In career construction counseling, the first draft of a career portrait should realize a client's essential story while inviting revisions and finishing touches that a client must add during counseling.

In composing a career portrait, I aim for an honest portrayal of a client's life as a work in progress, a life that is simultaneously predetermined and unpredictable. The portrait is not the same as a book of life; rather than objective facts, it highlights subjective truths and emotional realities that glue the small stories together. It includes tentative answers to implicit questions such as *Who am I? What is my quest?* and *How can I grow and flourish?* I emphasize and repeat the career theme, affirming its significance and validity, and use it to unite the meaning of the separate small stories. I want the portrait to articulate the controlling idea and ruling passion in the client's life. By clarifying what is at stake and the choices to be made, a career portrait enhances a client's ability to decide. I chose to frame Fred's career portrait as a success formula that emphasizes the potential for his strengths to make a social contribution.

PERSPECTIVE EARLY RECOLLECTION	I am concerned about: I would like to save the day for people who are scared.
SELF ROLE MODELS	I am/I am becoming: Determined, tenacious and in control of myself. Use skills to help people fight against bad things happening to them
SETTING MAGAZINES TV SHOWS WEBSITES	I like being places where people do activities such as: Redeem self by working with a team to help people survive and revamp themselves.
SCRIPT FAVORITE STORY FROM BOOK OR MOVIE	The plot of my current favorite book or movie is: A guy helps people frightened by the modern world follow the light to tomorrow.
SELF-ADVICE MOTTO	The best advice I can give myself is: Make the place where you are going to be.

Fig 6.1 CCI Counselor Worksheet for Fred

I will be most happy and successful when I am in places where people are struggling to survive and I am a skilled, determined, and tenacious member of a team that helps individuals who are scared to follow the light and revamp themselves. The best advice I can give myself is to go out and make a place where I believe that I can repeatedly redeem myself by saving the day for frightened people.

Having sketched a career portrait for Fred's use, I was ready to engage him in a counseling dialogue to co-construct a livable and ever-more meaningful career portrait and action plan.

I began our second meeting by reviewing Fred's response to my opening inquiry regarding how counseling might be useful to him. Then I presented the career portrait. I always present a portrait in a way that highlights its developmental trajectory, especially the movement from symptom to strength—from tension to intention—so that clients actually feel their own movement from passive suffering to active mastery. Discussion of Fred's career portrait involved more than talking about how he transformed a painful symptom into an agentic strength; it included how that strength can become a social contribution. I emphasized his progression of active mastery as he moved from symptom to strength to social contribution that is from scared to saved to saving others. I focused on dramatic movements in talking about where Fred is headed and his agency in directing this movement.

Of course, I present a portrait to a client as a tentative sketch ready for co-construction discourse, not the truth. For career construction counseling, co-construction refers to the idea that the real subject of a career portrait is not so much that of the client or the practitioner, rather it reflects the encounter between the two—a vivid portrait drawn by the two artists as they co-construct a more narratable and meaningful career story. A career portrait gets its validity from organizing the particulars of a life into an internally consistent and personally meaningful story. In the end, the narrative truth of a career portrait is arbitrated by its utility to the client in prompting story innovations (Goncalves et al., 2009) that develop deeper meaning and open new avenues of action. Explanation of the procedures and processes for career construction counseling in and of itself are available in several resources (Cardoso et al., 2019; Savickas, 2015, 2019, 2020). To develop further skill at the art and science or portraiture in general readers may consult Lawrence-Lightfoot and Hoffman Davis (2002).

Fred, who already held a bachelor's degree, completed a four-course certificate program on addiction counseling at a community college. He followed his own advice and *made the place where he was going to be* by creating an employee assistance program that he coordinates with the human resources team of his longtime employer.

References

Cardoso, P., Savickas, M. L., & Goncalves, M. M. (2019). Innovative moments in career construction counseling: Proposal for an integrative model. *Career Development Quarterly, 67*(3), 188–204.

Goncalves, M. M., Matos, M., & Santos, A. (2009). Narrative therapy and the nature of "innovative moments" in the construction of change. *Journal of Constructivist Psychology*, 1–23.

Lawrence-Lightfoot, S., & Hoffman Davis, J. (2002). *The art and science of portraiture*. Jossey-Bass.

Savickas, M. L. (2006). *Career counseling. (Specific Treatments for Specific Populations Video Series)*. American Psychological Association.

Savickas, M. L. (2009). *Career counseling over time. (Psychotherapy in Six Sessions Video Series)*. American Psychological Association.

Savickas, M. L. (2015). *Life-design counseling manual*. Rootstown, OH. Free at www.Vocopher.com.

Savickas, M. L. (2019). *Career counseling* (2. Aufl.). American Psychological Association.

Savickas, M. L. (2020). Career construction theory and counseling model. In S. D. Brown & R. W. Lent (Eds.) *Career development and counseling: Putting theory to work* (3rd ed., S. 165–199). Wiley.

Savickas, M. L., & Hartung, P. J. (2021). *My career story*. Rootstown, OH. Free at www.Vocopher.com.

Welty, E. (1984). *One writer's beginning*. Harvard University Press.

Mark L. Savickas is Professor and Chair Emeritus of the Behavioral Sciences Department at the Northeast Ohio Medical University and Adjunct Professor of Counselor Education and Supervision at Kent State University. He has honorary doctorates from the University of Pretoria in South Africa and the University of Lisbon in Portugal.

My Career Story: A Career Construction Workbook

Paul J. Hartung

> "…21st-century career interventions should help individuals construct and use their life stories to make choices and take action with integrity of character."
> M. L. Savickas (2011, p. 11)

As a theory of vocational behavior and counseling scheme, career construction comprehends careers as self-making and applies narrative methods to career intervention (Savickas, 2019, 2020). Career construction counseling has been widely described and applied (Savickas, 2011, 2019), yet counseling itself represents just one type of career intervention. Career intervention takes many forms to promote career planning, occupational exploration, career decision making, vocational choice, job entry, work adjustment, and retirement. In practice, counselors, psychologists, and other career service providers apply interventions such as individual and group counseling, assessment interpretations, curricula, workbooks, computer-assisted guidance, and workshops to foster individual career growth and development (Hartung et al., 2015).

In this chapter, I describe and illustrate use of My Career Story (MCS; Savickas & Hartung, 2012, 2021) as an autobiographical workbook that applies career construction principles to career intervention. I first offer a précis on career construction theory and practice, and on the Career Construction Interview that form the basis for the MCS. Then, I review the purpose, content, and uses of the MCS. A case example demonstrating the MCS concludes the chapter.

P. J. Hartung (✉)
Department of Family and Community Medicine,
Northeast Ohio Medical University, Rootstown, USA
E-Mail: phartung@neomed.edu

7.1 Career Construction

Career construction (Savickas, 2019, 2020) advances a perspective on work as a vehicle to make life more meaningful. The theory and practice rest on the premise that individuals construct themselves through story. In telling their life stories, people shape their identities in the form of self-defining autobiographical narratives. These narratives hold and carry them through times of uncertainty and instability, especially characteristic of 21st-century life and exacerbated currently by the COVID-19 global pandemic. To assist individuals to live amidst and manage such turmoil, career construction counseling emphasizes *narratability* to tell a coherent personal life-career story, *adaptability* to cope with changes in self and situation, *intentionality* to design a meaningful life that matters to others, and *activity* to put life-career stories into action.

Career construction evolved from more than 100 years of work through three waves of theory and intervention, as seen in Table 7.1: (a) the psychology of *occupations* rising in the first half of the 20th century (Holland, 1959, 1997; Parsons, 1909; Roe, 1956); (b) the psychology of *careers* (Super, 1957, 1990) ascending at mid-20th century; and (c) the psychology of *life design* (Savickas et al., 2009) emerging in the first three decades of the 21st century. Rather than matching self to occupation or readying self to develop a

Table 7.1 Three Waves of Career Theory and Intervention*

WAVE	OCCUPATIONS	CAREERS	LIFE DESIGN
	(RIASEC Hexagon image)	(Life Rainbow image)	(Life design image)
Epistemology	Formism	Organicism	Contextualism
Self-view	Object for Matching	Subject for Developing	Project for Meaning Making
Focus	Personality Traits	Developmental Tasks	Life Themes
Core Model	RIASEC Hexagon	Life-Career Rainbow	Reflexive Consciousness
Core Method	Test scores and occupational information	Scores and educational activities	Stories and life portraits
Main Goal	Congruence	Readiness	Narratability
Key Question	What do I pick?	How do I prepare?	What is my purpose?
Career Service	Guidance	Education	Career Construction

* Adapted from M. L. Savickas (2013)

career, the focus of career construction for life design shifts to constructing self in work. This shift advances a view on career as projective self-making to augment 20th-century views on career as objective person-occupation match and subjective cycle of self in work over the lifespan (Savickas, 2020). As an intervention, model career construction counseling entails an interpersonal process of helping people author career stories that connect their self-concepts to work roles, fit work into life, and make meaning through work (Savickas, 2019).

7.2 Career Construction Interview

Using the narrative paradigm, career construction counseling begins with a Career Construction Interview (CCI). The CCI comprises six questions about *counseling goals, self, setting, story, self-advice,* and *scheme.* Each question prompts individuals to tell small stories about themselves that convey who they are and who they wish to become. Table 7.2 lists the CCI questions and their purposes. Counselor and client collaboratively shape the themes culled from these micro-stories into a macro-narrative about the person's central preoccupation, motives, goals, adaptive strategies, and self-view. This co-construction process aims for individuals to grow more empowered to author life-career stories that enhance their experiences of work as personally meaningful and socially useful.

Table 7.2 Career Construction Interview

QUESTION	PURPOSE	PART OF THE STORY
1. How can I be useful to you as you construct your career?	Elicit counseling **goals**	ACT
2. Who did you admire when you were growing up? Tell me about her or him	Portray the **self,** or reputation	ACTOR
3. What are your favorite magazines, TV shows, or web sites? What do you like about them?	Indicate manifest interests, preferred work **settings** in which to enact self	AGENT
4. What is your current favorite story from a book or movie? Tell me the story	Provide a **script** for moving forward in the career	AUTHOR
5. Tell me your favorite saying or motto	Offer **self-advice** support and strategies for constructing next episode in the story	ADVICE
6. What are your earliest recollections? I am interested in hearing three stories about things you recall happening to you when you were three to six years old, or as early as you can remember	State the life **scheme** or plot in the form of a central preoccupation, problem, or perspective on the current career dilemma or concern	ARC

7.3 MCS: Purpose, Content, and Use

Career construction counseling and the CCI are designed for use within the bounds of a professional counselor-client relationship. To expand the reach of and offer counselors supplementary materials for use in career construction counseling, the My Career Story workbook (MCS; Savickas & Hartung, 2012, 2021) was developed. The MCS aims to augment and simulate essential elements of career construction counseling. Workbooks like the MCS offer an effective means of career intervention because they contain written exercises and goal-setting activities identified as critical to successful career planning, exploration, and choice (Brown et al., 2003). Research supports use of the MCS to foster core life-design goals (e.g., see Cadaret, & Hartung, 2020; Hartung & Santilli, 2018; Santilli et al., 2019; Santilli & Hartung, 2022).

Available at no cost in a downloadable and printable form at www.vocopher.com, the MCS contains three parts.

- **Part I**—*Telling My Story*, involves answering questions 2–5 taken from the CCI. These questions elicit small stories about self, setting, script, and self-advice.
- **Part II**—*Understanding My Story*, uses the answers from Part I to increase narrative identity, or *who* individuals are as the lead characters in their own life-career stories, *where* in the world of work they would most like to be who they are, and *what* they believe it will take to connect themselves to possible work settings.
- **Part III**—*Enacting My Story*, involves constructing a realistic plan to put the story into action. This plan involves reflecting on, telling, and performing the story. Reflecting on the career story leads to setting goals for the next chapter of the life-career. Telling and talking about the career story and the conclusions drawn from the workbook with valued audiences promotes making it more real and clear, and feeling more confident in living it. Audiences might be family members, friends, mentors, coaches, and teachers. Performing the story by identifying specific action to take increases exploration, commitment, and goal attainment.

Counselors, teachers, career advisors, and career coaches in individual, group, and classroom settings can use the MCS for guided self-reflection to increase narrative identity and intentionality in career planning, career choice, and work adjustment. Career service providers may assign the workbook to students and clients in counseling and educational settings and discuss the results with them. In groups, the MCS can be used to engage members as an audience to help individuals tell, understand, and enact their career stories. Teachers may use the workbook as the syllabus for a high school or college career orientation or career education course. The MCS has been translated into Chinese, French, German, Italian, Portuguese, and Spanish. All of these versions are available for use at no cost at www.vocopher.com.

7.4 The MCS: A Case Example

The following case example illustrates use of the MCS. Adam (a pseudonym) consulted the counselor at the request of his parents. In the summer of his 17th year, Adam's parents worried that he did not have a post-high-school career plan. They asked the counselor to talk with Adam. The counselor agreed on the condition that Adam initiate the request. Adam did so, whereupon the counselor assigned, and Adam agreed to complete the MCS before they met formally. Adam brought his completed MCS to his appointment with the counselor for review and discussion.

- **Part I—Telling my story.** Adam began the MCS by writing a brief framing **essay about the transition he faced and his goal** for using the workbook. Adam wrote:
  "I need to decide what I want to do for the rest of my life. I have to figure out college. I'm going to be a senior next year. My parents are worried about what I'm going to do. They wanted me to get some help. I'm hoping this will give me some direction."
  Adam then listed the **occupations or jobs he was considering.** This included *car designer; marine biologist; designer: houses, landscape, computers/electronics; astronaut,* and *fireman.*
  Next, he identified three **people he admired** when he was about age six to eight years old. Adam admired Manny Ramirez (a baseball player) because *he hit home runs, didn't play that well but was really good, was successful, funny, and lazy; and doesn't follow the model/breaks the mold.* Adam also admired his grandmother for being nice, compassionate, and fun to hang out with. And he admired Chip Foose as a really creative car designer who does his own thing and has a reality TV show called Overhaulin'.
  When instructed to list his three **favorite television shows, web sites, or magazines,** Adam wrote about four magazines: ESPN, *because it's got all the sports,* Auto Week for *car ratings and it shows all the new designs,* Popular Mechanics for *new inventions,* and National Geographic for its *photographs.*
  Then Adam wrote about his **current favorite story** from the book "Where the Red Fern Grows:"
  It's an old story about a little boy who lives in farm country and wants a dog. His family is really poor. The boy is independent, works hard, saves his money, and is determined to get what he wants. He gets two dogs who fight against cougars. The dogs get killed protecting him. The boy plants a red fern on their grave.
  Adam concluded Part I by writing down his **favorite saying:** You'll miss 100% of the shots you don't take.
- **Part II—Understanding my story.** In Part II, Adam assembled the small stories he told in Part 1 into a larger story or **summary portrait.** The summary portrait aimed to

help Adam recognize his personal characteristics, the work settings he likes best, the script he can use to take the next step in his career, his success formula, and his own best advice for action. Table 7.3 contains Adam's summary portrait.

Adam then used his success formula and self-advice to **re-work the essay** he wrote in Part I to describe how he will make the transition from high school:

"I will use compassion, creativity, and independence to break the mold in places where I can do things like design, invent new things, and use photography. I will work hard, save my money, and fight off threats from the outside to get what I want. I will keep taking shots and stay competitive."

Based on his summary portrait, Adam ended Part II by listing **occupations he was now considering.** These included *car design* and *marine biology*. After exploring more occupations on the O*NET (http://www.onetonline.org/find/descriptor/browse/

Table 7.3 MCS summary portrait for Adam

MY CAREER STORY	Abstract PORTRAIT Use this page to summarize your life-career story
Self Re-write here the 2–4 sentences that you wrote at the bottom of page 11	I am/I am becoming a person who is: really good, breaks the mold, creative, funny, nice, compassionate, and sometimes lazy.
Setting Re-write here the 2–4 sentences that you wrote at the bottom of page 12	I like being in places where people do activities such as: sports, design cars, invent new things, and use photography.
Script Re-write here your favorite story that you told on page 9	The plot of my current favorite book or movie is: An independent boy from a poor family, works hard, saves his money, and is determined to get what he wants. He gets two dogs who fight against cougars and are killed protecting him. The boy plants a red fern on their grave. Therefore, in these places I want to: be independent, work hard toward my goals, save my money, get what I want, and take care of those I love.
Success Formula Use your self, setting, and script above to write here a one-sentence personal life-career mission statement	I will be most happy and successful when I am able to be a person who is really good, creative, and breaks the mold in places where people do activities such as sports, car designing, inventing things, and using photography so that I can be independent, overcome challenges, and take care of my family.
Self-advice Re-write here your favorite saying that you listed on page 9	My motto contains my best advice to myself for dealing with my career concerns. To apply my success formula now, the best advice I can give myself is: you'll miss 100 % of the shots you don't take.

Interests/) using his two-letter RIASEC code of RI determined by his magazine choices, Adam also listed *mechanical engineering*.
- **Part III—Enacting my story.** With his summary portrait constructed, Adam concluded the MCS by making a plan to put his story into action. His plan involved reflecting on, telling, and performing his story. Reflecting on his story, Adam indicated his goal was to learn more about car design, marine biology, and mechanical engineering programs, and look at information on the O*NET. He decided he would tell and discuss his story with his mom and dad and his baseball coach. To move forward he noted he would talk to his high school science teacher about biology, take up a part-time job he was offered to work on cars, talk to people in car shops, search the worldwide web for more information, and read more about the occupations he was considering.

In reviewing Adam's completed workbook with him, the counselor also noted two key points from Adam's opening essay. One was Adam's emphasis that *he* needs to decide, and *he* needs to figure out college. Adam agreed that while his parents urged him to seek career counseling and worry about him and his future, he realized that he is independent and must make the decisions and choices for himself. Meanwhile, the counselor noted, and Adam agreed, that his parents and family supported him, much like the boy in his favorite story. Another point from his opening essay was Adam's statement that he needed to decide what to do for the rest of his life. The counselor discussed with Adam that his career will likely involve many decisions, and it is more realistic and important for him to continually explore options and opportunities for shaping his career plans over time. Paraphrasing Adam's favorite saying, the counselor encouraged Adam to "keep taking shots" to reach his career goals.

7.5 Conclusion

Using career construction principles to simulate career construction counseling, the My Career Story workbook offers individuals a way to tell, understand, and enact their life stories to make career decisions and choices. In this way, they can begin to say who they are becoming, where in the world of work they may like to be, and what they think it will take to connect themselves to occupations they may like. Then, they may begin to shape personally meaningful life-career stories that also matter to others.

References

Brown, S. D., Ryan Krane, N. E., et al. (2003). Critical ingredients of career choice interventions: More analyses and new hypotheses. *Journal of Vocational Behavior, 62*, 411–428.

Cadaret, M., & Hartung, P. J. (2020). Efficacy of a group career construction intervention with urban youth of color. *British Journal of Guidance and Counselling, 49*, 187–199. https://doi.org/10.1080/03069885.2020.1782347.

Hartung, P. J., & Santilli, S. (2018). My career story: Description and initial validity evidence. *Journal of Career Assessment, 26*(2), 308–321.

Hartung, P. J., Savickas, M. L., & Walsh, W. B. (Hrsg.). (2015). *The APA handbook of career Intervention (Volumes 1 and 2)*. APA Books.

Holland, J. L. (1959). A theory of vocational choice. *Journal of Counseling Psychology, 6*, 35–45.

Holland, J. L. (1997). *Making vocational choices* (3. Aufl.). Psychological Assessment Resources.

Parsons, F. (1909). *Choosing a vocation*. Houghton-Mifflin.

Roe, A. (1956). *The psychology of occupations*. Wiley.

Santilli, S. & Hartung, P. J. (2022). Using My Career Story to foster reflective capacity, hope, and narrative change. *Cypriot Journal of Educational Sciences, 17*(SI.1), 43–54. https://doi.org/10.18844/cjes.v17i5.6673.

Santilli, S., Nota, L., & Hartung, P. J. (2019). Efficacy of a group career construction intervention with early adolescent youth. *Journal of Vocational Behavior, 111*, 49–58.

Savickas, M. L. (2013). Career construction theory and practice. In S. D. Brown & R. W. Lent (Hrsg.), *Career development and counseling: Putting theory and research to work* (2. Aufl., S. 147–183). Wiley.

Savickas, M. L. (2019). *Career counseling*. American Psychological Association Books Inc.

Savickas, M. L. (2020). Career construction theory and counseling model. In S. D. Brown & R. W. Lent (Hrsg.), *Career development and counseling: Putting theory and research to work* (3. Aufl., S. 165–199). Wiley.

Savickas, M. L., & Hartung, P. J. (2012). *My career story: An autobiographical workbook for life-career success*. Kent, OH. www.vocopher.com.

Savickas, M. L., & Hartung, P. J. (2021). *My career story: An autobiographical workbook for life-career success* (revised edition). Kent, OH. www.vocopher.com.

Savickas, M. L., Nota, L., Rossier, J., Dauwalder, J., Duarte, M. E., Guichard, J., Soresi, S., Van Esbroeck, R., & van Vianen, A. E. M. (2009). Life designing: A paradigm for career construction in the 21st century. *Journal of Vocational Behavior, 75*, 239–250.

Super, D. E. (1957). *The psychology of careers*. Harper & Row.

Super, D. E. (1990). A lifespan, life-space approach to career development. In D. Brown & L. Brooks (Hrsg.), *Career choice and development: Applying contemporary theories to practice* (2. Aufl., S. 197–261). Jossey-Bass.

Paul J. Hartung is Professor, Department of Family and Community Medicine at Northeast Ohio Medical University. His research focuses on career development and vocational psychology, including publishing numerous articles, chapters, and edited books. Prof. Hartung is current Past President, Division 16 (Counseling, 2022-26) of the International Association of Applied Psychology (IAAP) and past editor for The Career Development Quarterly (2013-2021). He serves on several journal editorial boards and is a fellow of the American Psychological Association (APA), IAAP, and the National Career Development Association (NCDA). For lifetime achievement, he received both the NCDA Eminent Career Award (2020) and the APA Society for Vocational Psychology Distinguished Contributions Award (2021).

Career Writing and the Tale of Two Sisters: The Family Project, Heroic Drive, and How No Sibling Has the Same Parents

8

Reinekke Lengelle und Elke Haggerty

8.1 Introduction

What do a grandmaster Jedi and a grandfather have in common? The answer will become clear in this story of two sisters who used the career writing method to identify career questions, life themes, and tapped into the wisdom of their childhood heroes.

The conversation about career learning started in earnest when Elke invited Reinekke to join a self-acceptance book study group in 2018 with others interested in nonviolent communication (Rosenberg, 2015). In January 2021, Reinekke invited Elke to a career writing workshop that Reinekke facilitated for Zurich University of Applied Sciences. Their conversation about personal and professional development continued, and the study group went on to work with Mark Wolynn's book on inherited trauma (2017).

In the meantime, the sisters called each other every few weeks to talk about work activities and what they were learning about themselves. Reinekke was just about to launch her book on bereavement (Lengelle, 2021a) in the wake of losing her spouse, and Elke was developing her Nonviolent Communication (NVC) consulting business.

Two distinct moments became the impetus for writing this chapter. The first was noticing that during the self-acceptance group calls and the Zurich workshop, Elke and

---

R. Lengelle (✉)
Den Haag, The Netherlands
E-Mail: reinekke@athabascau.ca

R. Lengelle
The Hague University of Applied Sciences, The Hague, Netherlands

E. Haggerty
Independent Scholar and Nonviolent Communication Consultant, Grand Prairie, AB, Canada
E-Mail: elke@process-works.ca

© Der/die Autor(en), exklusiv lizenziert an Springer Fachmedien Wiesbaden GmbH, ein Teil von Springer Nature 2022
M. Schreiber (Hrsg.), *Narrative Ansätze in Beratung und Coaching*,
https://doi.org/10.1007/978-3-658-37951-3_8

Reinekke told different stories about their same parents and drew different conclusions about themselves as a result of an arguably parallel upbringing. The second moment was when Reinekke was about to embark on the first draft of this chapter, and Elke called her to share a recent insight – something that Reinekke had articulated for herself in almost identical terms around the same time, "I think I know where my story and the source of my pain originates: Papa leaving us and Mom's critical words…"

It is not necessarily clear to people grappling with career questions that "career concerns are part of the family constellation that must be addressed in the counseling setting…" (Savickas, quoted in Vess & Lara, 2016, p. 85). As children of particular parents, in specific cultures, with distinct traumas and resulting life themes, career challenges and choices reflect the tensions in the family and the "family project" that we are all inevitably a part of.

We are not necessarily aware of it, as Mark Savickas notes,

> These parental influences are swallowed whole, not processed, not digested, and are inside the person's mind in a complex way. Within the family drama, there are always some kinds of issues. Subtle or overt there are always differences of opinions, disagreements in the values between the two parents. And so, somehow the individual has to reconcile the issues that are going on in the family that have been unrecognized in them, not mirrored or not paid attention to (Vess & Lara, 2016, p. 86).

As sisters, raised in the same home, and born within 18 months of one another, they decided to embark on a comparative biographical exploration to digest some familial influences and answer career questions currently alive for them. They sought to explore their life themes and identify the ways in which their self-stories differed based on their unique interpretations of their parents' actions and words. They were also interested in their distinct but kindred solutions to the pain and capacities within the family project, and enquired into this using the career writing method (Lengelle & Meijers, 2015).

8.2　Theory

Career writing is a narrative career learning method for developing a career identity (i.e., a story about the self that provides both meaning and direction) that makes use of creative, expressive, and reflective writing. The method and exercises are intended to help a person construct and deconstruct their interpretations of self and make meaning of their lived experienced in order to support their career progress. This narrative method, developed by Lengelle und Meijers (2015), takes inspiration from the field of writing as an arts-based transformative learning activity and career construction theory, in particular the notion that our identities are formed in response to childhood experiences that often show up in present-day boundary experiences.

The conceptualization of "self" in the method is inspired by the Dialogical Self Theory (Hermans & Gieser, 2012) where the self in seen as multi-voiced and in conversation with itself in ways that allow one's narrative to be shaped in a continuous process of positioning and repositioning, where external voices can also be experienced as part of the self (e.g., the voice of my beloved; the voice of cultural expectations).

In this particular chapter, two of the writing exercises used were directly inspired by the Career Construction Inventory (CCI) as created and used by Mark Savickas; these are based on his principle that we are "always trying to actively master what we passively suffered" (1997, p. 11) and hence, as he famously says, our preoccupations become our occupations. This claim has been confirmed by anecdotal evidence (Lengelle & Meijers, 2015; Lengelle, 2021b) and is similarly captured in the words of career coach and author Barbara Sher, who says, "talent plus pain is drive" (Sher, 2013).

8.3 Methodology

Data used in the biographical reflections comes from written exercises about the childhood hero and reflections on mother and father. In conversation, the authors did a thematic analysis making use of the term "life themes" (Savickas, 1997) to identify where they were each struggling with a life/career question and to articulate the different solutions they created for themselves.

More specifically, the research used a three-part identity learning career writing exercise that was inspired by the work of Savickas. The initial question that Savickas asks in his Career Construction Interview (CCI), "How can I be useful" (Vess & Lara, 2016, p. 86) was turned into an invitation to write down a salient question imagining each participant would have an hour and a half career counselling session with Mark Savickas. The second part was the invitation to identify and describe the childhood hero and have a short dialogue with the hero about the question. The third part was a mother-father writing exercise Reinekke developed that mirrors Savickas's idea that one of the ways to identify our preoccupations is to,

> "describe your two parents." We would listen for, you love them both, but they do not agree on everything. Everything does not match perfectly. So we would ask about, "What are your father's key values? What are your mother's key values? What values was there no disagreement?" (Vess & Lara, 2016, p. 87).

The order of the exercises (i.e., your question, childhood hero, and parents) is deliberate, though the hero writing represents the solution, while the parental reflection points to the problem or preoccupation. Reinekke offers the hero exercise first in order to provide inspiration and hope. The mother and father exercise is an opportunity to explore the strengths and obstacles that are part of the inherited narrative so a person can stop "swallowing these narratives whole" and makes use of the principle that "Individuals compose a self and career by reflecting on experience, using the uniquely human capacity to be conscious about consciousness" (Brown & Lent, 2004, p. 148).

8.4 Background story

Reinekke and Elke are the third and fourth children of Dutch parents who emigrated to Edmonton, Canada in October 1975 when Reinekke was five years old, and Elke was four. They have an older sister and brother; all four siblings were born within five years of each other. The intention was for the family to emigrate together, however their father returned to the Netherlands for what was supposed to be a temporary stay, leaving their mother to raise the children on her own. Their mother later married a man who would become a loving stepfather. Reinekke and Elke reconnected with their biological father in their teenage-young adult years.

8.4.1 The writing exercise in three parts

Elke's story
Elke completed a Master of International Law[1] and a Master of Business Administration with a focus on organizational behaviour[2]. She went on to college teaching before marrying and raising four children. She has developed a consulting business, which is focused on Nonviolent Communication.

1. Career question
If you had an hour and a half to spend with Mark Savickas for career counselling, what would you say in response to his question, "How can I be useful?".

"My desire is to help people recognize their potential through discovery so that they are confident bringing their unique contributions to the world. I offer training and coaching to help people understand and articulate their feelings and longings so that they can live authentically and have productive relationships based on understanding, trust, and mutuality. My goal to help others discover that their potential mirrors the very question that has followed me around, "Am I good enough? Is my contribution enough?"

2. Childhood hero

A. Who was your childhood hero?
   "My hero is my mother's father, 'Opa' Willem Binnendijk. Opa was a tall, slender man with a big smile. He narrowly escaped execution during the Second World

---

[1] Universiteit van Amsterdam, The Netherlands.
[2] University of Alberta, Canada.

War for his involvement in the resistance, instead ending up as a prisoner of war in a camp. Though I sensed his heaviness and longed for him to share it to get relief, Opa kept the conversation playful, telling stories, and playing cards with me. As we visited, he would say I had beautiful dimples and a deep understanding. He was the most encouraging and accepting person in my life."

B. What advice would your childhood hero give you today? Write a dialogue with them asking them for their thoughts. You can use the question you began with (it may have evolved from the initial wording).

If I were to ask, "Opa, as a child, I disliked it when I wasn't included, wasn't given a choice, and did not think I mattered. I think I can make a difference by hearing others so that they know *they* matter. What do you think?" He might reply, "I can see you are already listening. You are quiet, but you see things. You are very smart. You are already enough." "Tell me more Opa." "Ah," Opa would reply, "because others can see that you care deeply. Now, yes, there is that dimple. Shall we play another game? I think you will win this time."

C. Summarize in one sentence, what you have learned about how you might respond to your question?

"To offer my whole self is enough. The goal is to find myself."

3. My parents: their core belief about life and about work.

Elke describes her father like this: "My father is the man who was absent, even before he left us. For example, he would ignore a child on his lap to focus inwardly. I sensed, at age five, that he would not be returning to Canada, and he did not. I think he was afraid and chose security: he kept a top job that he did not enjoy. When I was older, he tried to insist on study choices that did not interest me, assuming rather than asking about my interests. He also offered earnest, well-meaning diagnoses like, 'Did you know you are autistic? This is actually a good thing, you know.' He gifted me *The Drama of the Gifted Child* by Alice Miller so I could be freed from parental foibles." From my father, Elke says, "I took away that I wasn't good enough, that security was the most important, and that you need to become aware to break unconscious childhood patterns."

Elke's story about their mother is that "She told us what we did wrong to fix us so we could successfully care for ourselves and be secure. While she did not hear and reflect our feelings as I would have liked, she showed her care by being a fierce provider. She was a pioneer who saw endless creative opportunities, creating her own role within government. To her, getting a good education, making a good impression, and working before playing, were keys to staying secure; these were important because you could not necessarily count on others." From her, Elke learned to "be very creative, to see possibilities," and to "strive to be successful without taking risks."

Combined belief of mother and father about life and work.

Elke's combined life belief is "break patterns and be successful without taking any risks."

Reinekke's story
Reinekke is an Associate Professor of Interdisciplinary Studies[3] and a Senior Researcher[4]. She completed her PhD in career writing[5] in 2015 with Mark Savickas as one of her PhD supervisors. She is the co-creator of career writing. This past year, she wrote an award-winning book on grieving called "Writing the self in bereavement: A story of love, spousal loss, and resilience" (2021a) after losing her partner, Frans Meijers, who was a career researcher and co-creator of career writing. She is the mother of two daughters.

1. Career question
If you had an hour and a half to spend with Mark Savickas for career counselling, what would you say in response to his question, "How can I be useful?".

"Several years ago, doing this exercise, I wrote, "I love my work, but it's not steady." Love and steady. These two words as a combination starkly show my life theme. I have been focused on love and whether it is 'steady' (reliable, will stick around, won't leave) for most of my life. Interestingly, during the writing of this book chapter, I became a tenured professor after 25 years of being a sessional instructor, adjunct, and an assistant professor. It was a hard-won journey of persistence and a labour of love – finally my work is steady. When Frans and I met Mark in person in 2011, Mark asked me about my favourite novel, and I told him it was "Jane Eyre" – certainly a story about steady (and initially unsteady) love and developing one's character to endeavour to deserve it. Frans dying after a decade of being partners in work and life showed me that no matter how steady love may be, we may lose it, and we will be okay. Currently, three years post-widowhood, I am in a new loving relationship and have a permanent full-time job, yet both these things still feel fragile. My question to Mark would be, "How do I relax into the moments of unsteadiness and not worry?"

2. Childhood hero

A. Who was your childhood hero?
Yoda was my childhood hero. He is the Jedi Master from George Lucas's Star Wars Series. In the second movie, *The Empire Strikes* back, the young Jedi Luke learns from Yoda that we project our fears on to others, but that those fears are ultimately our own. We have to be courageous and patient about gaining wisdom and face our shadows; anything less will always result in tragedy and pain that we inflict on others and undergo ourselves.

---

[3] Athabasca University, Canada.
[4] The Hague University of Applied Sciences, The Netherlands.
[5] Tilburg University, The Netherlands.

B. What advice would your childhood hero give you today? Write a dialogue with them asking them for their thoughts. You can use the question you began with (it may have evolved from the initial wording).

"How do I relax into the moments of unsteadiness and not worry"?

Yoda: "Mmm, yes, mmm, Yes, yes, the shadows will make you unsteady. The illusions seen through, create what is steady. All else in life is unsteady; all outward relying is not steady. To see through this is to be steady." And Reinekke also notes that Yoda's philosophy doesn't mean he does it all alone; he has steady friends and is part of a strong alliance of rebels.

C. Summarize in one sentence what you have learned about how you might respond to your question?

"The concepts of what is steady and not steady are ultimately illusory. I've learned that I can also live with the unsteadiness of loss and that the most pain I experience is through self-created worry."

3. My parents

Reinekke describes her relationship with their father as "very close. We were friends; I felt he was sensitive to my needs and helped me a lot in life and put me on the course of learning about the self." What I took from my father was his willingness to be gentle and admit to uncomfortable, "socially unacceptable" truths. He taught me the value of self-awareness. My father's core belief about life and work: Life is scary and our only way to freedom is evolution of the self."

About their mother, Reinekke says, "my mother is a strong and stable person and was the steady parent in our lives. She gave us a childhood with lots of adventure and taught us to be self-reliant. She could be harsh with her words in the sense of being critical and pointing out where we fell short of her expectations. I believe we didn't get the empathy we needed as children. I see all four of us as very sensitive and soft-hearted; our conscientiousness is overdeveloped. What I took from my Mom was the ability to succeed, to present myself in socially acceptable ways, to be creative, and to enjoy life. My mother's core belief about life and work: There is a creative solution for everything and enjoy life."

Combined belief: "Life is scary and the way through is the creative evolution of the self."

Savickas talks about differing values of parents creating particular tensions that an individual must in some way resolve (e.g., mother says work is hard; Dad says work is inspiring). One can observe that each of us takes or resists what our parents inadvertently offer us in unique ways and internalize what we believe they thought about us (e.g., Dad was proud; Dad judged me as inadequate). From each parent we also hold messages about what is acceptable and what is not acceptable; we are simultaneously attempting to make sense of these tensions, while we are trapped within them.

8.5 Results and discussion: emerging themes

Perhaps the most poignant overlap in our life themes is how we have responded to critical words and the physical separation (Reinekke) and the emotional separation (Elke) from our father. Elke's question is focused *on being enough* and Reinekke's question is focused *on being loveable enough.* Elke's solution is "finding the core self; this core self is enough" and Reinekke's is "creatively evolving the self, which attracts steady love from within, and with others." We have both chosen (career) paths focused on personal development and facilitating others in the process of self-development. We note that in our work – as the idea of preoccupations becoming occupations suggests – we are giving to others precisely the things we believe were missing in our own lives.

Elke concludes, "accepting others by hearing them without judgement will help them come to a place of self-acceptance and to see their own beauty." Reinekke sums her insight by saying, "giving others the opportunity to develop different aspects of themselves and love even the 'unacceptable' parts, will offer a sense of freedom, from which to connect deeply to others." Our career focus is clearly a meaningful response to our family project: To succeed is to be safe and secure and this is achieved by breaking unconscious childhood patterns and experiencing that we are enough and loveable, and therefore belong.

The fact that Reinekke has devoted her career to *writing the self*, which is focused identity learning, and Elke was interested in mediation early on and is now primarily focused on nonviolent communication is no coincidence. The mastery we both seem to desire here is to respond to the critical words of our childhood and gain empathy for ourselves and others. We were preoccupied with hurtful words that we have turned into the occupation of healing words. Both of us also note a preoccupation with security and stability as a message passed on by both parents and brought under threat by the real experience of being left by our father.

Interestingly, the difference in our perceptions of familial support is most visible in our experience of our father. Though both of us took the message that developing yourself is important, Reinekke experienced feeling supported, and Elke experienced being diagnosed. Both of us learned that self-development is the key to freedom and belonging.

Our final observation from our work together is that our dialogue about differences and similarities in our life themes helped us to fill in gaps in our own narrated experience. We were also moved by the other's pain and felt a deep empathy for the solutions we are each endeavoring to find and create. We were able to do this work together because of our regard for one another, which included room for each of us to have a unique narrative about our childhoods. We also laughed together about our striving to be good and loveable.

8.6 Conclusion

The intent of this book chapter was to explore the differences in the stories we tell, with the hopes that career counsellors, researchers, and those involved with career learning, can see what people may learn with and from their siblings about the "family project" and how its themes may be shaping career decisions and identity. Career writing is a way in which to explore such stories as the method facilitates the (internal and external) dialogue about experiences – the essence of authoring the self within career construction.

We maintain that the stories people share about parents in order to engage in career identity development inform current consciousness and show the different ways in which we have internalized family scripts and are trying to undo or revise them. Our exploration suggests that two siblings from the same family may well have the same life themes, and those will translate into career choices in unique ways, while no person experiences their parents in identical ways.

References

Brown, S. D., & Lent, R. W. (Eds.). (2004). *Career development and counseling: Putting theory and research to work*. Wiley.

Hermans, H. J., & Gieser, T. (Eds.). (2012). *Handbook of dialogical self theory*. Cambridge University Press.

Lengelle, R. (2021a). Writing the self in bereavement: A story of love, spousal loss, and resilience. *Routledge*. https://doi.org/10.4324/9781003124009

Lengelle, R. (2021b). Portrait of a Scientist: In conversation with Hubert Hermans, founder of the Dialogical Self Theory. *British Journal of Guidance and Counselling*. https://doi.org/10.1080/03069885.2021.1900779

Lengelle, R., & Meijers, F. (2015). Career writing: Creative, expressive, and reflective approaches to narrative career learning and guidance. *The Canadian Journal of Career Development, 14*, 19–31.

Miller, A. (1981). *The drama of the gifted child* (R. Ward, Trans.). Basic.

Rosenberg, M. B. (2015). *Nonviolent communication: A language of life*. PuddleDancer Press.

Savickas, M. L. (1997). Career adaptability: An integrative construct for life-span, life-space theory. *The Career Development Quarterly, 45*(3), 247–259.

Sher, B. (2013). *It's only too late if you don't start now: How to create your second life at any age*. Dell.

Vess, L., & Lara, T. (2016). Career counseling and family therapy: An interview with Mark Savickas, PhD. *The Family Journal, 24*(1), 85-94.

Wolynn, M. (2017). *It didn't start with you: How inherited family trauma shapes who we are and how to end the cycle*. Penguin.

Reinekke Lengelle is an Associate Professor of Interdisciplinary Studies (Athabasca University, Canada) and a Senior Researcher (The Hague University of Applied Sciences, The Netherlands). She completed her PhD in career writing (Tilburg University, The Netherlands) with Mark Savickas as one of her PhD supervisors. She is the co-creator of career writing. Her award-winning book on grieving, "Writing the self in bereavement: A story of love, spousal loss, and resilience" (2021) tells the story of her losing her spouse, Frans Meijers, who was a career researcher in The Netherlands and was the co-creator of career writing.

Elke Haggerty completed a Master of International Law (Universiteit van Amsterdam, The Netherlands) and a Master of Business Administration with a focus on organizational behaviour (University of Alberta, Canada). She went on to college teaching before marrying and raising four children. She has developed a consulting business focused on collaborative communication.

Entwicklungslinie und „Kapitel meiner Lebensgeschichte"

Methoden für einen wertschätzenden Rückblick auf das eigene Leben: Arbeit mit der Entwicklungslinie und den Kapiteln der eigenen Lebensgeschichte

Anita Glenck

> *Worüber man keine Theorie aufstellen kann, das soll man erzählen.*
> *(Umberto Eco)*

9.1 Einführung

Die beiden Methoden Entwicklungslinie (Schreiber, 2020) und „Kapitel meiner Lebensgeschichte" (McAdams, 2007) sind 2 Verfahren, die mithilfe eines wertschätzenden Rückblicks auf das eigene Leben sowohl retrospektive Reflexion als auch prospektive Reflexivität gemäß der CCT (Savickas, 2019, 2020; Abschn. 3.5) unterstützen. Beide Methoden können in Beratung und Coaching eingesetzt werden. Klient*innen werden dabei als autobiografische Autor*innen zu einer Biografiearbeit eingeladen, in der sie die Vergangenheit reflektieren und diese Selbst-Reflexion für konkretes Handeln in der Zukunft nutzen. Klient*innen und Beratungsperson tauchen dabei in die individuelle Lebensgeschichte der Klient*innen ein, wobei diese vielschichtig dekonstruiert und für unterschiedliche Fragestellungen wie Laufbahngestaltung, Standortbestimmung, Ziele setzen, Umgang mit Ressourcen sowie Persönlichkeits- und Identitätskonstruktion gemäß dem MPI (Kap. 4) eingesetzt werden kann.

A. Glenck (✉)
IAP Institut für Angewandte Psychologie, ZHAW Zürcher Hochschule für Angewandte Wissenschaften, Zürich, Schweiz
E-Mail: glen@zhaw.ch

Entwicklungslinie und „Kapitel meiner Lebensgeschichte", die als Inhaltsverzeichnis aufbereitet werden, erlauben sowohl eine intuitiv-parallele als auch analytisch-sequenzielle und über die Sprache vollzogene Verarbeitung der Erkenntnisse aus der Biografiearbeit. Beide Ansätze bieten einen vielseitigen Zugang, um die eigene Entwicklungsgeschichte zu visualisieren und diese sprachlich zu erfassen. Beeindruckend ist bei beiden Verfahren der große individuelle Gestaltungsspielraum und das enorme Reflexionspotenzial, welches sich gleichermaßen auf die Vergangenheit, die Gegenwart und die Zukunft bezieht. Eine wichtige Voraussetzung für eine gelingende Anwendung ist, dass Klient*innen einen Raum zur Verfügung haben, in welchem sie sich getragen fühlen und sich auf den Prozess einlassen können.

9.2 Durchführung

▸ **„Kapitel meiner Lebensgeschichte"**
Die Klient*innen werden bei dieser Methode eingeladen, ihr Leben rückblickend in Kapitel einzuteilen und im Sinne eines Inhaltsverzeichnisses jedem Kapitel einen Titel zu geben (McAdams, 2007; Schreiber, 2021). Bei der Anzahl der Kapitel ist gemäß McAdams (2007) eine Vorgabe von 2–7 hilfreich, wobei sich Klient*innen manchmal auch für mehr als 7 Kapitel entscheiden. Die Wahl der Anzahl Kapitel kann den Klient*innen überlassen werden. Neben den Kapiteln können zudem 3–5 Wendepunkte eingezeichnet und benannt werden. Darüber hinaus gibt es individuelle Reflexionsfragen, die bei der Arbeit mit den Kapiteln der eigenen Entwicklungsgeschichte je nach Beratungsziel aufgenommen werden können (McAdams, 2007):
- In welchen Kapiteln haben Highlights stattgefunden, an die Sie sich gerne erinnern, oder zu welchen Sie gerne eine eigene Geschichte schreiben würden?
- Beschreiben Sie den*die Held*in ihrer Geschichte. Was macht diese*n aus, was sind seine*ihre Verbündeten, seine*ihre Superkräfte, was ist seine*ihre anstehende Herausforderung (Kap. 11)
- Welches ist Ihr Lieblingskapitel?
- Welches Kapitel hat Sie am meisten bewegt und/oder geprägt?
- Wie lautet das nächste Kapitel? Wie geht die Geschichte weiter?

▸ **Entwicklungslinie**
Die Arbeit mit der Entwicklungslinie bietet den Klient*innen einen Ansatz, um den Rückblick auf das eigene Leben teilstrukturiert wahrzunehmen. Dabei lehnt sich diese Methode am Lebensspannenansatz von Super (1990) an, in welchem die verschiedenen Rollen über die Lebensspanne bei der Reflexion mit aufgenommen werden.

Die Klient*innen erhalten die Darstellung eines Koordinatensystems mit der Horizontalachse Alter und der Vertikalachse Zufriedenheit. Ihre Aufgabe besteht darin, sich vorerst zu überlegen, welche Lebensbereiche und Rollen in ihrer Entwicklungsgeschichte bisher bedeutungsvoll waren und mit einer eigenen Linie im Koordinatensystem eingezeichnet werden sollen. Im Rahmen einer Laufbahnberatung wird oftmals zwischen Ausbildung, Beruf und Familie unterschieden (Schreiber, 2020). Aber auch andere individuelle Themenbereiche können ihren Platz erhalten. Im unten aufgeführten Beispiel wurde die Gesundheit als wichtiges Thema miteinbezogen und entsprechend als Linie eingezeichnet.

Die Klient*innen schätzen ihre Zufriedenheit für die relevanten Lebensbereiche mit je einer Linie ein, wobei nicht alle Linien über das ganze Leben gezeichnet werden müssen (z. B. Ausbildung).

Die Anleitung dieser Visualisierung kann als Vorlage betrachtet werden, die individuell ergänzt werden kann. So können gemeinsam mit den Klient*innen je nach Anliegen und Fragestellung weiterführende Aufgaben besprochen werden. Die Kapitel der eigenen Lebensgeschichte können für die vertiefende Reflexion der Entwicklungslinie als Raster verwendet werden und die Erkenntnisse aus der Reflexion können mithilfe der Identitätskarte (Schreiber, 2020; Schreiber, et al., 2020; ZHAW/IAP, 2022a) zusammengefasst werden (Abschn. 5.2). Das Arbeitsmittel Entwicklungslinie sowie die „Kapitel meiner Lebensgeschichte" können entweder in Papierform (ZHAW/IAP, 2022b) oder online auf der Plattform Laufbahndiagnostik[1] (ZHAW/IAP, 2022c) genutzt werden. Die Anleitung für die Reflexion sowie die Erkenntnisse werden bei beiden Durchführungsformen entlang der 4 Felder der ID (Abb. 5.1; Abb. 5.3) strukturiert. Die folgenden Vorschläge für weiterführende Aufgaben sind als Ideensammlung zu verstehen, wie mit der Entwicklungslinie vertiefend gearbeitet werden kann:

- Einzeichnen von Highlights: Ereignisse im Leben, an welche man sich besonders gerne erinnert
- Verschiedene Phasen oder einzelne Ereignisse mit einem Symbol visualisieren und hervorheben
- Reflexion der folgenden Fragen
  – Was hat mich in meinem Leben zufrieden gemacht? Welche Inhalte, Themen, Personen, Umfelder, Tätigkeiten haben zu meiner Zufriedenheit beigetragen?
  – Was hat mich unzufrieden gemacht? Welche Inhalte, Themen, Personen, Umfelder, Tätigkeiten haben zu meiner Unzufriedenheit beigetragen?

---

[1] Die Nutzung des Arbeitsmittels Entwicklungslinie steht auf der Plattform Laufbahndiagnostik ausschließlich Personen mit kostenpflichtigem Beratungskonto sowie deren Klient*innen zur Verfügung.

- Wie haben sich die verschiedenen Themen/Rollen gegenseitig beeinflusst?
- Welche Kompetenzen/Stärken habe ich in den unterschiedlichen Episoden/Lebensthemen genutzt/erlernt/weiterentwickelt?
- Vom „Tief zum Hoch": Was hat dazu beigetragen, dass Situationen, in denen ich unzufrieden war, sich wieder in Richtung Zufriedenheit verändert haben? Was war mein Beitrag zu dieser Veränderung?

Die beiden Methoden können miteinander kombiniert werden, bieten aber auch unabhängig voneinander wertvolle Reflexionsmöglichkeiten. Im Beratungsprozess können die Konstruktionsprozesse gemäß der CCT (Savickas, 2019, 2020) – Konstruktion (Entwicklungslinie zeichnen und Kapitel definieren), Dekonstruktion (retrospektive Reflexion anhand der oben aufgeführten Reflexionsfragen), Rekonstruktion (Zusammenfassen der Erkenntnisse und prospektive Reflexivität) und Ko-Konstruktion (Umsetzen der Erkenntnisse) – verfolgt werden (Abschn. 3.1). Mithilfe der Identitätskarte (Schreiber, 2020; Schreiber, et al., 2020; ZHAW/IAP, 2022a) können die Erkenntnisse aus der Beratung im Sinne des Lebensporträts der Klient*innen zusammengefasst und in der Folge als visuelle und sprachliche Grundlage für den Prozess der Ko-Konstruktion verwendet werden.

Die beiden Methoden Entwicklungslinie und „Kapitel meiner Lebensgeschichte" eignen sich sehr gut als umfassende Reflexionsaufgabe, die von den Klient*innen als Vorbereitung auf ein Beratungsgespräch erarbeitet werden kann. Im Rahmen dieser Reflexion sammeln die Klient*innen bereits zahlreiche Erkenntnisse, die in der Beratung zusammengetragen und vertieft werden können. Nebst Erkenntnissen kann die Reflexion bei den Klient*innen auch offene Fragen und Unsicherheiten auslösen. Für die Beratungsperson geht es im Gespräch deshalb zunächst darum, zu klären, wo die*der Klient*in steht, welche Erkenntnisse sie*er bereits umfassend reflektiert hat und welche Themen im Beratungsgespräch vertieft werden sollen.

9.3 Theoretische Einbettung – drei Ebenen des Selbst

Sowohl die Entwicklungslinie wie auch die „Kapitel meiner Lebensgeschichte" gehen für die Klient*innen damit einher, dass diese zahlreiche Episoden, Erfahrungen und Erlebnisse „durchleben" und reflektieren, die im Rahmen der Beratung mehr oder weniger in den Vordergrund treten. Auf der Basis der einzelnen Kapitel oder Episoden aus dem Leben der Klient*innen (Mikronarrative) wird in der Beratung versucht, eine ganze Geschichte (Makronarrativ) zu konstruieren. Dabei liegt der Bezug zu den Ebenen des Selbst von McAdams (1995, 2013), die auch in der CCT (Kap. 3) sowie im MPI (Kap. 4) eine zentrale Rolle spielen, auf der Hand. Bei der Reflexion der Geschichten kann der Blick detailliert auf Eigenschaften (Stärken, Entwicklungsfelder) und Werte gerichtet und so das Selbst als soziale*r Akteur*in (Selbst als Objekt) betrachtet werden.

Darüber hinaus wird das Selbst als motivierte*r Agent*in (Selbst als Subjekt) mit einbezogen, indem Fragen nach den Zielen, Motiven und Bedürfnissen sowie der für die Zielumsetzung und -erreichung nötigen Kompetenzen aufgenommen werden. Schließlich werden Selbst als Objekt und Selbst als Subjekt integriert. Das geschieht im Selbst als autobiografische*r Autor*in (Selbst als Projekt). Durch die retrospektive Reflexion und die prospektive Reflexivität wird eine (berufliche) Identität konzipiert (Savickas, 2019, 2020). Dabei werden – mit dem Blick auf das große Ganze – die für die persönliche Zukunft relevanten Fragen aufgeworfen und nach Möglichkeit auch beantwortet. Klient*innen werden als Autor*innen der eigenen Geschichte betrachtet und darauf vorbereitet, ihre Geschichte aktiv weiterzuschreiben (Ko-Konstruktion). Somit können im Rahmen der Arbeit alle 3 von McAdams (1995, 2013) postulierten Perspektiven auf das Selbst miteinbezogen und eine ganzheitliche Herangehensweise ermöglicht werden.

9.4 Anwendung in der Praxis

Die Klientin A. S. ist 48 Jahre alt. Ihr bisheriger Werdegang ist geprägt von Vielseitigkeit und „learning by doing". Ursprünglich absolvierte sie die Ausbildung zur Sekundarlehrerin, fand in diesem Beruf aber wenig Erfüllung. Fasziniert vom Umfeld Tier, Natur und Kultur wagte sie einen Quereinstieg als Stallmädchen in einem Zirkus und entwickelte sich daraus weiter bis zur Abteilungsleiterin eines großen Kulturbetriebes. Vor 1,5 Jahren kündigte sie diese ursprüngliche Traumstelle, um neue Ideen reifen zu lassen. Seither betreibt sie in ihren Worten ein „Aussteigerleben". Im Vordergrund steht die Pflege ihrer verschiedenen Heimtiere, aber auch der Austausch mit Menschen und das Aufsaugen neuer Erkenntnisse, mitunter im Rahmen eines Master of Advanced Studies (MAS) in psychosozialer Beratung.

Ihr Wunsch an die Laufbahnberatung bestand darin, mehr Sicherheit und Zuversicht für die weiteren Schritte zu erhalten. Besonders verunsicherte sie die Frage, ob sie ihre gestartete Weiterbildung als Laufbahnberaterin weiterziehen sollte. Ebenso ein Gefühl von „stehen bleiben", „stockend unterwegs sein" bis hin zu „ich müsste jetzt". Dies irritierte sie, da sie ihr Aussteigerinnenleben bewusst gewählt hatte, mit der Idee, Neues auf sich zukommen zu lassen und mit Geduld Inspirationen zu sammeln.

Ein Ziel für die Beratung war für sie zudem, den Fragen „Wer bin ich?" und „Was kann ich?" nachzugehen, um aus diesen Erkenntnissen mehr Sicherheit zu gewinnen. Das „Inhaltsverzeichnis der Lebensgeschichte" und die „Entwicklungslinie" eignen sich für solche Fragen hervorragend, da die individuellen Narrationen für die eigene Identität sehr aussagekräftig sind. In einem zweiten Schritt ergänzten wir die Verfahren noch mit dem quantitativen Fragebogen VIA Inventar der Stärken (VIA-IS; Ruch et al., 2010). Darauf werde ich im Weiteren nicht detailliert eingehen, ich möchte lediglich aufzeigen, dass es wertvoll sein kann, narrative Methoden mit anderen Verfahren zu ergänzen. Obwohl der Fragebogen die gleichen Themen abbildete, welche wir im Rahmen der narrativen Ansätze bereits erarbeitet hatten, stellte dies für die Klientin eine zusätzlich wertvolle Bestätigung dar.

Sowohl die Methode der Entwicklungslinie wie auch die „Kapitel meiner Lebensgeschichte" erarbeitete die Klientin zwischen 2 Beratungsterminen. Anhand der beiden Methoden tauchte die Klientin in ihre Lebensgeschichte ein, konstruierte diese und erhielt vielseitigen Zugriff zu kleineren Episoden wie auch einen Überblick über das ganze Leben.

9.4.1 Kapitel meiner Lebensgeschichte

Die „Kapitel meiner Lebensgeschichte" geben der eigenen Biografie eine Struktur, was für A. S., wie sie selbst berichtet, sehr wertvoll war:

> „Das Erarbeiten der Kapitel meiner Lebensgeschichte sowie die Frage nach den Vorstellungen für mein nächstes Kapitel haben dazu beigetragen, dass ich meine zahlreichen Gedankengänge aus der Entwicklungslinie entwirren und in fassbare Erkenntnisse ausformulieren konnte." (Zitat A. S.)

Wie ihre Rückmeldung aufzeigt, hat allein die Erarbeitung der Kapitel bei der Klientin viel angeregt, sodass sie in der Selbstreflexion bereits über die Konstruktion hinausgegangen ist und Themen für sich identifiziert hat:

> „Zum einen entstand die Gewissheit, dass ich keines der Kapitel umschreiben möchte, sondern es mehr Sinn macht, anzuerkennen was gelebt ist und was ich daraus mitnehme: Mein höchstes Gut ist die Freiheit, all meine Ressourcen so einzusetzen, wie ich es für richtig und passend halte. Zum anderen äußerte sich intuitiv ein Wunsch in mir, den ich zuerst kaum auszusprechen wagte, dann aber merkte, dass er es wert ist, ihm in nächster Zeit Platz einzuräumen: Ich möchte entdeckt werden! Das ruft nach Happenstancing, was konkret bedeutet: mich für neue Kreise und Bekanntschaften zu öffnen, Austausch und Gelegenheiten nutzen, Zufälle forcieren. Als angehende Berufs- und Laufbahnberaterin habe ich immer einen guten Grund, Leute darauf anzusprechen, was sie tun, wie sie ihr Leben leben und wie sie auf die Idee gekommen sind. Das interessiert mich, da brennt mein inneres Feuer: Im Zusammenführen von relevanten Details zu größeren Zusammenhängen." (Zitat A. S.)

Kapitel meiner Lebensgeschichte (Schlüsselmomente von A. S. sind durch ***fett kursive Schrift*** gekennzeichnet):

- Beschauliches Aufwachsen – Kindheit und Jugend
- Neue Horizonte – Zeit der Maturitätsschule
- Berufswahl Lehrerin, ein Fehlentscheid? – Aufnahme für die Ausbildung als Lehrerin
- ***Einmal noch was anderes als Schule – Zwischenjahr im Zirkus***
- Zur falschen Zeit am falschen Ort – Anerkennungsjahr als Oberstufenlehrerin
- Alles dabei – Auf Zirkustournee mit *Traktor* und Wagen, Partner und Hund
- Gegenpol in Ruhe und Abgeschiedenheit – Auf dem alten Bauernhof
- ***Abschied vom Lehrerberuf – Berufsberatung für Lehrpersonen***
- Eine neue Welt tut sich auf – Als Quereinsteigerin ins Führungsteam im Zoo

- Versuchsfeld gemeinschaftliches Leben – Wohngemeinschaft mit Ziegenböcken hinter dem Haus
- Zusammenpacken oder mich stärken – Mentaltraining und Weiterbildung zum Persönlichkeitscoach
- *Genug gekämpft – Mit Überzeugung den Traumjob gekündigt*
- Ab jetzt kommt alles zum richtigen Zeitpunkt – Auszeit, Freiwilligenarbeit, Reisen, Leben im Moment
- Ein Bär von Mann – Verliebt wie nie
- *Ich werde Berufsberaterin – Ein Blitzgedanke reift → Puzzeln: wie und wann*
- Häusliche Phase – Mit Partner, Ziegen und Hund
- *??? – Mein nächster Wirkungsort*

Im Rahmen der Beratung standen die einzelnen Kapitel nicht im Vordergrund. Der Fokus lag auf den Erkenntnissen, die A. S. aus ihrer Reflexion erschloss, aber auch auf kleinen ausgewählten Geschichten, die sie rückblickend als Wendepunkte wahrnahm und aus denen sie Schlüsselerkenntnisse für sich gezogen hat. Das Nachdenken über Schlüsselmomente und deren Einfluss auf ihr Leben ließ sie differenziert über die eigene Biografie nachdenken und wertvolle Erkenntnisse und Bilder für das Heute generieren. So waren wir nach kurzer Zeit bereits mitten in der Rekonstruktion – da sie bereits erste Hinweise für die weiteren Überlegungen daraus für sich ziehen konnte.

Eine Geschichte, die das verdeutlicht und in der Beratung speziell zur Sprache kam, war aus dem Kapitel „Alles dabei – Auf Zirkustournee mit *Traktor* und Wagen, Partner und Hund". Der Traktor war als Schlüsselmoment unterstrichen. Dabei wurde deutlich, wie stark A. S. von der Zeit im Zirkus geprägt war. Sie erzählte die Geschichte von ihrem lang gehegten Wunsch, Traktor zu fahren. Dieser Traum wurde ihr durch Zufall erfüllt „Plötzlich stand der Traktor da". Bei ihrer Erzählung, wie sie allein mit ihrem Traktor von einer Station zur anderen fuhr, mit ihrem ganzen Hab und Gut hinten dran, begannen ihre Augen zu leuchten. Ein wichtiger Teil in dieser Geschichte bestand darin, dass sie es liebte, allein unterwegs zu sein. Dennoch gab es ihr eine Art beruhigende Sicherheit, dass bei Ankunft und Abfahrt jemand für sie da war. Bei der Dekonstruktion dieser Geschichte, kristallisierten sich Themen heraus, die wir auch in anderen Geschichten aus ihren Kapiteln wieder antrafen:

Kraft auf den Boden bringen, verantwortungsvolles Handeln, Sorgfalt, Geborgenheit gibt Sicherheit, Freiheitsliebe, Freigeist, Alleinsein und gleichzeitig im Austausch stehen, Vertrauen. Diese Themen und Assoziationen begannen wir aufzuschreiben, damit wir sie dann bei der Rekonstruktion mit der Frage „Welche dieser Erkenntnisse sind nun für die weiteren Schritte oder Entscheidungen hilfreich?" konkret diskutieren konnten.

Bei der Arbeit mit narrativen Ansätzen ist es mir wichtig, dass ich bei der Dekonstruktion der Geschichten bei den Klient*innen hinhöre und erst dann eigene Bilder und Assoziationen anbiete („Mir geht dieses Bild durch den Kopf … hat das etwas mit Ihnen zu tun?" oder „Mir ist bei Ihren Erzählungen noch Folgendes aufgefallen ... – aber ich weiß nicht, ob das etwas mit Ihnen zu tun hat?"). Beim Zuhören der Geschichten achte ich neben Assoziationen jeweils auf Ressourcen, Stärken oder ganz grundsätzlich auf Eigenschaften. Diese Eindrücke bringe ich als Beratungsperson im Rahmen der Dekonstruktion oder auch Rekonstruktion der Geschichten falls nötig mit ein: „Das fällt mir auf – kennen Sie das auch sonst von sich?". Bei A. S. habe ich im Rahmen der „Traktor-Geschichte" Themen wie „Verantwortung übernehmen", „Macherin" oder „eigene Wege gehen" auf diese Weise angesprochen.

Die Erkenntnisse aus dem Gespräch haben wir gemeinsam schriftlich festgehalten, so dass wir diese dann bei der Ko-Konstruktion als Grundlage für die nächsten Schritte nutzen konnten.

9.4.2 Entwicklungslinie

Parallel zu den „Kapiteln meiner Lebensgeschichte" hat A. S. die Entwicklungslinie gestaltet. Diese visuell-narrative Darstellung hat sie ebenfalls außerhalb der Beratungstermine für sich allein erarbeitet. Wie viele verschiedene Linien/Lebensrollen für ihre Entwicklungsgeschichte sinnvoll sind, habe ich mit ihr andiskutiert, die Entscheidung dann aber ganz bei ihr belassen. Sie hat sich für 4 verschiedene Linien entschieden: Beruf, Ausbildung, Soziales und Physis (Gesundheit). Die zusätzliche Linie zur Gesundheit zeigt, wie die Methode individuell angepasst werden kann. Dabei steht immer das Ziel im Vordergrund, die individuelle Realität der Klientin abzubilden. A. S. hat sich für diese Zusatzlinie entschieden, da ihre Gesundheit bei wichtigen Entscheidungen oftmals mitbestimmend war (Abb. 9.1).

Kombiniert mit der Aufgabe, die Entwicklungslinie zu erarbeiten, gab ich ihr eine zusätzliche Reflexionsaufgabe. Diese bestand darin, dass sie die verschiedenen Lebensrollen für sich aufzeichnet, in die Geschichten eintaucht und erste Erkenntnisse zu Inhalten, Tätigkeiten, Umfeldern oder Personen, die zu ihrer Zufriedenheit beigetragen haben, festhält. A. S. hat diese Aufgabe gemeinsam mit den Kapiteln erarbeitet und zur Methode der Entwicklungslinie die folgende Rückmeldung gegeben:

> „Es war für mich eine zeitlich und gedanklich aufwendige Aufgabe, das Anfertigen der Entwicklungslinie, verbunden mit einem Mindmap, was ich als zufriedenheitsstiftend erlebte (Inhalte, Tätigkeiten, Umfeld, Personen). Das Eintauchen in meine gelebte Geschichte sowie meine Gründlichkeit und Detailorientierung haben ein dichtes, differenziertes Kurvenbild hervorgebracht – je näher an der Gegenwart umso mehr Zacken nach oben und nach unten auf der Zufriedenheitsskala – fast beängstigend, wenn ich es betrachte. Bin ich in meinem Wesen auch so unausgeglichen, wie ich mein 48-jähriges Dasein in den letzten 10 Jahren gelebt habe? Dabei war und bin ich doch stetig auf der Suche nach Balance, nach Stimmigkeit! Unterdessen weiß ich aber auch, dass es die Bewegung und die Spannung zwischen den Polen braucht, um in die Mitte zu finden und daraus Energie zu generieren." (Zitat A. S.)

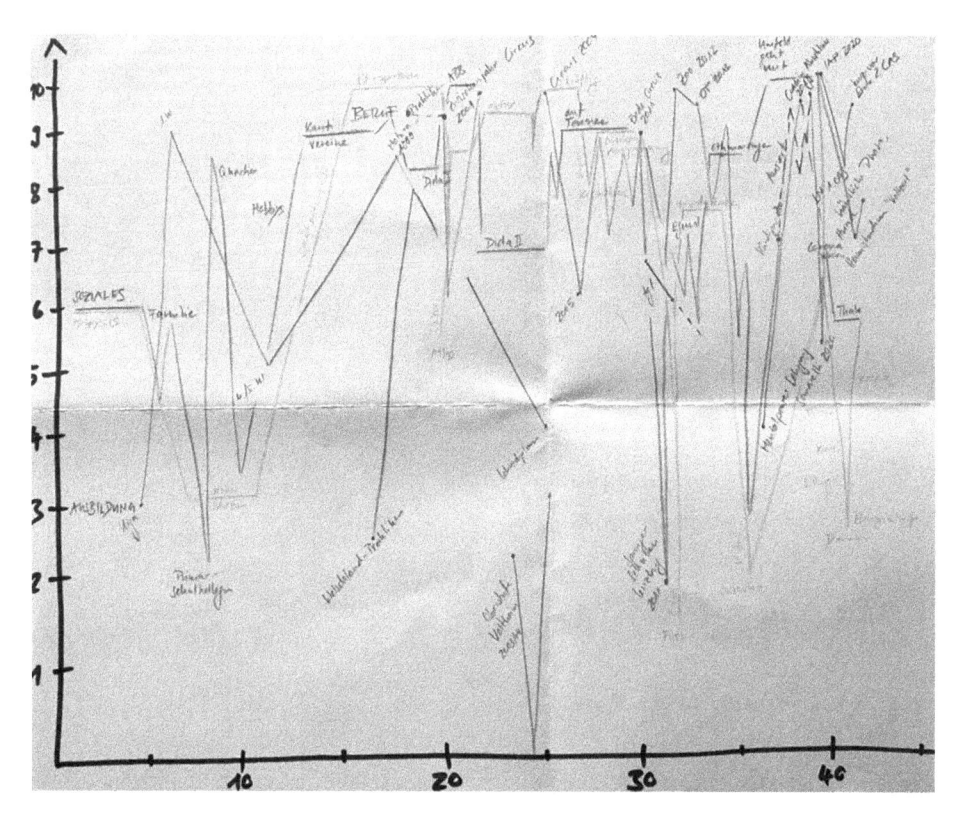

Abb. 9.1 Entwicklungslinie A. S.

Im Rahmen dieser Arbeit zeigte sich die Detailorientierung von A. S. Im Gegensatz zu den Kapiteln ihrer Lebensgeschichte verlor sie sich hier in der Genauigkeit der Darstellung und der Vielseitigkeit der Aufgabe. Aus diesem Grund fiel es ihr schwer, aus dieser Arbeit im Vorfeld bereits viel für sich herauszuziehen. Sie blieb viel mehr bei den Ansprüchen an sich selbst hängen, mit der Frage, ob die Linien so nun korrekt eingetragen sind. Wir stießen also bereits bei der Eingangsfrage, wie sie die Aufgabe erlebt habe, auf wichtige Themen von ihr, nämlich ihre Erwartungshaltung an sich selber und ihre Detailorientierung.

Im Gespräch betrachteten wir vorerst die gesamte Visualisierung der Entwicklungslinie, wobei für mich die Frage im Vordergrund stand, was die Arbeit daran bei ihr ausgelöst hatte. Grundsätzlich sei ihr aufgefallen, dass im Rückblick ihre Zufriedenheit sehr hoch war. Zudem sei ihr nochmals klar bewusst geworden, wie sehr ihre physische Gesundheit einen Einfluss auf ihr Leben ausübe und genau diese Selbstbestimmung stellt für sie einen wichtigen Wert dar. Diese Erkenntnis hinterließ bei ihr den Nachgeschmack, nicht immer selbstbestimmt agieren zu können. Sogleich tauchten wir dann in einzelne Phasen ihres Lebens ein:

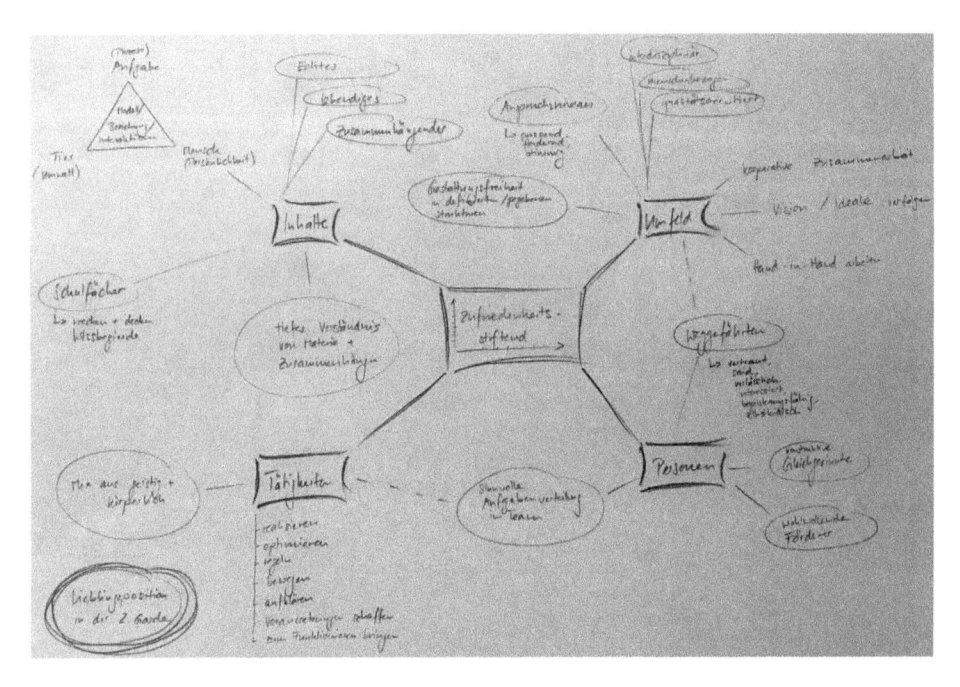

Abb. 9.2 Kompetenzen und Interessensbereiche A. S.

In ihrer Schulzeit, in der sie eine wissbegierige Schülerin war, half ihr das „Hirnfutter" darüber hinweg, dass die Schule für sie grundsätzlich keine „so tolle Zeit" darstellte. In dieser Zeit habe sie eher ein Mauerblümchendasein geführt und sei erst später daraus ausgebrochen. Ich erfahre, dass sie erst ab der Matura Umfelder fand, in denen sie sich wohlfühlte und so akzeptiert wurde, wie sie war. Trotz eher kleiner Statur arbeite sie gerne körperlich – insbesondere mit Tieren. Ihre Geschichten als Stallmädchen beim Zirkus, Tierpflegerin von Geißen, Eseln, Pferden und Gänsen bis hin zur Trainerin von Seehunden ergeben ein so ganz anderes Bild als diejenigen von der Sekundarlehrerin und Abteilungsleiterin. Wir tauchen in ihre vielseitige Welt ein. Beim Zuhören achte ich auf Ressourcen, Stärken und Themen, die mir in den Geschichten auffallen. Solche, die in einzelnen Geschichten auftauchen und solche, die sich durch verschiedene Geschichten hindurchziehen.

Wir bleiben am Schluss bei einer Fast-Gegenwartsgeschichte vom Vorabend stehen. Ein Telefonat mit einer Freundin, während dem ihr bewusst wurde, dass sie gar nie einen genauen Plan für ihr Handeln im Kopf hatte und oftmals vom Zufall gesteuert wurde. Sie wurde meistens „gefunden". Damit stand die Frage im Raum: Wie werde ich jetzt gefunden? Und mit diesem Thema landen wir wieder bei einer ihrer Erkenntnisse aus dem Inhaltsverzeichnis der Lebensgeschichte: Die Bedeutung von Zufällen – und wie sie solchen in ihrem Aussteigerleben wieder vermehrt Raum geben könnte.

A. S. hatte während der Erarbeitung der Entwicklungslinie bereits für sich Eigenschaften, Stärken, Kompetenzen und Interessen gesammelt und auf verschiedenen Mindmaps festgehalten. Bei der Dekonstruktion ihrer Geschichten hatten wir damit bereits eine Grundlage, die wir gemeinsam mit den Erkenntnissen aus dem Gespräch erweiterten. Dabei warfen wir den Blick sowohl auf Kompetenzen wie auch auf Interessenbereiche und übergeordnete Lebensthemen (Abb. 9.2).

Die Dekonstruktion der Geschichten und das Zusammentragen der Erkenntnisse beanspruchte einen Großteil des zweiten Termins. Gegen Ende richteten wir dann den Blick auf die Rekonstruktion, indem wir einen Schritt zurückgingen und die anfänglichen Fragestellungen nochmals aufgriffen und uns überlegten, inwiefern die gewonnenen Erkenntnisse für diese Fragen hilfreich sind:

„Soll ich die Weiterbildung weiterziehen? Unangenehmes Gefühl von Stehenbleiben, ich müsste doch …? Wer bin ich? Was kann ich?"

Für mich ist in der Beratung wichtig, laufend zu prüfen, ob die Ziele noch passend sind. Für A. S. hatte sich die erste Frage bereits geklärt. Bei der Arbeit an Kompetenzen und der Frage: „Welche davon möchtest du mehr einsetzen?" traten Geschichten mit Begegnungen mit Menschen in den Vordergrund. So wurde ihr deutlich, dass sie in irgendeiner Form Menschen unterstützen und in ihren Anliegen weiterbringen möchte. Das Absolvieren des MAS stellt für sie deshalb ein passender Weg dar.

Das Gefühl des Stehenbleibens hatte sich zudem etwas gelegt. Allein die Initiative zur Laufbahnberatung und der Entscheid, den MAS weiterzuführen, haben der gefühlten Passivität einen anderen Charakter verliehen.

> „Heute kann ich sagen, dass während dem Beratungsprozess meine „Hin-zu"-Energie nachhaltig gestärkt wurde. Aus meiner negativ empfundenen Passivität (die es auszuhalten gilt, weil wichtig im Prozess) habe ich in eine zielgerichtete Aktivität gefunden, mit bewusst zurückgezogenem Horizont darauf, was mir jetzt wichtig ist: Lernen, Berufsausbildung, integrative und selbstgesteuerte Lebensführung." (Zitat A. S.)

Die vielseitigen Geschichten und Erlebnisse haben unzählige neue und alte Bilder und wir entschieden uns, diese Themen bei einem 3. Termin nochmals gezielt aufzugreifen, wobei ich A. S. den Auftrag mitgab, für sich nochmals die wichtigsten Erkenntnisse aus dem heutigen Gespräch schriftlich festzuhalten. Hierfür eignet sich auch die Identitätskarte sehr gut – A. S. bevorzugte dafür eigene Darstellungen. Am 3. Termin setzten wir uns nochmals mit den Fragen „Wer bin ich?", „Was kann ich?" auseinander. Neben den verschriftlichten Erkenntnissen aus dem vergangenen Termin zogen wir dafür auch den Fragebogen VIA-IS bei, welcher gewisse Themen Neugierde, Authentizität oder Liebe zum Lernen noch verdeutlichte. A. S. wirkte etwas geordneter als an den ersten beiden Terminen. Sie berichtete, dass sich innerlich etwas verändert habe. Eine innere Sicherheit, es komme alles zum richtigen Zeitpunkt, sei in ihrem Empfinden wieder eingekehrt, wenngleich sie zuweilen ihre Passivität verurteile. Sie sei neugierig auf mehr Austausch und habe gespürt, dass dieser ihr helfe, die innere Sicherheit wiederzuerlangen. Auch möchte sie den Austausch wieder vermehrt dafür nutzen, Zufälle in ihrem Leben zu generieren, wenngleich dies noch keine Eile hätte. Inhaltlich mit Blick auf die Frage „Was kann ich?" ergaben sich unter anderem folgende wichtige Erkenntnisse:

- Ihre Begeisterung und ihr Gespür für Menschen gemeinsam mit ihrem Wissen und Handling von Tieren und Natur könnte eine Tür zu einer eigenen ganzheitlichen Beratungsmethode öffnen.
- Kann viel Verantwortung übernehmen, große Begeisterungsfähigkeit und Durchhaltewille, will aber klar nicht im Vordergrund stehen. Gerne in der „zweiten Reihe".
- Arbeit an Kompetenzen ist noch nicht abgeschlossen. Da fehlen noch ein Bündeln und mehr Klarheit dazu, welche davon weiter ihren Platz im Beruf haben sollen, welche nicht (mehr) und welche neu im Beruf gelebt werden möchten. Diese Aufgabe nimmt sie für die weiteren Monate mit sich mit.

Zum Zeitpunkt der 3. Beratung waren die Inhalte für A. S. stimmig und ihr Ziel vorerst erreicht. Es war klar angesprochen, dass der Prozess zur Beantwortung der Fragen „Wer bin ich?" und „Was kann ich?" weitergeht und viele Überlegungen dazu nun auf individueller Ebene weiter fokussiert werden müssen. Da der nächste Schritt mit dem Weiterführen des MAS geklärt war und A. S. aktuell das Abwarten noch gezielt aushalten und nutzen wollte, entschieden wir uns, zu einem späteren Zeitpunkt (ca. 3 Monate später) kurz zum aktuellen Stand auszutauschen.

9.5 Chancen und Herausforderungen in der Praxis

Individueller Gestaltungsspielraum
Wie bereits erwähnt und im Beispiel aufgezeigt, lassen die beiden Methoden sehr viel individuellen Gestaltungsspielraum.

Die „Kapitel meiner Lebensgeschichte" können als Methode vielseitig eingesetzt werden und müssen nicht im Zusammenhang mit der Entwicklungslinie erarbeitet werden. Das Benennen von Lebensabschnitten und Schlüsselmomenten ist eine sehr konkrete, einfach verständliche Aufgabe, die bereits beim Erarbeiten zu wertvollen Erkenntnissen für das Hier und Jetzt führen. Je nach Fragestellung und Ausgangslage können einzelne Kapitel vertieft oder gar verschriftlicht werden. Dabei kann auch deutlich gemacht werden, dass je nach Fokus, mit dem eine Geschichte erzählt wird, das eine oder andere Thema im Vordergrund steht.

Die differenzierte Betrachtung der im Leben erworbenen Fähigkeiten anhand der Entwicklungslinie ist sehr wertvoll, da insbesondere der Blick auf Kompetenzen meist nur mit Bezug zu schulischen oder beruflichen Erfahrungen gemacht wird. Der Wert von überfachlichen Kompetenzen kann anhand der Entwicklungslinie sehr schön veranschaulicht werden, da visuell deutlich gemacht wird, dass das Leben nicht allein aus dem Beruf besteht. Dies ist mitunter auch ein Grund, weshalb die Methode der Kompetenzenbilanzierung (Lang-von Wins & Triebel, 2006) weitgehend auf dem Ansatz der Entwicklungslinie basiert. Der Blick auf die individuelle Zufriedenheit kann zudem wertvolle Hinweise auf die eigenen Bedürfnisse liefern: Was macht meine Zufriedenheit aus? Zusammenspiel der verschiedenen Lebensrollen, aber auch verschiedene Faktoren wie Umfeld, Inhalte, Wertvorstellungen oder Menschen. Daraus können wertvolle Erkenntnisse für die Zukunft generiert werden.

Nichtwissen
Der Einsatz dieser beiden Verfahren erweist sich in der Beratung als überaus wertvoll. Dabei ist für mich wie bei allen Methoden zentral, dass ich mit der Haltung des Nichtwissens (Barthelmess, 2016) daran gehe und mich dementsprechend auch von den Erzählungen und Gedanken der Klient*innen überraschen lasse. Diese narrativen Ansätze unterstützen dabei, Lebensthemen aber auch Eigenschaften, Stärken, Interessen und Werte in der Beratung zu erarbeiten. Ich habe aber nicht den Anspruch, dass zu all diesen Bereichen immer Erkenntnisse gewonnen werden können. Manchmal ergibt sich in Gesprächen mehr, manchmal weniger. Je nach Bedarf können sonst andere Methoden hinzugezogen werden. Diese Haltung hilft mir, offen hinzuhören und die Geschichten wahrzunehmen.

Die Umsetzung der Reflexionsfragen erfolgt sehr unterschiedlich. Sehr reflektierte und engagierte Klient*innen erscheinen bereits mit ersten Erkenntnissen zum nächsten Beratungstermin. Andern wiederum bereitet es Mühe, sich auf diese Arbeiten einzulassen. Die Herausforderung für Beratungspersonen besteht darin, keine Erwartungen an die Arbeit der Klient*innen zu hegen, sondern offen mit dem zu arbeiten, was sich in der Beratung zeigt. Das bedeutet für mich: Wie weit wir in die Geschichten während der Beratung eintauchen, hängt stark davon ab, wie sehr die Klient*innen sich bereits auf die Konstruktion und Dekonstruktion eingelassen haben. Das heißt aber, dass jede Beratung anders verläuft und ich mich sehr flexibel darauf einstellen muss. Je nach Verlauf nimmt die Arbeit daran mehr oder weniger Zeit in Anspruch. Bei oben erwähntem Praxisbeispiel zeigte sich die Klientin überaus motiviert und reflektiert. Ich war lediglich angehalten, punktuell etwas zu spiegeln, zusammenzufassen und zu strukturieren. In anderen Beratungen ist gezieltes Nachfragen wichtig, um miteinander in die Geschichten einzutauchen und Inhalte zu dekonstruieren. Auch wenn jemand die Reflexionsfragen eher oberflächlich und nicht bis ins letzte Detail bearbeitet hat, kann in der Beratung sehr viel entstehen. Bei beiden Verfahren lohnt es sich, vorerst wahrzunehmen, was die Bearbeitung bei den Klient*innen ausgelöst hat und darauf aufbauend den Prozess zu gestalten. Dies erfordert Flexibilität und Vertrauen in den Prozess, beides aber für die Beratung ohnehin wichtige Kompetenzen.

Ganzheitlicher Blick
Der ganzheitliche Blick auf das Leben der Klient*innen lässt einen vielseitigen Einsatz in Beratung und Coaching zu. Beiden Methoden gemeinsam ist ein ganzheitliches Eintauchen in die eigene Biografie. Dabei gehört es dazu, dass neben den schönen, erfolgreichen Geschichten auch emotional schwierigere Erlebnisse oder Episoden Platz erhalten. Oftmals erlebe ich Beratungspersonen, die großen Respekt davor haben,

solchen Geschichten Platz einzuräumen. Dabei wird oft vergessen, dass herausfordernde Situationen bei der Suche nach Ressourcen oder Wertvorstellungen sehr wertvoll sind, wenn wir mit der Frage daran gehen „Was hat ihnen geholfen, diese Situation auszuhalten/zu überwinden/zu meistern"? Auch in der PSI-Theorie (Kuhl, 2005, 2010, 2018) wird dieses Thema aufgegriffen mit dem Bewusstsein dafür, dass vergangene negative Erfahrungen wichtig sind, um daraus für die Zukunft zu lernen (Abschn. 4.3). Darüber hinaus können darin auch unerledigte Themen stecken, die den Blick nach vorne trüben oder die Klient*innen absorbieren. Zeigen sich einschneidende oder stark emotionale Erfahrungen, welche die Klient*innen absorbieren, kann die Frage wichtig werden, welchen Einfluss diese Erfahrungen auf die anstehenden Entscheidungen oder Coachingthemen haben könnten. So erfahre ich, ob die Klient*innen neben den vordergründigen Beratungsthemen noch andere Bereiche im Leben haben, von denen sie gefordert werden. Gut möglich, dass diese sich gegenseitig beeinflussen und Energie absorbieren.

Hilfreich ist für mich auch hier die Haltung des Nichtwissens: Ich weiß nicht, wie die Klient*innen aktuell die Situationen erleben und empfinden. Also gehe ich nicht von meinem Eindruck aus, wie man eine solche Situation empfinden müsste. Nur so gelingt es mir, anspruchsvolle Themen im Gespräch aufzunehmen und wahrzunehmen, was diese bei den Klient*innen auslösen.

Zeitmanagement
Der ganzheitliche Blick auf das Leben der Klient*innen wird als großer Mehrwert aufgeführt. Er beinhaltet aber auch die Herausforderung nach dem Fokus. Bin ich im Gespräch mit Klient*innen, die sich überaus kommunikativ zeigen, kann es eine Herausforderung darstellen, das Zeitmanagement im Blick zu behalten. Grundsätzlich obliegt die Verantwortung für den Prozess der Beratungsperson. Aus diesem Grund kann es bei sehr redseligen Personen sinnvoll sein, den Redefluss irgendwann zu unterbrechen. Dafür sind wertschätzende Interventionen hilfreich wie beispielsweise: „Es ist beeindruckend zu erleben, wie Sie in ihren Geschichten mitgehen … wenn wir da den Fokus nun darauf richten könnten, welche Themen oder Stärken, Eigenschaften darin für sie relevant sind, könnten Sie diese benennen?" oder „Ich spüre, Sie blühen bei diesen Erzählungen auf. Mit dem Blick auf die Uhr müssen wir langsam zu einem Abschluss kommen. Gerne würde ich ihnen dazu eine Folgeaufgabe mitgeben …".

Narrative Methoden erfordern ihre Zeit und es ist wichtig, sich diese für die De- und Rekonstruktion zu nehmen. In der Regel kann die Arbeit mit der Entwicklungslinie oder den „Kapiteln meiner Lebensgeschichte" in einer Stunde gut durchgeführt werden, wenn die Aufgabe zu Hause von den Klient*innen erarbeitet wird.

Ko-Konstruktion
Im Unterricht erlebe ich immer wieder, dass (angehende) Beratungspersonen sich beim Einsatz von narrativen Verfahren unter Druck setzen, indem sie jede Erkenntnis auf die Waagschale legen, ob diese nun hilfreich für die weiteren Schritte ist oder nicht. Dieser eingeschränkte Fokus ist für das Beratungsgespräch nicht hilfreich. Stellen Sie sich viel-

mehr ein großes Puzzle vor, bestehend aus ganz vielen kleinen Erkenntnissen, die ein großes Ganzes ergeben – von dem wir aber ohnehin nicht alle Teile haben. Mit der De- und Rekonstruktion legen wir alle Puzzleteile auf den Tisch, wir fügen sie noch nicht zusammen – oder höchstens ein paar davon. Aber grundsätzlich sammeln wir einfach und legen die Teile hin, bevor wir dann, wenn ganz viele da sind, mit der ganzheitlichen Brille und der Frage „Was hilft uns nun zur Beantwortung unserer Fragestellung weiter?" draufblicken. Dies kann auch so geschehen, dass Klient*innen ihre Eigenschaften und Werte sowie ihre Ziele, Bedürfnisse, Werte und Kompetenzen sortieren und daraus in Anlehnung zum MPI (Kap. 4) ihre (berufliche) Identität konzipieren und weiterentwickeln.

Literatur

Barthelmess, M. (2016). *Die systemische Haltung*. Vandenhoeck & Ruprecht.
Kuhl, J. (2005). *Eine neue Persönlichkeitstheorie*. Website PSI-Theorie. https://www.psi-theorie.com/
Kuhl, J. (2010). *Lehrbuch der Persönlichkeitspsychologie*. Hogrefe.
Kuhl, J. (2018). *Individuelle Unterschiede in der Selbststeuerung*. In J. Heckhausen & H. Heckhausen (Hrsg.), *Motivation und Handeln* (S. 389–422). Springer. https://doi.org/10.1007/978-3-662-53927-9_13
Lang-von Wins, T., & Triebel, C. (2006). *Kompetenzorientierte Laufbahnberatung*. Springer.
McAdams, D. P. (2007). *The life story interview II*. Northwestern University. https://sites.northwestern.edu/thestudyoflivesresearchgroup/instruments/
McAdams, D. P. (1995). What do we know when we know a person? *Journal of Personality, 63*(3), 365–396.
McAdams, D. P. (2013). The psychological self as actor, agent, and author. *Perspectives on Psychological Science, 8*(3), 272–295. https://doi.org/10.1177/1745691612464657
Ruch, W., Proyer, R. T., Harzer, C., Park, N., Peterson, C., & Seligman, M. E. P. (2010). Values in action inventory of strengths (VIA-IS). Adaptation and validation of the german version and the development of a peer-rating form. *Journal of Individual Differences, 31*(3), 138–149. https://doi.org/10.1027/1614-0001/a000022
Savickas, M. L. (2019). *Career construction theory. Life portraits of attachment, adaptability, and identity*. Mark L. Savickas.
Savickas, M. L. (2020). Career construction theory and counseling model. In S. D. Brown & R. W. Lent (Hrsg.), *Career development and counseling: Putting theory and research to work*. (3rd ed., S. 165–200). Wiley & Sons.
Schreiber, M. (2020). *Wegweiser im Lebenslauf*. Kohlhammer.
Schreiber, M. (2021). Career Construction Counseling (CCC) – Komplexität abbilden, reduzieren und die berufliche Identität aktiv gestalten. In M. Hammerer, T. Kaar, B. Schmidtke, C. Sieder, & T. Stangl (Hrsg.), *Zukunftsfeld Bildungs- und Berufsberatung VI. Komplexität abbilden und gestalten: Was haben wir im Blick?* (S. 179–199). Bundesinstitut für Erwachsenenbildung (bifeb).
Schreiber, M., Gschwend, A., & Iller, M. L. S. (2020). The vocational ID–connecting life design counselling and personality systems interaction theory. *British Journal of Guidance and Counselling, 48*(1), 52–65. https://doi.org/10.1080/03069885.2018.1538495

Super, D. E. (1990). A life-span, life-space approach to career development. In D. Brown & L. Brooks (Hrsg.), *Career choice and development: Applying contemporary theories to practice* (2nd ed., S. 197–261). Jossey-Bass.

ZHAW/IAP. (2022a). *Identitätskarte*. https://www.zhaw.ch/storage/psychologie/upload/beratung/zbsl/fachpublikum/IAP_Arbeitsblatt_ID-Karte_2022a.pdf

ZHAW/IAP. (2022b). *Arbeitsblatt Entwicklungslinie*. https://www.zhaw.ch/storage/psychologie/upload/beratung/zbsl/fachpublikum/IAP_Berufliche-private_Entwicklung_2022b.pdf

ZHAW/IAP. (2022c). *Plattform Laufbahndiagnostik*. https://laufbahndiagnostik.ch

Anita Glenck hat 2008 an der Universität Zürich das Studium in Wirtschaftspsychologie abgeschlossen und im Anschluss daran den MAS in Career Counseling and Human Resources Management absolviert. Sie arbeitet seit 13 Jahren als Berufs-, Studien- und Laufbahnberaterin, wobei sie seit 2013 am IAP Institut für Angewandte Psychologie der ZHAW Zürcher Hochschule für Angewandte Wissenschaften als Beraterin und Dozentin tätig ist. Im Speziellen leitet sie dort den CAS „Diagnostik und Beratung in der Arbeitswelt" und ist zudem seit 2019 Co-Leiterin des Zentrums für Berufs-, Studien- und Laufbahnberatung am IAP.

Ressourcenbilder

10

Marc Schreiber

10.1 Entstehung und theoretischer Hintergrund

Das Arbeiten mit Bildern und Geschichten ist in Beratung und Coaching weit verbreitet. Im Bereich der Laufbahnberatung sind dabei insbesondere die Career Construction Theorie (CCT; Savickas, 2019, 2020) und das Career Construction Interview (CCI) zu nennen (Kap. 6; Kap. 7). Zudem ist auch der Foto-Interessen-Test (FIT; Jungo & Toggweiler, 2020) zu erwähnen, mit dem das Interessenmodell von Holland (1997) abgebildet werden kann. Kürzlich wurden die Bilder zur Laufbahngestaltung (BLG; Brodmann & Jungo, 2020), die sich auf 26 Lebensbedeutungen beziehen, entwickelt. Auch mit dem Zürcher Ressourcenmodell (ZRM; Storch, 2009; Storch & Krause, 2017) wird sowohl im Coaching als auch in der Laufbahnberatung häufig gearbeitet.

Mit dem Arbeitsmittel Ressourcenbilder haben wir eine Methode entwickelt, mit der Klient*innen entweder selbstgesteuert oder eingebettet in einen Beratungsprozess ein persönliches Ressourcenbild auswählen, dazu eine Geschichte verfassen und in der Folge relevante (Lebens-)Themen, Bedürfnisse und Motive für die (berufliche) Laufbahnentwicklung identifizieren können (Schreiber, 2020). Bei der Arbeit mit den Bildern sowie der Geschichte stehen neben expliziten Persönlichkeits- und Identitätsaspekten auch die impliziten Aspekte im Vordergrund. Gemäß der Theorie der Persönlichkeits-System-Interaktionen (PSI-Theorie; Kuhl, 2005, 2010, 2018) sind dabei die rechte Hirnhemisphäre sowie die intuitiv-parallel und schnell funktionierenden kognitiven Erkenntnissysteme EG („Fühlen"; (1) Zielselektion) und IVS („Intuieren"; (3) Handlung)

M. Schreiber (✉)
IAP Institut für Angewandte Psychologie, ZHAW Zürcher Hochschule
für Angewandte Wissenschaften, Zürich, Schweiz
E-Mail: marc.schreiber@zhaw.ch

© Der/die Autor(en), exklusiv lizenziert an Springer Fachmedien Wiesbaden GmbH, ein Teil von Springer Nature 2022
M. Schreiber (Hrsg.), *Narrative Ansätze in Beratung und Coaching*,
https://doi.org/10.1007/978-3-658-37951-3_10

aktiviert (Abb. 4.2; Tab. 4.3; Abb. 4.1; Tab. 4.11). Das Arbeitsmittel folgt einem vorgegebenen Prozessablauf und kann mit der (beruflichen) Identitätskarte (ID; Schreiber, Gschwend, et al., 2020; Abschn. 5.2) kombiniert werden.

▶ Unter dem Begriff Ressourcen wird alles verstanden, was eine Person in sich oder in ihrer Umwelt als positiv und hilfreich erlebt, um ihre Ziele sowie persönliches Wohlbefinden zu erreichen. Damit sind materielle, soziale und persönliche Merkmale eingeschlossen, die eine Person besitzt und nutzen kann (Diener & Fujita, 1995).

Die theoretische Basis der Ressourcenbilder liegt sowohl in der CCT von Savickas (2019, 2020; Kap. 3) als auch in der PSI-Theorie von Kuhl (2005, 2010, 2018; Abschn. 4.3) und dadurch auch im Modell der Persönlichkeits- und Identitätskonstruktion (MPI; Kap. 4). Die ID (Abb. 5.1) spielt dabei eine zentrale Rolle, weil mit ihr das Lebensporträt einer Beratung gemäß dem MPI (Kap. 5) abgebildet werden kann. In der Mitte der ID können Klient*innen ein Bild einfügen, beispielsweise aus dem Arbeitsmittel Ressourcenbilder. Das Arbeitsmittel Ressourcenbilder haben wir im Jahr 2017 entwickelt. Seither steht es auf der Plattform Laufbahndiagnostik (ZHAW/IAP, 2022) frei zur Verfügung. Die erste Version enthielt 67 Bilder, allesamt von Marco Vannotti.[1] Die Auswahl der Bilder wurde von 3 Beratungspersonen sowie von mir getroffen. Für die Auswahl haben die 4 Personen insgesamt 273 Bilder danach geratet, ob sie sich als „Ressourcenbild" eignen. Die Personen haben zudem Kommentare dazu gemacht, welche Themen über- (z. B. zu starker Fokus auf Landschaften) oder untervertreten (z. B. abstrakte Formen, Tierbilder) sind. Bereits ein Jahr später, im Jahr 2018, haben wir die Bildserie erweitert mit Bildern aus der Fotobibliothek Pixabay.[2] Dabei hat Marie-Louise Iller eine zentrale Rolle bei der Auswahl und Strukturierung der Bilder übernommen. In der Fotobibliothek hat sie speziell nach Bildern gesucht, welche die fehlenden Themen abdecken können. Aus einer Auswahl von 120 Bildern der Fotobibliothek Pixabay sowie weiteren 19 Bildern von Marco Vannotti haben wiederum insgesamt 4 Personen die Eignung der Bilder als „Ressourcenbild" eingeschätzt. Dieser Prozess hat zur aktuellen Bildwelt von 80 Bildern geführt, wobei 65 Bilder von Pixabay und 15 von Marco Vannotti stammen.

Die Bildwelt mit den 80 Bildern enthält insgesamt 26 Bilder, auf denen ein Fortbewegungsmittel abgebildet ist (Tab. 10.1). Bei Klient*innen, die ein Bild mit einem Fortbewegungsmittel als persönliches Ressourcenbild auswählen, kann in der Beratung mit der Hypothese gearbeitet werden, dass es für sie darum geht, ein (berufliches) Ziel, das sie bereits umschreiben können, zu erreichen. Diese Hypothese bezieht sich auf die PSI-Theorie von Kuhl (2005, 2010, 2018; Abschn. 4.3), in welcher zwischen dem

---

[1] Siehe https://www.marcovannotti.ch. Marco Vannotti ist Psychologe und arbeitet als Fotograf.
[2] Siehe https://pixabay.com.

10 Ressourcenbilder

Tab. 10.1 Beispielbilder Fortbewegungsmittel für die Zielumsetzung (Motorik; Handeln)

Anmerkung: Die erste Zeile (1–4) beinhaltet die 4 am häufigsten gewählten Bilder mit Fortbewegungsmitteln.

Prozess der Zielumsetzung – auf Handeln (Motorik) bezogen – und des Selbstwachstums – auf das Erleben (Sensorik) – unterschieden wird. Diese Unterscheidung wird im MPI übernommen (Abb. 4.1). Das Fortbewegungsmittel kann als Symbol für die mit der Zielumsetzung einhergehende motorische Aktivierung interpretiert werden. Dabei sind gemäß dem MPI das Intentionsgedächtnis (IG; „Denken"; (2) Planung) und die intuitive Verhaltenssteuerung (IVS; „Intuieren"; (3) Handlung) beteiligt (Abb. 4.2; Tab. 4.3; Abb. 4.1; Tab. 4.11). Das gewählte Fortbewegungsmittel kann einen Hinweis dafür beinhalten, wie die Person das Ziel umsetzen kann, respektive was für eine Vorgehensweise für sie passend erscheint (z. B. wie eine Rakete oder mit dem Velo). Im Kontext der PSI-Theorie ist bei der Zielumsetzung insbesondere der Umgang mit positivem Affekt (A+/PA) von Relevanz. Das kann berücksichtigt werden, indem im Beratungsprozess darauf geachtet wird, inwiefern das Ziel mit A+ verknüpft ist und wie Hürden, die bei der Zielumsetzung im Weg stehen könnten, überwunden werden können.

Die restlichen 54 Bilder enthalten kein Fortbewegungsmittel (Tab. 10.2). Bei Klient*innen, die ein Bild ohne Fortbewegungsmittel als persönliches Ressourcenbild auswählen, kann die Hypothese verfolgt werden, dass das Bild Aspekte eines für sie erstrebenswerten Zieles enthalten und dass es sich als (berufliches) Zielbild eignet. Bezogen auf das MPI steht dabei der auf das Erleben bezogene Prozess des Selbstwachstums unter Einbezug des Extensionsgedächtnisses (EG; „Fühlen"; (1) Zielselektion) sowie des Objekterkennungssystems (OES; „Empfinden"; (4) Evaluation)

Tab. 10.2 Beispielbilder Zielbilder für das Selbstwachstum (Sensorik; Erleben)

1	2	3	4
5	6	7	8

Anmerkung: Die erste Zeile (1–4) beinhaltet die 4 am häufigsten gewählten Bilder ohne Fortbewegungsmittel

im Vordergrund (● Abb. 4.2; ● Tab. 4.3; ● Abb. 4.1; ● Tab. 4.11). Konkret kann das gewählte Zielbild Hinweise für relevante implizite oder auch explizite Bedürfnisse, Werte, Motive und Interessen oder auch (Lebens-)Themen beinhalten. Im Kontext der PSI-Theorie ist beim Selbstwachstum der Umgang mit negativem Affekt (A-/NA) und der damit einhergehende Zugriff auf das EG zentral. In der Beratung ist es deshalb zentral, A- zu adressieren und Strategien zu erarbeiten, wie Klient*innen A- begegnen und dadurch Zugang zum EG erhalten können.

Die Auswahl des persönlichen Ressourcenbildes kann von der momentanen Situation, in der sich die Klient*innen gerade befinden, beeinflusst werden. Das möchte ich anhand eines Beispiels einer Klientin aufzeigen:

> **Beispiel**
>
> Die Klientin hat das Arbeitsmittel Ressourcenbilder auf der Plattform Laufbahndiagnostik (ZHAW/IAP, 2022) ausgefüllt und das Bild Nr. 3 (Person blickt in Richtung Sonne) aus Tab. 10.2 als persönliches Ressourcenbild ausgewählt. Zusätzlich hat sie die Fragen des CCI unter www.mycareerstory.ch ausgefüllt und dort für die ID das Bild Nr. 8 (spiralförmige Anordnung von Fenstern) aus Tab. 10.2 ausgewählt (Abschn. 5.2). Im Beratungsprozess hat die Klientin dann darauf hingewiesen, dass die in Richtung Sonne blickende Person (Bild Nr. 3), ausgewählt im Arbeitsmittel Ressourcenbilder,

für sie als Zielbild steht, welches auf den Prozess des Selbstwachstums bezogen ist. Dabei geht es für sie darum, dass sie sich nach einer beruflichen Funktion und einem beruflichen Tagesalltag mit klar fokussierten Aufgabenbereichen („mit klarem Fokus vor Augen") sehnt. Die spiralförmig angeordneten Fenster (Bild Nr. 8) hingegen, ausgewählt unter www.mycareerstory.ch, widerspiegeln für sie den Prozess der Zielumsetzung und dadurch den Weg, respektive die Art und Weise, wie sie den Weg gehen wird, um ihre berufliche Vision umsetzen zu können. Sie möchte den Weg Schritt für Schritt gehen und sich dabei voll und ganz auf auf ihre Vision („in der Mitte des Bildes") ausrichten. In 2 unterschiedlichen Situationen hat die Klientin also unterschiedliche Ressourcenbilder ausgewählt und diese auch mit unterschiedlichen Prozessebenen ihrer beruflichen Laufbahnentwicklung, nämlich Selbstwachstum und Zielumsetzung, in Verbindung gebracht. ◀

In der Sprache der Inhaltstheorien des MPI (Kap. 4) – übernommen von der CCT von Savickas (2019, 2020; Kap. 3) – bezieht sich der oben beschriebene Prozess der Klientin auf die Reflexivität. Savickas (2019, 2020; Abschn. 3.5) spricht dabei auch von Biografiearbeit, welche sowohl retrospektiv (Reflexion) als auch prospektiv (Reflexivität) ausgerichtet ist. Dabei wird das Ziel verfolgt, auf der Ebene der autobiografischen Autor*innen eine (berufliche) Identität als soziales Narrativ zu etablieren (Abb. 4.1). Im Rahmen dieser (beruflichen) Identität wird ausgeführt, wie Klient*innen ihr eigenes Selbst sowie ihre Persönlichkeit in ihre soziale Umwelt einbetten.

Das oben geschilderte Beispiel zeigt, dass im Beratungsprozess die idiografischen Bedeutungszuschreibungen („Die spiralförmig angeordneten Fenster (Bild Nr. 8) zeigen mir den Prozess der Zielumsetzung, also wie ich meinen beruflichen Weg gehen möchte, auf.") nicht zwingend den nomothetischen Hypothesen („Bilder ohne Fortbewegungsmittel stehen als Zielbilder für das Selbstwachstum") entsprechen müssen. Prozesse der Reflexivität sind idiografisch und im Beratungsprozess ist es wichtig, dass Klient*innen ein für sie persönlich stimmiges soziales Narrativ entwickeln können. Allgemeine Hypothesen können dabei zwar als Raster verwendet werden, sollten aber wieder aufgegeben werden, wenn sie nicht zum sozialen Narrativ der Klient*innen passen.

Im Jahr 2019 haben wir eine weitere Entwicklung vollzogen. Seither werden Klient*innen eingeladen, zu ihrem persönlichen Ressourcenbild eine Geschichte zu verfassen. Dabei haben wir die Anleitung des Thematischen Apperzeptionstests (TAT) von Murray (1943) übernommen. Genauso wie Bilder können auch Geschichten den Zugang zu impliziten Motiven (Schönbrodt et al., 2021), Bedürfnissen oder (Lebens-)Themen erleichtern und dadurch Klient*innen auch den Zugang zum Selbst (EG) ermöglichen.

Das Arbeitsmittel kann sehr gut in einem Beratungsprozess gemäß dem MPI einbezogen werden und dabei den dialogischen Beratungsprozess gemäß der CCT von Savickas (2020) abbilden (Tab. 5.1):

1. Fokus auf die Herausforderung (Konstruktion)
2. Fokus auf die Veränderung (Dekonstruktion und Rekonstruktion)
3. Konsolidierung der Veränderung (Ko-Konstruktion)

Analog zu den Fragen im CCI (Kap. 6, Kap. 7) können sowohl die Bildauswahl als auch das Verfassen der Geschichte als Teil der ersten Phase betrachtet werden. Dabei wird der Fokus auf die Herausforderung der Klient*innen gelegt (Konstruktion), in dem Sinne, dass eine Spannung aufgebaut wird, die im weiteren Verlauf in Richtung einer erwünschten Veränderung genutzt wird. Im Rahmen einer Beratung oder auch selbstgesteuert auf der Plattform Laufbahndiagnostik (ZHAW/IAP, 2022) können in der Folge sowohl die Auswahl der Bilder als auch die Geschichte reflektiert werden. Dabei wird die Aufmerksamkeit darauf gelegt, implizite Aspekte – Bedürfnisse, Werte, Motive und Interessen oder auch (Lebens-)Themen – zu identifizieren und über die Sprache dem Bewusstsein zugänglich zu machen (Dekonstruktion) und im Lebensporträt (ID) festzuhalten (Rekonstruktion). In dieser zweiten Phase wird der Fokus auf die Veränderung gelegt.

Kuhl (2001) definiert ein Bedürfnis als subkognitive „Größe" – gekoppelt an Affekte – in einer Situation (z. B. während eines Gesprächs mit der Vorgesetzten), die für die Bedürfnisbefriedigung (z. B. Bedürfnis nach Wertschätzung) relevant ist (Abschn. 4.4; Tab. 4.6). Demgegenüber sind Motive gemäß Kuhl (2001) mit Bedürfnissen vernetzte affektiv-motivationale Systeme, die immer mit einem Annäherungs- oder Vermeidungscharakter verbunden sind und zu spezifischen Antriebsmustern führen. Durch den Annäherungs- oder Vermeidungscharakter beinhalten Motive eine bewertende Komponente. (z. B. Ich suche mir eine berufliche Umwelt, in der ich Wertschätzung erfahre.) Deshalb zählen sie im MPI (Kap. 4; Tab. 4.3; Abb. 4.1; Tab. 4.11) zu den kognitiven Schemata der Situationsbewertung, analog zu den Werten und zur Reflexivität.

Auf der Basis des Lebensporträts (z. B. ID; Abb. 5.1) werden Intentionen für die nächsten Schritte in Richtung der erwünschten Veränderung der (beruflichen) Situation in der Zukunft abgeleitet. Schließlich wird der Fokus in der dritten Phase gemäß Savickas (2019a, 2020) auf die Konsolidierung der Transformation, die Überprüfung der Pläne und die Umsetzung der beruflichen Veränderung im Sinne einer Erweiterung des Selbst gerichtet (Ko-Konstruktion).

Das Arbeitsmittel Ressourcenbilder kann in Beratung und Coaching mit fast allen Zielgruppen angewendet werden. Relevant für den Einsatz ist also weniger die Zielgruppe als das Beratungsanliegen sowie das Beratungsziel. Aber auch diesbezüglich sind aufgrund der soeben beschriebenen theoretischen Verankerung im MPI die Einsatzmöglichkeiten sehr breit. Das Arbeitsmittel kann sowohl bei einem Beratungsanliegen, das sich eher auf die Zielumsetzung bezieht (z. B. „Ich schaffe es nicht, meine Pläne umzusetzen.") als auch bei einem auf das Selbstwachstum bezogenen Anliegen (z. B. „Ich möchte meine berufliche Vision schärfen.") eingesetzt werden. Vor dem Einsatz ist es wichtig, die Klient*innen abzuholen und ihnen den Ablauf sowie das Ziel des Arbeitsmittels kurz zu schildern. So können sie mitentscheiden, ob sie Lust haben und/oder ob es Sinn macht, sich auf den Prozess mit den Bildern und der Geschichte einzulassen.

Seit dem Jahr 2021 besteht beim Arbeitsmittel Ressourcenbilder die Möglichkeit, die verfasste Geschichte mithilfe von künstlicher Intelligenz (KI) auswerten zu lassen (siehe Schreiber & Gloor, 2020). Dabei wird aktuell ein Algorithmus von IBM verwendet (Natural Language Understanding, NLU).[3] Mit dem Algorithmus wird aufgrund der von den Klient*innen verfassten Geschichte zum einen ein Wert für die Stimmung (positiv/negativ) und zum anderen auch je ein Wert für die Emotionen Freude, Ärger, Ekel, Traurigkeit und Angst ausgegeben (*Sentiment*- und *Emotion*-Analyse). Die Praxistauglichkeit solcher Algorithmen ist jedoch noch unerforscht. Deshalb sollten solche von Algorithmen der KI ausgegebenen Werte kritisch betrachtet und keinesfalls als objektive Realität betrachtet werden. Wenn überhaupt, so können die Algorithmen ausschließlich als mögliche Grundlage für die Persönlichkeits- und Identitätskonstruktion verwendet werden. Wir sind aktuell dabei, die Praxisanwendung einer Textanalyse durch KI, unter anderem auch für die Prognose von Motiv-, Persönlichkeits- und Interessensfragebogen, zu prüfen.

10.2 Prozess der Durchführung

Die Durchführung des Arbeitsmittels Ressourcenbilder dauert ca. 20 Minuten, wobei Personen durch einen mehrstufigen Prozess geführt werden. Wie bei allen Verfahren auf der Plattform Laufbahndiagnostik (ZHAW/IAP, 2022) wird zuerst die aktuelle Situation, in der sich die Person gerade befindet, erfasst (Abschn. 5.3):

> „Beim Ausfüllen der Fragebogen und Arbeitsmittel kann die aktuelle Situation einen Einfluss auf die Beantwortung der Fragen haben. Aus diesem Grund bitten wir Sie bei jeder Sitzung, Ihre aktuelle Situation kurz zu beschreiben und anzugeben, wie Sie sich gerade fühlen."

Die Ergebnisse dieser Situationserfassung sind in der Auswertung des Arbeitsmittels enthalten. Dadurch kann die aktuelle Stimmungslage (positive (PA) und negative Aktivierung (NA)) beim Ausfüllen der Ressourcenbilder in den Beratungsprozess einbezogen werden (Abschn. 4.4; Abb. 4.5). Werden die Bilder sowie die Geschichte beispielsweise in einer Situation bearbeitet, in der die Person gestresst ist (hohe Ausprägung in NA), so kann das die Auswahl der Bilder und das Verfassen der Geschichte beeinflussen. Deshalb sollte die aktuelle Situation beim Ausfüllen des Arbeitsmittels in der Beratung thematisiert werden.

Das Arbeitsmittel besteht wie bereits erwähnt aus 80 Bildern. Jedes Bild wird anhand von 3 Kategorien danach beurteilt, ob es die Person anspricht oder nicht (spricht mich nicht an; neutral; spricht mich an). Im weiteren Verlauf sehen die Personen eine Liste aller Bilder, die sie als ansprechend markiert haben. Die Personen werden dann eingeladen, die Bilder in Kategorien zu bündeln und zu dem Zweck sinnvolle Kategorien

---

[3] Siehe https://www.ibm.com/cloud/watson-natural-language-understanding.

zu definieren. Dabei müssen nicht alle Bilder einer Kategorie zugeordnet werden. Nach diesem Prozess des Bündelns sehen die Personen nochmals alle Bilder, die sie als ansprechend markiert haben, verbunden mit der Aufforderung, ihr persönliches Ressourcenbild auszuwählen.

Danach folgt die Anleitung, zum Bild eine Geschichte zu verfassen. Die Anleitung ist dem Thematischen Apperzeptionstest (TAT; Murray, 1943) entnommen:

> „Bitte versuchen Sie jetzt, eine Geschichte darüber zu erfinden, was in diesem Bild gerade vorgeht und was vorher geschehen ist. Was denken und fühlen die Leute auf dem Bild und welche Absichten verfolgen sie.[4] Versuchen Sie eine abgeschlossene Geschichte zu erzählen, die einen Anfang, ein Mittelstück, und ein Ende hat. Es gibt keine ‚richtigen' oder ‚falschen' Geschichten. Schreiben Sie also die Geschichte darüber, was Ihnen als erstes in den Sinn kommt. Rechtschreibung und Grammatik sind völlig unwichtig. Es ist dagegen wichtig, dass Sie sich vorzustellen versuchen, was in diesem Bild vorgeht, und darüber eine Geschichte schreiben.
>
> Die folgenden Fragen sollen Ihnen beim Schreiben der Geschichte helfen:"

- Was passiert gerade?
- Wer sind die abgebildeten Leute?[4]
- Was passierte vorher?
- Was denken und fühlen die Leute?[4]
- Welche Absichten und Wünsche verfolgen sie?[4]
- Was wird als nächstes passieren?

> „Betrachten Sie das Bild während 15–20 Sekunden und schreiben Sie dann die Geschichte. Das Verfassen der Geschichte sollte nicht länger als 10 Minuten dauern.
> Ihre Geschichte:"

Nach dem Verfassen der Geschichte reflektieren die Personen das persönliche Ressourcenbild zusätzlich hinsichtlich der folgenden Fragen:

- Was kommt Ihnen spontan in den Sinn beim Betrachten Ihres Ressourcenbildes? Bitte halten Sie die spontanen Gedanken fest.
- Welche Emotionen und Gefühle löst das Bild bei Ihnen aus? Bitte halten Sie diese ebenfalls fest.
- Was in diesem Bild gibt Ihnen Kraft? Welche Ressourcen erkennen Sie darin? (positive innere Bilder, Werte, Kompetenzen, Erfahrungen etc.)
- Wie können Sie diese Ressourcen aktuell für sich nutzen?

Danach können Personen, die das möchten, ihre Geschichte anhand des bereits erwähnten KI-Algorithmus von IBM auswerten lassen.

---

[4] Sind auf dem gewählten persönlichen Ressourcenbild keine Leute abgebildet, so werden in der Anleitung zum Verfassen der Geschichte die entsprechenden Sätze weggelassen.

10.3 Fallbeispiel „Studienwahl nach 2 nicht bestandenen Prüfungen"

Herr Huber, ein 21-jähriger Klient, steckt in einer herausfordernden Situation, weil ihm aufgrund von 2 nicht bestandenen Prüfungen das Wirtschaftsstudium an den Universitäten in der Schweiz nicht mehr möglich ist. Im Rahmen der Beratung möchte er für sich klären, welche Studienrichtung er in Angriff nehmen soll. Neben seinem Interesse für Wirtschaft ist Herr Huber technisch interessiert. Deswegen hat er beim zweiten Versuch auch von BWL zu Wirtschaftsinformatik an einer anderen Universität gewechselt. Obwohl ihm das Studium gefallen hat, hat er den Einstieg ins Studierendenleben zu spät gefunden. Dabei hat für ihn auch die spezielle Situation rund um die COVID-19-Pandemie und den damit verbundenen Distanzunterricht eine Rolle gespielt. Obwohl es für ihn Überwindung kostet, auf neue Leute zuzugehen und sich in einem neuen Umfeld zurechtzufinden, so weiß er, dass er den Kontakt mit Mitstudierenden sehr schätzt. Es geht für ihn dabei sowohl um den sozialen Austausch als auch um die inhaltliche Auseinandersetzung mit dem Lernstoff.

Im Beratungsprozess wird für ihn klar, dass er es nochmals mit Wirtschaftsinformatik versuchen möchte und dass sein Weg über eine Fachhochschule, zu denen er weiterhin zugelassen ist, gehen soll. Ob er nach dem Bachelor doch noch an die Universität wechseln möchte, lässt er offen.

Das Arbeitsmittel Ressourcenbilder liefert für Herrn Huber wichtige Erkenntnisse für die weiteren Schritte seiner Studienwahl.

Herr Huber wählt das Bild mit dem Weißkopfseeadler als persönliches Ressourcenbild (Abb. 10.1). Aus den Reflexionsfragen geht hervor, dass der Weißkopfseeadler für Herrn Huber die Themen Stolz und Macht, aber auch Genuss und Erlösung abdeckt. Er sieht im Bild des Weißkopfseeadlers auch die Ressourcen Freiheit und Kontrolle, die ihm gerade in seiner aktuellen Situation, in welcher er vermeintlich die Kontrolle sowie die Freiheit über seine Studienwahl verloren zu haben scheint:

Abb. 10.1 Ressourcenbild „Studienwahl nach 2 nicht bestandenen Prüfungen"

> **Reflexionsfragen** Was kommt Ihnen spontan in den Sinn beim Betrachten Ihres Ressourcenbildes? Bitte halten Sie die spontanen Gedanken fest.
> Stolz und Macht.
> **Welche Emotionen und Gefühle löst das Bild bei Ihnen aus? Bitte halten Sie diese ebenfalls fest.**
> Genuss und Erlösung.
> **Was in diesem Bild gibt Ihnen Kraft? Welche Ressourcen erkennen Sie darin? (positive innere Bilder, Werte, Kompetenzen, Erfahrungen etc.)**
> Freiheit und Kontrolle.
> **Wie können Sie diese Ressourcen aktuell für sich nutzen?**
> … ◄

Zum Zeitpunkt des Ausfüllens des Arbeitsmittels kann Herr Huber „noch" nicht festhalten, wie er diese Ressource aktuell für sich nutzen kann. Deshalb bleibt die Antwort auch leer. In der Beratung danach gefragt, ist es für ihn aber klar: Er sagt, dass das Bild seines Lieblingstieres dafür steht, dass er die Kontrolle über seine Studienwahl wieder bei sich selbst sieht und dass ihm dies die nötige Freiheit gibt. Zum Bild gehören auch Stolz und Macht sowie Genuss und Erlösung. Alles Begriffe, die er mit seinem (Arbeits-)Leben in Verbindung bringt und die zum Zielbild für seine berufliche Laufbahn dazugehören. Er möchte als Berufsmensch Stolz und Macht genauso verbinden wie Genuss und Erlösung. Dafür ist er bereit, einen neuen Anlauf zu nehmen und Strategien zu erarbeiten, die ihm helfen, sein Studium erfolgreich anzugehen und es auch abzuschließen.

Die Begriffe Stolz und Macht sowie Genuss und Erlösung passen auch sehr gut zu den Kategorien, die Herr Huber aufgrund der Bilder, die ihn im Prozess angesprochen haben, bildet. Tab. 10.3 zeigt, dass er die Kategorien mit „Stolz und Macht in der Tierwelt", „Lebensgenuss mit Stil" sowie „Einen Ausflug wert" bezeichnet hat. Während er der ersten Kategorie Tierbilder zugeordnet hat, sind in der zweiten Kategorie verschiedene Fortbewegungsmittel enthalten. Kombiniert mit dem Titel der Kategorie bedeuten die Fortbewegungsmittel, dass er seine beruflichen Ziele – visualisiert durch das persönliche Ressourcenbild mit dem Weißkopfseeadler – nicht nur durch Krampf und Schweiß erreichen will, sondern dass er sich auf dem Weg auch „Lebensgenuss mit Stil" gönnen möchte. Das ist für ihn deshalb wichtig, weil er seine Ziele insbesondere dann nachhaltig verfolgen kann, wenn die Balance zwischen der Anstrengung, auf die er mit Stolz zurückblicken kann, und dem Genuss stimmt.

> **Ihre Geschichte** An einem steilen Hang inmitten Nordamerikas Gebirge ein Nest mit einem frisch geschlüpften Adler. Ein starker Windstoß stieß das Nest samt Vogel in den Wald hinunter. Ein Wanderer fand den jungen Adler und nahm ihn mit zu sich nach Hause. Der Adler bekam zu essen und ein warmes Örtchen zum Schlafen. Nach monatelanger Erholung erklomm der Wanderer mit dem kleinen Vogel die Spitze des Berges, an dessen Fuße er den Jungadler auffand. Er stieß ihn über die Kante und der Adler stürzte hinunter tief ins Tal. Bis er den Aufwind spürte und begann zu fliegen. Der Adler dieser Geschichte fliegt immer noch um den besagten Berg herum und überwacht die Umwelt. ◄

10 Ressourcenbilder

Tab. 10.3 Kategorien für die Bilder – Fallbeispiel „Studienwahl nach 2 nicht bestandenen Prüfungen"

Stolz und Macht in der Tierwelt

Lebensgenuss mit Stil

(Fortsetzung)

Tab. 10.3 (Fortsetzung)

Stolz und Macht in der Tierwelt

Einen Ausflug wert

In der Beratung wenden wir uns auch der oben aufgeführten Geschichte zu, die Herr Huber zu seinem persönlichen Ressourcenbild verfasst hat. Auf die Frage, was für Aspekte beim Durchlesen der Geschichte bei ihm anklingen, kann er sehr präzise Auskunft geben:

Die Geschichte verdeutlicht die Wichtigkeit des sozialen Austauschs. Gerade in seiner herausfordernden Situation, mit der zweimal nicht bestandenen Prüfung benötigt er Unterstützung, die er sowohl von seinen Eltern als auch von seinen Kollegen in der Wohngemeinschaft erhält. Die Geschichte macht für ihn deutlich, dass er den sozialen Austausch künftig auch mit seinen Mitstudierenden suchen und pflegen möchte. Im Vertrauen darauf, dass er das auch gut kann, nimmt er sich vor, die Gelegenheiten zu Studienbeginn zu nutzen, um mit Mitstudierenden in Kontakt zu kommen. Fast beiläufig fügt er hinzu, dass der Adler – bevor er genau denselben Berg und dieselbe Umwelt, die ihm zum Verhängnis geworden sind, überwachen kann – beim ersten Flugversuch nochmals eine herausfordernde Situation zu überwinden hat. Herr Huber spürt, dass er seine herausfordernde Situation, den Einstieg ins Studentenleben, meistern kann.

10 Ressourcenbilder

Obwohl Herr Huber beim Verfassen der Geschichte nicht an die soeben geschilderten Erkenntnisse gedacht hat und obwohl er von sich selbst sagt, dass der Ausdruck über die geschriebene Sprache eigentlich nicht „seine" Ausdrucksform sei, konnte er in der sozialen Interaktion im Beratungsprozess aus der Geschichte wichtige Erkenntnisse ableiten, die er verinnerlicht mitnimmt auf seinen Weg.

▶ Beratungspersonen, die mit dem Zürcher Modell der sozialen Motivation (ZMSM; Bischof, 1985, 1993; Abschn. 4.4) vertraut sind, können beim Reflektieren des persönlichen Ressourcenbildes sowie der verfassten Geschichte die Motive Bindung, Unternehmungslust und Autonomie (im Sinne von Macht, Geltung und Leistung) als mögliches Raster nutzen. Sowohl aus dem Ressourcenbild als auch aus der Geschichte können in der Beratung häufig implizite oder explizite Motive, die für Klient*innen zentral sind, identifiziert werden.

Literatur

Bischof, N. (1985). *Das Rätsel Ödipus*. Piper. http://www.bischof.com/norbert_raetsel_oedipus.html

Bischof, N. (1993). Untersuchungen zur Systemanalyse der sozialen Motivation I: Die Regulation der sozialen Distanz – Von der Feldtheorie zur Systemtheorie. *Zeitschrift Für Psychologie, 201,* 5–43.

Brodmann, E., & Jungo, D. (2020). *Manual Bilder zur Laufbahngestaltung (BLG)*. Laufbahnzentrum.

Diener, E., & Fujita, F. (1995). Resources, Personal Strivings, and Subjective Well-Being: A Nomothetic and Idiographic Approach. *Journal of Personality and Social Psychology, 68*(5), 926–935. https://doi.org/10.1037/0022-3514.68.5.926

Holland, J. L. (1997). *Making vocational choices: A theory of vocational personalities and work environments*. Psychological Assessment Resources.

Jungo, D., & Toggweiler, S. (2020). *Foto-Interessen-Test (FIT)*. SDBB.

Kuhl, J. (2005). *Eine neue Persönlichkeitstheorie*. Website PSI-Theorie. https://www.psi-theorie.com/

Kuhl, J. (2010). *Lehrbuch der Persönlichkeitspsychologie*. Hogrefe.

Kuhl, J. (2018). *Individuelle Unterschiede in der Selbststeuerung* (J. Heckhausen & H. Heckhausen (eds.); S. 389–422). Springer. https://doi.org/10.1007/978-3-662-53927-9_13

Murray, H. A. (1943). *Thematic apperception test manual*. Harvard University Press.

Savickas, M. L. (2019). *Career construction theory. Life portraits of attachment, adaptability, and identity*. Mark L. Savickas.

Savickas, M. L. (2020). Career construction theory and counseling model. In S. D. Brown & R. W. Lent (Eds.), *Career development and counseling: Putting theory and research to work*. (3rd ed., S. 165–200). Wiley.

Schönbrodt, F. D., Hagemeyer, B., Brandstätter, V., Czikmantori, T., Gröpel, P., Hennecke, M., Israel, L. S. F., Janson, K. T., Kemper, N., Köllner, M. G., Kopp, P. M., Mojzisch, A., Müller-Hotop, R., Prüfer, J., Quirin, M., Scheidemann, B., Schiestel, L., Schulz-Hardt, S., Sust, L. N. N., ... Schultheiss, O. C. (2021). Measuring Implicit Motives with the Picture Story Exercise (PSE): Databases of Expert-Coded German Stories, Pictures, and Updated Picture Norms.

Journal of Personality Assessment, 103(3), 392–405. https://doi.org/10.1080/00223891.2020.1726936

Schreiber, M. (2020). *Wegweiser im Lebenslauf*. Kohlhammer.

Schreiber, M., & Gloor, P. A. (2020). Psychologie und künstliche Intelligenz (KI) – Parallelen, Chancen, Herausforderungen und ein Blick in die nahe Zukunft. In C. Negri & D. Eberhardt (Hrsg.), *Angewandte Psychologie in der Arbeitswelt* (S. 161–180). Springer.

Schreiber, M., Gschwend, A., & Iller, M. L. S. (2020). The vocational ID–connecting life design counselling and personality systems interaction theory. *British Journal of Guidance and Counselling, 48*(1), 52–65. https://doi.org/10.1080/03069885.2018.1538495

Storch, M. (2009). Motto-Ziele, S.M.A.R.T.-Ziele und Motivation. In B. Birgmeier (Ed.), *Coachingwissen: Denn sie wissen nicht, was sie tun?* (S. 183–205). VS Verlag für Sozialwissenschaften. https://doi.org/10.1007/978-3-531-91766-5_12

Storch, M., & Krause, F. (2017). Selbstmanagement – ressourcenorientiert. Grundlagen und Trainingsmanual für die Arbeit mit dem Zürcher Ressourcen Modell (ZRM). Hogrefe.

ZHAW/IAP. (2022). *Plattform Laufbahndiagnostik*. https://laufbahndiagnostik.ch.

Prof. Dr. Marc Schreiber ist Professor für Laufbahn- und Persönlichkeitspsychologie am IAP Institut für Angewandte Psychologie der ZHAW Zürcher Hochschule für Angewandte Wissenschaften. Er berät Privatpersonen und Unternehmen in Fragen der Laufbahnentwicklung. Seine Schwerpunkte in Weiterbildung und Forschung liegen in den Bereichen Laufbahnberatung in der Arbeitswelt 4.0, Laufbahn- und Persönlichkeitspsychologie sowie qualitative (narrative) und quantitative Beratungsmethoden.

Die Held*innenreise in Beratung und Coaching

11

Stefan Spiegelberg

Was haben Frodo Beutlin aus „Der Herr der Ringe" oder Alice aus „Alice im Wunderland" gemeinsam? Sie sind fiktive Charaktere, die ihre gewohnte Welt verlassen, um ihre ganz persönliche Held*innenreise anzutreten: Sie betreten eine unbekannte Welt, erhalten Unterstützung von Mentor*innen, treffen aber auch auf feindselige Gestalten. Sie werden mit großen Herausforderungen konfrontiert, überwinden ihre Ängste und entwickeln sich persönlich weiter. Hätte man diese zwei Charaktere zu Beginn ihrer Reise als Held*innen bezeichnet? Mit großer Wahrscheinlichkeit nicht. Im Gegenteil: Sie treten zu Beginn eher unscheinbar auf und entwickeln sich erst im Verlaufe ihrer Geschichte in diese Rollen hinein. Und dies ist vermutlich auch einer der Gründe, warum sich die Zuschauer*innen (oder Leser*innen) so gut mit ihnen identifizieren können. Diese Charaktere haben genauso wie sie ihre Schwächen, Ängste und Makel, schaffen es aber schlussendlich, über sich selbst hinauszuwachsen und dadurch zu Held*innen zu werden. Diese Beispiele zeigen sehr schön, dass es bei einer Held*innenreise um die Persönlichkeitsentwicklung der Held*innen geht. Daher lässt sich das Konzept der Held*innenreise besonders gut für die Arbeit im Kontext der Beratung, des Coachings oder der Therapie anwenden.

In diesem Buchkapitel wird die Held*innenreise als narrative Methode für die Beratungspraxis anhand eines konkreten Beispiels aus der Laufbahnberatung vorgestellt. Um das Vorgehen im Praxisbeispiel besser zu verstehen, werden zuvor die einzelnen

---

S. Spiegelberg (✉)
IAP Institut für Angewandte Psychologie, ZHAW Zürcher Hochschule für Angewandte Wissenschaften, Zürich, Schweiz
E-Mail: stefan.spiegelberg@zhaw.ch

© Der/die Autor(en), exklusiv lizenziert an Springer Fachmedien Wiesbaden GmbH, ein Teil von Springer Nature 2022
M. Schreiber (Hrsg.), *Narrative Ansätze in Beratung und Coaching*,
https://doi.org/10.1007/978-3-658-37951-3_11

Stadien einer Held*innenreise sowie wichtige Archetypen, die darin vorkommen können, beschrieben. Danach folgt eine Einführung in die „Systemische Heldenreise" nach Lindemann (2016a), die als Methode im Praxisbeispiel verwendet wurde.

11.1 Einführung

▶ Die Held*innenreise (auch Held*innenfahrt oder Monomythos genannt) bezeichnet eine erzählerische Struktur, die den meisten Geschichten zugrunde liegt – quasi das universelle Grundgerüst einer Geschichte. Die wiederkehrenden Muster dieser Grundstruktur lassen sich nicht nur in den alten Volkssagen, Mythen und Märchen finden, sondern auch in neuzeitlichen Romanen, Serien oder Kinofilmen.

Eine Person, die den Begriff „Held*innenreise" (englisch: „Hero*ine's Journey") stark geprägt hat, war der Literaturwissenschaftler und Mythenforscher Campbell (2015). Er vergleicht in seiner Forschungsarbeit Erzählungen verschiedener Kulturen aus der ganzen Welt und analysiert ihre Inhalte und Strukturen. Campbell erkannte, dass diese Erzählungen eigentlich immer die gleiche Grundgeschichte der Held*innenreise beinhalteten, die in unterschiedlichen Variationen immer wieder neu erzählt wurde (Vogler, 2004). Diese Grundgeschichte lässt sich wie folgt beschreiben:

> Der Heros verläßt die Welt des gemeinen Tages und sucht einen Bereich übernatürlicher Wunder auf, besteht dort fabelartige Mächte und erringt einen entscheidenden Sieg, dann kehrt er mit der Kraft, seine Mitmenschen mit Segnungen zu versehen, von seiner geheimniserfüllten Fahrt zurück. (Campbell, 2015, S. 42)

Anhand konkreter Beispiele aus der Mythologie beschreibt Campbell (2015) 17 Stadien, die die Held*innen während ihrer Held*innenreise durchlaufen können. Dabei bezog er sich auf die Theorie der Archetypen und des kollektiven Unbewussten von Jung (2001).

Bekannt wurde die Held*innenreise insbesondere durch den US-amerikanischen Drehbuchautor Vogler (2004). Er beschäftigte sich vertieft mit den Überlegungen von Campbell und erkannte darin eine Art Vorlage, die er sehr gut für die Analyse von Filmen und das Schreiben von Drehbüchern verwenden konnte. Vogler (2004) änderte die 17 Stadien der Held*innenreise nach Campbell leicht ab und reduzierte sie auf insgesamt 12 Stadien. Diese fasst er wie folgt zusammen:

Die Stadien der Held*innenreise nach Vogler (2004, S. 62)
1. Der Held wird in seinem Leben in der **gewohnten Welt** vorgestellt und…
2. …erhält einen **Ruf des Abenteuers.**
3. Er zögert oder **verweigert den Ruf,** wird aber…
4. …von einem **Mentor** ermutigt, …
5. …die **erste Schwelle** zu überschreiten, woraufhin…

6. ….**Bewährungsproben, Verbündete und Feinde** auf ihn warten.
7. Der Held **dringt zur tiefsten Höhle vor,** wobei er eine zweite Schwelle überschreiten muss, und…
8. ….hat dann die **entscheidende Prüfung** zu bestehen.
9. Er nimmt die **Belohnung** an sich und…
10. ….ist auf seinem **Rückweg** in die gewohnte Welt Verfolgungen ausgesetzt.
11. Danach hat er noch eine dritte Schwelle zu überschreiten, erlebt seine **Auferstehung** und wird von dieser Erfahrung grundlegend verändert.
12. Nun kann er **mit dem Elixier,** dem Schatz oder einer sonstigen Wohltat in die gewohnte Welt **zurückkehren.**

Vogler (2004) greift in seinem Buch aber auch die Theorie der Archetypen von Jung (2001) auf und verwendet sie für die Beschreibung der zentralen Charaktere einer Geschichte. Die Archetypen sollen dabei helfen, die Funktion einer Figur innerhalb einer Geschichte zu beschreiben. Dabei betont Vogler (2004), dass die Figuren ihre Rolle nicht über den ganzen Zeitraum der Geschichte beibehalten müssen. Er empfiehlt daher, sich den Archetypus als eine Art „Maske" vorzustellen, die – falls nötig – im Laufe der Geschichte gewechselt werden kann. Vogler erklärt weiter, dass die Archetypen ergänzend dazu auch als Facetten der Persönlichkeit der Held*innen gesehen werden können, die sich im „Außen" zeigen, also in den Charakteren um sie herum.

Der Pädagoge und Erziehungswissenschaftler Lindemann (2016a) übernimmt die Archetypen von Vogler, passt sie für die Beratungs- und Coachingpraxis an und definiert für alle Archetypen verschiedene Untertypen:

Die Archetypen der Held*innenreise
(Lindemann, 2016a, S. 199–229)

Mentor*innen unterstützen die Held*innen mit Ratschlägen oder Gegenständen, bringen sie auf den richtigen Weg oder bieten ihnen Unterschlupf.

Untertypen:

- Ratgeber*innen (z. B. die weise Frau oder der weise Mann)
- Ausbilder*innen (z. B. die Lehrerin oder der Trainer)
- Ausstatter*innen (z. B. die gute Fee oder der Schutzengel)
- Bewahrer*innen (z. B. die Umweltschützerin oder der Häuptling eines Stammes)

Lichtgestalten ist ein Sammelbegriff für alle Manifestationen des Lichts (siehe Untertypen).

Untertypen:

- Weggefährt*innen (z. B. die Gefährtin oder der Knappe)
- Gefolgsleute des Lichts (z. B. der gute Wald oder die freundlichen Tiere)
- Gute Begegnungen (z. B. die Helferin am Wegrand oder der Gewährer eines Unterschlupfs)
- Gute Orte (z. B. die Quelle oder das Gasthaus)

Herold*innen überbringen den Held*innen Botschaften oder kündigen bevorstehende Ereignisse an.

Untertypen:

- Initiator*innen (z. B. die innere Stimme oder die Zerstörung der gewohnten Welt)
- Antreiber*innen (z. B. die Trainerin oder das letzte Schiff, das wartet)
- Nachrichtenüberbringer*innen (z. B. die Gesandte oder der Ausrufer)
- Vorboten (z. B. die Warnung oder der böse Traum)

Schwellenhüter*innen bewachen die Übergänge, versperren den Zugang zu Abschnitten der Held*innenreise oder überprüfen, ob die Held*innen der neuen Aufgabe gewachsen sind.

Untertypen:

- Wächter*innen (z. B. die Brückenwächterin oder der Fährmann)
- Rätselsteller*innen (z. B. die Sphinx oder die Hüterin des Wissens)
- Barrieren (z. B. die Dornenhecke oder der undurchdringliche Wald)
- Beharrende (z. B. die ängstlichen Eltern oder die Bequemlichkeit)

Schatten bezeichnet alle inneren oder äußeren Widerstände sowie Hindernisse für die Held*innen.

Untertypen:

- Vernichter*innen (z. B. das Ungeheuer oder die unheilbare Krankheit)
- Rival*innen (z. B. der Erzfeind oder die dunkle Seite der Heldin)
- Verteidiger*innen (z. B. der Drache oder der Oberbösewicht)
- Verführer*innen (z. B. die Schlange oder der Dämon)

Schattenwesen bezeichnet alle Manifestationen des Schattens (siehe Untertypen).

Untertypen:

- Gegenspieler*innen (z. B. die Konkurrentin oder die falsche Freundin)
- Gefolgsleute des Schattens (z. B. der finstere Wald oder die gefährlichen Tiere)
- Schlimme Begegnungen (z. B. die Betrügerin am Wegesrand oder der falsche Ratgeber)
- Finstere Orte (z. B. der Sumpf oder der finstere Wald)

Gestaltwandler*innen sind Charaktere mit zwei Gesichtern. Sie können weder der Seite des Lichts noch der Seite der Dunkelheit zugerechnet werden bzw. wechseln im Verlaufe der Held*innenreise die Seite (vielleicht sogar mehrmals).

Untertypen:

- Opportunist*innen (z. B. die Spielerin oder der feige Verräter)
- Überläufer*innen (z. B. die Bekehrte oder der Überzeugte)
- Getarnte (z. B. die Doppelagentin oder der Undercover-Agent)
- Natürliche Wechsler*innen (z. B. ein Mensch mit zwei Gesichtern oder der Werwolf)

Närrinnen und Narren (bei Vogler: Trickster) treten oft tollpatschig, naiv oder unbeholfen auf. Damit können sie Probleme verursachen oder als Retter*innen in der Not auftreten.

Untertypen:

- Ungeschickte (z. B. der Tollpatsch oder der schusseliger Diener)
- Naive (z. B. die Gutgläubige oder der Naivling)
- Chaot*innen (z. B. die kreative Chaotin oder der Clown)
- Gauner*innen (z. B. die Taschendiebin oder der kleine Gauner)

Nachdem nun die wichtigsten theoretischen Grundlagen für das Verständnis der Held*innenreise vorgestellt wurden, wird in den folgenden Abschnitten die Anwendung dieses Konzeptes in den Bereichen Beratung und Coaching betrachtet. Der Fokus liegt dabei auf der „Systemischen Heldenreise" nach Lindemann (2016a).

11.2 Die Systemische Heldenreise[1]

Zahlreiche Autoren haben das Konzept der Held*innenreise für die Persönlichkeitsentwicklung adaptiert. Einer der ersten, der Campbells Erkenntnisse für therapeutische Zwecke genutzt hat, war Rebillot (Rebillot & Key, 2011). Er verknüpfte das Konzept der Held*innenreise mit Methoden der Gestalttherapie, des Psychodramas und anderen Techniken. Später haben andere Autor*innen die Held*innenreise für Beratung, Coaching, Organisationsentwicklung und andere Bereiche nutzbar gemacht.

Im deutschsprachigen Raum hat sich Lindemann (2016a) intensiv mit der Held*innenreise auseinandergesetzt und sie mit Methoden der systemischen Beratung und Therapie verknüpft. In Abgrenzung zur gestalttherapeutischen Held*innenreise nach Rebillot wählte er für das von ihm beschriebene Vorgehen den Begriff „Systemische Heldenreise".

Laut Lindemann (2019, S. 184) ist es nicht überraschend, dass die Grundstruktur der Held*innenreise auch für Beratung, Coaching und Therapie verwendet wird: „Schließlich basieren alle jemals geschriebenen und erzählten Geschichten auf Themen, die Menschen bewegen und ihren Alltag bestimmen ... Auch wenn viele Geschichten diese Themen und Ereignisse überzeichnen und verfremden, so sind es dennoch ‚Musterbögen für das echte Leben'".

Bei der „Systemischen Heldenreise" werden die Klient*innen eingeladen, ihr Beratungsanliegen aus der Perspektive von Held*innen zu betrachten. Die Beratungsperson soll sie dabei unterstützen, ein „veränderbares Skript ihrer Zukunft" (Lindemann, 2016a, S. 19) zu schaffen. Ganz im Sinne der narrativen Beratung kann dieses Skript während des Beratungsprozesses immer wieder überarbeitet bzw. ergänzt werden, bis es für die Klient*innen passend ist. Das Durchlaufen ihrer eigenen Held*innenreise hilft ihnen dann dabei, die Herausforderungen vorwegzunehmen und Lösungen dafür zu finden. Dieses narrative Vorgehen hat daher auch einen positiven Einfluss auf die Selbstwirksamkeit der Klient*innen: Sie machen in der Beratung die Erfahrung, dass sie ihre persönliche Geschichte aktiv gestalten können (Budde, 2015).

Lindemann (2016a) hat für die „Systemische Heldenreise" die zwölf Stationen der Held*innenreise nach Vogler (2004) nochmals reduziert und geht von insgesamt zehn Phasen aus. Damit versucht er die Komplexität des Konzeptes für den Beratungsprozess zu vereinfachen, ohne dass die relevanten Aspekte der Held*innenreise verlorengehen. Er verwendet den Begriff „Phasen" (anstelle von „Stadien") und bringt damit zum Ausdruck, dass diese keinem starren Ablauf folgen müssen.

Eine zentrale Technik der „Systemischen Heldenreise" ist das Stellen von Fragen. Lindemann (2016a) unterscheidet bei seiner Arbeit zwischen assoziierenden und dissoziierenden Fragen. Je nachdem, ob die Klient*innen die Situation als

---

[1] Da es sich bei der „Systemische Heldenreise" um einen geschützten Begriff handelt, wird bei dieser Bezeichnung der Genderstern im ganzen Kapitel weggelassen.

Beobachter*innen aus einer Außenperspektive beschreiben (dissoziiertes Beobachten) oder sich selbst als Held*innen erleben sollen (assoziiertes Erleben), werden andere Fragen gestellt. Lindemann (2016a) versucht diese Zustände auch räumlich zu verankern, indem er den Beratungsraum in drei Bereiche einteilt: Im „Beobachter- und Erzählraum" entwirft er mit den Klient*innen das Drehbuch ihrer Held*innenreise. Die Klient*innen erleben sich hier als Drehbuchschreiber*innen oder Regisseur*innen. Einen weiteren Bereich nutzt er als „Abenteuer- und Erlebensraum", in dem er die Phasen der Held*innenreise mit einzelnen Zetteln am Boden ausbreitet („Bodenanker") und die Klient*innen im Verlaufe des Prozesses bittet, sich auf die einzelnen Phasen/Zettel zu stellen und diese in der Ich-Perspektive als Held*innen zu erleben. Im dritten Bereich des Raumes, der „Metaposition", spricht er mit seinen Klient*innen über übergeordnete Themen, wie die Zusammenarbeit während des Beratungsprozesses oder das allgemeine Vorgehen.

Im Folgenden beschreibe ich die einzelnen Phasen der „Systemischen Heldenreise" nach Lindemann (2016a). Außerdem führe ich beispielhaft einzelne Fragen auf, die im Beratungskontext gestellt werden können.

Einstieg in die Held*innenreise
Zu Beginn eines neuen Prozesses ist es hilfreich, wenn die Beratungsperson den Klient*innen eine kurze Einführung in das Konzept der Held*innenreise gibt. So kann sie z. B. die einzelnen Phasen vorstellen und diese beispielhaft anhand eines bekannten Filmes oder Buches durchgehen. Wenn die Beratungsperson Methoden der Aufstellungsarbeit verwendet (z. B. die oben erwähnten „Bodenanker"), ist es auch wichtig, dieses Vorgehen kurz zu erklären (Lindenmann, 2015).

Um noch stärker in das Gefühl einer Held*innenreise einzutauchen, können die Klient*innen auch gebeten werden, einen Titel für ihre Geschichte und ein passendes Genre zu wählen (Lindemann, 2016a).

> **Mögliche Fragen für den Einstieg**
> (Lindemann, 2016a, S. 77)
>
> - Stellen Sie sich vor, Ihr Anliegen wäre ein Buch oder ein Film: Welchen Titel würde dieses Buch oder dieser Film tragen?
> - Welchem Genre würden Sie es zuordnen: Drama, Fantasy, Science-Fiction, Komödie … ?

Phase 1 – Die gewohnte Welt
In dieser Phase geht es darum, dass die Klient*innen ihre aktuelle Situation beschreiben: Wie erleben sie die aktuell Situation? Welche Personen, Gegenstände, Orte o. ä. sind ihnen wichtig? Welche Annehmlichkeiten und Unannehmlichkeiten gehören für sie

zur gewohnten Welt? Vielleicht gibt es in dieser Phase bereits erste Anzeichen des „Schattens", also Anzeichen, die die Klient*innen veranlassen könnten, die Situation zu verändern (Lindemann, 2016a).

Mögliche Fragen für die erste Phase
(Lindemann, 2016a, S. 78)

- Welche Personen, Orte und Gegenstände gibt es in der gewohnten Welt?
- Welche Probleme bestehen dort?
- Welche Freund*innen und Feind*innen gibt es dort?
- Was wirft seinen Schatten auf Ihre gewohnte Welt?

Phase 2 – Der Ruf des Abenteuers
In Phase 2 sollen die Klient*innen zusammen mit der Beratungsperson herausfinden, warum sie dem „Ruf des Abenteuers" folgen und ihre gewohnte Welt verlassen sollen, müssen oder wollen. Handelt es sich beim Ruf des Abenteuers um einen „äußeren Ruf", z. B. durch eine Person oder ein bestimmtes Ereignis? Oder ist es eher ein „innerer Ruf", z. B. eine innere Stimme, die auf eine Veränderung drängt? Spannend ist auch die Frage, ob die Veränderung in Richtung eines gewünschten Zustands erfolgen soll („hin zu") oder ob die Klient*innen aus der aktuellen schwierigen Situation heraus möchten („weg von"). Wenn die Beratungsperson gerne mit den Archetypen arbeitet, kann sie hier auch die Rolle der Herold*innen einführen, die das anstehende Abenteuer ankündigen (Lindemann, 2016a).

Mögliche Fragen für die zweite Phase
(Lindemann, 2016a, S. 78)

- Wer oder was ruft Sie zu diesem Abenteuer?
- Gibt es innere oder äußere Stimmen, die Sie zum Aufbruch rufen?
- Was genau rufen diese Stimmen?
- Wer in Ihrem Umfeld würde als Erstes sagen: „Verändere etwas!"?
- Wer hört noch den Ruf des Abenteuers?

Phase 3 – Die Weigerung
In der Phase 3 beschäftigen sich die Klient*innen mit ihren Befürchtungen und den Themen, die sie von ihrer Held*innenreise abhalten könnten. Anhand von Fragen kann die Beratungsperson mit ihnen herausschälen, welche inneren oder äußeren Kräfte sie bremsen oder sogar von ihren Vorhaben abhalten können. In dieser Phase zeigt sich, ob der Ruf des Abenteuers stark genug ist, damit die Klient*innen ihr Abenteuer beginnen wollen (Lindemann, 2016a).

> **Mögliche Fragen für die dritte Phase**
> (Lindemann, 2016a, S. 79)
>
> - Was befürchten Sie?
> - Was wären gute Gründe, in der gewohnten Welt zu bleiben?
> - Für wen wäre Ihr Aufbruch in dieses Abenteuer von Nachteil?
> - Welche Personen aus Ihrer Umgebung würden Ihnen von diesem Abenteuer abraten? Aus welchen Gründen?

An dieser Stelle hat sich laut Lindemann (2015, S. 222–223) bewährt, einen Ausblick auf die **Phase 8 („Belohnung")** einzuschieben. Mit verschiedenen Fragen können die Klient*innen Antworten auf die Stimmen ihrer Weigerung finden und dadurch motiviert werden, weiterzugehen:

- Was können Sie auf dieser Held*innenreise gewinnen?
- Worum werden andere Sie am Ende Ihres Abenteuers beneiden?
- Was für eine Person werden Sie sein, wenn Sie die Reise abgeschlossen haben?

Bei längeren Beratungsprozessen ist diese Stelle auch gut geeignet, um eine Pause einzulegen. Damit unterbrechen die Klient*innen ihre persönliche Held*innenreise mit einem positiven Erfahrungsmoment (Lindemann, 2015).

Phase 4 – Begegnungen mit Mentor*innen
In der Phase 4 tritt ein wichtiger Archetyp zum ersten Mal in Erscheinung: Die Mentor*innen. Es handelt sich dabei um reale Personen oder auch erfundene Wesen, die den Klient*innen beim Überschreiten der ersten Schwelle (siehe nächste Phase) oder bei der Held*innenreise insgesamt beistehen. Mentor*innen können als Vorbilder für die Klient*innen eingesetzt werden, ihnen Ratschläge geben, Zuversicht zusprechen, ihnen hilfreiche Gegenstände weitergeben oder sie allgemein bei ihrer Reise unterstützen. Wichtig ist, dass die Beratungsperson den Klient*innen vermitteln kann, dass sie während ihrer Held*innenreise jederzeit wieder in diese Phase zurückkehren können, um weitere Mentor*innen herbeizurufen oder ihre Unterstützung zu nutzen (Lindemann, 2015, 2016a).

> **Mögliche Fragen für die vierte Phase**
> (Lindemann, 2016a, S. 81)
>
> - Wer oder was unterstützt Sie bei Ihrem Vorhaben: Personen, frühere Lehrmeister, ein Krafttier, eigene Stärken und Ressourcen?
> - Wer könnte Sie für die bevorstehenden Aufgaben trainieren?
> - Was könnten die Mentor*innen Ihnen mit auf den Weg geben, das Sie gesund und bei Kräften hält?

- Angenommen drei gute Feen träten zu Beginn der Reise auf Sie zu und jede würde Ihnen eine Gabe mit auf den Weg geben, die Ihnen hilft, das Abenteuer zu bestehen. Welche drei Gaben wären das?

Phase 5 – Das Überschreiten der ersten Schwelle

Laut Lindemann (2015) markiert diese Phase den „Point of no Return": Die Klient*innen lassen die gewohnte Welt (oder zumindest einen Teil davon) hinter sich und starten ihr spannendes Abenteuer. Beim Überschreiten dieser ersten Schwelle kann es sein, dass die Klient*innen mit dem Archetypen der „Schwellenhüter*innen" konfrontiert werden. Diese versuchen sie daran zu hindern, die Schwelle zu überschreiten. In Büchern oder Filmen geschieht dies beispielsweise anhand von Rätseln oder Mutproben.

In einer Beratung kann die Beratungsperson die Klient*innen dazu anleiten, erste (kleine) Schritte für den Start ihres Abenteuers zu formulieren. Idealerweise legen sie auch fest, wie und wann sie diese Zwischenschritte erreichen möchten.

Mögliche Fragen für die fünfte Phase
(Lindemann, 2015, S. 224)

- Was oder wen nehmen Sie mit auf die Reise?
- Wem wird Ihr Aufbruch ins Abenteuer schwerfallen?
- Wer könnte versuchen, Sie zurückzuhalten?
- Was könnte in allerletzter Sekunde noch schiefgehen?

Phase 6 – Bewährungsproben, Verbündete und feindselige Gestalten

Im Beratungsprozess kann diese Phase dazu verwendet werden, ganz verschiedene Themen anzusprechen, die während der Held*innenreise auftauchen könnten. Als Vorbereitung können die Klient*innen beispielsweise für sich aufschreiben, welche Herausforderungen („Bewährungsproben") auf sie zukommen werden, aber auch welche Meilensteine sie setzen können. Möglicherweise werden die Klient*innen auch mit feindselige Gestalten konfrontiert. Dies können z. B. Personen sein, die ihnen die nächsten Schritte erschweren, aber auch herausfordernde innere Zustände der Klient*innen, wie Angst oder Selbstzweifel. Zusammen mit der Beratungsperson können die Klient*innen Ideen sammeln, wie sie mit diesen Herausforderungen umgehen könnten und welche Verbündeten oder Mentor*innen sie in diesen Situationen unterstützen würden (Lindemann, 2015). Laut Lindemann (2016a) können hier auch die „Gestaltwandler*innen", die die Seiten wechseln, ins Spiel gebracht werden: Feind*innen entpuppen sich plötzlich als Verbündete oder umgekehrt.

Damit die Klient*innen mit den zukünftigen Herausforderungen gut umgehen können, ist es auch wichtig, dass sie an dieser Stelle Ruhephasen einplanen, um sich zu erholen und neue Kräfte zu sammeln (Lindemann, 2015). Dies v. a., wenn es sich um eine längere Held*innenreise handelt.

> **Mögliche Fragen für die sechste Phase**
> (Lindemann, 2015, S. 225)
>
> - Welche Hindernisse und Schwellen muss der*die Held*in noch überwinden?
> - Wie kündigen sich Herausforderungen und Schwellen an?
> - Wie und mit wessen Hilfe können diese überwunden werden?
> - Welche Ruhepunkte gibt es auf Ihrem Weg zum Ziel?

Phase 7 – Die entscheidende Prüfung
Die entscheidende Prüfung ist die letzte Schwelle, die die Held*innen überwinden müssen, um die Belohnung zu erhalten. Nachdem sie – unterstützt durch Verbündete und Mentor*innen – verschiedene Bewährungsproben gemeistert haben, können sie nun mit gereiftem Charakter ihrer größten Herausforderung gegenübertreten. Der Schatten (oder ein*e Stellvertreter*in) bietet nochmals alle seine Kräfte auf, um die Held*innen in die Knie zu zwingen (Lindemann, 2015, 2016a). An dieser Stelle des Beratungsprozesses können sich die Klient*innen Gedanken darüber machen, welches wohl die größte Herausforderung ihrer Held*innenreise sein könnte. In einem zweiten Schritt lassen sich dann passende Bewältigungsstrategien entwickeln.

> **Mögliche Fragen für die siebte Phase**
> (Lindemann, 2016a, S. 83)
>
> - Welche Vorboten weisen darauf hin, dass die entscheidende Prüfung bevorsteht?
> - Wer oder was wird darüber entscheiden, ob Sie diese Prüfung erfolgreich gemeistert haben?
> - Welche Gaben und Ratschläge Ihrer Mentor*innen sind hierbei hilfreich?
> - Welche Verbündeten stehen Ihnen bei der großen Prüfung zur Seite?

Phase 8 – Die Belohnung
„Die Belohnung" haben die Klient*innen allenfalls schon nach Phase 3 („Die Weigerung") beschrieben, um ihre Motivation für den Schritt über die erste Schwelle zu stärken. Nun haben sie aber ihr Ziel wirklich erreicht und können ihre Belohnung in Empfang nehmen. Die Belohnung muss dabei nicht materiell sein; sie kann auch darin bestehen, dass die Klient*innen während ihrer Held*innenreise innerlich gereift sind oder ihre Kompetenzen weiterentwickelt haben (Lindemann, 2016a).

Sollten die Klient*innen während des Beratungsprozesses zum zweiten Mal zu dieser Phase gelangen, schlägt Lindemann (2015) vor, diese assoziiert zu erleben. Dafür können sich die Klient*innen – falls vorhanden – auf den „Bodenanker" dieser Phase stellen und aus der Ich-Perspektive der Held*innen erleben, wie es sich anfühlt, den bisherigen Weg gemeistert zu haben und nun die Belohnung zu erhalten.

> **Mögliche Fragen für die achte Phase**
> (Lindemann, 2016a, S. 84)
>
> - Was geht Ihnen als erstes durch den Kopf, jetzt, wo Sie Ihre Belohnung in den Händen halten?
> - Welches Körpergefühl haben Sie in dieser Phase?
> - Was ist der Gewinn?
> - Gibt es noch etwas, das Sie jetzt, wo Sie die Belohnung erhalten haben, gerne noch als Gewinn hinzufügen wollen?

An dieser Stelle schlägt Lindemann (2016a) vor, ein weiteres Mal eine Phase vorzuziehen. In diesem Fall ist dies die Phase 10 („Der neue Alltag"). Damit sollen die Klient*innen einen letzten Motivationsschub für den Rückweg erhalten. Die Fragen und Erklärungen dazu sind unter dem entsprechenden Titel zu finden.

Phase 9 – Der Rückweg
Der Rückweg scheint auf den ersten Blick wenig interessant zu sein. Lindemann (2016a, S. 85) gibt aber zu bedenken, dass es sich um eine wichtige Phase der Held*innenreise handelt, die nicht vernachlässigt werden sollte: „Viele Helden – und eben auch Klienten – machen sich keine Gedanken darüber, was nach dem Höhepunkt ihrer Anstrengungen folgt (,der neue Alltag'), und schon gar nicht, was sie tun müssen, um diesen neuen Alltag Wirklichkeit werden zu lassen." Daher ist es wichtig, dass die Beratungsperson dieses Thema mit den Klient*innen betrachtet.

Auf dem Rückweg können übrigens auch weitere Schwellen oder feindselige Gestalten auftauchen, mit denen sich die Held*innen beschäftigen müssen. Allenfalls zeigt sich auch der Schatten ein letztes Mal (Lindemann, 2015).

> **Mögliche Fragen für die neunte Phase**
> (Lindemann, 2016a, S. 85–86)
>
> - Wie sieht der Rückweg in den Alltag aus?
> - Was genau müssten Sie tun und was müssten Sie lassen, damit der neue Alltag einkehren kann?

- Welche Rituale gibt es möglicherweise, um den wiedererlangten Alltag nicht als trostlos und unangenehm zu erleben?
- Wer könnte Sie daran hindern?

Phase 10 – Der neue Alltag
In der letzten Phase kehren die Held*innen zurück in ihre gewohnte Welt. Viele Geschichten schließen mit dem „Happyend": Der Held heiratet die Prinzessin (oder umgekehrt), die er aus den Fängen des Drachen befreit hat, und sie leben glücklich bis zum Ende ihrer Tage. Selten wird in den Geschichten darauf eingegangen, dass die Held*innen durch die Reise andere Personen geworden sind und sich dadurch vielleicht sogar in der alten Umgebung nicht mehr wohlfühlen. Dies ist zum Beispiel bei der Held*innenreise von Frodo Beutlin aus „Der Herr der Ringe" (Tolkien, 2001) der Fall. Für Lindemann (2015) ist es daher wichtig, dass sich die Klient*innen mit diesen Themen auseinandersetzen. Sie müssen sich Gedanken darüber machen, wie sie ihre gereifte Persönlichkeit und die Errungenschaften der Held*innenreise ins neue Alltagsleben integrieren. Falls sich die Klient*innen am liebsten gleich wieder in ein neues Abenteuer stürzen wollen, kann es in dieser Phase zudem sinnvoll sein, eine Ruhepause einzuplanen.

Mögliche Fragen für die zehnte Phase
(Lindemann, 2016b)

- Wie wird Ihr Leben aussehen, nachdem Sie das Abenteuer bestanden und die Belohnung erhalten haben?
- Was wird im neuen Alltag anders und was wird genauso sein wie in der gewohnten Welt?
- Auf welches Unverständnis könnte der*die Held*in stoßen? Wie reagiert er*sie darauf?
- Wie wird es sein, wenn es wieder ruhiger zugeht?
- Wie bewahrt der*die Held*in das auf der Reise Errungene?

Wenn die Beratungsperson mit „Raumankern" gearbeitet hat, empfiehlt Lindemann (2016a), als Abschluss der Held*innenreise nochmals alle ausgelegten Phasen gemeinsam abzuschreiten. So kann überprüft werden, ob Lücken vorhanden sind oder noch offene Fragen auftauchen.

11.3 Praxisbeispiel aus der Laufbahnberatung

Das folgende Beispiel stammt aus dem Praxisfeld der Laufbahnberatung. Die Methode der Held*innenreise wurde in diesem Beispiel dazu verwendet, einen Jugendlichen im Berufswahl- und Bewerbungsprozess zu unterstützen. Namen und persönliche Angaben wurden verändert, um die Anonymität gewährleisten zu können.

Ausgangslage

Gabriel ist zum Zeitpunkt der Beratung 16 Jahre alt und wird von einer sozialen Institution für Jugendliche für eine Laufbahnberatung angemeldet. Zur aktuellen Situation von Gabriel habe ich nur wenige Informationen im Voraus erhalten: Er lebt seit vier Jahren in einer betreuten Wohngruppe der Institution und hat seine Berufsausbildung als Maler abgebrochen. Aktuell besucht er das „Berufsvorbereitungsjahr". Die Institution übernimmt die Kosten für die Beratung und bringt den Wunsch ein, dass Gabriel nach der Beratung mit mehr Sicherheit und Motivation in eine neue Berufsausbildung starten könne.

Die Beratung wird auf drei Termine verteilt: Die ersten beiden Termine finden an zwei Halbtagen statt. Drei Wochen später folgt dann ein dritter Termin von ca. 1,5 h.

Einstieg

Gabriel erscheint zusammen mit seinem Betreuer, Herrn Moser, zum ersten Termin. Als ich die beidem beim Empfang abhole, hat Gabriel die Kapuze seines Pullis tief ins Gesicht gezogen und überlässt seinem Betreuer das Reden. Nachdem wir zu Beginn der Beratung die Ziele und Erwartungen geklärt haben, verlässt uns Herr Moser und wir arbeiten zu zweit weiter. Da Gabriel mir gegenüber immer noch etwas zurückhaltend ist, frage ich ihn u. a. nach seinen Hobbys. Gabriel erzählt, dass er oft mit Freunden unterwegs sei, ins Krafttraining gehe und gerne Action- und Horrorfilme schaue. Sein größtes Hobby sei aber das „Zocken" auf seiner Playstation. Am liebsten spiele er Action-Adventures, bei denen er als Held in eine spannende Geschichte eintauchen, Abenteuer erleben und die Welt retten könne. Aktuell spiele er gerade „Assassin's Creed Odyssey". Als ich ihm sage, dass ich privat das gleiche Spiel spiele, zeigt sich plötzlich seine Neugier und wir finden eine gemeinsame Gesprächsebene. Im Verlaufe des Beratungsprozesses wird er immer offener und zeigt seine aufgeweckte und charmante Seite.

Beim ersten Termin zeigt sich sehr schnell, dass Gabriel eigentlich ein klares Bild hat, wie es für ihn beruflich weitergehen soll: Im Berufsvorbereitungsjahr habe er den Beruf des Elektroinstallateurs kennengelernt, der ihn fasziniere. In den an diesem Morgen ausgefüllten Interessenfragebogen und in den anschließenden Gesprächen bestätigt sich dieses Interesse. Gabriel scheint aber große Angst davor zu haben, dass diese Berufsausbildung für ihn zu anspruchsvoll sein könnte. Ich suche daher nach einer Möglichkeit, wie ich ihn in der Beratung stärken und für diesen Berufsweg motivieren könnte, und erinnere mich an die „Systemische Heldenreise" nach Lindemann (2016a).

Ich erkläre Gabriel den Aufbau der Heldenreise am Beispiel seines Lieblingsvideospiels und frage ihn, ob er Lust habe, das Drehbuch für seine ganz eigene Heldenreise in der Beratung zu schreiben. Gabriel ist sich zwar unsicher, was ihm das jetzt für seinen Berufsweg bringen soll („Ich bin doch kein Held!"), schlussendlich gewinnt aber seine Neugier. Als Titel für seine persönliche Heldenreise nennt er nach langem Nachdenken mit einem Kichern:

„Von Level 16 auf Level 20: Die Abenteuer des heldenhaften Gabriel S."

(Er spielt dabei auf sein Alter 16 und die vierjährige Berufsausbildung an.)

Für die Held*innenreise arbeite ich mit den Bild- und Strukturkarten nach Lindemann (2016b) und verwende sie als Bodenanker.

Phase 1 – Die gewohnte Welt

Gabriel erzählt mir, dass seine Mutter aus Brasilien stamme. Sie sei mit ihm in die Schweiz gekommen, als er knapp ein Jahr alt gewesen sei. Seinen leiblichen Vater habe er nie kennengelernt. Seine Mutter habe in der Schweiz wieder geheiratet; mit seinem Stiefvater hätte er aber ein sehr schlechtes Verhältnis gehabt. Dieser habe ihm immer das Gefühl gegeben, nicht dazu zu gehören und nicht gut genug zu sein. In der Primarschule sei er sehr „wild" gewesen und habe viele Dummheiten gemacht. Sein Lehrer habe ihm dann irgendwann mal gesagt, wenn er so weitermache, werde er es nie zu etwas bringen. Für Gabriel sei es daher nicht überraschend gewesen, dass er in die Sekundarstufe B eingestuft worden sei.

In seinem ersten Jahr an der Sekundarschule hätten sich seine Eltern scheiden lassen. Die Scheidung habe seine Mutter nicht verkraftet. Sie sei psychisch krank geworden und mehrmals in eine psychiatrische Klinik eingeliefert worden. Sie habe nicht mehr für ihn sorgen können. Daher sei Gabriel zu seinem Stiefvater gezogen. Das habe aber überhaupt nicht funktioniert. Nach einem handgreiflichen Streit habe ihn sein Stiefvater „rausgeworfen" und er sei in einer Einrichtung für Jugendliche untergekommen. Während dieser Zeit sei er oft nicht in die Schule gegangen und seine Noten seien immer schlechter geworden. Er habe aber einen sehr verständnisvollen Lehrer gehabt, der ihn gefördert hätte. So habe er den Schulstoff etwas aufholen können. Die sprachlichen Fächer seien aber nie seine Stärke gewesen. Während des Berufswahlprozesses sei für Gabriel schnell klar gewesen, dass er einen handwerklichen Beruf erlernen wolle. So setzte er sich u. a. mit den Berufen Zimmermann, Maler und Maurer auseinander. Schlussendlich entschied er sich für die Ausbildung zum Maler und erhielt sehr schnell eine Ausbildungsstelle.

Seine Berufsausbildung sei nicht so verlaufen, wie er es sich erhofft habe. Er habe sich von seinem Arbeitgeber ausgenutzt gefühlt. Außerdem sei es ihm schwergefallen, seine Motivation aufrechtzuerhalten. Dies führte dazu, dass das Lehrverhältnis nach wenigen Monaten aufgelöst worden sei. Aktuell sei er nun im Berufsvorbereitungsjahr.

Der Held der Geschichte
In einem nächsten Schritt widmen wir uns dem Helden dieser Geschichte. Ich erkläre Gabriel, dass es nun darum geht, das individuelle „Charakterprofil" des Helden Gabriel zu erstellen, wie er es in einer ähnlichen Form aus seinen Action-Adventures kennt. Als Vorbereitung lasse ich ihn einen Persönlichkeitsfragebogen ausfüllen und eine Übung zu seinen Stärken, Fähigkeiten und Werten durchführen. Während er sich diesen beiden Aufgaben widmet, erstelle ich für ihn am Computer ein Charakterprofil, das wir später gemeinsam ausfüllen können. Ich verwende dafür die „Identitätskarte" (Abschn. 5.2; Schreiber et al., 2018) als Grundlage. Die Idee dieses Charakterprofils gefällt Gabriel sehr und er startet motiviert in die Übungen. Als wir dann aber versuchen, die Informationen aus den Fragebögen und Übungen zusammenzutragen, wird er plötzlich zurückhaltend. Vor allem bei den Stärken und Fähigkeiten scheint es ihm schwerzufallen, etwas zu Papier zu bringen. Meine eingebrachten Vorschläge schreibt er zwar auf, aber ich habe irgendwie nicht das Gefühl, dass er sich wirklich damit identifiziert. Als ich genauer nachhake, erzählt Gabriel traurig, dass er hier immer die Stimme seines Stiefvaters höre: „Das kannst du nicht!", „Du bist einfach zu dumm dafür!". Während er mir das erzählt, hat er ‚wässrige Augen', hält seine Tränen aber zurück. Da Gabriel aktuell nicht weiter über dieses Thema sprechen möchte, belassen wir es dabei. Ich nehme mir aber vor, diesen Punkt in einer späteren Phase seiner Heldenreise nochmals aufzugreifen. Um ihn zu unterstützen, gebe ich ihm am Ende des ersten Termins Arbeitsblätter für eine Fremdeinschätzung mit, die er an drei Personen weitergeben kann, die ihn gut einschätzen können. Diese sollen ihm ein wohlwollendes Feedback zu seinen Eigenschaften und Stärken geben und auch aufschreiben, welche Berufe zu ihm passen könnten und welche nicht. Diese Übung kam in der Vergangenheit bei den Jugendlichen, die zu mir in die Beratung gekommen waren, sehr gut an. Ich hoffe, dass sie Gabriel auch einen positiveren Blick auf sich ermöglicht.

Phase 2 – Der Ruf des Abenteuers
Als ich Gabriel Inhalt und Archetypen der zweiten Phase erkläre, erwähnt er sarkastisch, dass es in seinem Umfeld ganz viele Leute gäbe, die laut „rufen" würden. Da sei z. B. sein Betreuer, der ihn motivieren wolle, endlich mit den Bewerbungen zu starten. Und auch seine Lehrer*innen im Berufsvorbereitungsjahr würden ihn immer wieder daran erinnern. Diese Stimmen scheinen ihn stark unter Druck zu setzen. Er erzählt, dass er dazu neige, „völlig zu blockieren", wenn dieser Druck von außen zu groß werde. Er ziehe sich zurück und widme sich dann stundenlang seinem Videospiel. Als ich ihm anbiete, diese „rufenden" Personen als Herold*innen zu sehen, die immer lauter schreien würden, da sie Angst hätten, er würde den Ruf nicht hören, muss Gabriel laut lachen. Dieses Bild scheint ihm sehr zu gefallen und den Druck etwas zu nehmen. Als ich ihn frage, ob er denn auch einen „inneren Ruf" verspüre, meint Gabriel, dass er sich eigentlich sehr auf eine Berufsausbildung freue. Der Gedanke, sein eigenes Geld verdienen zu können und unabhängig zu sein, gefalle ihm sehr. Außerdem seien viele seiner Freunde in einer Berufsausbildung und er würde auch gerne dazugehören. Nur der Weg dorthin (damit meint er den ganzen Bewerbungsprozess) sei einfach sehr steinig.

Phase 3 – Die Weigerung (Teil 1)

Wir gehen weiter zu Phase 3. Auf meine Frage, was passieren würde, wenn er nichts an der Situation veränderte, antwortet Gabriel, dass er mehr Zeit zum „Zocken" hätte. Er müsste dann auch nicht für die Berufsschule lernen und könnte mehr mit seinen Freunden unternehmen und am Abend „Party machen". Um etwas Geld zu verdienen würde er sich dann einen Gelegenheitsjob suchen. Dafür brauche er ja keine Berufsausbildung. Da Gabriel dieser Verlauf der Geschichte zu gefallen scheint, versuche ich diesen Erzählstrang als kleines Experiment mit ihm weiter zu spinnen: Wie würde diese Geschichte weitergehen nach fünf, zehn oder sogar zwanzig Jahren? Zuerst scheint ihm der Erzählstrang noch zu gefallen. Doch je weiter wir in der Geschichte voranschreiten, desto unsicherer wird er, ob diese Variante wirklich zu ihm passt: Möchte ich wirklich Gelegenheitsjobs nachrennen? Sind solche Gelegenheitsjobs auf längere Zeit nicht zu langweilig für mich? Haben meine berufstätigen Freunde unter der Woche Zeit für „Party machen", wenn sie am nächsten Tag wieder arbeiten müssen? Plötzlich scheint dieser Weg nicht mehr so interessant zu sein.

Ich frage Gabriel auch nach anderen Gründen für eine Weigerung. Er nennt u. a. den aufwendigen Bewerbungsprozess und den Umstand, dass er zuerst noch die „Multicheck Eignungsanalyse" durchführen müsse, damit er dieses Ergebnisprofil bei der Bewerbung beilegen könne. Dabei erwähnt er nochmals, dass er nicht sicher sei, ob er intelligent genug für diese Berufsausbildung sei. Außerdem sei er unter Zeitdruck, da das Bewerbungsfenster bereits seit mehr als zwei Monaten offen sei. Ich schreibe die Punkte auf und erwähne, dass wir zu einem späteren Zeitpunkt Lösungen dafür suchen würden. Zuerst wolle ich mit ihm einen weiteren Ausblick wagen. Diesmal aber in eine Zukunft, in der er seine Lehrstelle als Elektroinstallateur erhalten hätte.

Ausblick auf Phase 8 – Die Belohnung

Am Ende des ersten Beratungshalbtages möchte ich noch einen Ausblick auf die „Belohnung" seiner Heldenreise werfen. Ich bin nicht ganz sicher, welchen Zeitpunkt ich dafür wählen soll: Den Zeitpunkt nach der Unterzeichnung des Lehrvertrages? Oder vielleicht sogar den Lehrabschluss? Ich entscheide mich für die erste Variante, um den Schritt zur Belohnung nicht zu groß zu machen. Die Belohnung passt dann zwar nicht mehr zum Titel von Gabriels Heldengeschichte, dafür entspricht sie mehr dem Beratungsauftrag.

Gabriel fällt es eher schwer, ein Bild dieser neuen Zukunft zu erschaffen. Ich versuche ihn anhand verschiedener Fragen zu unterstützen: Worum würden andere (z. B. aus seiner Klasse im Berufsvorbereitungsjahr) ihn beneiden? Was würde er sich mit seinem ersten Lehrlingslohn kaufen? Auch wenn die Bilder noch etwas vage sind, scheint Gabriel diese Version seiner Zukunft zu gefallen. Es tauchen aber auch Ängste auf: „Was ist, wenn ich wieder vom Chef ‚ausgenutzt' werde?"

An diesem Punkt unterbrechen wir sein Heldenreise. Wie bereits erwähnt, gebe ich Gabriel die Fremdeinschätzungen mit. Zu meiner Überraschung bittet mich Gabriel darum, das Charakterprofil ebenfalls mitnehmen zu dürfen. Er wolle das Profil gerne mit seinem Betreuer anschauen und mit ihm Ideen sammeln.

Phase 3 – Die Weigerung (Teil 2)
Knapp zwei Wochen später erscheint Gabriel sehr motiviert zum zweiten Beratungstermin. Stolz zeigt er mir die drei ausgefüllten Fremdeinschätzungen. Sein Betreuer, ein Lehrer aus dem Berufsvorbereitungsjahr und eine gute Freundin hätten ihm ein positives Feedback gegeben. Einige der aufgeführten Eigenschaften und Stärken habe er zusammen mit seinem Betreuer bereits im Charakterprofil aufgeführt. Ich versuche diese positive Stimmung zu nutzen, um mit Gabriel nochmals an den Themen der Weigerung zu arbeiten. So beschäftigen wir uns z. B. mit seiner negativen Grundannahme „Ich bin zu dumm für diese Berufsausbildung". Anhand der Methoden der kognitiven Verhaltenstherapie (z. B. Beck, 2013) versuchen wir diese etwas aufzuweichen und alternative, hilfreichere Grundannahmen zu finden. Wir beginnen außerdem mit der Sammlung von schulischen Erfolgen, da ich annehme, dass er viele davon gar nicht als solche wahrnimmt. Gabriel hatte z. B. gegen Ende der Sekundarschule gute Noten in den MINT-Fächern, v. a. im Fach Mathematik. Auch beim „Stellwerktest" erzielte er in diesen Bereichen überdurchschnittliche Ergebnisse. Im logischen Denken ist er ebenfalls sehr stark.

Phase 4 – Begegnung mit Mentor*innen
Ich frage Gabriel auch, welche Personen ihn denn im ganzen Bewerbungsprozess (und darüber hinaus) unterstützen könnten. Gabriel nennt als erstes seinen Betreuer in der Institution. Sein Betreuer hätte immer ein offenes Ohr für ihn und er könne sich bei Problemen an ihn wenden. Dieser scheint also nicht nur ein Herold zu sein – siehe Phase 2 – sondern auch ein Mentor.

Wir suchen nach weiteren Mentor*innen. Gabriel denkt lange über die Frage nach, kann dann aber keine weiteren Personen nennen. Ich frage ihn daher nach Lehrpersonen aus dem Berufsvorbereitungsjahr. An diese habe er gar nicht gedacht, stellt Gabriel überrascht fest. Für ihn seien sie „einfach nur Lehrer". Er habe in der Schule aber z. B. einen Laufbahncoach, der ihn beim Schreiben der Bewerbungen unterstützen könne. Außerdem würden ihm die Lehrpersonen auch helfen, seine schulischen Lücken zu schließen, auch wenn dies natürlich anstrengend sei.

Ich frage Gabriel auch nach Vorbildern. Gabriel erwähnt hier spontan einen Influencer, dem er auf Instagram folge. Dieser habe trotz heftigem Gegenwind sein „Business" allein aufgebaut und sei damit reich geworden. Auf die Frage, welche Eigenschaften oder Stärken er denn von diesem Influencer übernehmen könne, nennt Gabriel: Durchhaltevermögen, ein „positives Mindset" und Mut.

Phase 5 – Das Überschreiten der ersten Schwelle
In dieser Phase überlegen wir uns, was der nächste kleine Schritt in Richtung Lehrstelle sein könnte. Gabriel erwähnt, dass dies vermutlich die Anmeldung zur „Multicheck Eignungsanalyse" wäre. Diese brauche er für sein Bewerbungsdossier. Ich frage ihn, was ihn noch davon abhalten würde, sich anzumelden. Gabriel erwähnt, dass er Angst habe, ein schlechtes Ergebnis zu erzielen, v. a. in den Bereichen „Deutsch" und

"Englisch". Gemeinsam schauen wir auf der Webseite des Anbieters die Anforderungen für den Beruf des Elektroinstallateurs an. Dabei stellt er fest, dass diese beiden Fächer bei diesem Beruf nicht so stark gewichtet werden, wie in anderen Berufsfeldern. Diese Erkenntnis beruhigt Gabriel sichtlich. Als ich ihn frage, was ihn außerdem noch abhalten könnte, sich anzumelden, fällt Gabriel keine weitere Hürde ein. Er werde diese Woche noch mit seinem Betreuer einen Termin für die Eignungsanalyse auswählen.

Ich stelle im Raum symbolisch für die erste Schwelle einen Bücherstapel auf und lasse Gabriel einen Schritt über diese "Schwelle" machen. Gabriel lächelt zuerst über dieses kleine Ritual, ist dann aber doch überrascht, welche Gefühle dabei ausgelöst werden. Es falle ihm aber schwer, diese zu benennen. Angst oder Unsicherheit? Aber auch so etwas wie Freude oder sogar Stolz?

Phase 6 – Bewährungsproben, Verbündete und feindselige Gestalten
Nach einer kleinen Pause widmen wir uns der Phase 6 und schreiben zuerst auf dem Flipchart die nächsten Schritte auf: Anmeldung zum "Multicheck"/Vorbereitung "Multicheck" (ev. Nachhilfe organisieren?)/Durchführung "Multicheck"/offene Lehrstellen herausschreiben/beim Lehrbetrieb nachfragen, ob die Stelle noch nicht vergeben ist/Bewerbungsschreiben formulieren/ev. Lebenslauf anpassen/Bewerbung: Online, per E-Mail oder Post (alle Unterlagen vorhanden?)/Vorbereitung Bewerbungsgespräch.

Gabriel erzählt, dass er im Berufsvorbereitungsjahr sehr gut unterstützt werde. Er habe bereits seine Bewerbungsunterlagen mit seinem Lerncoach überarbeiten können und Textbeispiele für seine Bewerbungsschreiben erhalten. Außerdem könne er die geschriebenen Bewerbungsschreiben dem Lerncoach zeigen, bevor er sie an den Lehrbetrieb weiterleite. Als Verbündete sehe er seine Mitschüler*innen, die alle im gleichen Boot säßen. Sie würden sich gegenseitig unterstützen und motivieren.

Ich frage Gabriel, was für ihn die schwierigsten Schritte im Bewerbungsprozess seien? Gabriel erwähnt hier das Bewerbungsgespräch. Aber auch die Anrufe bei den Lehrbetrieben, ob die Lehrstelle noch offen sei. Das Bewerbungsschreiben sei zwar anstrengend, aber mit den Textbeispielen funktioniere es eigentlich ganz gut. Wir überlegen uns daher gemeinsam, wie ihm das Telefonieren leichter fallen könnte. Beispiele: Sich vorher in einen positiven Zustand versetzen, sich einen Spickzettel für das Gespräch vorbereiten oder mehrere Telefongespräche hintereinander machen.

Phase 7 – Die entscheidende Prüfung
Für Gabriel ist das Bewerbungsgespräch bei einem Lehrbetrieb die entscheidende Prüfung. Bei seinem letzten Lehrbetrieb (Malergeschäft) habe es kein wirkliches Bewerbungsgespräch gegeben. Er habe dort geschnuppert, der Inhaber sei zufrieden gewesen und er habe die Stelle bekommen. Er habe nie ein Bewerbungsgespräch erlebt und habe große Angst, etwas falsch zu machen. Ich frage Gabriel, welche Mentor*innen ihn bei der entscheidenden Prüfung unterstützen könnten? Gabriel lacht und meint: „Ins Bewerbungsgespräch werde ich vermutlich niemanden mitnehmen können." Er fügt dann aber hinzu, dass er in der Schule die Möglichkeit habe, an der Simulation eines

Bewerbungsgesprächs teilzunehmen. Das würde ihm vermutlich helfen. Er brauche wohl einfach etwas Übung. Ich unterstütze ihn in dieser Idee und schlage ihm zudem vor, sich anhand typischer Fragen auf die Bewerbungsgespräche vorzubereiten und gebe ihm eine Liste mit Beispielfragen und -antworten mit. Schlussendlich frage ich ihn, welche seiner Heldenfähigkeiten er an diese entscheidende Prüfung einsetzen könnte. Gabriel schaut auf sein Charakterprofil und meint lachend: „Mein Charme wird mir da sicher helfen." Von seinem Influencer-Vorbild wolle er den Mut und die positive Einstellung mitnehmen.

Phase 8 – Die Belohnung
Nach der siebten Phase lasse ich Gabriel nochmals die „Belohnung" erleben; diesmal aber assoziiert. Ich mache eine Imaginationsübung und bitte Gabriel, mit geschlossenen Augen konkret zu erleben, wie es sich anfühlt, diese Hürde des Bewerbungsprozesses gemeistert zu haben und nun den unterschriebenen Lehrvertrag in den Händen zu halten. Wie fühlt es sich an, sich etwas von seinem ersten Lohn zu gönnen? Was wird sich positiv verändern in seinem Leben? Dieses Mal scheint die Begegnung mit der Belohnung für Gabriel einfacher zu sein. Er beschreibt seine Vision sehr bildhaft und einem Lächeln im Gesicht. Auch seine Stimme wirkt dabei ruhiger.

Wir entscheiden uns spontan, den zweiten Halbtag mit der Phase 8 zu beenden.

Phasen 9 und 10 – Die Rückkehr und der neue Alltag
Drei Wochen später treffen wir uns für das Abschlussgespräch. Diesmal ist Gabriels Betreuer wieder dabei. Herr Moser erzählt, dass Gabriel sehr motiviert vom zweiten Beratungstermin nach Hause gekommen sei. Die Tage danach sei er dann aber irgendwie in alte Muster verfallen und habe nichts mehr für den Bewerbungsprozess getan. Schlussendlich sei er dann auf Gabriel zugegangen und sie hätten gemeinsam das Anmeldeformular für den „Multicheck" ausgefüllt. Ich frage Gabriel, was passiert sei. Habe er an seinen Heldenfähigkeiten gezweifelt? Gabriel antwortet etwas beschämt, dass er wieder Angst vor der Eignungsanalyse bekommen habe. Dann sei ihm alles wieder zu viel geworden und er habe sich zurückgezogen. Ich erwähne, dass sich der Bösewicht „Angst" manchmal nochmals zeigen würde, auch wenn der Held gedacht hätte, er hätte ihn bereits besiegt. Da Gabriel ein Horrorfilm-Fan ist, versuche ich einen Bezug zu diesen Filmen herzustellen. In diesen Filmen taucht der Bösewicht manchmal nach seinem vermeintlichen Tod plötzlich nochmals auf und greift die Held*innen heimtückisch an. Diese seien dann aber stark genug, um ihn endgültig zu besiegen. Zu dritt überlegen wir uns, wie Gabriel diesem „Bösewicht" entgegentreten könnte, falls er nochmals auftauchen sollte: Das Charakterprofil hervorholen, und sich seiner Stärken bewusstwerden, das Gespräch mit seinen Mentor*innen suchen oder die Liste mit seinen Erfolgserlebnissen lesen. Außerdem erwähne ich die Möglichkeit, mit der Demoversion des Multichecks zu üben, um etwas mehr Sicherheit zu erlangen.

11 Die Held*innenreise in Beratung und Coaching

IAP
Institut für Angewandte Psychologie

„Charakterprofil"

Held*in: _Gabriel S._   Level: _16_

Meine Eigenschaften („Das ist typisch für mich.")	Meine Stärken und Fähigkeiten („Das kann ich gut und fällt mir leicht.")
Charmant Humorvoll Gelassen Hilfsbereit Mitfühlend Aufgeschlossen, kontaktfreudig Ehrlich Offen für Neues Vielseitig interessiert	Guter Beobachter Organisationstalent Schnelle Auffassungsgabe Handwerklich geschickt Ich kann andere gut überzeugen Schulfächer: Mathematik, Natur und Technik, Medien und Informatik, Sport
Meine Interessen („Das interessiert mich oder mache ich gerne.")	Meine Ressourcen („Das tut mir gut und gibt mir Energie.")
RIASEC-Code: RIS R - Handwerklich-technisch I - Untersuchend-forschend S - Sozial-unterstützend Technische Interessen Mit den Händen arbeiten Unterwegs sein Im Team arbeiten Anderen Menschen helfen	Meine Freunde Herr Moser Laufbahncoach Krafttraining Draußen sein Freunde treffen Am See sitzen

Abb. 11.1 Charakterprofil von Gabriel (anonymisiert)

Am Ende des Gesprächs zeige ich Gabriel die letzte Bildkarte der Held*innenreise („Phase 10 – der neue Alltag") und frage ihn, wie denn der neue Alltag des Helden Gabriel aussehen werde, wenn er dieses Abenteuer geschafft hätte. Gabriel zeigt auf die Couch auf dem Bild, lacht und meint, dass er vermutlich nicht auf der Couch liegen werde; zumindest nicht unter der Woche. Er müsse schließlich noch Level 20 (Lehrabschluss) erreichen.

Fazit

Bei der Heldenreise dieses Klienten wurde die chronologische Reihenfolge der Phasen größtenteils eingehalten. Dies kommt aber bei der Arbeit mit dieser Methode eher selten vor. Es ist z. B. durchaus möglich, dass Klient*innen im Beratungsprozess die „erste Schwelle" relativ einfach überschreiten und erst später die „Weigerung" spüren. Oder sie möchten sich in der Beratung nur auf das Überschreiten der ersten Schwelle vorbereiten und die weiteren Schritte stehen für sie (vorerst) nicht im Vordergrund. Je nach Person, Situation oder Fragestellung können die einzelnen Phasen auch eine unterschiedlich starke Gewichtung erhalten oder sind gar nicht relevant. Dies stellt aber aus meiner Sicht kein Problem dar. Auch Vogler (2004) erwähnt, dass Phasen einer Held*innenreise problemlos gemischt, weggelassen oder hinzugefügt werden können, ohne dass diese etwas von ihrer Kraft einbüßt.

Als großen Vorteil der Held*innenreise nehme ich ihre flexible Anwendung wahr. Sie kann in einen Raum mit „Bodenanker" durchgeführt werden, auf einem Tisch mit Klebezettel, Figuren oder anderen Materialen entstehen oder notfalls auch nur im Gespräch durchgespielt werden. Die Held*innenreise lässt sich auch sehr gut durch weitere Beratungs-, Coaching- und Therapiemethoden ergänzen. Den Möglichkeiten sind hier kein Grenzen gesetzt (Abb. 11.1).

Literatur

Beck, J. S. (2013). *Praxis der Kognitiven Verhaltenstherapie*. Beltz.
Budde, C. (2015). *Mitten ins Herz. Storytelling im Coaching. Die Kraft von Storytelling für Coaching und Beratung nutzen*. ManagerSeminare.
Campbell, J. (2015). *Der Heros in tausend Gestalten* (2. Aufl.,). Insel.
Jung, C. G. (2001). *Archetypen*. dtv.
Lindemann, H. (2015). Das Arbeiten mit der Heldenreise. In C. Budde (Hrsg.), *Mitten ins Herz. Storytelling im Coaching. Die Kraft von Storytelling für Coaching und Beratung nutzen* (S. 217–255). ManagerSeminare.
Lindemann, H. (2016a). *Die große Metaphern-Schatzkiste – Band 2. Die Systemische Heldenreise. Systemisch arbeiten mit Sprachbildern*. Vandenhoeck & Ruprecht.
Lindemann, H. (2016b). *Die große Metaphern-Schatzkiste. 60 Bild- und Strukturkarten zur Systemischen Heldenreise. Systemisch Arbeiten mit Sprachbildern*. Vandenhoeck & Ruprecht.
Lindemann, H. (2019). 6 Die Systemische Heldenreise – Eine kurze Einführung. In H. Lindemann (Hrsg.), *Heldinnen, Ufos und Straßenschuhe. Die Arbeit mit Metaphern und der Systemischen*

Heldenreise in der Praxis. Systemisch Arbeiten mit Sprachbildern (S. 184–194). Vandenhoeck & Ruprecht.

Rebillot, P., & Kay, M. (2011). *Die Heldenreise. Das Abenteuer der kreativen Selbsterfahrung*. Eagle Books.

Schreiber, M., Gschwend, A., & Iller, M.-L. S. (2018). The vocational ID – connecting life design counselling and personality systems interaction theory. *British Journal of Guidance & Counselling, 48*(1), 52–65. https://doi.org/10.1080/03069885.2018.1538495

Tolkien, J. R. R. (2001). *Der Herr der Ringe (Gesamtausgabe)*. Klett-Cotta.

Vogler, C. (2004). *Die Odyssee der Drehbuchschreiber, Romanautoren und Dramatiker. Mythologische Grundmuster der Heldenreise für Schriftsteller*. Autorenhaus.

Stefan Spiegelberg ist Psychologe am IAP Institut für Angewandte Psychologie und Lehrbeauftragter an der ZHAW Zürcher Hochschule für Angewandte Wissenschaften. Er studierte Angewandte Psychologie an der ZHAW und ergänzte das Studium mit einer Weiterbildung zum dipl. Berufs-, Studien- und Laufbahnberater. Er berät Jugendliche bei der Berufs- und Studienwahl und unterstützt Erwachsene in ihrer beruflichen Laufbahnentwicklung. Daneben unterrichtet er u. a. „Narrative Verfahren" im Bachelor- und Masterstudium Angewandte Psychologie an der ZHAW. Er war zudem für mehrere Jahre Leiter der Career Services ZHAW.

Mit dem Wunsch, seine Klient*innen auch bei psychischen Herausforderungen begleiten und unterstützen zu können, absolviert er aktuell eine Weiterbildung in Systemischer Psychotherapie mit kognitiv-behavioralem Schwerpunkt.

Begeisternde Projekte im Kontext der Laufbahnberatung

12

Nicola Kunz

Nina M. (geb. 1983) arbeitet seit nunmehr 11 Jahren bei ihrem aktuellen Arbeitgeber. Frau M. ist dort als Leiterin der Kulturabteilung tätig. Im Erstgespräch berichtet Frau M., dass sie bereits seit nunmehr drei Jahren mit ihrer aktuellen Tätigkeit unzufrieden ist. Berufliche Engpässe, die ihr viele Ressourcen abverlangten, sowie eine schwerwiegende Erkrankung ließen ihr wenig Zeit und Raum für die berufliche Neu-/Weiterentwicklung.

In den vergangenen Jahren, so beschreibt es Frau M., musste sie häufig die „Feuerwehr" spielen. Vor allem ging es dabei darum, Projekte, die nicht optimal liefen, zu „retten" oder große Projekte schnellstmöglich voranzutreiben. Daneben wurden viele (personelle) Umstrukturierungen vorgenommen, die auf sie ebenfalls keinen positiven Einfluss hatten. Dies führte bei Frau M. zu einer Sinnkrise. Sie kam zu der Erkenntnis, dass ihre aktuelle Tätigkeit für sie nicht mehr sinnhaft ist und sie sich deshalb auch nicht mehr, wie früher, zu 100 % dafür einsetzen wollte. Sie war ihrer Arbeit überdrüssig geworden.

Durch eine lebensbedrohliche Erkrankung konnte Frau M. mehrere Monate lang nicht arbeiten, was ihr einen gewissen Abstand zu ihrer beruflichen Tätigkeit ermöglichte. In dieser Zeit konnte Frau M. wieder Kraft sammeln und sie verspürt erneut den Wunsch, sich mit ihrer beruflichen Zukunft auseinandersetzen zu wollen. Da sich Frau M. Unterstützung bei der Neuorientierung wünscht, hat sie sich zu einer Laufbahnberatung angemeldet.

N. Kunz (✉)
IAP Institut für Angewandte Psychologie, ZHAW Zürcher Hochschule für Angewandte Wissenschaften, Zürich, Schweiz
E-Mail: scic@zhaw.ch

© Der/die Autor(en), exklusiv lizenziert an Springer Fachmedien Wiesbaden GmbH, ein Teil von Springer Nature 2022
M. Schreiber (Hrsg.), *Narrative Ansätze in Beratung und Coaching*,
https://doi.org/10.1007/978-3-658-37951-3_12

Als Ziel für die Beratung hat sich Frau M. gesetzt, dass sie gern herausfinden möchte, ob das angestammte Berufsfeld für sie immer noch das Richtige ist und falls nein, in welche Richtung sie sich dann orientieren könnte.

Auf einer Skala von 1 (das Ziel ist noch weit entfernt) bis 10 (das Ziel wurde erreicht) schätzt sich Frau M. zu Beginn der Beratung bei 4 ein.

Den Einsatz des Arbeitsmittels „Begeisternde Projekte" wähle ich deswegen aus, da Frau M. zum einen nach Ideen für eine berufliche Neuorientierung und zum anderen nach einer sinnstiftenden Tätigkeit suchte.

▶ **Wichtig**
Die Anleitung zum Arbeitsmittel lautet wie folgt:
> Erinnern Sie sich bitte an „begeisternde Projekte", die Sie bislang in ihrem Leben durchgeführt haben. Dabei muss es sich nicht um „Großprojekte" handeln; es können einfache Tätigkeiten sein, die Ihnen im Gedächtnis geblieben sind. Bitte sortieren Sie die Projekte in die folgenden Kategorien: Kindheit, Jugendalter & Erwachsenenalter.

Frau M. erarbeitet zunächst die relevanten Aktivitäten für sich. In der Beratung besprechen wir die einzelnen Aspekte und versuchen zu klären, was Frau M. an diesen Tätigkeiten konkret begeistert hat und welche Anknüpfungspunkte es für ihre berufliche Entwicklung geben könnte.

Nachfolgend werden einige Beispiele aus dem Beratungsprozess zur Verdeutlichung gezeigt:

1. **Phase Kindheit**

Aktivitäten
- Sachen basteln (Indianerschmuck, Steinzeitwerkzeug)
- Schwitzhütte bauen
- Allein durch den Wald laufen; spielen, dass ich da lebe; Lager suchen und einrichten
- In und an Flüssen spielen (Wasser stauen, umleiten)

Was hat mich daran genau begeistert?
- Etwas basteln, bauen
- Habe die Dinge oft für mich alleine gemacht
- Ein paar (begrenzte) Dinge stehen zur Verfügung, daraus etwas machen
- Etwas Nützliches herstellen
- Spielwelt: Abenteuer erleben (bin sehr behütet aufgewachsen)
- Sorgfältig sein

- Unterstützung von anderen bekommen
- Mich einer Sache ganz widmen
- Sicherheit (3 × vernäht, Doppelknoten etc.)
- Eigene Vorstellungen umsetzen

2. **Phase Jugendalter**

Aktivitäten
- Theater spielen
- Orchesterlager, kleine Salonkonzerte, Abschlusskonzerte
- Schreiben (Geschichten erfinden; alleine oder mit anderen)

Was hat mich daran genau begeistert?
- Theater spielen, schreiben
- Zeit war kulturell geprägt; Gegengewicht zur Schule; Wichtigkeit von Politik und Kultur hat sich entwickelt
- Habe mich mit 16 entschieden, nicht Cello zu studieren (habe mich von meinem Traum verabschiedet); wollte etwas „Vernünftiges" machen
- Habe schon als Kind an Schreibwettbewerben teilgenommen; hatte schnell Erfolg (habe Preise gewonnen); wurde von Eltern und Lehrern unterstützt
- Sicherheit (empfundene) wichtig; Eltern waren sehr sparsam, vernünftig, moralisch, bescheiden, nicht auffallen (weder negativ noch positiv)

3. **Phase Erwachsenenalter**

Aktivitäten
- Kleine Veranstaltungen/Kurse (Literatur/Kultur) organisieren und/oder besuchen
- Mich mit den Akteuren dort austauschen
- Ausdruckstanz erlernen

Was hat mich daran genau begeistert?
- Kleine Veranstaltungen organisieren/besuchen
- Ausdruckstanz (Körperarbeit): ein Thema auswählen können, das mir gefällt; dieses Thema „vertanzen" (reduzieren, aber trotzdem verständlich sein)
- Kunst beurteilen: Am Anfang steht die Betrachtung des Werks; Wie macht man das? (zum Kern vordringen)
- Beobachten; von anderen lernen; offen sein

Frau M. erkennt, dass die begeisternden Projekte, vor allem die der Kindheit und der Jugend, mit ihren (versteckten) Bedürfnissen zu tun haben. Dass sie Ausdruck sind von dem, was ihr in ihrem Leben wichtig ist. Als Resümee hält Frau M. für sich fest, dass für sie in allen drei Phasen folgende Aspekte wichtig waren:

- Sicherheitsaspekt,
- „Kern im Zentrum" – Reduktion mit Sorgfalt,
- Nützlichkeit/etwas Nützliches tun.

Weiter diskutieren wir gemeinsam, inwiefern sich diese Aspekte in ihrer aktuellen beruflichen Tätigkeit wiederfinden und gelangen zu der folgenden Erkenntnis:
- Sicherheitsaspekt: JA,
- „Kern im Zentrum" – Reduktion mit Sorgfalt: NEIN,
- Nützlichkeit/etwas Nützliches tun: NEIN.

Frau M. erkennt weiter, dass in der derzeitigen Stelle der Aspekt „zum Kern vordringen" fehlt. Sie kann sich nicht auf ein Thema, ein Projekt konzentrieren und sich dem ganz widmen. Die Nützlichkeit der Arbeit an sich, so Frau M., ist schon gegeben. Dieser Aspekt wird für Frau M. durch unsere Beratungsarbeit wieder deutlicher, auch wenn sich die Nützlichkeit auf die Arbeit an und für sich und weniger auf ihren persönlichen Nutzen bezieht. Durch eine Reduktion ihres Pensums, die sie in Betracht zieht/bereits umgesetzt hat, rücken neben der Arbeit für sie persönlich wichtige Dinge wieder mehr in den Fokus. Es gibt verschiedene Schreibaufträge, die sie inspirieren, ihre Kreativität wecken und ihr erlauben, sich ganz einer Sache zu widmen, für eine Weile darin zu versinken.

In einem „Follow-up-Gespräch", welches drei Monate nach dem letzten Beratungstermin stattfand, hat sich die berufliche Situation für Frau M. weiter stabilisiert. Dadurch, dass sie konsequent an ihrem reduzierten Pensum festhält, gelingt es ihr, ihre persönlich wichtigen Themen weiter voranzutreiben. Das Schreiben erhält einen festen Platz in ihrem Leben. Frau M. erhält vermehrt Schreibaufträge und wird zu Literaturtagungen eingeladen. Durch einen Kurs im Literarischen Schreiben erhält Frau M. neue Inputs und kann sich erneut in ein Thema vertiefen.

Von dem zu Beginn der Beratung genannten Ziel einer beruflichen Neuorientierung hat sich Frau M. am Ende des Beratungsprozesses gelöst. Durch die Auseinandersetzung mit ihren beruflichen und persönlichen Werten hat sich die Haltung von Frau M. gegenüber ihrer beruflichen Tätigkeit verändert. Dadurch findet sie wieder mehr Freude an der Arbeit und kann nebenbei auf ihre eigenen Themen fokussieren.

Die Anwendung des Verfahrens „Begeisternde Projekte" im Kontext der Laufbahnberatung ist für mich als Beratungsperson bisher ausschließlich mit positiven Erfahrungen verbunden. Für die Klient*innen ist die Idee, dass sie sich, bevor sie sich mit ihrer Zukunft befassen, zunächst auf eine Reise in die Vergangenheit begeben, zumeist nachvollziehbar. Damit ist nicht nur verbunden, dass sie darüber reflektieren, welche Tätigkeiten ihnen als Kind oder Jugendliche*r Freude gemacht haben (und warum!), sondern es gibt ihnen ebenfalls die Möglichkeit, sich von aktuellen, vielleicht festgefahrenen Gedanken zu lösen und einen (mentalen) Schritt zurückzugehen.

Wenn ich die Klient*innen also frage, ob sie bereit sind, sich dieser Herausforderung zu stellen, ist die Antwort bislang immer positiv ausgefallen.

Ausgangspunkt ist (sowohl bei der persönlichen Beratung vor Ort als auch bei Onlineberatungen) ein vorbereitetes DIN-A4-Blatt, auf dem die Spalten für Aktivitäten in der Kindheit, dem Jugendalter sowie dem Erwachsenenalter aufgeführt/vorgegeben sind.

In einem ersten Schritt sollen sich die Klient*innen zunächst mit der Frage auseinandersetzen, welchen Aktivitäten sie in den jeweiligen Entwicklungsstadien nachgegangen sind. Dies passiert zwischen zwei Beratungsgesprächen, damit die Klient*innen genügend Zeit haben, sich gedanklich auf die Reise zu begeben. Die meisten Klient*innen berichten mir, dass sie die Aufgabe zunächst rasch bearbeiten wollten, sie jedoch nach kurzer Zeit feststellen mussten, dass es diese augenscheinlich simple Aufgabe doch „in sich" hat.

Daher empfehle ich meinen Klient*innen, sich bewusst einen Moment für die Aufgabe Zeit zu nehmen und damit zu starten und sich dann immer mal wieder mit dem Thema zu befassen oder die Gedanken, die ihnen nach und nach in den Sinn kommen, zu sammeln und jeweils zu ergänzen. Denn, so ist zumindest meine Erfahrung, nur, wenn sich jemand wirklich intensiv auf die Thematik einlässt und sich mit ihr befasst, kann sie*er/können die Klient*innen von der Erkenntnis profitieren.

Nachdem die Klient*innen die Aufgabe vorbereitet haben, kommt der eigentlich wichtige Teil des Prozesses: die Auseinandersetzung mit der Frage „Was genau hat mir an dieser Aktivität Freude gemacht?" Dabei schauen wir gemeinsam jede einzelne Tätigkeit an, die auf dem Arbeitsblatt aufgeführt ist und reflektieren darüber. Diesen Prozess erleben die Klient*innen wiederum als sehr intensiv. Oftmals braucht es sogar mehrere Beratungsgespräche, um alle Tätigkeiten genau anzuschauen und darüber zu reflektieren. Falls die Klient*innen sehr viele Aktivitäten gesammelt haben, kann eine gute Alternative zum gemeinsamen reflektieren sein, dass man den Reflexionsprozess zunächst gemeinsam beginnt und die Klient*innen diesen selbstständig fortführen.

Blicken wir nochmals auf die Erinnerungen von Frau M. zurück. Sie berichtete, dass sie in ihrer Kindheit gerne allein durch den Wald gelaufen ist und gespielt hat, dass sie dort lebt. Es kristallisiert sich heraus, dass es Frau M. wichtig war, Zeit für sich allein zu haben und aus ein paar (begrenzten) Dingen, die ihr zur Verfügung stehen, etwas zu machen. Zudem konnte sie sich in dieser Zeit einer Sache ganz und gar widmen.

Die im Rahmen des Reflexionsprozesses gesammelten Erkenntnisse werden zunächst gesammelt und können im Anschluss, je nach Umfang, gegebenenfalls geclustert werden. Darauf aufbauend kann die Beratungsperson gemeinsam mit den Klient*innen die wichtigsten Erkenntnisse herausarbeiten. Im Fall von Frau M. waren es drei Aspekte, die ihr besonders am Herzen lagen:

1. ein gewisser Sicherheitsaspekt,
2. den „Kern" einer Sache finden und sich diesem widmen,
3. etwas Nützliches tun.

In der Auseinandersetzung mit der Frage, inwieweit sie diese Aspekte in ihrer aktuellen beruflichen Tätigkeit wiederfindet, resümiert Frau M.:

1. ein gewisser Sicherheitsaspekt: ist vorhanden,
2. den „Kern" einer Sache finden und sich diesem widmen: ist nicht vorhanden,
3. etwas Nützliches tun: ist nicht vorhanden.

Diese Erkenntnis ist zum einen wichtig, um zu verstehen, was einer Person an der aktuellen beruflichen Tätigkeit fehlt („den Kern einer Sache finden und sich diesem widmen" sowie „etwas Nützliches tun"). Zum anderen erhält man darüber Informationen, was eine zukünftige berufliche Tätigkeit konkret beinhalten sollte, damit diese als wertvoll und passend empfunden werden kann. Im Fall von Frau M. haben sich zwei Dinge in ihrem Leben während des Beratungsprozesses verändert. Einerseits räumt sie ihrer kreativen Freizeitbeschäftigung (dem Schreiben) mehr Raum ein, zum anderen hat sie für sich festgestellt, dass sie in Bezug auf ihre berufliche Tätigkeit eine andere Haltung entwickelt hat. Sie hat für sich festgestellt, dass sie nicht mehr (so wie früher) das „Feuer" spüren muss oder wiederkehrende berufliche Herausforderungen braucht. Dieser Perspektivwechsel ermöglicht es Frau M., ihre aktuelle berufliche Tätigkeit in einem anderen Licht zu sehen, was sich für sie sehr angenehm anfühlt.

Die Auseinandersetzung mit der eigenen (Berufs-)Biografie ist ein wichtiger Aspekt in der Praxis der Laufbahnberatung. Durch das Beleuchten einzelner wichtiger Fragmente lassen sich Zusammenhänge erkennen, die den „roten Faden" in der beruflichen Entwicklung bilden. Diese Auseinandersetzung findet oftmals bereits im Alltag der Klient*innen statt, hier aber zumeist eher unsystematisch und punktuell. Sei es, dass man mit einer Freundin über die gemeinsam erlebte Schulzeit oder sich mit den Eltern über ein besonders in der Erinnerung gebliebenes Urlaubserlebnis austauscht (Hölzle & Jansen, 2011).

Das Wort „Biografie" leitet sich aus dem Griechischen (*bios* = leben, *gráphein* = schreiben, zeichnen, abbilden, darstellen) ab und bedeutet Lebensbeschreibung. Daraus kann abgeleitet werden, dass es sich bei der Biografie eines Menschen nicht um ein passives Abbild des bereits Erlebten handelt, sondern, dass eine Beschreibung der bisherigen Lebensereignisse ein Ergebnis von reflexiven, selektiven und gestaltenden Prozessen ist. Diese Darstellung umfasst sowohl die äußere Geschichte als auch die „innere, intellektuelle und sittliche Entwicklung" eines Individuums (Reich, 2008, S. 8). Im Gegensatz dazu kann der Lebenslauf (Curriculum Vitae) genannt werden, der lediglich die äußeren Hauptmeilensteine (Geburt, Schule, Ausbildung, Heirat, etc.) einer Person der Reihe nach aufzeigt (Reich, 2008). Auch Schneberger et al. (2013) stellen eine äußere einer inneren Biografie gegenüber (Abb. 12.1).

Ergänzend dazu beschreibt Miethe (2014, S. 21) Biografiearbeit wie folgt:

12 Begeisternde Projekte im Kontext der Laufbahnberatung

Äußere Seite der Biografie
Der Lebenslauf – objektive Veränderung

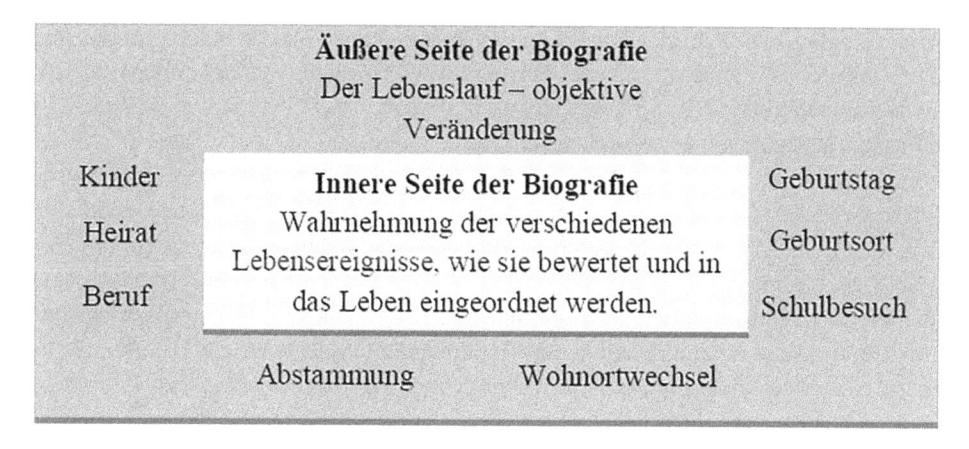

Kinder
Heirat
Beruf

Innere Seite der Biografie
Wahrnehmung der verschiedenen Lebensereignisse, wie sie bewertet und in das Leben eingeordnet werden.

Geburtstag
Geburtsort
Schulbesuch

Abstammung   Wohnortwechsel

Abb. 12.1 Die innere und äußere Seite der Biografie (Aus Schneberger et al., 2013, S. 51)

„Ausgehend von einem ganzheitlichen Menschenbild ist Biografiearbeit eine strukturierte Form der Selbstreflexion in einem professionellen Setting, in dem an und mit der Biografie gearbeitet wird. Die angeleitete Reflexion der Vergangenheit dient dazu, Gegenwart zu verstehen und Zukunft zu gestalten." (Miethe 2014, S. 21)

Und weiter:

„Während ein Lebenslauf nur die äußeren Daten eines Lebens in ihrer zeitlichen Abfolge erfasst, erfasst eine Biografie zusätzlich noch die subjektive Bedeutung, die diese Fakten für die jeweilige Person haben." (Miethe, 2017, S. 13)

Für Reich (2008) stellt der Prozess des Erinnerns die Basis für die Biografiearbeit dar. Das Erinnern an persönliche, wichtige Momente in ihrem Leben, trägt nach Reich maßgeblich zur Identitätsbildung bei. Beratungspersonen können die Individuen durch Nachfragen dabei unterstützen, ihre persönlichen Erinnerungen zu strukturieren, ihre Identität zu festigen und davon ausgehend gemeinsam einen Zukunftsentwurf zu gestalten. Raabe (2004) spricht in diesem Zusammenhang von einer „Verknotung" des Erlebten zu einem sinnhaften Ganzen.

Für Hölzle (2011a, b) hingegen steckt hinter dem Begriff „Arbeit" im Kontext von Biografie sehr viel mehr, als nur eine bloße Erinnerungsleistung. Der dahinterliegende Prozess kann stattdessen als absichtsvoll, bewusst und zielgerichtet beschrieben werden.

Alle diesen Ansätzen ist die Vorstellung gemein,

„dass es ein zutiefst menschliches Bedürfnis ist, dem Leben einen sinnhaften Bezug (einen Bedeutungsfaden) zu geben, sich selbst dabei als lebendigen Gestalter der eigenen Lebensgeschichte zu erleben und damit Identität unter den Bedingungen von Kontinuität und Diskontinuität zu konstituieren – kollektiv gebunden und doch individuell verschieden." (Jansen, 2011, S. 21)

Die systematische Einbindung von biografischer Reflexions- und Gestaltungskompetenz blieb lange der psychotherapeutischen Perspektive vorbehalten und fand im Kontext vom psychotherapeutischen Setting statt (Hölzle & Jansen, 2011). Mittlerweile findet Biografiearbeit jedoch auch in verschiedenen anderen pädagogischen und psychologischen Settings (bspw. im Strafvollzug, im Alters- oder Jugendheim) und mit verschiedenen Zielgruppen (Kinder und Jugendliche, demenzerkrankte Personen oder Straftäter) Anwendung (Hölzle, 2011a, b). Auch in der Praxis der Laufbahnberatung hat die Biografiearbeit Einzug erhalten. Dies vor allem, da Klient*innen durch die Arbeit an ihrer Biografie in ihrer Identitätsentwicklung unterstützt und zudem angeleitet werden, ihre Erfahrungen in das eigene Lebenskonzept zu integrieren (Hödl, 2015). Das Beratungssetting ermöglicht zudem durch eine zielgerichtete Gesprächsführung der Beratungsperson eine systematischere und umfassendere Diskussion über die wichtigen Aspekte im Leben des Klienten.

Im Rahmen der Biografiearbeit wird in der Regel auf drei Zeitperspektiven fokussiert (vgl. Abb. 12.2: Klingenberger, 2003; Abschn. 3.5):

- die Bewältigung der Vergangenheit (retrospektiv),
- auf das Erleben der Gegenwart,
- zur Gestaltung der Zukunft (prospektiv).

Nach Hölzle und Jansen (2011) müssen für eine erfolgreiche Biografiearbeit zunächst Vergangenheit, Gegenwart und Zukunft geordnet werden. In einem nächsten Schritt werden Gemeinsamkeiten gesucht und ein Sinnzusammenhang zwischen den Themen versucht herzustellen. Dadurch kann Biografiearbeit die Identitätsklärung unterstützen.

Während Hölzle und Jansen bei ihren Ausführungen vor allem auf Brüche, Krisen und einschneidende Lebensereignisse (z. B. die Trennung von den leiblichen Eltern, ein Gesundheitsverlust [nach Unfällen, bei chronischen Krankheiten oder Behinderungen] oder Arbeitslosigkeit) fokussieren, wird im Fall der „Begeisternden Projekte" im Rahmen der Laufbahnberatung auf positive Ereignisse fokussiert. Anders als Hölzle und Jansen (2011) es ausführen, liegt der Fokus bei dieser Methode damit nicht darauf,

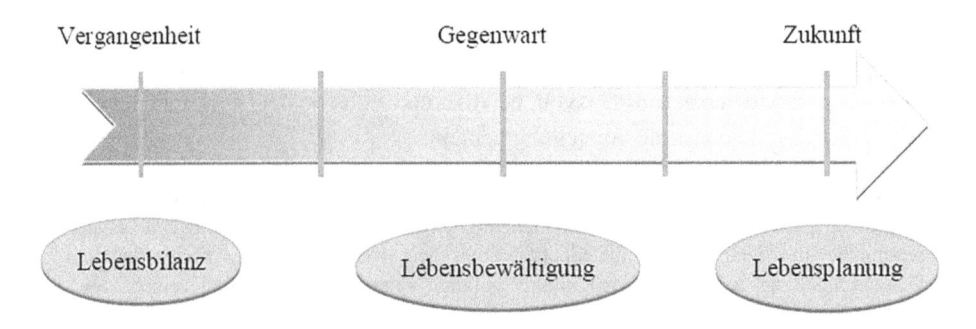

Abb. 12.2 Zeitperspektiven der Biografiearbeit (Aus Klingenberger, 2003, S. 142)

biografische Brüche zu bewältigen und dadurch eine stärkere Identität zu entwickeln, sondern darauf, biografische Ressourcen aufzudecken, um eine (Belastungs-)Situation zu bewältigen (Herriger, 2014). Herriger (2014, S. 7) beschreibt diese internalen Ressourcen als

> „stärkende Erinnerungen als positive Konstruktion von Erfahrungen und eigener Bewältigungsgeschichte; positive Erinnerungen als Ansporn und Motivation für die Zukunft (,so wie damals will ich wieder werden')."

Um in den Klient*innen das Gefühl der eigenen Wirksamkeit zu stärken, sollte der Fokus primär auf Ereignisse gelegt werden, bei denen sich die Personen als aktiv gestaltende und steuernde Akteure wahrnehmen können. Durch diese aktive Auseinandersetzung auch mit schwierigen Lebensereignissen, die mit Hilfe eigener oder äußerer Ressourcen überwunden werden konnte, erhalten die Biografieträger*innen darüber hinaus das Gefühl, ihre eigene Biografie selbst gestalten zu können, was schlussendlich auch zu einer Stärkung des Selbstwertgefühls beiträgt (Hödl, 2015; Jansen, 2011).

Die Grundintention der Ressourcenorientierung im Kontext von Biografiearbeit ist es, die Frage zu beantworten, was Menschen hilft und dabei unterstützt, das Leben zu ihrer Zufriedenheit zu führen und Hindernisse mit Erfolg zu bewältigen. Fragen zum eigenen Selbstverständnis (Wer bin ich?), zur Selbsterkenntnis (Was ist mir wichtig?) und zur eigenen Identität (Wer möchte ich sein?) können so zu mehr Lebensorientierung beitragen (Hölzle & Jansen, 2011).

Zusammenfassend lässt sich festhalten:

Die aktive Auseinandersetzung mit der eigenen Biografie, dem bisher Erlebten – sei es positiv oder negativ – wird als identitätsstiftend erlebt. Ressourcen können in diesem Zusammenhang aufgedeckt und wichtige Lebensthemen eruiert werden. In der Laufbahnberatung kann der notwendige Rahmen gegeben werden, um diese aktive Auseinandersetzung zu ermöglichen. Beratungspersonen können ihre Klient*innen in dem Prozess unterstützen und begleiten. Das Arbeitsmittel „Begeisternde Projekte" eignet sich für diesen Prozess und bietet damit eine gute Grundlage für diese Auseinandersetzung mit der eigenen Biografie.

Literatur

Herriger, N. (2014). *Empowerment in der Sozialen Arbeit: Eine Einführung*. Kohlhammer.
Hödl, B. (2015). *Biografiearbeit in der Bildungs- und Berufsberatung. Der Stellenwert von Biografiearbeit in der ressourcenorientierten Beratung arbeitssuchender Frauen ab dem 50. Lebensjahr*. Masterarbeit Universität Graz. https://unipub.uni-graz.at/obvugrhs/838656
Hölzle, C., & Jansen, I. (Hrsg.). (2011). *Ressourcenorientierte Biografiearbeit. Grundlagen – Zielgruppen – Kreative Methoden* (2. Aufl.). VS Verlag.

Hölzle, C. (2011a). *Gegenstand und Funktion von Biografiearbeit im Kontext Sozialer Arbeit*. In Hölzle, C. & Jansen, I. (Hrsg.), *Ressourcenorientierte Biografiearbeit. Grundlagen – Zielgruppen – Kreative Methoden* (2. Aufl., S. 31–54). VS Verlag.

Hölzle, C. (2011b). *Bedeutung von Ressourcen und Kreativität für die Bewältigung biografischer Herausforderungen*. In C. Hölzle & I. Jansen (Hrsg.), *Ressourcenorientierte Biografiearbeit. Grundlagen – Zielgruppen – Kreative Methoden* (2. Aufl., S. 71–88). VS Verlag.

Jansen, I. (2011). *Biografie im Kontext sozialwissenschaftlicher Forschung und im Handlungsfeld pädagogischer Biografiearbeit*. In C. Hölzle & I. Jansen (Hrsg.),*Ressourcenorientierte Biografiearbeit. Grundlagen – Zielgruppen – Kreative Methoden* (2. Aufl., S. 17–30). VS Verlag.

Klingenberger, H. (2003). *Lebensmutig. Vergangenes erinnern, Gegenwärtiges entdecken, Künftiges entwerfen*. (1. Aufl.). Don Bosco.

Miethe, I. (2014). *Biografiearbeit. Lehr- und Handbuch für Studium und Praxis*. Weinheim: Beltz.

Miethe, I. (2017). *Biografiearbeit*. Juventa.

Raabe, W. (2004). *Biografiearbeit in der Benachteiligtenförderung*. Hiba Verlag.

Reich, K. (Hrsg.). (2008). *Methodenpool*. In http://methodenpool.uni-koeln.de.

Schneberger, M., Jahn, S., & Marino, E. (2013). *„Mutti lässt grüßen..." Biografiearbeit und Schlüsselwörter in der Pflege von Menschen mit Demenz*. Schlütersche Verlagsgesellschaft.

Dr. Nicola Kunz ist wissenschaftliche Mitarbeiterin, Beraterin und Dozentin am IAP Institut für Angewandte Psychologie der ZHAW Zürcher Hochschule für Angewandte Wissenschaften mit den Arbeitsschwerpunkten Berufs-, Studien- und Laufbahnberatung sowie Diagnostik in der Beratung.

Methode „Visionen und erste Schritte" 13

Ein Werkzeug zur aktiven Gestaltung von beruflichen Veränderungsschritten

Barbara Moser

> *A well-designed life is a life that is generative – it is constantly creative, productive, changing, evolving, and there is always the possibility of surprise* (Burnett & Evans, 2016a, S. xvi).

13.1 Einführung

Das eigene Bier brauen. Eine App für eine bessere Welt entwickeln. Mit dem Bulli durch Südeuropa reisen. Oder gar ein eigenes Yogastudio eröffnen? Wer hat sie nicht, solche und ähnliche Ideen für eine wünschbare Zukunft? Manche davon werden früher oder später in die Realität umgesetzt – andere wiederum bleiben einfach eine schöne Idee.

In der Beratung können solche Zukunftsvisionen genutzt werden, um im Dialog mit Klient*innen die nächste Episode ihrer Geschichte zu ko-konstruieren – auf der Grundlage ihrer erarbeiteten Identität, Motive und Lebensthemen. Im folgenden Beitrag möchte ich hierzu eine auf den ersten Blick so simple wie wirkungsvolle Methode vorstellen: „Visionen und erste Schritte". Sie motiviert Klient*innen, in Bezug auf ihre nächsten Laufbahnschritte den Blick zu weiten und dabei auch weniger naheliegenden Optionen Raum zu geben. In einem nächsten Schritt lädt sie dazu ein, mit neuen Aufgaben, Rollen und Erfahrungen „im Kleinformat" zu experimentieren und dabei für

---

B. Moser (✉)
IAP Institut für Angewandte Psychologie, ZHAW Zürcher Hochschule für Angewandte Wissenschaften, Zürich, Schweiz
E-Mail: barbara.moser@zhaw.ch

© Der/die Autor(en), exklusiv lizenziert an Springer Fachmedien Wiesbaden GmbH, ein Teil von Springer Nature 2022
M. Schreiber (Hrsg.), *Narrative Ansätze in Beratung und Coaching*, https://doi.org/10.1007/978-3-658-37951-3_13

zufällige Wendungen und Entdeckungen offen zu bleiben. Der Beitrag beginnt mit einem Fallbeispiel aus der Beratungspraxis, in welchem ich eine mögliche Arbeitsweise mit „Visionen und erste Schritte" vorstelle. Im Anschluss daran folgen eine kurze Darstellung der theoretischen Bezüge sowie abschließend weitere Hinweise für die praktische Anwendung.

Bei „Visionen und erste Schritte" handelt es sich nicht im engeren Sinn um eine narrative Methode. Sie lässt sich in der Anwendung jedoch gut damit verbinden. Inspiriert wurde ich hierzu u. a. von den Methoden *Odyssey Plans* von Burnett und Evans (2016a) und *Stairway to Heaven* von Kötter und Kursawe (2015) – und somit von Ansätzen, welche die Denk- und Vorgehensweise von Designer*innen im Sinne einer aktiven Lebens- und Laufbahngestaltung anwenden. Doch dazu später mehr.

13.2 Anwendung in der Praxis – ein Beispiel

Wie in Abb. 13.1 erkennbar, besteht die Methode „Visionen und erste Schritte" im Wesentlichen aus einer einfachen, in die drei Zeitabschnitte „Gegenwart – nahe Zukunft – ferne Zukunft" gegliederten Visualisierung. In all diesen Zeitabschnitten oder Räumen werden in der Beratung nun Ideen zu Vorhaben gesammelt, die in einem direkten Bezug zueinander stehen. Sie unterscheiden sich jedoch in ihrem Konkretisierungs- und

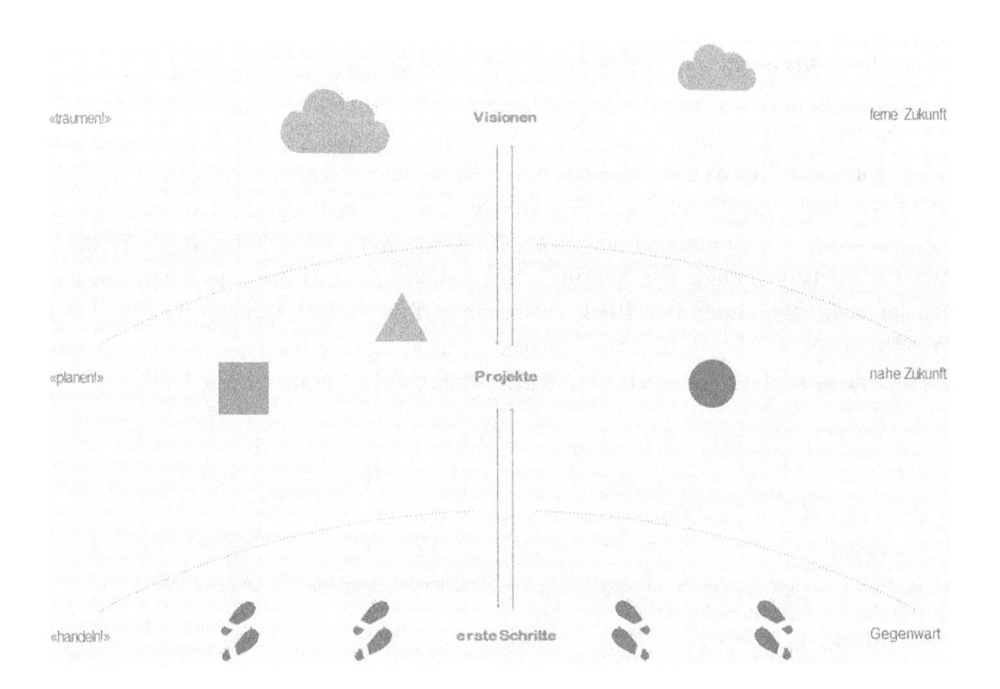

Abb. 13.1 Vorlage zu „Visionen und erste Schritte" (IAP, 2021)

Realisierungsgrad: Während in der fernen Zukunft Platz ist für Visionen und Träume im Sinne von abstrakten, noch weit gefassten Zielen, deren Grad an Realisierbarkeit erst einmal zweitrangig ist, werden diese mit zunehmendem Bezug zur Gegenwart immer konkreter und fassbarer. Wir sprechen dann von Projekten und ersten Schritten.

Jede Phase wird zudem aus einer spezifischen Haltung heraus angegangen, was in der jeweiligen Einladung zu „träumen!", „planen!" und „handeln!" zum Ausdruck kommt. Die Pfeile in alle Richtungen wiederum deuten an, dass die Vorhaben nicht entweder *top-down* oder *bottom-up* entwickelt werden, sondern dass diese in verschiedene Richtungen laufen können. So können etwa aus einer übergeordneten Vision konkrete Handlungsschritte in der Gegenwart abgeleitet werden. Umgekehrt können konkretes Handeln und Ausprobieren von ersten Schritten eine Vision resp. ein Ziel in der Zukunft konkretisieren und schärfen.

Eine mögliche Art und Weise, wie die Methode in Beratung und Coaching angewendet werden kann, möchte ich sogleich an einem konkreten Fallbeispiel veranschaulichen. Die Verwendung kann in der Beratungspraxis beliebig variiert werden. Dem kreativen Spielraum im Einsatz der Methode wie auch ihrer stetigen Weiterentwicklung sind keine Grenzen gesetzt.

13.2.1 Beispiel

Eva ist 42 Jahre alt, Psychologin und Mutter einer achtjährigen Tochter. Kurz nach ihrem Studienabschluss ist sie in den Personalbereich eingestiegen, seit neun Jahren arbeitet sie im Talentmanagement in einem großen Industrieunternehmen. Eva kommt in die Laufbahnberatung, da sie Lust hat auf eine berufliche Veränderung. Durch die Einschulung ihrer Tochter haben sie und ihre Partnerin wieder mehr Freiraum zur Verfügung, um sich eigenen Projekten zu widmen. Von ihrer Bekannten Valérie erhielt sie vor kurzem das Angebot, in deren Firma miteinzusteigen. Seit längerem weiß sie zudem, dass ihr aktueller Vorgesetzter sie als Nachfolgerin in der Abteilungsleitung sehen würde. Eva fühlt sich sehr geschmeichelt von diesen Angeboten. Ihr Gefühl sagt ihr aber zugleich, dass sie ihren Blick zunächst nochmals öffnen möchte, bevor sie eine dieser Optionen weiterverfolgt. Eva nimmt eine Laufbahnberatung in Angriff, um damit verbundene Fragen für sich zu klären.

Visionen für die Zukunft entwerfen → „träumen!"
In der Beratung setzen wir zunächst u. a. die beruflich-private Entwicklungslinie (Kap. 9) und das Career Construction Interview (Kap. 6 und 7) ein. Dabei kristallisieren sich zwei wichtige Themen und Motivationen heraus, welchen Eva in Zukunft mehr Raum geben möchte: „Wissen und Inspiration vermitteln" sowie „Entwicklung begleiten". Auf dieser Grundlage geht es in einem nächsten Schritt nun darum, den Blick nach vorn zu richten und Ideen für konkrete Veränderungen zu entwickeln. Mit anderen Worten stellt sich die Frage: Wie könnte eine mögliche Fortsetzung von Evas Geschichte

aussehen, in welcher auch diese Themen einen Platz erhalten? Da sich Evas Überlegungen zu ihrer beruflichen Zukunft in erster Linie um die beiden aktuellen Stellenangebote drehen, die sie bislang wenig zu begeistern vermögen, nehmen wir „Visionen und erste Schritte" zur Hand.

Hierfür zeichne ich die Visualisierung mit den drei Zeitzonen auf ein White Board und erläutere kurz, was wir nun machen werden. Wir beginnen im Feld der Visionen. Hier geht es darum, den Blick in die Zukunft zu richten und die dabei entstehenden Ideen und Bilder aufzugreifen – unabhängig davon, ob sie dem beruflichen oder privaten Bereich zugeordnet werden. Eva kann sogleich eine erste Vision nennen: Sie würde schon lange mit dem Gedanken spielen, einmal eine längere Auszeit zu nehmen und mit ihrer Familie auf Reisen zu gehen. Aus beruflicher Sicht gehören für sie wie erwähnt die Ideen, in der Firma ihrer Freundin mit einzusteigen sowie die Nachfolge in der Abteilungsleitung anzutreten, zu möglichen Visionen mit dazu. Ausgehend von ihren beiden formulierten Motivationen „Wissen und Inspiration vermitteln" und „Entwicklung begleiten" werfe ich die Frage ein, welche Bilder und Assoziationen bei Eva hierzu noch auftauchen. Es geht eine Weile, bis Eva zögerlich antwortet: Sie könnte die Idee einer Dissertation wieder aufgreifen, wie sie es nach dem Studium einmal ins Auge gefasst hatte. Da würde sie sicherlich viel Wissen generieren und könnte später auch an einer Hochschule unterrichten. Auch hatte sie schon daran gedacht, als Therapeutin zu arbeiten, um auf diese Weise Menschen in ihrer Entwicklung zu begleiten. Ganz selbstverständlich frage ich weiter: Was noch? Eva ergänzt: „Seit ein paar Wochen beschäftige ich mich mit den Themen ‚Empathie' und ‚Mitgefühl' – ich lese gerade ein spannendes Buch darüber – das hat mich irgendwie gepackt." Daraus entstehen weitere Ideen möglicher Visionen: Wieso nicht bei einer Non-Profit-Organisation einsteigen – oder noch besser: Eine thematische, interaktive Ausstellung dazu entwickeln? Eine, wie sie sie selbst so gerne besucht. „Das wär's!", kommentiert sie dieses letzte Zielbild.

Während Eva „visioniert", schreibe ich ihre Ideen auf Zettel und halte diese sichtbar auf dem Whiteboard fest. Eva wirkt nun richtiggehend angeregt.

Visionen priorisieren und auswählen
In der Folge bitte ich Eva, nochmals auf die gesammelten Visionen zu blicken und darauf zu achten, welche ihr besonders ins Auge stechen und ihre Neugier wecken. Wo spürt sie eine starke positive Resonanz, ohne dies bereits in irgendeiner Form verstehen oder begründen zu müssen? Wo bestehen sogar Bezüge zu ihrer Motivation „Wissen und Inspiration vermitteln" und/oder „Entwicklung begleiten"?

Eva merkt hier zunächst, dass der Einstieg in die Firma der Freundin und die damit verbundene Selbständigkeit im Bereich Personalentwicklung wohl eher die Vision der Freundin als ihre eigene ist. Auch auf die Nachfolge als Abteilungsleiterin hat sie im Grunde wenig Lust – obschon das Angebot „karrieretechnisch" wirklich attraktiv wäre. Sie merkt deutlich, dass sie sich immer weniger mit der Unternehmenskultur identifizieren könne, die sich im Zuge diverser Umstrukturierungen sehr verändert hat. Auch die Themen kenne sie mittlerweile nur zu gut.

Besonders in den Vordergrund tritt für Eva hingegen die Vision, „eine Ausstellung zum Thema ‚Empathie' entwickeln". Hier verbinden sich ihr nach wie vor starkes Interesse am Vertiefen von psychologischen Themen mit ihrer Vorliebe für das Vermitteln von Wissen. „Außerdem wäre das so etwas ganz Anderes, als ich bereits mache", ergänzt sie mit einem Lächeln.

Sogleich setzt sie dann jedoch dazu an, ihre Idee zu beschwichtigen, indem sie Kommentare beifügt wie: „Das klingt total verrückt und absolut naiv – das wäre nämlich ein riesiges Projekt, und ich habe keinerlei Erfahrung in der Ausstellungsentwicklung und auch kein entsprechendes Netzwerk!" Ich nehme das zur Kenntnis, weise sie aber freundlich darauf hin, dass wir uns noch im Ideen-Modus befinden und sie diese Vision erst einmal so weiterverfolgen darf.

Bei unserem nächsten Termin erwähnt Eva, dass die Ausstellungsidee nach wie vor eine starke Anziehung habe. Es würde sie in der Tat sehr reizen, der Idee einfach mal nachzugehen. Sie hat seit dem letzten Termin bereits einiges zu „Empathie" recherchiert und herausgefunden, dass in den USA und Deutschland aktuell viel Forschung dazu betrieben wird. Eva wirkt richtiggehend energetisiert, und sie erkennt, dass ihr nur schon die Beschäftigung mit diesem Thema und der Idee einer Ausstellung gerade sehr guttun.

Erste kleine Schritte in der Gegenwart machen und „Prototypen testen" → „handeln!"

Was ist nun der nächste Schritt in der Beratung? Soll Eva sogleich einen ausgeklügelten Masterplan entwickeln, wie sie diese Vision am schnellsten realisieren kann? Soll sie sich für eine Weiterbildung im Bereich Projekt- und Kulturmanagement anmelden? Und wieso nicht gleich ihre Stelle kündigen, um sich voll und ganz dem Projekt widmen zu können?

In der Arbeit mit „Visionen und erste Schritte" kommen solche Fragen erst etwas später ins Spiel – wir verlangsamen zunächst das Tempo und wählen eine andere Strategie: Experimentieren mit „erste kleine Schritte". Eva wird sich demnach erst einmal im Kleinen, ohne zeitaufwendige und kostspielige Investitionen in ihrer Zukunftsvision ausprobieren. Sie nähert sich dieser sozusagen wie in einem „Test- oder Tüftlerlabor" an – und bleibt offen dafür, was sie dabei entdecken wird. Eva leuchtet dies sofort ein – insbesondere die Vorstellung, dass sie Gespräche mit Personen führen könnte, die bereits in der Ausstellungsentwicklung tätig sind oder sich bereits mit der Thematik „Empathie" beschäftigen. Ebenso überzeugt sie die Idee, dass sie sich im Kleinformat in dem Bereich der Ausstellungsentwicklung und Kunst-/Kulturvermittlung ausprobieren könnte. Auf dieser Basis entwickelt sie in der Beratung ein Set an möglichen ersten kleinen Schritten (Abb. 13.2). Dies hat zur Folge, dass sich Eva in den kommenden Wochen mit einer jungen Kuratorin trifft, ein anregendes Gespräch mit einem Dozenten einer Kunsthochschule führt sowie eine erfahrene Psychotherapeutin kontaktiert, die eine Weiterbildung zu dem Thema anbietet. Diese Kontakte kamen über mehrere Ecken, zu Evas Erstaunen aber doch recht leicht und schnell zustande. Eva besucht darüber hinaus auch selbst mehrere themenbezogene Ausstellungen – für

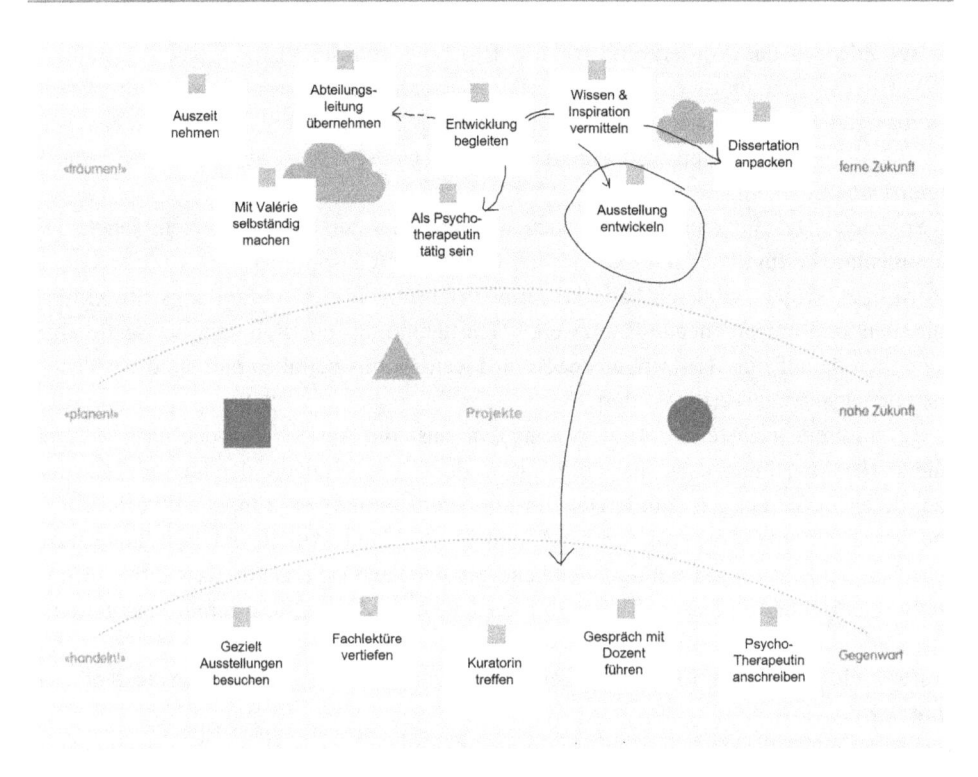

Abb. 13.2 Fallbeispiel zur Anwendung von „Visionen und erste Schritte": Evas Visionen und erste Schritte

einmal nicht in erster Linie aus der Perspektive der Besucherin – liest Literatur sowie Forschungsberichte zum Thema „Empathie, Mitgefühl" und taucht richtiggehend in die Materie ein. Eva gewinnt immer mehr Gefallen daran und erhält zugleich mehr und mehr einen Eindruck davon, was es heißt, ein Ausstellungsprojekt zu planen und zu realisieren. Sie genießt es, ihre Fühler in alle möglichen Richtungen auszustrecken, dass auf einmal vieles in Bewegung ist und sie so viel Neues für sich entdecken kann.

Erste Schritte evaluieren und mit Visionen abgleichen
Nach dieser ersten Phase, bestehend aus Gesprächen und verschiedenen Einblicken ist ein guter Zeitpunkt gekommen, um die gesammelten Eindrücke ein wenig zu ordnen und zu reflektieren. Eva kommt zu einem weiteren Gespräch und erzählt lebhaft von ihren Begegnungen und Einsichten. Auf die Frage, was aus diesen Erfahrungen nachklingt, meint sie, dass sie es „wirklich spannend" fände, hinter die Kulissen von Ausstellungsprojekten zu blicken und sich mit Kulturschaffenden und Profis auf deren Gebiet auszutauschen. Sie sei fasziniert davon, wie auf so unterschiedliche und unkonventionelle Art und Weise an das Thema herangegangen werden könne. Zugleich habe sie aber auch realisiert, dass sie sich in diesen Gesprächen, in dieser Welt auf eine bestimmte Weise

sehr fremd fühle und ihr die Art der Vermittlung des Themas als „zu wenig direkt" erscheine. Eva wirkt etwas enttäuscht und ausgebremst. Das ändert sich, als sie von dem Austausch mit der Psychotherapeutin berichtet, die sich in einer Weiterbildung dem Thema „Empathie" widmet und die Eva auf einen Kaffee getroffen hat. „Hier konnte ich sogleich anknüpfen, und die Art, wie die Therapeutin von ihrer Arbeit mit Patienten erzählte, hat mich sehr berührt." Darüber hinaus wurde Eva durch die Therapeutin auf ein Crowdfundingprojekt aufmerksam, das sich zum Ziel gesetzt hat, Empathie und Sozialkompetenzen an Schulen zu vermitteln und dabei auch neue Medien einzusetzen. Eva berichtet mir von diesem Projekt mit Freude und ist voller Energie, als sie von einem weiteren Gespräch mit der Initiantin des Projekts erzählt. Das sei genau die Art und Weise, wie sie ihr Wissen einbringen und noch dazu ganz konkret und direkt „Entwicklung begleiten" könne. Nicht zuletzt verfüge sie mittlerweile über einen guten Rucksack an Fachwissen, den es nun – ähnlich wie bei einer interaktiven Ausstellung – attraktiv und verständlich zu vermitteln gilt. Sie habe zudem einen guten Draht zu den Personen, die am Projekt beteiligt sind, und könne sich sehr mit deren Philosophie identifizieren. In Zukunft könnte sie dies auch auf andere Projekte ausbauen – und sich etwas weiter gefasst sozusagen an der Vision „Trainings für Kinder und Jugendliche entwickeln" orientieren.

Konkrete Projekte für die nahe Zukunft aufgleisen → „planen!"
Nach weiteren Abklärungen gelangt Eva bis zu unserem vorerst letzten Termin zu der Entscheidung, dass sie die Ausstellungsidee für den Moment gut hintanstellen könne. Vielleicht würde sie zu einem anderen Zeitpunkt etwas in dieser Art auf die Beine stellen – jetzt sei aber nicht der Moment dafür. Sie entschließt sich dazu, zunächst mit einem kleinen Pensum im Crowdfundingprojekt einzusteigen – und dieses dann schrittweise auszubauen. So wurde es ihr auch in Aussicht gestellt. Zu einem späteren Zeitpunkt würde sie dann gerne die Ausbildung zur Psychotherapeutin ins Auge fassen, mit Schwerpunkt auf Kindern und Jugendlichen. Eva schmunzelt: „Eine ziemlich naheliegende Vision von mir – und doch eine, die ich bislang nie ernsthaft für mich in Betracht gezogen hatte." Sie ergänzt, dass sie sich dann zu gegebenem Zeitpunkt nochmals näher mit verschiedenen Ausbildungsrichtungen befassen werden und auch ein Praktikum in einer Therapiestation ins Auge fassen werde. Mit anderen Worten: Sie wird dann erneut eine Phase im Sinne von „erste Schritte" durchlaufen, um diese Vision weiter zu explorieren und zu schärfen.

Nach und nach nehmen Evas Visionen also die Form von konkreten und umsetzbaren Projekten an, mit welchen sie sich noch dazu immer stärker identifizieren kann. Bevor wir einen Schritt weitergehen, blicken wir in der Beratung nochmals auf die übrigen Visionen, die Eva gesammelt hat. Eva erkennt, dass jene im privaten Bereich nach wie vor ihre Berechtigung hätten, dass es sich aber gut anfühle, diese vorerst in den Hintergrund zu stellen. Auch eine Dissertation sei für sie derzeit kein Thema.

Daran anschließend gehen wir bewusst in die Phase des „Planens" ihres Einstiegs in das Crowdfundingprojekt über (Abb. 13.3). Eva setzt sich nun mit Fragen auseinander wie: Wie vereinbare ich ein Engagement im Crowdfundingprojekt mit meiner aktuellen Stelle? Welche Aufgaben müsste ich abgeben – und wer könnte diese übernehmen? Wie argumentiere ich diesbezüglich gegenüber meinem Arbeitgeber? Wie lässt sich mein Vorhaben mit meinem Privatleben in Einklang bringen – und wie müsste ich das aus finanzieller Sicht aufgleisen?

Eva ist zuversichtlich, dass sich das mit geschickter Planung und Absprache machen lässt.

Mit diesem Plan für ein nächstes Projekt, weiteren Visionen sowie der Methode „Visionen und erste Schritte" im Gepäck beendet Eva die Laufbahnberatung – und ihre Geschichte setzt sich außerhalb der Beratung fort.

Evas Beispiel zeigt meines Erachtens anschaulich, wie wertvoll die Arbeit mit Visionen und Zukunftsbildern sein kann – insbesondere dann, wenn sich Klientin und Beraterin offen auf den Prozess des neugierigen Explorierens einlassen und sich nicht starr oder verbindlich auf ein Ergebnis festlegen. So hat Eva ihre ursprüngliche Vision des Ausstellungsprojektes zwar nicht in dieser Form realisiert (oder noch nicht) – die Idee an sich hatte aber eine wichtige Funktion für ihren Prozess: Sie hat Eva richtiggehend dazu aktiviert, sich aus eigenem Antrieb und lustvoll neues Wissen anzueignen, interessanten Menschen

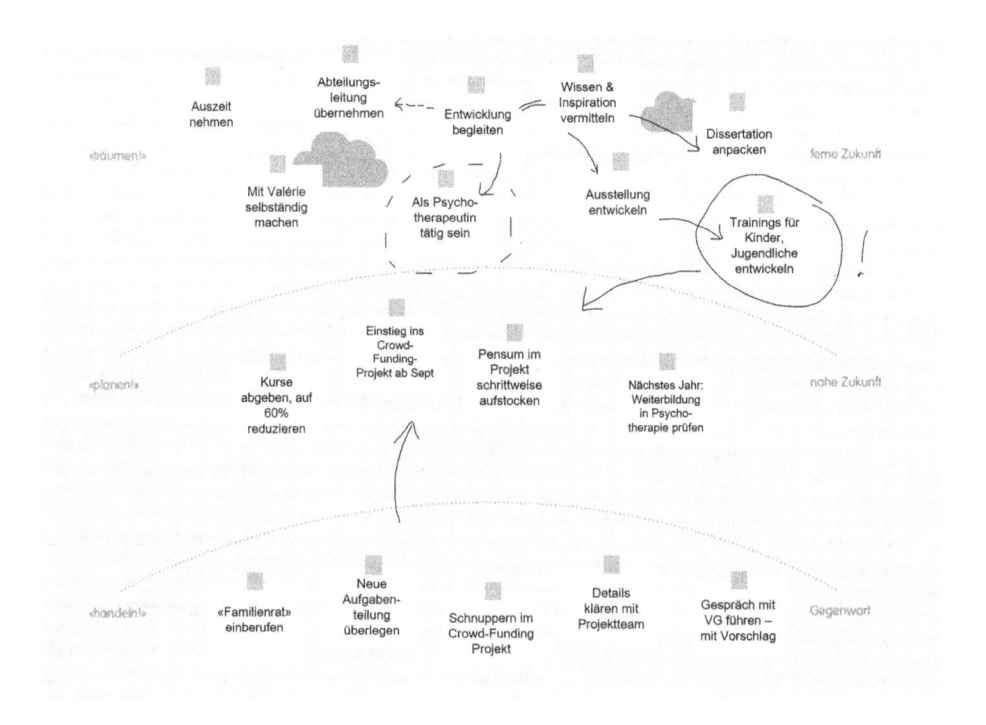

Abb. 13.3 Fallbeispiel zur Anwendung von „Visionen und erste Schritte": Evas angepasste Visionen und Projekte

zu begegnen, anregende Gespräche zu führen und sich auf neue Erfahrungen einzulassen. Diese Lernerfahrungen wiederum haben dazu beigetragen, weiter zu schärfen, wofür und in welcher Form sie sich in Zukunft engagieren möchte und welche Umfelder zu ihr passen. Eva tat zudem gut daran, ihre ursprüngliche, zu wenig „stimmige" Vision loszulassen und diese zu adaptieren. All diese Schritte und Erfahrungen haben sie schließlich mehr oder weniger zufällig auf das Crowdfundingprojekt sowie auf die in Vergessenheit geratene Therapieausbildung gebracht. Und dies zu einem Zeitpunkt, als sie in ihrer beruflichen Veränderung nicht wirklich vorankam.

13.3 Theoretische Bezüge

Wie eingangs erwähnt, entstand die Idee zu „Visionen und erste Schritte" in Orientierung an Ansätzen, welche Design Thinking auf die Laufbahn- und Lebensgestaltung übersetzen. *Design Thinking* an sich ist eine systematische Herangehensweise an komplexe Problemstellungen für die nutzerzentrierte Entwicklung von kreativen und innovativen Produkten und Dienstleistungen, bei welchen zu Beginn noch sehr unklar ist, wie die Lösungen und mögliche Wege dorthin aussehen könnten (Oishi, 2012). Bei *Design Thinking* werden mehrere Phasen oder „Räume der Innovation" durchlaufen (Brown, 2008). Wichtig sind hierbei eine hohe Nutzerzentrierung, eine Grundhaltung der Experimentierfreiheit sowie hohe Bereitschaft zur Zusammenarbeit von allen Beteiligten. Auch für Zufälle und nicht Kalkulierbares sollte Platz sein (Brown, 2016).

Bill Burnett und Dave Evans – Professoren im Bereich Design an der *Stanford University* (d.school) – übertrugen als eine der Ersten die Kernelemente von *Design Thinking* auf die Gestaltung der eigenen beruflichen Laufbahn. Unter dem Namen *Design your Life* entwickelten sie ein Konzept, das sie fortan in Trainings mit Studierenden einsetzten. Mittlerweile wurde das Konzept auf weitere Zielgruppen ausgebaut (siehe designingyour.life.org).

Auf derselben Grundidee und doch weitgehend unabhängig davon entstanden auch im deutschsprachigen Raum Trainings- und Coachingkonzepte, die von kreativen Praktiker*innen entwickelt und entsprechend ihres Rückbezugs auf *Design Thinking* unter ähnlichen Bezeichnungen wie *Design your Life* (Kötter & Kursawe, 2015) oder *Life Design* (Kernbach & Eppler, 2020) publiziert wurden. Dies führt nicht selten zu Verwechslungen mit dem *Life-Design*-Paradigma aus der Laufbahnpsychologie (Savickas et al., 2009). Um dies in diesem Beitrag zu vermeiden, bezeichne ich sie fortan mit dem konstruierten Überbegriff *Life Design Thinking*, um sie vom Paradigma des *Life Design* (Kap. 1) zu unterscheiden.

Da mir einige Elemente des *Life Design Thinking* für die Anwendung der Methode „Visionen und erste Schritte" als sehr relevant und nützlich erscheinen, erläutere ich den Prozess sowie die Grundprinzipien kurz exemplarisch am Ansatz *Design your Life* nach Burnett und Evans (2016a).

13.3.1 Life Design Thinking

In den Ansätzen des *Life Design Thinking* wird analog zu *Design Thinking* auch die Aufgabe der eigenen Laufbahn- und im weiteren Sinn Lebensgestaltung als *Design Challenge* aufgefasst: Analogien bestehen etwa darin, dass Fragen der Laufbahngestaltung ebenfalls von hoher Komplexität geprägt, nur begrenzt plan- und vorhersehbar sind und kreative Problemlösefähigkeiten erfordern (Burnett & Evans, 2016a; Oishi, 2012). *Life Design Thinking* geschieht in einem Prozess aus mehreren Phasen, die sich je nach Ansatz leicht unterscheiden. Bei Burnett und Evans (2016a) besteht er aus fünf Phasen.

Der *Life-Design-Thinking*-Prozess am Beispiel von *Design your Life*
Den Ausgangspunkt des Prozesses des Designing your Life stellt die Feststellung einer *Design Challenge* dar. Diese kann noch sehr allgemein formuliert sein wie etwa die Frage: Wie schaffe ich es, ein zufriedenstellendes, erfüllendes Leben zu führen?

In einer ersten Phase wird zunächst das Problemverständnis erhöht, indem die eigenen Interessen, Talente und Werte exploriert werden (Phase *empathize*), bevor auf dieser Grundlage in Phase 2 (*define*) eine spezifische Frage oder Problemstellung formuliert wird (z. B. „Wie kann ich einen besseren Ausgleich zwischen Privat- und Berufsleben schaffen?" oder „Wie finde ich eine berufliche Aufgabe, die zu mir passt?"). Wichtig ist hier, dass es sich um eine Problemstellung handeln sollte, die wirklich veränderbar ist. Im Anschluss wird in die Lösungsfindung übergegangen. Diese startet mit einer Phase der kreativen Ideen- und Lösungsfindung (*ideate*). Hierbei soll möglichst vielen, auch gewagten Ideen Raum gegeben werden – ganz im Sinne von: „Life design is about generating options" (Burnett & Evans, 2016a, S. 104). Darauf folgt das Entwickeln und iterative Testen von Prototypen *(prototype und test)*. Mögliche Formen von Prototypen in Bezug auf die Laufbahn- und Lebensgestaltung sind etwa das Führen informativer Interviews mit Personen, die bereits in einem bestimmten Interessengebiet tätig sind, oder kurze „prototypische Erfahrungen" in Form von „Schnuppertagen", freiwilligen Engagements, Nebenprojekten oder Praktika. Dieses bewusste Ausprobieren hat zur Folge, dass bereits früh im Entscheidungsprozess konkrete Erfahrungen gemacht, reflektiert und aus diesen gelernt werden kann („Build your way forward"). Auf dieser Grundlage können die anfänglichen Ideen Schritt um Schritt angepasst werden, bis eine zufriedenstellende Lösung gefunden wird.

Sowohl Burnett und Evans (2016a) als auch Kötter und Kursawe (2015) stellen interessante Formen vor, wie Prototypen generiert werden können. Mitunter werden dabei auch dreidimensionale Modelle aus Karton oder Legosteinen entwickelt, um die Ideen greifbar zu machen und aus diesem Tun heraus neue Blickwinkel einnehmen zu können.

Grundhaltung von *Design your Life*
Der Prozess des *Life Design Thinking* wird durch eine bestimmte Grundhaltung unterstützt. Auch diese soll am Beispiel (Burnett & Evans, 2016b, S. 25–26) erläutert werden:

- **Neugier (curiosity):** Es ist wichtig, mit Neugier, Explorationsbereitschaft und durch proaktives Handeln und Schaffen von Gelegenheiten an Vorhaben heranzugehen, auch offen zu sein für Zufälle und Unerwartetes. Das Motto lautet hier: „Getting good at being lucky".
- **Dinge ausprobieren (bias to action):** Beschreibt das Prinzip, rasch ins kleinschrittige Handeln resp. Ausprobieren und Experimentieren überzugehen, anstatt lange im konzeptionellen und hypothetischen Nachdenken über mögliche Lösungen zu verbleiben. Es soll ein „Prototyp" nach dem anderen erstellt und getestet werden, wobei auch Scheitern und Lernen aus Fehlern dazu gehört. Manchmal stellt sich heraus, dass das Problem eigentlich ein ganz anders ist, als man zunächst dachte. Damit geht einher, dass Designer*innen nicht auf ein bestimmtes Ergebnis festgelegt sind. Sie fokussieren immer darauf, was als Nächstes passiert – und nicht darauf, was das Endresultat sein soll.
- **Reframing (reframing):** Reframing ist die Methode, mit der Designer*innen Blockaden lösen. Reframing sorgt auch dafür, dass an den richtigen und lösbaren Problemen gearbeitet wird. Dadurch sollen Denkblockaden und dysfunktionale Überzeugungen bewusst gemacht und umformuliert werden. Ein Beispiel ist etwa die Überzeugung, dass man im Alter von 20 Jahren bereits wissen müsse, was man für den Rest seines Lebens beruflich machen möchte.
- **Bewusstsein für den Prozess (awareness of the process):** Das Leben ist nicht vorhersehbar. Daher ist es wichtig, die Laufbahn- und Lebensplanung bewusst als einen Prozess wahrzunehmen, der von Rückschlägen, Unsicherheiten und Phasen der Unentschlossenheit begleitet ist. Ein wichtiger Teil des Prozesses ist es, sich stets auf den nächsten Schritt zu fokussieren und nicht darauf, was das Endresultat oder die Lösung sein wird. Außerdem geht es auch darum, Ideen auch wieder loslassen zu können.
- **Radikale Zusammenarbeit (radical collaboration):** Das bedeutet, den Prozess nicht allein anzugehen, sondern um Hilfe zu bitten, ein Team und möglichst viele (radikal) unterschiedliche Perspektiven miteinzubeziehen.

In Bezug auf die Anwendung der Methode „Visionen und erste Schritte" sind der Prozess und die Grundhaltung des *Life Design Thinking* nun wie folgt bedeutsam: Im geschilderten Fallbeispiel hat Eva durch den vorangegangenen Einsatz der narrativen Methoden Einsichten über ihre zentralen Motive, Interessen sowie ihre Identität und wichtige Lebensthemen gewonnen. Dies ist ganz im Sinne der Phase *empathize*. Auch Evas Fragestellung hat sich dadurch nochmals konkretisiert in Richtung einer beruflichen Veränderung *(define)*. Die Methode „Visionen und erste Schritte" an sich hat sie in der Folge dazu eingeladen, sich der bewussten kreativen Ideenfindung (*ideate*) zu widmen und anschließend in der Phase „erste Schritte" in neugieriges, experimentierfreudiges Explorieren und Testen von „Prototypen" überzugehen (*prototype & test*). Der Prozess mündete schließlich in der Entscheidung, als nächstes in das Crowdfundingprojekt einzusteigen und etwas später mit der Ausbildung zur Psychotherapeutin zu beginnen.

Die Visualisierung half ihr dabei, in diesem Prozess den Überblick über die verschiedenen Phasen zu behalten und ihre Visionen und Vorhaben zu strukturieren. Außerdem nahm sie über den gesamten Prozess hinweg eine neugierige Haltung ein, ging einen Schritt nach dem andern, knüpfte Kontakte und gelangte dadurch zu wichtigen Einsichten, womit sie sich wirklich identifizieren kann. Nicht zuletzt ist sich Eva zum Zeitpunkt des Abschlusses der Beratung bewusst, dass in ihrer beruflichen Laufbahn in den kommenden Jahren weitere Entscheidungen anstehen werden, die sie dann analog angehen können wird.

Bezüge zur sozialkognitiven Theorie und *Happenstance Learning Theory*
In der Grundhaltung und den Methoden von *Designing your Life* beziehen sich Burnett und Evans (2016a) im Wesentlichen auf Banduras Konzept der Selbstwirksamkeitsüberzeugung (Bandura, 1989) sowie Krumboltz' (2009) *Happenstance Learning Theory* (HLT). Auch Elemente und Konzepte der Positiven Psychologie (z. B. „Flow-Erleben" oder Betonung des „guten Lebens") sind erkennbar (designingyour.life.org).

Der Bezug auf das Konzept der Selbstwirksamkeitsüberzeugung nach Bandura (1989) zeigt sich etwa in der Grundannahme, dass Menschen grundsätzlich dazu fähig sind, aktiv und effektiv ihre Gedanken, Ziele, ihre Karriere und ihr Leben zu verändern (Oishi, 2012). Bandura (1989) definiert Selbstwirksamkeit als subjektive Überzeugung, über die notwendigen Fähigkeiten zu verfügen, um Einfluss auf die eigenen Lebensumstände nehmen zu können. Ergänzend zu Banduras Konzept der Selbstwirksamkeit wird bei *Designing your Life* Bezug genommen auf die *Happenstance Learning Theory* von Krumboltz (2009) und ihre Implikationen für die Berufs- und Laufbahnberatung, anbei prägnant zusammengefasst:

> „The goal of career counseling is to help clients learn to take actions to achieve more satisfying career and personal lives—not to make a single career decision." (Krumboltz, 2009, S. 141)

Mit der Bezeichnung *Happenstance* wird dem Umstand Rechnung getragen, dass der Prozess der Laufbahngestaltung immer auch von unplanbaren, kontextabhängigen Ereignissen und Umständen beeinflusst wird (Oishi, 2012). In diesem Sinn sollen Klient*innen in einer Laufbahnberatung dazu angeregt und befähigt werden, damit verbundene Unplanbarkeit und Unsicherheiten anzuerkennen. Des Weiteren sollen sie dazu eingeladen werden, durch neugieriges, offenes Explorieren aktiv zu werden, um die Wahrscheinlichkeit für günstige Gelegenheiten und Zufälle zu erhöhen (z. B. ein Jobangebot aufgrund eines freiwilligen Einsatzes zu bekommen). Nicht zuletzt erachtet Krumboltz das Fördern von fünf Kernkompetenzen als wesentliche Aufgabe einer Berufs- und Laufbahnberatung (Mitchell et al., 1999), die sich wiederum in den Elementen des Mindsets bei Burnett und Evans (2016a) widerspiegeln: Neugier (vgl. *curiosity*), Risikobereitschaft (vgl. *bias to action*), Optimismus und Durchhaltevermögen (vgl. *awareness*) und Flexibilität (vgl. *reframing*) (Bucher, 2019).

Obschon die Ansätze des *Life Design Thinking* nicht direkt Bezug nehmen auf das Paradigma des *Life Design*, so ist es im Grundsatz durchaus mit diesem vereinbar. Ähnlichkeiten sehe ich etwa in deren Zielsetzung, Menschen dabei zu unterstützen, in zunehmend dynamischeren Arbeitswelten die eigene Laufbahnentwicklung bewusst als Lern- und Entwicklungsprozess aufzufassen und diesen mit Neugier, Veränderungs- und Explorationsbereitschaft sowie Vertrauen in die Bewältigung der dabei auftretenden Herausforderungen in die Hand zu nehmen. Hierin sind auch Parallelen zum Konzept der Laufbahnadaptabilität (Savickas, 2005) erkennbar, welches die Bereitschaft und Fähigkeit für eine zukunftsgerichtete Laufbahnplanung, Verantwortungsübernahme und Entscheidungsfreude sowie Neugier und Zutrauen in die eigene Problemlösung umfasst. Vor diesem Hintergrund erscheint mir die Methode „Vision und erste Schritte" besonders hilfreich, um die Bereitschaft für eine zukunftsgerichtete Laufbahnplanung und Neugier anzuregen.

13.3.2 Persönlichkeits-System-Interaktionen-(PSI)-Theorie

Wie eingangs erwähnt, kann der Einbezug von „Visionen und erste Schritte" die Ko-Konstruktion unterstützen, in welcher die berufliche Identität über Handlungen und Erfahrungen des Selbst im sozialen Kontext weiterentwickelt wird (Kap. 3 und 4). Zentral ist dabei, dass eine Person Absichten und Ziele verfolgt, mit denen sie sich stark identifizieren kann (vgl. Phase „Visionen" und „Planen"), und dass sie es schafft, diese Absichten und Ziele in konkretes Handeln umzusetzen (vgl. Phase „erste Schritte"). Dies erinnert an Kernaussagen der PSI-Theorie (Kuhl, 2010, 2018), Abschn. 4.3). Sie erscheint mir daher auch im Hinblick auf die Anwendung von „Visionen und erste Schritte" als hilfreicher theoretischer Bezugsrahmen für die Beratung. Dies möchte ich im Folgenden kurz darstellen. Für ausführlichere und weiterführende Ausführungen zur PSI-Theorie mit Bezug zur Beratungs- und Coachingpraxis verweise ich auf das oben erwähnte Kapitel in diesem Buch sowie auf die Darstellungen von Kuhl (2005), Kuhl und Strehlau (2011) sowie Storch (2011).

In der **Phase „Visionen"** etwa kann als Berater*in darauf geachtet werden, ob Klient*innen Ziele und Vorhaben formulieren, die sich für sie als „echt" und „authentisch" anfühlen. Hier sind im Verständnis der PSI-Theorie zum einen das planende, analytische Intentionsgedächtnis (IG) sowie zum andern das „fühlende", ganzheitlich-integrierende Extensionsgedächtnis (EG) miteingebunden: Während das IG mit dem Verstand Ziele bildet und bewertet, erfolgt im EG eine „gefühlte" Bewertung dieser Vorhaben – und somit eine Überprüfung, ob ein bestimmtes Ziel mit der inneren Erfahrungswelt, den eigenen Werten, auch unbewussten Bedürfnissen, Wünschen, Motiven, dem eigentlichen Selbst in Verbindung steht (Storch, 2011). Ein solcher Abgleich erscheint auf der Stufe „Visionen" als besonders wichtig, damit sich eine Person diesen innerlich verpflichtet fühlt und somit selbstkongruente Ziele bildet, anstatt diese wie selbstverständlich und unkritisch von außen zu übernehmen (Storch, 2011). In der Beratung eignen sich Bilder sowie Geschichten, um das EG miteinzubeziehen und dabei auch implizite Motive erleb- und fassbar zu machen (Kap. 10). Desweitern ist zu berücksichtigen, dass der Rückgriff auf das EG eine gelassene, entspannte Stimmungslage voraussetzt (mit den Worten der PSI-Theorie: aus herabregulierter negativer Affektlage). Ist diese bei dem*der Klient*in nicht sogleich vorhanden – weil er*sie etwa zu stark „im Kopf" ist oder unter Zeitdruck steht –, kann vor dem Entwerfen und Sammeln von Visionen auf Entspannungsübungen, Fantasiereisen, Ressourcenbilder oder auf Methoden zurückgegriffen werden, welche die Körperwahrnehmung anregen (siehe hierzu z. B. Storch & Kuhl, 2013). Gleichwohl ist zu berücksichtigen, dass wir uns bei „Visionen" in einer Phase der Ideengenerierung befinden und somit möglichst viele Visionen gebildet werden sollen, noch weitgehend ungeachtet dessen, wie es um ihre Bewertung steht. Es empfiehlt sich zudem, Klient*innen gegenüber wiederholt zu betonen, dass sie sich Zeit lassen dürfen, um in alle Richtungen zu fantasieren und entspannt zu explorieren – und dass es nicht darum geht, konkrete und verbindliche Pläne zu schmieden. Eine gelassene, unverkrampfte Stimmung meinerseits trägt Weiteres dazu bei. In Tab. 13.1 sind Fragen aufgeführt, die Klient*in und Berater*in bei diesem Schritt unterstützen können.

Bei der im Anschluss stattfindenden **ersten Auswahl von einer oder max. zwei Visionen** sollte dann eine bewusste Überprüfung erfolgen, inwiefern die favorisierten Visionen mit positiven Affekten und einer innerlichen Verpflichtung einhergehen. Mögliche Fragen zur Anregung sind erneut in Tab. 13.1 beschrieben. Im Fall von Eva hat sich in diesem Schritt die Vision „eine Ausstellung entwickeln" als eine mögliche erste konkrete Variante der weiter gefassten Vision „Wissen und Inspiration vermitteln" herauskristallisiert, die mit einer hohen positiven Aktivierung und deutlichen Handlungsimpulsen einherging.

Es folgt die **Phase „erste Schritte"**, in welcher vom Visionieren und Nachdenken ins Handeln übergegangen wird. Dies gelingt in Orientierung an die Grundprinzipien des Life Design Thinking am besten kleinschrittig, durch das Sammeln von Informationen, Führen von Gesprächen und durch wenig zeit- und kostenintensives prototypisches Ausprobieren und Experimentieren. Damit dies nicht die Form eines schwungvollen, aber ziellosen Aktivismus annimmt, ist zunächst erneut das IG gefragt. Es ist schließlich optimal darauf eingerichtet, Handlungsschritte systematisch zu planen und entsprechende Absichten aufrechtzuerhalten (Kuhl & Strehlau, 2011). Für die anschließende Umsetzung dieser Absichtsbekundungen (z. B. „Ich möchte Frau Müller um ein Gespräch bitten"), braucht es in einem weiteren Schritt eine Bahnung

13 Methode „Visionen und erste Schritte"

Tab. 13.1 Möglicher Ablauf im Einsatz von „Visionen und erste Schritte" und Fragen zur Anregung

(1) Visionen für die Zukunft entwerfen (beruflich, privat) → „träumen!"

Welches sind meine Visionen und Träume – angenommen, alles wäre möglich?

Welche vielleicht noch sehr abstrakten Bilder entstehen, wenn ich an eine wünschbare Zukunft denke?

Angenommen, meinen aktuellen Beruf würde es von heute auf morgen nicht mehr geben: Was würde ich dann gerne tun?

Und was noch?

(2) Visionen priorisieren und auswählen – vorläufiges Ziel definieren

Welche Vision oder Elemente daraus stechen mir besonders ins Auge?

Welche erzeugt besonders positive Resonanz – „gefühlt" und im Körper?

Worauf bin ich besonders neugierig?

Welche Vision möchte ich probeweise einmal näher explorieren?

Worin erkenne ich mich, meine Vorlieben und Werte wieder?

(3) Erste kleine Schritte in der Gegenwart machen und „Prototypen testen" → „handeln!"

Wo finde ich hilfreiche Informationen?

Wer macht bereits etwas Ähnliches, wie ich es mir vorstelle?

Mit welchen Personen könnte ich ein Gespräch oder informatives Interview führen?

Wo könnte ich mich in der neuen Rolle, Aufgabe oder in dem neuen Umfeld „im Kleinformat" einmal ausprobieren – ohne bereits viel Zeit, Geld und Energie zu investieren (z. B. hospitieren, eine Schnuppererfahrung oder einen Freiwilligeneinsatz machen)?

Wo und wann in meinem Leben mache ich heute bereits, wovon ich träume?

Wer könnte mich hierbei als Ideen- und Impulsgeber*in, kritische*r Rückmelder*in, Mentor*in u. ä. unterstützen?

(4) Erste Schritte evaluieren – mit Visionen abgleichen

Was habe ich erlebt?

Wie ging es mir dabei?

Welche Fragen ergeben sich daraus für mich? Welche sind offengeblieben?

Wie ist meine „gefühlte" Bewertung der Vision nach diesen ersten Schritten?

Welche Informationen, Einblicke und/oder Kompetenzen fehlen mir noch?

Welche Anpassungen möchte oder muss ich an meiner Vision vornehmen?

Welche Visionen möchte ich loslassen?

Welche weiteren Visionen kommen neu dazu?

(5) Konkrete Projekte für die nahe Zukunft aufgleisen → „planen!"

Welches (berufliche) Ziel möchte ich – abgeleitet aus meiner Vision – verfolgen?

Welches Ziel fühlt sich „stimmig" an und erscheint in welcher Form als realisierbar?

Welches sind mögliche Zwischenziele?

Was muss ich bezüglich zeitlicher und finanzieller Ressourcen beachten?

Wen muss ich an welcher Stelle miteinbeziehen?

Und erneut: Wer könnte mich hierbei als Ideen- und Impulsgeber*in, kritische*r Rückmelder*in, Mentor*in u. ä. unterstützen?

zur intuitiven Verhaltenssteuerung (IVS), denn sie aktiviert automatisierte Handlungsabläufe und zugleich dem aktuellen Kontext angepasste Verhaltensroutinen (siehe 1. Modulationsannahme der Willensbahnung/Zielumsetzung, Abschn. 4.3). Der Zugang zum IVS setzt eine freudige, positiv aktivierte, sozusagen „schwungvolle" Stimmungslage voraus (aktivierter positiver Affekt). Um diese zu fördern, kann es hilfreich sein, eine große Anzahl an Absichten in kleinere Teilziele herunterzubrechen und mit jenen zu beginnen, deren Umsetzung mit (Vor-)Freude verbunden ist. Auch das Bilden von Zielen nach der S.M.A.R.T-Formel (Specific, Measurable, Attractive, Realistic, Terminated) erhöht die Wahrscheinlichkeit der Umsetzung (Storch, 2011). Darüber hinaus kann erneut das EG miteinbezogen werden, etwa um Gefühle von Selbstwirksamkeit und Sinnhaftigkeit zu fördern (z. B. durch das Aufzeigen von Ressourcen und Fähigkeiten des*der Klient*in oder der individuellen Wichtigkeit des angestrebten Ziels), die Motivation zu steigern und somit positiven Affekt zu generieren (siehe auch Selbstmotivierung, Abschn. 4.3).

Auf der Grundlage der gesammelten Erfahrungen und Eindrücke werden diese **„ersten Schritte" evaluiert.** Es kommt vor, dass Klient*innen dadurch richtiggehend angeregt und motiviert werden, die Vision im Sinne eines konkreten Ziels weiterzuverfolgen. Es lässt sich jedoch meist nicht ganz vermeiden, dass es hierbei auch zu der einen oder andern ernüchternden oder gar furchtauslösenden Erfahrung kommt, die mit gedämpftem positiven oder negativem Erleben verbunden sind. Bei Eva beispielsweise in Form der Erkenntnis, dass ihr die Form der Auseinandersetzung mit dem Thema „Empathie" in einer Ausstellung als zu wenig direkt erschien und sie sich in den entsprechenden Umfeldern „fremd fühlte". Solche Stolpersteine, Schwierigkeiten, unerwarteten Einsichten oder allfälligen Unstimmigkeiten zwischen Wunsch und Realität mögen unangenehm oder gar bedrohlich sein für das Selbst, sie stellen letztlich jedoch wichtige „Zutaten" dar auf dem Weg zu einem Ziel resp. „Projekt", das sich sowohl „stimmig anfühlt" als auch als realisierbar erweist. Dies entspricht nicht zuletzt ganz der Denkweise von Designer*innen, welche dem „Lernen aus Fehlern" oder jeder Art von Erfahrungen im Allgemeinen einen hohen Wert zuschreibt. Wie in Abschn. 4.3 beschrieben, geschieht das Evaluieren dieser Erfahrungen zum einen intuitiv über das EG und zum andern sachlich-analytisch über das IG wie auch über das OES. Letzteres ist sensibel für Unstimmiges und allfällige Schwierigkeiten und geht mit einer negativen Affekt- oder Stimmungsqualität einher. OES und EG spielen dabei bestenfalls zusammen, sodass die kritischen Bewertungen aus dem OES wiederum mit dem EG und den darin zugänglichen Gefühlen, dem intuitiven Wissen abgeglichen werden (durch Herabregulieren des negativen Affekts). Auf diese Weise lässt sich das anfänglich gesetzte Ziel aus einem Zusammenspiel von analytischem Verstand und intuitivem Wissen schrittweise anpassen. Unterstützt werden kann dies zum Beispiel durch Fragen wie: Was lerne ich daraus im Hinblick auf meine Vision und Ziele? Welche Kompetenzen fehlen mir noch und sollte ich noch entwickeln? Weitere Fragen zur Anregung finden sich in Tab. 13.1.

Wird eine Vision von einer Idee zu einem konkreten Ziel oder Vorhaben, so kann in **die Phase des Planens der „Projekte"** übergegangen werden. Unter „Projekten" werden hier nun bewusste und konkrete Ziele mit einem mittelfristigen Zeithorizont gefasst, die nicht mehr dem Experimentieren, sondern der eigentlichen Umsetzung der entwickelten Vision beitragen sollen. Es sind in der Regel konkrete Zwischenziele, deren Umsetzung mit größeren zeitlichen und finanziellen Ressourcen und einer höheren Verbindlichkeit einhergehen als etwa bei „erste Schritte" (z. B. das Vorhaben, ein längeres Praktikum oder eine Aus- oder Weiterbildung zu absolvieren). Für diese bewusste Planung steht nun erneut das Intentionsgedächtnis im Vordergrund – und bei der späteren Umsetzung einmal mehr die Bahnung zur IVS (siehe 1. Modulationsannahme zur Zielumsetzung; Abschn. 4.3).

13.4 Weitere Hinweise zur Anwendung in der Praxis

Nach diesen theoretischen Ausführungen zu „Visionen und erste Schritte" sollen zum Zweck der praktischen Anwendung im Rahmen einer Beratung nochmals ein Ablauf in fünf Schritten sowie mögliche Fragen zur Anregung in kompakter Weise dargestellt werden (Tab. 13.1). Analog zum geschilderten Fallbeispiel wird die Verwendung zum Generieren und Testen von Zukunftsvisionen beschrieben (Phasen *ideate* und *test*). Dabei ist erneut zu berücksichtigen, dass diese Schritte in der Praxis keineswegs linear ablaufen, sondern häufig mit mehreren Feedbackschlaufen verbunden sind. So kommt es beispielsweise häufig vor, dass eine ursprünglich formulierte Vision nach einer Phase der „ersten Schritte" deutlich angepasst wird und erneut eine Testphase angezeigt ist.

Zu erwähnen ist zudem, dass die Methode auch losgelöst von der vorangehenden Verwendung narrativer Ansätze oder lediglich für das Festhalten und Visualisieren von Ergebnissen oder eines Handlungsplans am Schluss eines Beratungsprozesses verwendet werden kann. Dies hängt nicht zuletzt auch davon ab, wo Klient*innen in ihrem Veränderungsprozess stehen. Entsprechend unterschiedlich sind auch die Anzahl Beratungstermine und der Zeitraum, über den sich der Einsatz der Methode erstrecken kann. Ausgehend von meinen bisherigen Erfahrungen kann sich bereits über einen Zeitraum von mehreren Wochen mit drei bis vier Terminen eine Klärung von Visionen und Projekten ergeben.

Grundprinzipien für die Anwendung von „Visionen und erste Schritte" (für Klient*in und Berater*in)

- Vielfältige, auch gewagte Visionen „mit Zugkraft" kreieren – ohne Bewertung und Realitätsprüfung stehen lassen.
- Die Visionen als Ausgangspunkt dafür nutzen, um durch kleinschrittige, prototypische (Lern-)Erfahrungen in verschiedenen Rollen und Umfeldern spielerisch damit zu experimentieren. Ganz im Sinne von: „Probieren geht über Studieren!"

- Neugierig und offen bleiben, was sich „auf dem Weg zur Vision" an Einsichten, neuen Begegnungen oder unerwarteten Gelegenheiten und Wendungen ergibt.
- Die Auseinandersetzung mit „Visionen und erste Schritte" als *change in progress* auffassen: Zu Beginn gesetzte Visionen und Ziele dürfen/sollen sich verändern.
- Anfängliche Unsicherheiten, Unentschlossenheit und Stolpersteine als Teil des Prozesses anerkennen; diese als wichtige Feedbackschleifen und Lernerfahrungen nutzen, um die ursprüngliche Vision in Richtung eines möglichst selbstkongruenten und realisierbaren Ziels weiterzuentwickeln.
- Visionen und Veränderungsschritte ko-kreieren: Andere Menschen als Ideen- und Impulsgeber*innen, kritische Rückmelder*innen, Mentor*innen, Unterstützer*innen identifizieren und aktiv miteinbeziehen.

Literatur

1. Bandura, A. (1989). Human agency in social cognitive theory. *American Psychologist, 44*(9), 1175–1184.
2. Brown, T. (2016). *Change by design: How design transforms organizations and inspires innovation*. Vahlen.
3. Bucher, L. (2019). *Designing Your Life – Dysfunctional Beliefs and Career Development Behaviors of Students in Switzerland*. Unpublished Master's Thesis at the Zurich University of Applied Sciences.
4. Burnett, W., & Evans, D. (2016a). *Designing your life: How to build a well-lived, joyful life*. Alfred A. Knopf.
5. Burnett, W., & Evans, D. (2016b). *Mach, was du willst. Design Thinking fürs Leben*. Econ.
6. Koestner, R., Lekes, N., Powers, T. A., & Chicoine, E. (2002). Attaining personal goals: Self concordance plus implementation intentions equals success. *Journal of Personality and Social Psychology, 83*, 213–244.
7. Kernbach, S., & Eppler, M. (2020). *Life Design*. Schäffer-Pöschel.
8. Kötter, R., & Kursawe, M. (2015). *Design your life*. Campus.
9. Krumboltz, J. (2009). The happenstance learning theory. *Journal of Career Assessment, 17*(2), 135–154.
10. Kuhl, J. (2001). *Motivation und Persönlichkeit: Interaktionen psychischer Systeme*. Hogrefe.
11. Kuhl, J. (2005). *Eine neue Persönlichkeitstheorie*. https://www.psi-schweiz.ch/wp-content/uploads/19_PSI-light_Kuhl2005.pdf. Zugegriffen: 1. Dez. 2020.
12. Kuhl, J. (2010). *Lehrbuch der Persönlichkeitspsychologie*. Hogrefe.
13. Kuhl, J. (2018). Individual differences in self-regulation. In J. Heckhausen & H. Heckhausen (Hrsg.), *Motivation and action* (3. Aufl., S. 529–577). Springer.
14. Kuhl, J., & Strehlau, A. (2011). Handlungspsychologische Grundlagen des Coaching – Anwendung der Theorie der Persönlichkeits-System-Interaktionen (PSI). In: B. Birgmeier (Hrsg.), *Coachingwissen* (2. aktualisierte und erweiterte Aufl., S. 173–184). Springer VS.
15. Mitchell, K. E., Levin, A., & Krumboltz, J. D. (1999). Planned happenstance: Constructing unexpected career opportunities. *Journal of Counseling and Development, 77*, 115–124.
16. Oishi, L. (2012). *Enhancing career development agency in emerging adulthood. An intervention using design thinking* (Doctoral dissertation). Graduate School of Education. Stanford University.

17. Savickas, M. L. (2005). The theory and practice of career construction. In S. D. Brown & R. W. Lent (Hrsg.), *Career development and counseling: Putting theory and research to work* (S. 42–70). Wiley.
18. Savickas, M. L., Nota, L., Rossier, J., Dauwalder, J.-P., Duarte, M. E., Guichard, J., et al. (2009). Life designing: A paradigm for career construction in the 21st century. *Journal of Vocational Behavior, 75*(3), 239–250.
19. Storch, M. (2011). Motto-Ziele, S.M.A.R.T.-Ziele und Motivation. In: B. Birgmeier (Hrsg.), *Coachingwissen* (2. aktualisierte und erweiterte Aufl., S. 185–207). Springer VS.
20. Storch, M., & Kuhl, J. (2013). *Die Kraft aus dem Selbst – Sieben PsychoGyms für das Unbewusste*. Huber.

Barbara Moser ist seit mehr als zehn Jahren am IAP Institut für Angewandte Psychologie Zürich der ZHAW Zürcher Hochschule für Angewandte Wissenschaften als Beraterin und Dozentin tätig. In dieser Funktion berät sie Jugendliche und Erwachsene bei Fragen zur Studienwahl und beruflichen Laufbahnentwicklung. Daneben unterrichtet sie zu den Themenfeldern berufliche Entwicklung, Beratung sowie Bildungssystematik im Rahmen des MAS Berufs-, Studien- und Laufbahnberatung. Seit 2019 leitet sie zusammen mit Anita Glenck die gleichnamige Abteilung. Barbara Moser hat an der Universität Zürich Psychologie mit Schwerpunkt Motivationspsychologie studiert. Es folgten u.a. das Nachdiplomstudium „Psychology of Career Counseling and Human Resources Management" (MAS CC&HRM) und eine Fortbildung in Gestaltberatung am IGW Schweiz.

Der Lebensbaum

14

Eine narrative Praxis zur Stärkung der Identität und Aktivierung der Handlungsfähigkeit

Eva Clot-Siegrist und Federico Durante

> *Jedes Mal, wenn wir eine Frage stellen, schaffen wir eine mögliche Variante des Lebens.* David Epston

In diesem Kapitel stellen wir die narrative Praxis des Lebensbaums vor, indem wir uns auf die Überlegungen und Schriften von White und Epston (1990, 2007) aus der narrativen Therapie berufen. Zwei Absichten leiten uns dabei. Zunächst sollen Sie als Praktiker*innen die nötigen Schlüssel für die Umsetzung der Methode in Ihrer täglichen Arbeit erhalten. Wir möchten aber auch Ihre Neugier und den Wunsch wecken, mehr über diesen spezifischen narrativen Ansatz, in den der Lebensbaum eingebettet ist, zu erfahren. Tatsächlich unterscheidet er sich von den im Berufs- und Laufbahnberatungsfeld vorherrschenden narrativen Modellen (wie in den ersten Teilen dieses Buches vorgestellt), obwohl er aus dem gleichen epistemologisch-theoretischen Hintergrund entspringt. Deshalb sei vorausgenommen, dass wir uns, wenn von „narrativen Praktiken" die Rede ist, stets auf diesen ursprünglich therapeutischen Ansatz nach White und Epston beziehen.

Wir widmen den ersten Kapitelteil den historischen und theoretischen Grundlagen dieses Ansatzes. Anschließend beschreiben wir die Methode des Lebensbaums und ihre Anwendung in der Praxis. Eine Fallstudie soll im Weiteren helfen, die vorgestellten

---

E. Clot-Siegrist (✉) · F. Durante
Psychologie, Universität Lausanne, Lausanne, Schweiz
E-Mail: eva.clot-siegrist@unil.ch

F. Durante
E-Mail: federico.durante@unil.ch

Konzepte zu verdeutlichen und die Nützlichkeit des Lebensbaums im Beratungskontext zu illustrieren. Wir schließen das Kapitel mit einigen Überlegungen über die Relevanz dieses Ansatzes für den Bereich der Berufsberatung im Allgemeinen ab. Es sei zudem erwähnt, dass beide Autor*innen, die hier zu Ihnen sprechen, in einem frankophonen Kontext tätig sind. Dieses Kapitel wurde daher zunächst auf Französisch verfasst und dann von uns ins Deutsche übersetzt.[1] Übersetzen bedeutet, zwischen Welten zu navigieren und mit verschiedenen Realitäten zu jonglieren; wir hoffen, dass es uns gelungen ist, die Bedeutung und die Klarheit dieses Beitrags zu bewahren.

14.1 Der narrative therapeutische Ansatz nach White und Epston: die Basis für das Begleiten mit dem Lebensbaum

Eine Methode vorzustellen, ohne deren historische, theoretische und praktische Herkunft darzulegen, ist ein bisschen wie, ein Buch zu verkaufen, bei dem die ersten Seiten fehlen. Der Anfang einer Geschichte ist nicht nur wichtig, um sie zu verstehen, sondern auch, um sich eine Fortsetzung vorstellen zu können. Und wir möchten, dass Sie Lust auf eine Fortsetzung in Ihrer eigenen Praxis haben werden. Daher schlagen wir Ihnen in diesem ersten Teil vor, den Nährboden der narrativen Praktiken, zu denen der Lebensbaum gehört, ziemlich genau anzuschauen.

14.1.1 Michael White, Australien & David Epston, Neuseeland

White und Epston legen Ende der 1980er-Jahre mit ihrer bahnbrechenden Publikation „Narrative means to therapeutic ends" (1990) den Grundstein der narrativen Therapie und erlangen damit internationales Renommee. Sie legen in diesem Werk ihren Vorzug für ein narratives Verstehen der menschlichen Realität dar, woraus zwei ihrer wichtigsten Innovationen entspringen:

1. die Verwendung von schriftlichem Material in der Therapie und
2. die Externalisierung von Problemen, die White mit folgendem Aphorismus zusammenfasst: „Die Person ist die Person. Das Problem ist das Problem. Die Person ist nicht das Problem." (White, 2007, zitiert in Mengelle, 2021, S. 78).

Seit den 1980er-Jahren leiten White und Epston Zentren für narrative Praktiken in ihren jeweiligen Ländern und unterrichten, trainieren weltweit. Im April 2008 verstarb Michael White unerwartet im Alter von 59 Jahren, kurz nachdem er ein zweites wichtiges Buch veröffentlicht hatte: „Maps of narrative practice" (2007). Darin macht

---

[1] Eva Clot-Siegrist ist von deutscher Muttersprache.

er seine Praxis durch „Gesprächslandkarten" transparent und stellt so einen regelrechten „Atlas" für Praktiker*innen zu Verfügung, der „mögliche Routen zu bevorzugten Zielen" aufzeichnet (White, 2009, S. 15). In den 17 Jahren, die zwischen den beiden Hauptwerken zum narrativen Ansatz liegen, hat dieser die Grenzen des rein therapeutischen Bereichs überschritten und sich in allen Bereichen der persönlichen Begleitung (Beratung – Coaching, Sozialarbeit, Unterricht, Gesundheit usw.) angesiedelt. In Frankreich haben die Ideen von White und Epston Anfang der 2000er-Jahre nicht etwa in der therapeutischen, sondern in der Coachingszene Fuß gefasst. Seitdem haben sie sich verbreitet und weiterentwickelt, auch in der französischsprachigen Schweiz und in Belgien, wo sich eine lebendige Narrativgemeinschaft gebildet hat (Betbèze, 2017, zitiert in Mengelle, 2021).

Zwei Freunde, zwei Pioniere

Wenn wir uns in die Schriften dieser narrativen Praktiken vertiefen, wird schnell klar, dass „White nicht ohne Epston" denkbar ist und umgekehrt. Blanc-Sahnoun[2] schreibt im Vorwort zur französischen Ausgabe von „Down Under and Up Over" (Epston, 2008): „Vor allem aber basierte das kreative Tandem aus Michael White und David Epston auf einer großartigen, schönen und soliden Freundschaft. Ohne diese ethische Freundschaft wäre das, was wir den narrativen Ansatz nennen, wahrscheinlich nicht zustande gekommen." (Blanc-Sahnoun, Vorwort in Epston, 2012). Eine Freundschaft, die so langlebig und fruchtbar war, dass sie sogar über Whites Tod hinaus lebendig blieb, lässt auf eine besondere Alchemie von gegenseitigem Ergänzen und zahlreichen Gemeinsamkeiten schließen. Von letzteren haben wir eine Auswahl getroffen, die viel über die therapeutische, ethische und theoretische Positionierung der beiden Männer aussagt. Beide sind:

- herausragende Praktiker, die aus einem tiefen Respekt für Einzelpersonen, Gruppen, Gemeinschaften und deren Wissen und Fähigkeiten heraus handeln,
- echte „Querdenker", die sich nicht scheuen, bestehende Ordnungen und etablierte Meinungen anzuzweifeln (Mengelle, 2021, S. 26),
- angetrieben von einer grenzenlosen Neugier, die sie in vielen Disziplinen außerhalb des therapeutischen Feldes, wie der Philosophie (Foucault, Derrida), Linguistik, Literatur und Kulturanthropologie und -psychologie (Myerhoff, Bruner), nach Antworten suchen lässt,
- Fachleute, die in ihrer Praxis und ihrem Werk die sozial-konstruktionistische Perspektive (Gergen, 1991) verkörpern: Ihr aus der Praxis resultierendes Wissen wird von der Theorie genährt und inspiriert, mit Bedacht dem Feedback ihrer Klient*innen unterzogen und im Dialog innerhalb der Fachgemeinschaft ko-konstruiert.

---

[2] Mitbegründer der „Fabrique Narrative" in Bordeaux (Frankreich).

Die innovativen Ideen und Praktiken der beiden Autoren sind auch im geopolitischen und historischen Kontext ihrer Herkunftsländer verwurzelt.

Ursprungsländer „Down Under"[3] mit kolonialer Vergangenheit

Die narrativen Praktiken stammen aus Australien und Neuseeland. Diese geografische Lage, abseits der vorherrschenden Zentren der Wissensproduktion (Nordamerika – Europa), hat sehr wahrscheinlich zur Entstehung der innovativen Ideen und Methoden von White und Epston beigetragen.

Die koloniale Vergangenheit Australiens und Neuseelands erklärt die noch heute herrschenden Ungerechtigkeiten, Ungleichheiten und Leiden unter den Aborigines- und Maoribevölkerungen. Als White in den 1990er-Jahren aufgefordert wurde, Aboriginesgemeinschaften zu unterstützen, war er sich der potenziell hinderlichen Auswirkungen seines „Status" als Nachkomme europäischer Kolonisatoren bewusst. Zusammen mit Kolleg*innen vom Dulwich Center (wie Denborough, auf den wir im zweiten Teil dieses Kapitels zurückkommen) bildete er ein multikulturelles Team. Die Absicht war es, Lösungen im Wissen und in den Ressourcen der Aborigineskultur zu suchen, ohne dabei westliche Denkweisen aufzuzwingen (Mengelle, 2021, Scherrer, 2018). Dieses Beispiel vermittelt die bescheidene und kooperative Einstellung, die diesen narrativen Ansatz charakterisiert: Der Respekt für die Kenntnisse des Gegenübers steht im Zentrum.

14.1.2 Grundlegende Konzepte der narrativen Praxis

Der Mensch: ein erzählendes Wesen mit einer „vielgeschichtlichen" Identität

In der narrativen Sichtweise drücken Menschen ihre gelebten Erfahrungen aus und geben ihnen Form und Bedeutung, indem sie sich selbst und anderen Geschichten erzählen. Die menschliche Realität existiert somit nur in Erzählungen, die durch die Sprache vermittelt (und begrenzt) werden und daher auch immer in Beziehungen und kulturelle Kontexte eingebettet sind (Gergen, 2006). Als „fabulierende Wesen" (Huston, 2010) werden wir bereits in eine Vielzahl von Geschichten hineingeboren, die uns vorausgehen und die über uns erzählt werden. Als kleine Kinder werden unsere Handlungen ständig von Menschen um uns herum mit Worten und Geschichten kommentiert und interpretiert, bis wir es dann auch selbst tun, sobald wir die Sprache beherrschen. So konstruieren wir unser „Ich" (Identität) und geben ihm Bedeutung durch zahllose Geschichten, die wir immer ein wenig anders, je nach unseren Gesprächspartnern (Beziehungen), unseren

---

[3] Englische Bezeichnung für Australien und Neuseeland, die die äusserst südliche Lage dieser Länder hervorhebt.

Rollen und Lebenskontexten, erzählen und neu erzählen. Die narrative Identität ist daher „vielgeschichtlich" (Morgan, 2015, S. 10) und in ständiger Ko-Konstruktion.

Der Mensch: ein kulturelles Wesen, eingebettet in Schichten von Geschichten

Die Erzählungen, durch die wir unseren Erfahrungen einen Sinn geben, sind in umfassendere Erzählungen eingebettet und werden von diesen beeinflusst. Die Art und Weise, wie wir in Worte fassen, „wer wir sind", hängt nicht nur von unseren Erfahrungen oder unserer Familie ab, sondern auch vom weiteren Umfeld. Unser kultureller, soziopolitischer und historischer Kontext ist von mehr oder weniger institutionalisierten und normativen Diskursen durchdrungen. Mengelle (2021, S. 200) gibt als Beispiel unseren europäischen Kontext und nennt die dominierenden Erzählungen, die in den großen Systemen unserer Gesellschaft zirkulieren, wie folgt: Familiensystem – Diskurs des Patriarchats/Sozialsystem – Diskurs des Individualismus/Politisches System – Diskurs der Demokratie/Wirtschaft – Diskurs des Liberalismus, der Konsumgesellschaft/Wissenschaft – Diskurs des Rationalismus/Religion – jüdisch-christlicher Diskurs. Im narrativen Ansatz ist es von grundlegender Bedeutung, diese dominanten kontextuellen Diskurse, die die Klient*innen umgeben, zu hinterfragen. Als Träger normativer Macht (Bruner, 2008; Foucault, 1975) können sie ein wesentlicher Bestandteil dessen sein, was die Person als „problematisch" erlebt, oft ohne dass sie sich dessen bewusst ist. Dieser Gedanke lässt sich leicht nachvollziehen, wenn wir an Menschen mit Migrationshintergrund (1. oder 2. Generation) denken, die sich mit oftmals unvereinbaren Diskursen aus mehreren Herkunftskulturen auseinandersetzen müssen.

Wie wir sehen, stehen Geschichten im Mittelpunkt der „narrativen Einrichtung". Schauen wir uns nun an, wie diese aufgebaut sind und wie einige davon uns einsperren und andere uns befreien (Blanc-Sahnoun, 2018).

Wie Geschichten konstruiert werden: das Sprungbrett der narrativen Praxis

Die Bestandteile einer Geschichte

Stellen Sie sich vor, Sie sind im Büro an einem Montagmorgen. Eine Kollegin fragt Sie, ob Sie am Wochenende etwas Schönes gemacht haben. Sie erzählen ihr von Ihrer Wanderung, die wirklich sehr schön war und die Sie mit Ihrer Familie und engen Freunden unternommen haben. Sie ordnen die Geschichte zeitlich ein (wann genau), beschreiben den Kontext mit ein paar Fakten (Ort, Wetter ...) und wählen ein paar Ereignisse und Momente aus, die Ihnen besonders gut gefallen haben (z. B. das gemeinsame Picknick am Feuer inmitten der Bergnatur). Die Auswahl der Erlebnisse steht unter dem Motto „Ein schöner Moment des Wochenendes". Sie haben eine Auswahl getroffen, da es einerseits unmöglich wäre, den ganzen Reichtum dieser Erfahrung in Worte zu fassen. Andererseits hat das Thema oder die Bedeutung, die Sie der Geschichte geben wollten, d. h. „ein schöner Moment", Sie dazu gebracht, einige Ereignisse wegzulassen, die eben nicht zu diesem Thema passten. Zum Beispiel der ziemlich mühsame Aufstieg zur Passhöhe oder die leidige Auseinandersetzung zwischen Ihnen und Ihrem ältesten Sohn am Morgen nach dem Aufwachen. Die Tatsache, dass Sie Ihrer Kollegin diese „nette Geschichte" erzählt haben, führt zu einem heiteren Gespräch über andere schöne Momente mit Freunden und Sie sagen sich anschließend, dass Sie einen solchen Ausflug bald wieder aufs Familienprogramm setzen möchten.

Dieses Beispiel zeigt uns mehrere wichtige Elemente für die narrative Praxis:

- Eine Geschichte besteht aus: 1. einer Reihe von Ereignissen, die aus einem großen Pool von möglichen Elementen (Erlebnisse, Fakten, Gefühle …) ausgewählt werden, 2. entsprechend einem Thema (Bedeutung) und 3. nach einer zeitlichen Abfolge (Vergangenheit, Gegenwart, Zukunft) geordnet werden (Mengelle, 2021, Morgan, 2015).
- Durch den Prozess der Auswahl gibt es immer Ereignisse (Erlebnisse, Fakten …), die außerhalb der Geschichte bleiben, weil sie nicht zu ihrem Thema passen.
- Aus ein und demselben Wandererlebnis können mehrere verschiedene Geschichten entstehen, je nachdem, welches Thema zu Beginn „gewählt" (oder vom Gegenüber angeregt) wurde, gefolgt von einer neuen Auswahl aus dem Vorrat von vorhandenen Elementen.
- Die Geschichten handeln oft von „Ereignissen", die in der Vergangenheit stattgefunden haben, aber „reale" Auswirkungen sowohl in der Gegenwart (Gefühlszustand, Beziehung, Handlung …) als auch in der Zukunft (Projektionen, Verpflichtungen, Handlungen) haben.

Der letzte Punkt ist zentral für das narrative Menschenbild und die sich darauf beziehenden Praktiken. Er unterstreicht die „realitätsschaffende" Funktion von Geschichten. Sie sind nicht nur das Instrument, mit dem wir eine bereits existierende und objektive Realität vermitteln. Vielmehr sind sie es, die diese Realität bestimmen, d. h. die Organisation der Person, deren Interaktionen und Handlungen (White, 2003).

Die Geschichten, die behindern oder die befreien

Wenn eine Person eine Beratung aufsucht, weil sie in einer schwierigen Lebenslage steckt, erklärt sie in der Regel zunächst ihr Problem. Dabei erwähnt sie eine Reihe von Ereignissen und Erfahrungen und die Bedeutung, die sie „all dem" beimisst. Mit anderen Worten: Sie erzählt die Geschichte des Problems. Diese Geschichte ist oft keine sehr mitreißende Geschichte und die von der Person gegebene Erklärung oder Bedeutung ähnelt häufig einem abwertenden Identitätsschluss über sich selbst, wie z. B. *„Ich habe in meinem Berufleben nie etwas selber entschieden"* (Mengelle, 2021, S. 38). Das Problem bei dieser Art von Schlussfolgerungen ist vielfältig. Erstens wirken sie als dominante Themen, die die Auswahl der Ereignisse in der Erfahrung der Person diktieren und lenken, sodass die Person Erzählungen reproduziert, die ihre „Wahrhaftigkeit" verstärken. Diese problembehafteten Geschichten nehmen daher im Leben der Menschen einen immer größeren Raum ein. Die Tatsache, dass diese Schlussfolgerungen auf der Identität beruhen, d. h. das Problem in der Person selbst verorten, wirkt sich nicht nur nachteilig auf das Selbstbild und die Beziehungen der Person aus, sondern auch auf die Art und Weise, wie sie handelt. Oft ist es dann die eingeschränkte Handlungsfähigkeit, die dazu animiert, Hilfe zu suchen.

Angesichts solch dominanter Geschichten geht der narrative Ansatz davon aus, dass es neben den Ereignissen, die durch die Erzählung „Ich habe nie etwas entschieden …" dargestellt werden, eine Vielzahl von unerzählten Erfahrungen gibt. Diese Erfahrungen könnten den Stoff für alternative, befriedigendere Geschichten für die Person liefern. Mengelle (2021, S. 44) verwendet die schöne Metapher eines „Depots von Edelsteinen, vergraben unter den Schichten der Zeit", um auf die zahllosen Erfahrungen im Leben eines Menschen hinzuweisen, die die Problemgeschichte sorgfältig beiseitegeschoben hat. Das Ziel der narrativen Begleitung besteht darin, gemeinsam mit der Person auf die Suche nach diesem wertvollen, „vergrabenen" Material zu gehen und ihr zu helfen, es aufzudecken, um neue, ansprechende Identitätsgeschichten zu schaffen.

Der Lebensbaum, der im weiteren Verlauf dieses Kapitels vorgestellt wird, ist eine der Möglichkeiten,[4] die es erleichtern, neue bevorzugte Geschichten entstehen zu lassen. Doch bevor wir dazu kommen, möchten wir noch eine letzte wichtige Grundlage schaffen, nämlich die der narrativen Haltung. Sie legt fest, wie Gespräche zu führen und beratende Personen zu betrachten sind.

14.1.3 Die narrative Haltung: ihr Identitätsvorhaben und ihre einflussreichen Fragen

Die besondere Haltung, die narrative Praktiker*innen einnehmen, ist „dezentriert und einflussreich". Sie entspringt sowohl aus den persönlichen Stilen der beiden Begründer des Ansatzes als auch aus deren theoretischer und epistemologischer Positionierung.

Eine dezentrierte Haltung

Der Begriff „dezentriert" bezieht sich im weitesten Sinne darauf, dass der*die Praktizierende den Fokus von der eigenen Welt auf die des Gegenübers verlagert. Die hilfesuchende Person wird als einzige Expertin ihres Lebens angesehen, die am besten Bescheid weiß, was sie „von innen" heraus erlebt.[5]

Sie könnten nun denken, dass diese „dezentrierte" Haltung nichts anderes ist als eine etwas originelle Version (in der Art der „Down Under") von Rogers klientenzentrierter

---

[4] Wir verweisen auch auf Whites Buch „Maps of Narrative Practices" (2007), das einen ganzen Atlas anderer möglicher Wege beschreibt.
[5] „Insider-Knowledge": was man „von innen" weiß; im Gegensatz zu „Outsider-Knowledge": was der*die Praktiker*in von außen zu verstehen versucht (Nachwort von Epston in Mengelle, 2021, S. 239).

Haltung. Die Idee der Dezentrierung hat jedoch noch eine weitere Komponente, die unserer Meinung nach die wichtigste ist. Sie bezieht sich auf die Fähigkeit und das aktive Bemühen der Beratungsperson, „ … ihre [der Person] Geschichten und ihre Kenntnisse und Fähigkeiten in den Vordergrund zu stellen … und ihr den Status des ‚Originalautors' zu geben" (White, 2005, zitiert in Mengelle, 2021, S. 67). Es geht hier darum, dass die Beratungsperson sich von ihrem theoretischen Wissensschatz, ihrem Fachwissen als Psycholog*in, Coach oder Berater*in löst, um ihr Vis-à-vis nicht in die von ihren Vorstellungen auferlegten Grenzen „einzusperren". Diese Position, die besagt, dass unser theoretisches und professionelles Fachwissen keinen Vorrang vor dem Wissen der zu begleitenden Person hat, lehnt sich direkt an die Schriften des französischen Philosophen Michel Foucault über den untrennbaren Zusammenhang zwischen „Wissen und Macht" an (Foucault, 1975).

Die dezentrierte, „nichtwissende" Haltung ist nicht so leicht einzunehmen, da sie von der Beratungsperson eine ziemliche Portion Bescheidenheit verlangt. Sie erfordert einen Blick, der nicht einfach nur wohlwollend ist, sondern von der „vollen Überzeugung getragen wird, dass die Person vis-à-vis … fähig, würdig und ihr Leben faszinierend ist" (Mengelle, 2021, S. 62). White ermutigt die Praktiker*innen immer zu bedenken, dass es ihnen, falls mit den gleichen Umständen und Schwierigkeiten wie die Ratsuchenden konfrontiert, sehr wahrscheinlich nicht besser, sondern vielleicht sogar schlechter ginge (White, zitiert nach Epston, 2016, S. 305).

Eine einflussreiche Haltung

Die narrative Haltung ist auch eine „einflussreiche" Haltung. Die Beratungsperson nimmt Einfluss, indem sie durch Fragen und Überlegungen ein stützendes Gerüst aufbaut, dessen Absichten klar sind (Mengelle, 2021, Scherrer, 2018, White, 2005). Das Ziel ist es, die Person dahin zu führen:

- Bereiche ihres Lebens zu erforschen, die zugunsten der vorherrschenden Problemerzählungen vernachlässigt wurden, um das Material für bevorzugte alternative Geschichten hervorzubringen;
- diese neuen Geschichten, die mit ihren Absichten, Hoffnungen, Werten und Zielen übereinstimmen, ausführlicher zu beschreiben;
- ihre Kenntnisse und Fähigkeiten, von denen ihr Leben zeugt, sich (wieder) anzueignen, um die anstehenden Fragen, Schwierigkeiten und Probleme besser zu bewältigen.

Die einflussreiche Haltung geht Hand in Hand mit der Verantwortung der Beratungsperson, das Problem außerhalb der Person zu verorten (zur Erinnerung: Die Person ist nicht das Problem, das Problem ist das Problem) und ein „doppeltes Zuhören" zu praktizieren (Scherrer, 2018, S. 129). Dabei wird die Geschichte des Problems sehr wohl angehört, aber auch und vor allem das, was nicht unter die Kontrolle des Problems fällt. Wie zum Beispiel die Momente, in denen die Schwierigkeiten nicht oder weniger präsent sind, die Zeiten, in denen die Person die Oberhand hatte oder Strategien entwickelt hat, um sich zu schützen. Der*die narrative Praktiker*in sieht in diesen kleinen Lücken in der Problemgeschichte Spuren von möglichen anderen Geschichten aufschimmern und schlüpft mit „einflussreichen" Fragen hinein, um eine Identitätsveränderung zu bewirken.

Mengelle (2021, S. 71) bringt diesen spezifischen Schwerpunkt des narrativen Ansatzes deutlich zum Ausdruck:

> „Die narrative Prämisse ist folgende: Wenn wir der Person helfen können, sich wieder mit einer alternativen und bevorzugten Selbsterzählung zu verbinden, einer Geschichte, in der sie sich selbst wiedererkennt und die sie stolz und glücklich trägt, dann wird sie von sich aus die Fähigkeit wiedererlangen, Entscheidungen zu treffen."

Die narrativen Fragen

Das wichtigste Instrument[6] der narrativen Praxis sind Fragen. Es handelt sich um „einflussreiche" Fragen, die die Person überraschen, die sie zwingen, eine Weile nachzudenken, bevor sie antworten kann, die sie in die Gebiete einer bevorzugten Identität führen. Sobald wir einen ersten Erzählfaden einer anderen möglichen Geschichte gefunden haben, können wir damit beginnen, nach weiteren zu suchen, mit dem Ziel, „eine facettenreiche und farbenfrohe Selbsterzählung zu weben … , die gut im Leben der Person verankert ist" (Mengelle, 2021, S. 121).

Um dies zu erreichen, schlagen die narrativen Praktiken einen bestimmten Weg von Fragen vor, der sich auf Bruners (2008, 2010) Arbeit über die Parallelen zwischen der Struktur literarischer Erzählungen und der Struktur von Lebens-/Selbstgeschichten stützt. Bruner erklärt, dass jede literarische Erzählung zwischen zwei Hauptlandschaften navigiert: der Landschaft der Handlung und der Landschaft des Bewusstseins, die White später in „Landschaft der Identität" umbenennt. Die französischen Narrativpraktiker*innen haben in der Folge eine dritte Landschaft hinzugefügt,[7] nämlich die der Beziehung. Um eine neue Identitätserzählung zu kreieren und sie in der Geschichte der Person (im Sinne von „history", nicht „story") zu verankern und mit Leben zu füllen, heißt es nun, zwischen diesen drei Landschaften mit jeweils spezifischen Fragen zu navigieren.

Die Handlungslandschaft

Jede Erzählung (Roman, Film …) lässt ihre Figuren handeln, erleben und mit Ereignissen konfrontieren, und das stets in einem bestimmten Kontext. Die Handlungslandschaft bezieht sich auf den Teil der Erzählung, der die Fakten, Orte und Handlungen der Geschichte beschreibt. Dazu gehört auch die zeitliche Dimension, die für jede

---

[6] Neben den schriftlichen Mitteln, die in diesem Kapitel nicht behandelt werden (siehe dazu White und Epston, 1990).

[7] Vielmehr sichtbarer gemacht; Bruner und White sehen andere Figuren und deren Beziehung zur Hauptfigur als Bestandteil der Handlungs- sowie der Identitätslandschaft.

Geschichte von zentraler Bedeutung ist: Es gibt immer ein Davor, Während, Danach, eine Vergangenheit, Gegenwart und Zukunft. Außerdem sind die fesselndsten Geschichten oft diejenigen, die sich nicht an eine lineare Chronologie halten, sondern zwischen verschiedenen Zeitfenstern navigieren.

Die Fragen, die dieses Gebiet erkunden, sind im Allgemeinen solche, die das „wo, wann, was, wie, mit wem?" abtasten. Eine typische Frage dieser Landschaft wäre: *Können Sie mir eine Geschichte, eine Anekdote erzählen, die es mir ermöglicht, ... besser zu verstehen?*

Die Identitätslandschaft

In unseren Geschichten handeln die Protagonist*innen nicht nur: Sie denken auch, sie wissen oder wissen nicht, sie fühlen, träumen, hoffen und glauben. Es ist die Landschaft der Identität, die offenbart, was in den Köpfen und Herzen der Figuren vor sich geht, welchen Sinn sie ihren Handlungen und Ereignissen geben, wie sie diese erleben und interpretieren. Die Identitätslandschaft gibt uns auch Aufschluss über die Eigenschaften und Fähigkeiten, Werte und Überzeugungen, die sich im Verhalten widerspiegeln, aber auch über die Absichten und Ziele, die das Handeln geleitet haben könnten. In diesem Bereich sind wir an den Verbindungen interessiert, die die Person zwischen ihren Handlungen und den Träumen, Projekten oder Hoffnungen, die sie für ihr Leben hat, herstellen kann.

Es ist nun einfach nachvollziehbar, dass eine reichhaltige und interessante Erzählung ständig zwischen diesen beiden Landschaften navigiert: Erfahrungen und Handlungen spiegeln die Identität der Person wider, und die Identität leitet und beeinflusst Entscheidungen und Verhaltensweisen.

Eine typische Frage in dieser Landschaft wäre: *Was sagt dieses Ereignis über das aus, was für Sie wertvoll in Ihrem Leben (Arbeit, Beziehung ...) ist?*

Die Beziehungslandschaft

Schließlich kommen in unseren Erzählungen viele andere Menschen vor, was nicht verwunderlich ist, sind wir doch vor allem soziale Wesen, deren Identität sich in der Interaktion mit anderen konstruiert. In der Landschaft der Beziehung zielen die Fragen daraufhin ab, eine Verbindung zwischen der zu begleitenden Person und den wichtigen Menschen in ihrem Leben herzustellen. Dabei geht es um Menschen, die Klient*innen auf eine positive, unterstützende und stärkende Weise betrachten. Dieser Aspekt ist von zentraler Bedeutung, da es natürlich auch Menschen gibt, die vor allem die Geschichten des Problems bevölkern. Diese Menschen, wie wichtig sie auch sein mögen (Kolleg*innen, Eltern, Lehrpersonen ...), werden nicht in die neue Geschichte „eingeladen".

Eine typische Frage für diese Landschaft wäre: *Wer (in Ihrem Umfeld, Ihrer Verwandtschaft ...) wäre nicht überrascht zu hören, dass Sie mir von ... erzählen (z. B. in Bezug auf eine Kompetenz, einen Wert ... der Person)?*

Tatsächlich reisen wir mit unseren Fragen zwischen den drei Landschaften umher, mit dem Ziel, die bevorzugte Identitätserzählung zu konkretisieren und es der Person zu ermöglichen, wieder zur Autorin einer bevorzugten Geschichte zu werden (Mengelle, 2021).

14.2 Der Lebensbaum

14.2.1 Die Wurzeln des Lebensbaums

Der Lebensbaum wurde Anfang der 2000er-Jahre von Ncube, einer Psychologin aus Simbabwe, und Denborough, dem schon erwähnten australischen Therapeuten und Sozialarbeiter konzipiert (Denborough, 2008, Ncube, 2006, Scherrer, 2018). Sie ließen sich von einem Ansatz inspirieren, der ursprünglich von Timmel und Hope (1984), zwei amerikanischen bzw. südafrikanischen Pädagoginnen, entwickelt wurde. Ncube und Denborough kreierten ihre Lebensbaummethode für verwaiste oder in ihrer Gesundheit gefährdete Kinder im südlichen Afrika, deren Familien unter vielen Verlusten und extremer Armut litten. Ihr Ziel war es, mithilfe des Lebensbaums diesen Kindern im Rahmen von Diskussionsgruppen die Möglichkeit zu geben, sich über ihre positiven und negativen Erfahrungen sowie die daraus resultierenden Fähigkeiten und Hoffnungen auszutauschen. Es war ihnen überdies wichtig, die Verbindungen zwischen den Kindern und ihren jeweiligen Familien zu stärken und gemeinsame Werte und kulturelles Erbe hervorzuheben. Ncube und Denborough wählten dabei bewusst einen kollektiven Ansatz, da sie das Leiden einer Gemeinschaft nicht individualisieren wollten, um das Reaktivieren von vergangenen Traumata zu vermeiden (Denborough, 2008; Ncube, 2006; Scherrer, 2018).

Die Anwendung des Lebensbaums hat sich seitdem international verbreitet und wird in vielen Bereichen der Beratung und Begleitung eingesetzt, wie z. B. in Krankenhäusern, Schulen, Unternehmen sowie in Berufsberatungs- und Integrationsprozessen (Scherrer, 2018). Sie kann für ein breites Spektrum von Themen eingesetzt werden wie der Aufbau von Selbstwertgefühl, Stress- und Emotionsmanagement, Identifizierung von Ressourcen, Wiederaufbau nach einer Krankheit, Gestaltung beruflicher Übergänge sowie die Schaffung von Arbeitsorganisationen oder Vereinigungen (Scherrer, 2021). In Bezug auf diese sehr unterschiedlichen Kontexte und Anwendungszwecke des Lebensbaums möchten wir, im Sinne eines gemeinsamen Nenners, Denboroughs „Flussuferpositionmetapher" (Denborough, 2014, S. 11) erwähnen, die er von einem ugandischen Kollegen übernommen hat: Wenn der Fluss unseres Lebens zu schnell fließt, turbulent und unruhig ist, da die Lebensumstände schwierig oder die Probleme sehr präsent sind, ist es nicht der günstige Zeitpunkt zum darüber Reden oder Nachdenken. Vielmehr brauchen wir all unsere Kräfte zum Handeln und zum Überleben. Deshalb ist es angebracht, zuerst ans Ufer zu schwimmen und sich am Flussufer niederzulassen. Von diesem sicheren Platz aus kann man nun den aufgewühlten Strom vorbeiziehen sehen und darüber nachdenken.

Das Arbeiten mit dem Lebensbaum soll den Klient*innen genau diesen sicheren Flussuferplatz bieten, der es ermöglicht, von den eigenen Erfahrungen die nötige Distanz zu nehmen und zusammen mit der Beraterungsperson eine „positive" Reflexivität zu entwickeln. In diesem Sinne kann diese Methode in jeder Form von Begleitung und Beratung ihren Platz finden.

14.2.2 Anwendung des Lebensbaums im Einzelsetting

Mit Bezug auf unsere Praxis als Berufsberater*innen, beschreiben wir nun, wie der Lebensbaum in einem individuellen Setting[8] der Laufbahnberatung oder eines Coachings angewendet werden kann. Der Leserlichkeit halber nennen wir unsere fiktive Klientin Vanessa.

Vorbereitende Phase

Wir erklären Vanessa zu Beginn, dass diese Aktivität ihr die Möglichkeit geben soll, ihre Lebensgeschichte anhand der Metapher eines Baumes zu erzählen. Wir können hinzufügen, dass wir dabei versuchen werden, ihre Ressourcen, Stärken, Fähigkeiten, Werte, Bedürfnisse, Hoffnungen, Träume und Projekte sowie die Menschen, die ihr wichtig sind, zu ermitteln. Um Vanessa einen positiven Einstieg in die Aktivität zu ermöglichen, bitten wir sie, eine schöne Erinnerung im Zusammenhang mit einem Baum hervorzurufen oder einen Baum zu beschreiben, den sie besonders mag oder der in ihrem Leben eine wichtige Rolle gespielt hat. Dann fordern wir Vanessa dazu auf, diesen Baum zu zeichnen. Wichtig ist dabei, dass er Wurzeln, Erde, einen Stamm, Zweige, Blätter und Früchte hat. Wir machen zudem deutlich, dass die künstlerische Qualität der Zeichnung nicht wichtig ist. Falls erforderlich, können wir Vanessa ein Baum-Modell zur Verfügung stellen, das sie nach Belieben ausschmücken oder ausmalen kann.

Arbeitsphase mit dem Baum

Die wesentliche Arbeit des Beschriftens und Mit-Worten-Füllens jedes Baumteils kann nun beginnen. Dabei gibt es mehrere Vorgehensweisen. Entweder wir begleiten Vanessa Schritt für Schritt im Gespräch mithilfe von spezifischen Fragen zu jedem Teil (siehe unten). Oder wir geben zuerst die allgemeinen Anweisungen für alle Teile des Baums und lassen Vanessa den Inhalt in einem stillen, inneren Gespräch ausarbeiten und zu den Baumteilen schreiben. Wenn sichergestellt ist, dass die Aufgabe richtig verstanden wurde, kann sie auch als Hausaufgabe vorgeschlagen werden.

Wir beschreiben nun jeden Teil des Baumes mit dem jeweils dazugehörenden Inhalt. Dafür beziehen wir uns auf die Texte von Ncube (2006), Denborough (2008, 2014) und

---

[8] Für eine Anwendung in Gruppen verweisen wir auf Ncube Denborough (2008), Ncube (2006) und Scherrer (2018).

Scherrer (2018). Wir benennen die zentrale Idee jedes Baumteils mit den entsprechenden Fragen, die die Grundlage schaffen. Dann schlagen wir Vertiefungsfragen vor, die auf den ersten Elementen aufbauen. Die aufgeführten Fragen dienen als Beispiele und können natürlich Vanessas spezifischer Situation angepasst werden.

Die Wurzeln
In diesem Teil geht es um die Vergangenheit: woher Vanessa kommt, was ihre Ursprünge, ihre Wurzeln sind, um auf die Metapher aufzubauen.

Woher kommen Sie? Wo sind Sie aufgewachsen? Woher stammt Ihre Familie? Aus welcher(n) Kultur(en)? Wer waren die Menschen, die eine zentrale Rolle in Ihrem Leben gespielt haben, die Ihnen wichtige Dinge beigebracht haben? Welches waren die wichtigen Ereignisse in Ihrer persönlichen und beruflichen Geschichte, die Sie zu der heutigen Person gemacht haben?

Weitere Fragen könnten sein: *Was waren die wichtigsten Meilensteine in Ihrem Leben? Was sollte ich über Ihren persönlichen und beruflichen Werdegang wissen, damit ich Sie begleiten kann? Wenn Sie auf Ihre Reise zurückblicken, was, glauben Sie, hat Ihre Schritte bisher geleitet?*

Es wird deutlich, dass die vorgeschlagenen Fragen sich auf die drei im ersten Teil des Kapitels beschriebenen Erzähllandschaften beziehen: Fragen zur Identität der Person, zu ihren Handlungen und zu ihren sozialen Beziehungen.

Die Erde
Wir kommen nun zur Gegenwart. Dieser Teil betrifft Vanessas alltägliche Aktivitäten und/oder Rollen sowie ihre wesentlichen Bedürfnisse.

Was tun Sie in Ihrem Leben, das Ihnen ein gutes Gefühl gibt? Was sind Ihre Hobbys und Leidenschaften? Welches sind die angenehmen Momente in Ihrer Woche, in denen Sie Dinge tun, die Ihnen Freude bereiten? Weitere Fragen könnten sein: *Was brauchen Sie, um in Ihrem Leben, in Ihrer Ausbildung, in Ihrer beruflichen Laufbahn voranzukommen? Was ist nicht verhandelbar, was muss in Ihrem persönlichen und beruflichen Leben unbedingt vorhanden sein (damit Sie sich wohl fühlen)?*

Der Stamm
Anhand des Stamms ermitteln wir Vanessas Ressourcen, Stärken und Kompetenzen, die sie im Laufe ihrer beruflichen Laufbahn und in den verschiedenen Rollen erwerben konnte.

Welche Eigenschaften, Kompetenzen, Talente, Fähigkeiten erkennen und schätzen die Menschen an Ihnen? Was sind Ihre Ressourcen und Stärken? Was ist Ihnen besonders wichtig in Ihrem Leben, welche Werte leiten Sie? Weitere Fragen könnten sein: *Erzählen Sie mir von dem letzten Ereignis, auf das Sie stolz waren. Was verrät es über Sie, Ihre Fähigkeiten, Ihre Talente? Was würden Menschen, die Ihre Qualitäten kennen, über Sie sagen?*

Die Zweige
Die Zweige zeigen in die Zukunft. Sie stehen für Vanessas Pläne, Projekte, Hoffnungen und Träume. *Wenn Sie in die Zukunft blicken, was sind Ihre Träume, Hoffnungen und Pläne für Ihr persönliches und berufliches Leben? Was bedeutet ein erfolgreiches Leben für Sie? Was würden Sie in Ihrem Leben gerne (noch) erreichen?* Weitere Fragen könnten sein: *Wie lange haben Sie diese Träume, Pläne und Hoffnungen schon? Woher kommen sie? Führen sie auf bestimmte Personen in Ihrem Leben zurück? Wie gelingt es Ihnen, daran festzuhalten?*

Die Blätter des Baums
Die Blätter stehen für Menschen, die in Vanessas Leben zählen (oder gezählt haben), die ihre Fähigkeiten anerkennen, die ihr generell ein gutes Gefühl geben. Es kann sich um nahe oder ferne, bekannte oder unbekannte, lebende oder verstorbene, menschliche oder tierische, reale oder fiktive Personen handeln. *Wer sind die Menschen, die einen positiven Einfluss auf Ihr Leben haben? Wer sind die Menschen, die Ihnen, wenn sie Sie ansehen, das Gefühl geben, stark zu sein? Wer sind die Menschen, die Ihnen die Qualitäten, Ressourcen, Stärken und Fähigkeiten anerkennen, die Sie in Ihrem Stamm identifiziert haben? Wer sind Ihre Verbündeten? An wen wenden Sie sich, wenn Sie Kraft brauchen? Wer sind Ihre Helden, Ihre Mentoren, die Menschen, die Sie im Leben inspirieren?* Vertiefende Fragen könnten sein: *Was sind die schönen Momente, die Sie mit diesen Menschen verbracht haben? Was ist das Besondere an ihnen?*

Die Früchte
Die Früchte stellen Geschenke dar, die Vanessa vom Leben oder von den in den Blättern genannten Menschen erhalten hat. *Was haben Sie in Ihrem persönlichen oder beruflichen Leben erlebt, das Sie als Chance oder als Geschenk betrachten? Wer von den Menschen, die Sie auf den Blättern identifiziert haben, hat Ihnen in Ihrem Leben ein Geschenk hinterlassen?* Vertiefende Fragen könnten sein: *Aus welchen Gründen ist dieses Geschenk für Sie besonders wertvoll? Was schenkt es Ihnen im alltäglichen Leben? Und für Ihre Zukunft?*

Zusätzlicher Tipp
Eine gezielte Anlehnung an die Metapher des Baumes kann helfen, die Inhalte zu den verschiedenen Teilen hervorzurufen: Die Wurzeln bilden den Ursprung des Baumes, verankern ihn in seiner Geschichte; die Erde nährt den Baum täglich, sie enthält, was der Baum zum Leben und wachsen braucht; der Stamm hält den Baum aufrecht, lässt ihn dem Wind und Wetter trotzen; die Äste sind nach außen und oben gerichtet, dem Licht zugewandt; jedes Blatt ist anders und steht für eine bestimmte Person, durch die Photosynthese bilden die Blätter eine wichtige Energiequelle für den Baum; die Früchte verleihen ihm schöne Farben.

14.3 Yacines Baum

14.3.1 Praxisbeispiel

Das folgende Fallbeispiel stammt aus der Beratungspraxis von Federico Durante (Ko-Autor). Er präsentiert es unter einem fiktiven Namen und anonymisiert.

Yacine ist 18 Jahre alt und stammt aus Westafrika. In der Schweiz hat er den Status eines Flüchtlings. Als noch Minderjähriger machte er sich allein auf den Weg nach Europa und in die Schweiz, ohne Begleitung eines Erwachsenen oder eines anderen Kindes seiner Familie. In seinem Heimatland genoss Yacine nur eine sehr geringe Schulbildung und in der Schweiz besuchte er zunächst eine Auffangklasse und dann Kurse zur Vertiefung seiner Französisch- und Mathematikkenntnisse.

Als ich ihn zum ersten Mal sehe, nimmt er an einem Programm zur Integrationsförderung von Ausländer*innen teil, das zwei Tage pro Woche Schule und drei Tage Berufserfahrung umfasst. Es sind die Lehrer*innen, die Yacine zu mir schicken, weil er regelmäßig den Unterricht versäumt, vor allem in Mathe. Sie machen sich Sorgen über seine Zukunft. Yacine absolviert ein Verkaufspraktikum in einem Lebensmittelsupermarkt. Seine vierteljährliche praktische Beurteilung ist nicht sehr gut. Ihm wird vorgeworfen, dass er Beziehungsprobleme hat, insbesondere mit einer Kollegin, dass er immer wieder zu spät kommt und seine Arbeit zu langsam erledigt. Die Ausbildungsberaterin, die Yacines Praktikum begleitet, fragt sich, ob der Verkauf wirklich das richtige Berufsfeld für ihn ist.

In einem ersten Gespräch erklärt mir Yacine, dass er in der Tat Beziehungsprobleme mit einer Kollegin hatte, jetzt aber versucht, seit er den Sektor gewechselt hat, sich von dieser Person fernzuhalten. Er erwähnt, dass der Erfolg dieses Praktikums für ihn sehr wichtig ist und er sich sehr anstrengt, um durchzuhalten. Er habe das Programm gewählt mit dem Ziel, danach eine Ausbildung im Verkauf zu absolvieren, und er möchte in dieser Richtung weitermachen. Er weiß, dass er Schwierigkeiten in Mathematik hat. Das Ausbleiben sichtbarer Ergebnisse, trotz all seiner Bemühungen um schulische Fortschritte, entmutigt ihn so sehr, dass er manchmal dem Unterricht fernbleibt. Er drückt viel Verzweiflung über seine Zukunft aus und erwähnt, dass er in Momenten extremer Angst manchmal Selbstmordgedanken hat, was mich sehr beunruhigt. Er erwähnt aber auch, dass er gerne wieder Fußball spielen würde. Früher habe er in einem Verein gespielt, jedoch aufgrund der Covid-19-Situation und eines Knieproblems aufhören müssen. Er hatte viel Spaß am Fußballspielen. In seiner Erzählung erkenne ich bei diesem jungen Mann den Willen, voranzukommen, und viele weitere Ressourcen. Ich frage ihn, welchen Namen er dem Yacine geben würde, der versucht, mit seinem Praktikum Schritt zu halten, der versucht, in den Matheunterricht zu gehen, und der wieder das Fußballspielen aufnehmen möchte. Die Antwort lautet: „Yacine, der Gewinner". Das motiviert mich, seine Ressourcen weiter zu ermitteln, und ich schlage die Aktivität des Lebensbaums vor. Ich frage ihn nach seinem Einverständnis, einen Termin bei der Schulpsychologin für ihn zu vereinbaren, damit er

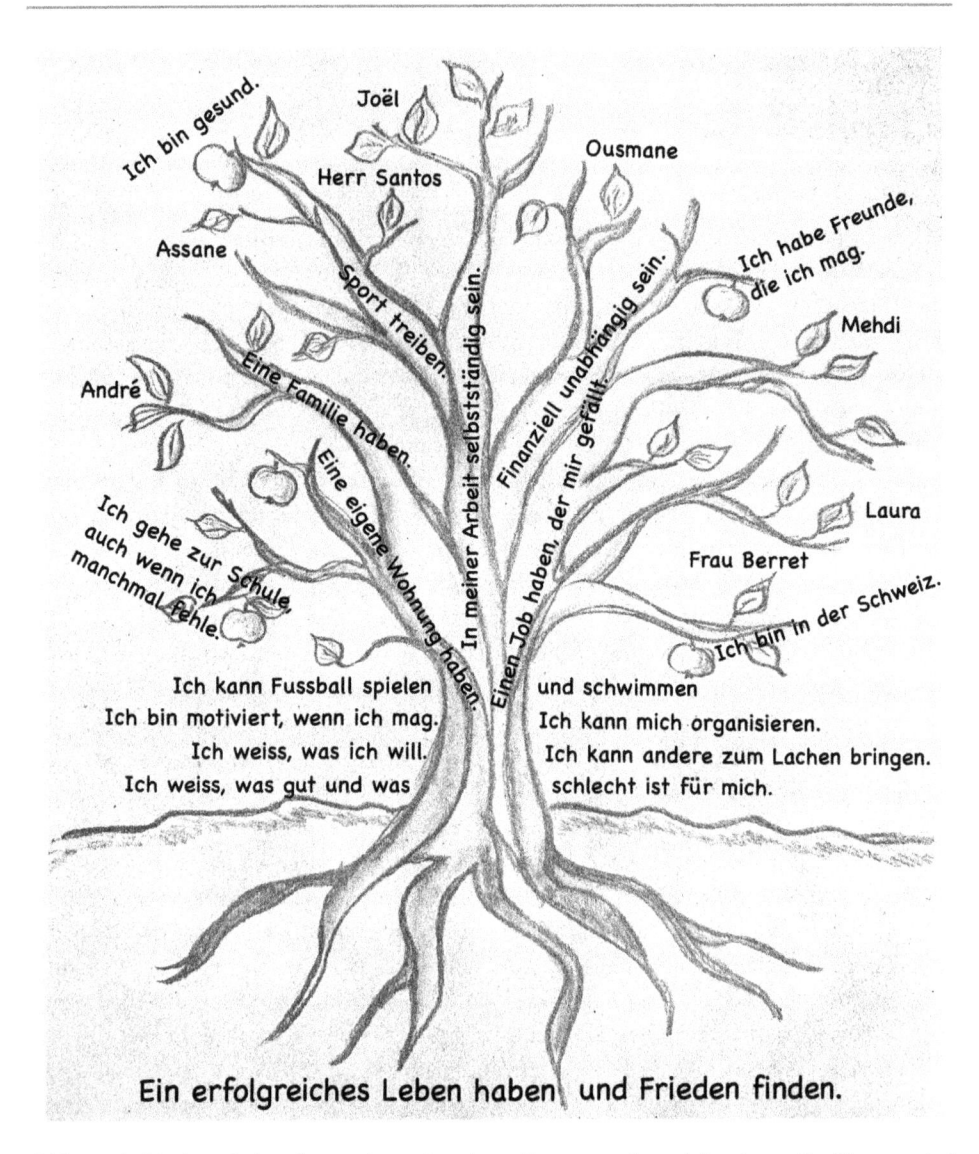

Abb. 14.1 Yacines Lebensbaum (von den Autor*innen nachgezeichnet) – alle Namen sind Pseudonyme

über seine Angstzustände und Selbstmordgedanken sprechen kann, und sage ihm, dass ich mir Sorgen um ihn mache.

Das nächste Gespräch besteht darin, Yacine die Methode des Lebensbaums zu erklären und mit dem Ausfüllen zu beginnen. Yacine sagt mir bald schon, dass das Bild des Baumes ihn sehr anspricht und er diese Übung schätzt. Er beendet die begonnene Tätigkeit zu Hause und kommt mit folgendem Inhalt ins nächste Gespräch (siehe Abb. 14.1):

14 Der Lebensbaum

- **Wurzeln – Erde:** Was mir wichtig ist: ein erfolgreiches Leben haben und Frieden finden.
- **Stamm:** Ich kann Fußball spielen und schwimmen. Ich kann andere zum Lachen bringen. Ich bin motiviert, wenn ich etwas mag. Ich kann mich organisieren. Ich weiß, was gut und was schlecht für mich ist. Ich weiß, was ich will.
- **Zweige** (Projekte/Wünsche für die Zukunft): einen Job haben, der mir gefällt; finanziell unabhängig sein; Sport treiben; eine eigene Wohnung haben (Yacine lebt in einer WG); in meiner Arbeit selbstständig sein; eine Familie haben.
- **Früchte** (Geschenke): gesund zu sein; Freunde zu haben, die ich mag; zur Schule zu gehen (auch wenn ich manchmal fehle); in der Schweiz zu sein.

Yacine erklärt, dass ihm diese Aktivität sehr gutgetan habe. Sein Gefühl von Hoffnung für die Zukunft sei dadurch etwas gestärkt worden. Er erwähnt auch, dass das Gespräch mit der Schulpsychologin hilfreich gewesen sei und seine Angstzustände verringert habe. Ich frage ihn, was er tun könnte, um dem näher zu kommen, was ihm im Leben wichtig ist, nämlich erfolgreich zu sein. Er nennt zwei Prioritäten: eine Arbeit haben, die ihm Spaß macht, und Sport treiben. Er erwähnt dabei, dass er sich an einen Vereinstrainer gewandt und die Erlaubnis seines Arztes eingeholt habe, ein paarmal pro Woche Sport zu treiben. Ich ermutige ihn, bis zu unserem nächsten Gespräch an die Menschen zu denken, die ihm wichtig sind, und sie in die Blätter seines Baumes zu schreiben, was er noch nicht getan hat.

Während des dritten Gesprächs stellt mir Yacine die wichtigen Personen vor, die er in den Blättern angesiedelt hat. Es gibt sehr viele davon, sowohl Fachleute, die Yacine betreuen, als auch Freunde. Ich frage ihn, an wen er sich wenden kann, wenn er dunkle Gedanken hat. Er nennt drei Freunde und erwähnt, dass er, wenn er Fußball spielt oder Sport treibt, diese Gedanken überhaupt nicht kennt. Nach dem Training, erklärt er, schläft er nicht nur gut, sondern hat auch weder Ängste noch düstere Gedanken. Ich schlage ihm im Weiteren vor, über seine zweite Priorität nachzudenken: eine Arbeit zu haben, die ihm gefällt. Ich schlage ihm vor, seine Interessen anhand einer Reihe von Berufsfotos zu erkunden. Spontan, ohne überhaupt auf die Fotos einzugehen, erwähnt Yacine, dass er nicht sicher ist, ob der Verkauf das Richtige für ihn ist. Er würde es vorziehen, eine körperliche Tätigkeit auszuüben, die ihn, wie nach dem Sport, müde nach Hause kommen lässt und er sich dann ausruhen kann. Von sich aus erwähnt er verschiedene Bauberufe, da er in seinem Land Bekannte hat, die in diesem Bereich tätig sind.

Nachdem Yacine Informationsfilme über diese Berufe angesehen hat, entscheidet er sich für den Malerberuf. Ich helfe ihm, ein Beobachtungspraktikum zu organisieren, das dann sehr gut verläuft. In derselben Zeit bereitet sich Yacine mit Unterstützung seines Lehrers auf einen Niveautest in Mathematik vor und erzielt Ergebnisse, die es ihm ermöglichen, eine Lehre in Betracht zu ziehen. Es wird ihm ermöglicht, den Unterricht in der Berufsschule schon zu beginnen, während er noch eine Lehrstelle in einem Unternehmen sucht.

14.3.2 Theoretische Verknüpfungen

Das Fallbeispiel veranschaulicht sowohl das Konzept der „vielgeschichtlichen" narrativen Identität als auch deren Einbettung in dominante Kontexterzählungen.

Die Problemerzählungen, die um Yacine kreisen, sind zahlreich, ob sie nun von seinem Umfeld oder von ihm selbst formuliert werden: das Fehlen in der Schule, die schlechte Beurteilung des Praktikums, die Beziehungsprobleme mit der Kollegin, die Sorgen der Lehrer*innen, die Schwierigkeiten in Mathematik, aber auch die Verzweiflung über die Zukunft, die dunklen Gedanken und die Ängste, allesamt sind es negative Geschichten. Sie müssen einerseits von der begleitenden Person gehört, anerkannt und berücksichtigt werden, um Yacine zu unterstützen, dürfen andererseits aber nicht den ganzen Platz einnehmen. Es hilft dabei, ein paar Schritte zurückzutreten und zu hinterfragen, inwiefern kontextuelle und kulturelle Aspekte zur Situation beitragen. Wie kann ein junger Mann, der in seiner Kindheit kaum zur Schule gegangen ist, den Erwartungen eines schulischen Umfelds gerecht werden, das seine Standards im Vergleich zu Schüler*innen definiert, die seit ihrer frühen Kindheit in einem kontinuierlichen Lernprozess stehen? Wie eignet sich ein junger Mann, der erst seit wenigen Jahren in Europa lebt, die kulturellen Codes an, die für eine erfolgreiche Entwicklung in einem westeuropäischen Arbeitskontext notwendig sind? Diese wenigen Fragen zeigen, wie wichtig es ist, die kulturellen und normativen Diskurse (Realitäten) hervorzuheben, die in Yacines Situation eine Rolle spielen.

Trotz der massiven Präsenz der Problemerzählungen richtet der Psychologe seine Aufmerksamkeit, in einer dezentrierten und einflussreichen Haltung, auch auf die Lücken in diesen dominanten Geschichten und die Spuren von anderen möglichen Geschichten, die von Yacine bevorzugt werden. So erkennt man zum Beispiel Yacines Willen, sich trotz der schwierigen Situation durchzuschlagen und weiterzumachen. Das Erkunden von Lebensbereichen, die außerhalb der „Problemzone" liegen, führt zum Fußballspiel, einer weiterer wichtigen und positiven Erzähllinie. Die Frage des Psychologen nach einem Titel für diese entstehende Geschichte öffnet dann die Türe für: Yacine, den Gewinner.

Von da an besteht die Arbeit darin, diese Erzählung zu verstärken, zu festigen und zu verdichten. Der Lebensbaum hilft dabei, indem er schon mit seinen Anweisungen die drei narrativen Landschaften anspricht. In der Tat können wir feststellen, dass Elemente einer bevorzugten identitätsbezogenen Erzählung auftauchen: „Mir ist wichtig, ein erfolgreiches Leben zu haben und Frieden zu finden"; „Ich kann Fußball spielen, ich kann andere zum Lachen bringen, ich kann mich selbst organisieren" (Yacines Werte und Fähigkeiten). Auch handlungsbezogene Elemente werden genannt: eine Arbeit haben, die gefällt; in einer eigenen Wohnung leben; Sport treiben. Schließlich konnten viele unterstützende Beziehungen genannt und sichtbar gemacht werden: Freunde und vertrauenswürdige Fachleute. Mit diesen Elementen wird Yacine in der Lage sein, eine andere Art von Selbsterzählung zu konstruieren als die, mit der er ursprünglich kam und die vom institutionellen Umfeld mitgetragen wurde. Diese neue Erzählung trägt Hoffnung in sich und führt zu einer Erkenntnis, die Yacine dazu bringt, das Fußballspiel wieder aufzunehmen: „Wenn ich mich körperlich anstrenge, geht es mir besser." Dieses persönliche Wissen darüber, „was gut für ihn ist", wird auch seine Berufswahl steuern und das für Yacine wichtige Kriterium „eine körperliche Tätigkeit ausüben, um sich bei der Arbeit wohlzufühlen" definieren.

Durch die Entstehung einer alternativen und bevorzugten Selbsterzählung wird die Frage der Berufswahl praktisch von selbst beantwortet und Yacine wird wieder zum Hauptautor seiner Wahl und Entscheidungen bezüglich seines Lebensweges. Dieses Fallbeispiel veranschaulicht unserer Meinung nach sehr schön die im ersten Teil erwähnte narrative Prämisse.

14.4 Abschließende Gedanken

Der in diesem Kapitel behandelte Lebensbaum-Ansatz, sowie die narrativen Praktiken eröffnen neue und nützliche Wege für das Arbeiten in Laufbahnberatung und Coaching. Die Übergangsthematik ist in diesem Bereich, unabhängig von der Altersgruppe der Klient*innen, von zentraler Bedeutung und geht immer mit Prozessen der Identitätsüberarbeitung einher (vgl. z. B. Perez-Roux et al., 2019).

Menschen, die sich in Übergangssituationen befinden, haben gemeinsam, dass sie vertraute Ufer verlassen und sich in unruhige Gewässer in Richtung unbekanntes Neuland begeben. Sie suchen die Beratung auf, wenn sie sich genau in diesem unsicheren „Dazwischen" befinden, das an die ugandische Metapher des reißenden Flusslaufs erinnert. In dieser Situation der „Identitätswanderung" („migration of identity"; White, 1995, zitiert in Denborough, 2017, S. 110) schleichen sich leicht Zweifel und Ängste vor einer ungewissen Zukunft ein, mit abwertenden Selbsterzählungen und verminderter Handlungsfähigkeit im Schlepptau. Diese Problematik ist umso gewichtiger, als dass die heutige komplexe Arbeitswelt, mit der einhergehenden zunehmenden Vielfalt der Bildungs- und Laufbahnwege, große Anforderungen an jeden Menschen stellt. Besonders gefährdete Bevölkerungsgruppen, wie Migrant*innen, Menschen mit Behinderungen, Jugendliche und junge Erwachsene, sind dabei am stärksten betroffen und erfahren oft mehrere und länger andauernde Übergangsphasen auf ihrem Bildungs- und Eingliederungsweg. Die narrativen Praktiken stellen deshalb relevante Beratungs- und Begleitungsalternativen dar, indem sie grundsätzlich auf eine Identitätsrekonstruktion abzielen. Sie bieten überdies konkrete und für Praktizierende wertvolle Anhaltspunkte, wie die spezifischen Fragetechniken und die Erläuterungen zur geeigneten Beratungshaltung, die den narrativen Ko-Konstruktionsprozess ermöglichen.

Der Lebensbaum ist eine bildhafte Methode, die, zusammen mit ihrer breitansprechenden Symbolik, die Re- und Ko-Konstruktion von bevorzugten, kohärenten und in eine zeitliche Perspektive eingebetteten Selbsterzählungen unterstützt. So kann sie zum Beispiel dazu dienen, in einer ersten Phase des Beratungsprozesses eine solide

Basis (oder eine sichere Flussuferposition) herzustellen, auf der weitere und spezifischere Bausteine der Berufs- und Laufbahnberatungspraxis aufgebaut werden können. „Last but not least" möchten wir nochmals festhalten, dass die Lebensbaummethodik (und andere ähnliche narrative Werkzeuge, wie z. B. das Lebensteam oder die Lebenswanderung, siehe Denborough, 2014) grundsätzlich auch für das Arbeiten mit Gruppen geeignet ist, da sie ursprünglich für eine kollektive Anwendung konzipiert wurde.

Literatur

Betbèze, J. (2017). L'approche narrative : Une révolution dans les pratiques d'accompagnement. In P. Blanc-Sahnoun (Hrsg.), *Les pratiques de l'Approche Narrative : Des récits multicolores pour des vies renouvelées* (S. 1–6). InterEditions.

Blanc-Sahnoun, P. (2018). *Chômage des séniors, une autre histoire possible*. L'Harmattan.

Bruner, J. (1987). *Actual minds, possible worlds*. Harvard University Press. Französische Ausgabe : Bruner, J. (2008). *Culture et modes de pensée: l'esprit humain dans ses œuvres*. Editions Retz.

Bruner, J. (2003). *Making Stories: Law, Literature, Life*. Cambridge : Harvard University Press. Französische Ausgabe: Bruner, J. (2010). *Pourquoi nous racontons-nous des histoires?* Editions Retz.

Denborough, D. (2008). *Collective Narrative Practice: Responding to individuals, groups and communities who have experienced trauma*. Dulwich Center Publications.

Denborough, D. (2014). *Retelling the stories of our lives: Everyday narrative therapy to draw inspiration and transform experience*. Norton. Deutsche Ausgabe: Denborough, D. (2017). *Geschichten des Lebens neu gestalten*. Vandenhoek & Ruprecht.

Epston, D. (2008). *Down under and Up Over: Travels with Narrative Therapy*. Karnac Books. Französische Ausgabe: Epston, D. (2016). *Cas pratiques, cliniques et poétiques, en thérapie narrative*. Satas.

Epston, D., & White, M. (1992). *Experience, contradiction, narrative & imagination*. Dulwich Centre Publications.

Foucault, M. (1975). *Surveiller et punir, Naissance de la prison*. Gallimard.

Gergen, K. J. (1991). *Therapy as social construction*. Sage.

Gergen, K. J. (2004). *Social Construction Entering The Dialog*. Taos Institute Publication. Französische Ausgabe.

Gergen, K. J. (2006). *Le constructionnisme social: un guide pour dialoguer*. Satas.

Huston, N. (2010). *L'espèce fabulatrice*. Actes Sud.

Mengelle, C. (2021). *Grand manuel d'approche narrative. Des récits de soi tissés d'espoir et de dignité*. InterEditions.

Morgan, A. (2000). *What is narrative therapy? An easy-to-read introduction*. Adelaide, Australia: Dulwich Center Publications. Französische Ausgabe: Morgan, A. (2015). *Qu'est-ce que l'Approche narrative?* (Übers. Mengelle, C.). InterEditions.

Ncube, N. (2006). The tree of life project. Using narrative ideas in work with vulnerable children in Southern Africa. *The International Journal of Narrative Therapy and Community Work, 1*, 3–16. https://narrativetherapycentre.com/wp-content/uploads/2020/12/Tree-of-Life-by-Ncazelo-Ncube-2006.pdf. Zugegriffen: 9. September 2021

Perez-Roux, Th., Deltand, M., Duchesne, C., & Masdonati, J. (Hrsg.). (2019). *Parcours, transitions professionnelles et constructions identitaires*. Presses universitaires de la Méditerranée.

Scherrer, D. (2018). *Accompagner avec l'Arbre de vie. Une pratique narrative pour restaurer l'estime de soi*. InterEditions.

Scherrer, D. (2021). *Mon arbre de vie. Dessiner les moments importants de sa vie.* Hachette Livre.

Timmel, S., & Hope, A. (1984). *Training for transformation: A handbook of community workers, Bkl-3.* Mambo Press.

White, M. (2005). *Workshop notes.* https://dulwichcentre.com.au/wp-content/uploads/2014/01/michael-white-workshop-notes.pdf. Zugegriffen: 5. Sept. 2021.

White, M. (2007). *Maps of narrative practice.* Norton. Französiche Ausgabe: White, M. (2009). *Cartes des pratiques thérapeutiques.* Bruxelles: Satas.

White, M. (1995). Naming abuse and breaking from its effects. In M. White (Hrsg.), *Reauthoring lives: Interviews and essays* (S. 82–111). Dulwich Center Publications.

White, M., & Epston, D. (1990). *Narrative means to therapeutic ends.* Norton. Französiche Ausgabe: White, M. (2003). *Les moyens narratifs au service de la thérapie.* Satas.

Eva Clot-Siegrist ist Dozentin und Forscherin am Institut für Psychologie und Mitglied des Zentrums für Forschung in Beratungspsychologie und Berufsberatung (CePCO) der Universität Lausanne. Sie betreut und schult Masterstudierende in Psychologie, mit Schwerpunkt Berufs- und Laufbahnberatung, während ihrer praktischen Ausbildung in der Beratungsstelle des psychologischen Instituts. Sie war über lange Jahre als Senior-Beraterin für öffentliche Einrichtungen und private Unternehmen im Bereich der individuellen und kollektiven Kompetenzbeurteilung und -förderung tätig. Ihre Weiterbildung im narrativen Ansatz nach Michael White und David Epston absolvierte sie in Genf, bei „Relance Narrative".

Federico Durante ist als Psychologe und Berufsberater im Zentrum für Berufsberatung, Berufsaus- und Weiterbildung des Kantons Genf, Schweiz, tätig. Seit 1998 arbeitet er hauptsächlich mit jungen Menschen, die sich im beruflichen Übergang befinden, mit Allophonen und/oder Neuankömmlingen. Gleichzeitig betreut er als Dozent und Forscher an der Universität Lausanne Masterstudierende in Psychologie, mit Schwerpunkt Berufs- und Laufbahnberatung, während ihrer praktischen Ausbildung in der Beratungsstelle des psychologischen Instituts. Er bildete sich in narrativen Praktiken nach dem Ansatz von Michael White und David Epston an der „Fabrique Narrative" in Paris aus.

Analoge Verfahren in der integrativen Beratung

Über Bildhaftes das Wesentliche einsehen und versprachlichen

15

Volker Kiel

„Das Wahre ist das Seiende selber." Thomas von Aquin

15.1 Die Wirkung von analogen Verfahren: Das Handeln in der Beratungspraxis theoretisch und begrifflich fundieren

In meiner Praxis als Coach, Berater oder Lehrsupervisor erlebe ich immer wieder, wie analoge Verfahren offensichtlich und spürbar eine ausgeprägte Wirkung bei Klient*innen im Einzelsetting oder bei Teilnehmenden in Seminaren zu verschiedenen Fragestellungen und aus unterschiedlichen Kontexten haben. Auch bei umfassenden und längerfristigen Team- und Organisationsentwicklungen sind analoge Verfahren sehr aufschlussreich und führen unmittelbar vor Augen, worauf es jetzt ankommt. Analoge Verfahren verdichten auf das Wesentliche, führen zu tiefgreifenden Einsichten und berühren unsere Sinne. Das Bild liegt näher am Gefühl als das Wort.

Der bekannte Kommunikationswissenschaftler und Psychotherapeut Paul Watzlawick (1967/1990) stellte mit seiner Forschungsgruppe schon in den 1960er-Jahren deutlich heraus, dass das Analoge die eigentliche Beziehung meint, ja das „Dinghafte" unverblümt zeigt. **Analoge Kommunikation** ist eine direkte Ausdrucksform, zum Beispiel durch Gestik, Mimik, Stimmlage oder über Metaphern, Zeichen oder Bilder. Sie weist eine grundsätzliche Ähnlichkeit oder dingartige Entsprechung zu demjenigen Objekt oder Ereignis auf, das zum Ausdruck gebracht werden soll. Mit

---

V. Kiel (✉)
IAP Institut für Angewandte Psychologie, ZHAW Zürcher Hochschule für Angewandte Wissenschaften, Zürich, Schweiz
E-Mail: kiel@zhaw.ch

anderen Worten: Das Wesentliche liegt uns im Analogen offensichtlich vor Augen. Wir brauchen es nur durch Anschauung über unsere Sinne zu erfassen.

Üblicherweise werden in Beratungen Methoden angewandt, die hauptsächlich auf begrifflich-sprachlichem Denken beruhen: Die entsprechende Situation oder das Anliegen wird genau analysiert und diagnostiziert, ausgiebig diskutiert und logische Zusammenhänge werden (auch systemisch) rational verstanden. Einseitig kopflastige Beratungen scheinen häufig langwierig, energieraubend und nach gewisser Zeit ermüdend zu sein. Obwohl alles so logisch und vernünftig ist, verlaufen sich die gewonnenen Erkenntnisse und die gutgemeinten Maßnahmen zur Verbesserung der entsprechenden Situation nicht selten im Sande. Und das aus gutem Grund: Diesen meist mühselig gedanklich und sprachlich herausgearbeiteten Erkenntnissen und Maßnahmen fehlt ein emotionales Empfinden ihrer Bedeutung. Es fehlt die Emotionalität.

Mir ist es ein Anliegen, Menschen bei ihren Entwicklungen ganzheitlich zu begleiten. Das bedeutet, neben dem **begrifflich-sprachlichen Denken** – das Denken in Worten, Erklärungen und Schlussfolgerungen – den Zugang zum **intuitiv-bildhaften Denken** zu ermöglichen und neben dem Kognitiven auch das Emotionale eines Menschen spürbar und fühlbar werden zu lassen.

Bei analogen Verfahren wählt zum Beispiel die Klientin für die gemeinte Situation ein Symbol, Motiv oder eine Metapher, malt ein Bild, formt das Gemeinte aus Ton heraus oder stellt die Situation szenisch dar. Dabei wird das Analoge von der Klientin intuitiv eingesehen. Das heißt, in der sinnlichen Anschauung wird über das Analoge das Wesentliche des damit real Gemeinten erkennbar. Oft ist zu beobachten, dass durch analoge Verfahren die Klientin vorher nicht bewusste Elemente, Facetten, Zusammenhänge oder Beziehungen der dargelegten Situation plötzlich und überraschend einsieht, wodurch sich ihr Erleben verändert. Dieses augenblickliche „Gewahrwerden" des eigentlich „Dinghaften" oder „Wahrhaften" des Gemeinten rührt häufig unerwartet Emotionen an und erzeugt die nötige Handlungskraft: ein „magischer Moment".

15.1.1 Sprache und Bild in der Beratung: Digitale und analoge Verfahren

Nach König und Vollmer (2008) können wir bei der Verarbeitung wahrgenommener Impulse grundsätzlich zwei kognitive Vorgänge unterscheiden: Das **digitale Denken** verarbeitet Impulse sequenziell, verbal, logisch und analytisch. Das **analoge Denken** ist ganzheitlich, intuitiv und bildhaft. Auf der Grundlage dieser Unterscheidung ergeben sich zwei verschiedene Ansatzpunkte in der Beratung:

a) Digitale Verfahren auf der Basis rationalen bzw. diskursiven Denkens, um ein Problem zu beschreiben, zu bearbeiten oder zu analysieren.

b) Analoge Verfahren, die das intuitive Denken nutzen, um eine Situation über kreative Medien zu klären oder neue Sichtweisen zu gewinnen.

Dabei sind bildliche und sprachliche bzw. analoge und digitale Ebene unmittelbar miteinander verwoben, wirken aufeinander ein und können im Grunde nicht getrennt voneinander gedacht werden:

Wir Menschen denken in Bildern, verknüpft mit Sprache, und in Sprache, verknüpft mit Bildern, wobei wir uns dessen mehr oder weniger bewusst sind (Kiel, 2020).

Hintergrundinformation
Das Wort „analog" stammt von dem griechisch-lateinischen „análogos" und besteht aus dem griechischen „aná" (gemäß) und „logos" (Wort, Rede, Satz, Maß, Denken, Vernunft). Es heißt demgemäß eigentlich, „dem Logos, der Vernunft entsprechend". Allgemein bedeutet „analog" im Deutschen: „entsprechend", „ähnlich", „gleichartig" (Duden, 1997, S. 34).

Demnach heißt „analog" auch, dass etwas in der Sinneswahrnehmung gegenwärtig erkanntes Gegenständliches – wie ein Objekt, Bild oder Zeichen – oder etwas gegenwärtig erlebtes Sinnbildliches – wie eine Metapher oder Märchen – einem bekannten Objekt, Ereignis oder einer Person gemäß, ähnlich oder gleichartig ist.

Über digitale Verfahren erfolgt Erkennen eher verstandesmäßig rational bzw. diskursiv und in dieser Weise in mehreren Schritten nacheinander durch begriffliches und analytisches Denken, mathematische Ableitungen oder logische Schlussfolgerungen.

Durch analoge Verfahren geschieht Einsicht vielmehr in der **sinnlichen Wahrnehmung** unmittelbar intuitiv.

Das Adjektiv „intuitiv" wurde dem lateinischen „intuitus" entlehnt und heißt im Deutschen „durch unmittelbare Anschauung (nicht durch Denken) erkennbar", „auf Eingebung beruhend" (Duden, 1997, S. 310). Das lateinische Wort „Intuition" lautet im Deutschen „Anschauung" und bezeichnet den Akt der Erfassung des unmittelbar Gegebenen. Dabei wird unter Intuition ein Erkennen verstanden, das seinen Gehalt weder aus anderen Sätzen oder Begriffen noch aus anderen Urteilen oder aus der Gültigkeit logischer Schlussfolgerungen bezieht, sondern aus einer Anschauung des Gegebenen, wobei dessen „Wahrheit" unmittelbar, d. h. intuitiv, eingesehen werden kann. Voraussetzung des intuitiven Erfassens eines Gegenstandes ist, dass dieser a) als einzelner und b) als ganzer gegeben ist. In dieser Hinsicht steht der Begriff des Intuitiven dem Begriff des Diskursiven gegenüber, durch den bezeichnet wird, dass Inhalte nacheinander durchlaufen werden. Im Gegensatz zur intuitiven Erkenntnis, bei der ein einzelner Sachverhalt als Ganzes auf einmal gesehen werden kann, wird durch diskursive Erkenntnis ein Ergebnis durch eine logische Folgerung erreicht (Rehfus, 2005, S. 412 f.).

Während der Klient über Anschauung das im Analogen zu Sehende sprachlich erfasst und beschreibt, stellt er neue Bezüge her und gewinnt dabei eine neue **Sichtweise** auf die gemeinte Situation. Durch das sprachliche Erfassen des im Analogen intuitiv Erkanntem wandelt sich urplötzlich die Sichtweise auf das Gemeinte und somit dessen Bedeutung. Über eine veränderte Sichtweise wird eine andere oder erweiterte Geschichte mit neuen

Facetten, Aspekten und Schwerpunkten erzählbar und erfahrbar, die sich vielmehr als entwicklungs- und ressourcenorientiert begreifen lässt.

Dabei lässt sich das für den Betrachter intuitiv Einsehbare nicht gänzlich durch Sprache zum Ausdruck bringen. Es scheint immer eine Spur von etwas nicht in Sprache Erfasstem zu bleiben, das gedanklich unbegreiflich und unvermittelt bleibt und vielmehr unmittelbar auf der psychischen Ebene erfahren und gespürt wird (Kiel, 2020).

15.1.2 Das Bild als analoger Ausdruck subjektiv eingefärbter Vorstellung

Nach Grimm und Grimm (1854/1960, Bd. 2, Sp. 8) wird „Bild" als ein Werk der Hände verstanden, das durch verschiedene Weisen herausgeformt werden kann. „Bild" bezieht sich demnach auf das Ergebnis einer praktischen Handlung. Dabei ist der Schaffende geleitet durch die Vorstellung von etwas, das vor-handen ist oder vor-handen war. Somit bezieht sich „Bild" immer auf etwas von dem Schaffenden Wahrgenommenes, sei es eine Person oder ein Gegenstand, ein Ereignis oder Sachverhalt. Diese ursprüngliche Quelle eines Bildes wird als Urbild bezeichnet.

Dabei weist das Bild in seiner Anschaulichkeit gemeinsame „charakteristische Züge" mit dem ursprünglich Gemeinten auf und ist von daher in seiner Entsprechung mehr als ähnlich. Dieses während der Bildschaffung ursprünglich Gemeinte ist entweder etwas Gegenwärtiges oder etwas Erinnertes, sei es ein Ereignis, eine Szene, ein Gegenstand, Objekt oder eine Person. Mit anderen Worten: Das Gemeinte ist mir entweder gegenwärtig sinnlich vor Augen oder ich führe es mir imaginativ (einbildend) innerlich vor Augen, welches über das Bildschaffen analog bzw. gemäß zum Vorschein gebracht wird.

▶ Mir ist es wichtig in der Beratung, nicht nur äußere Bilder einzubeziehen, sondern sich auch der „Kraft der inneren Bilder" zu widmen und sich dessen bewusster zu werden: Welche Vorstellungen oder inneren Bilder leiten mich über vergangene, gegenwärtige oder künftige Ereignisse? Jetzt, in diesem Moment – unwillkürlich, wie von selbst? Und: Was fühle ich über diese Vorstellungen oder Bilder? Der populäre Hirnforscher Hüther (2010) spricht von der „Macht der inneren Bilder".

Genau genommen können wir den **bildlichen Ausdruck** als äußeres **Abbild der subjektiven Vorstellung** von etwas Gegenwärtigem oder Vergangenem vor dem Hintergrund der aktuellen Grundstimmung der Bildschaffenden betrachten. Oder anders gesagt: Der bildliche Ausdruck bildet die mit dem Gemeinten verbundene Vorstellung des bildschaffenden Menschen analog ab, wobei diese Vorstellung durch seine gegenwärtige Grundstimmung oder Befindlichkeit eingefärbt ist.

Hintergrundinformation
Nach dem Ansatz der „Autopoiese" ist menschliche Wahrnehmung durch die einzigartige Struktur oder „Eigenlogik" des Wahrnehmenden bestimmt und wird daher als Ergebnis **autonomer Verarbeitung** sinnesbezogener Impulse oder Reize verstanden (vgl. Maturana, 1994).

In Anlehnung an Ciompi (1997) lässt sich diese Struktur des Wahrnehmenden als **aktuelle Grundstimmung** beschreiben. Demnach ist die „psycho-physische Gestimmtheit" oder „psycho-physische Befindlichkeit" einer der wichtigsten Parameter, die das Wahrnehmen, Denken und Verhalten eines Menschen bestimmt. Der aktuelle emotionale und körperliche Zustand eines Menschen ist wesentlich dafür, welche Informationen überhaupt wahrgenommen werden und welche Bedeutung sie erhalten.

Der Mensch selektiert und verarbeitet Impulse oder Reize der äußeren und inneren Welt je nachdem, aus welcher psycho-physischen Grundstimmung er diese wahrnimmt.

Durch ein vom Menschen erschaffenes Bild werden die „charakteristischen Züge" bzw. das Einzigartige seiner subjektiv eingefärbten Vorstellung des Wahrgenommenen sichtbar und für den Betrachter in der sinnlichen Anschauung intuitiv einsehbar. So gesehen ist der bildliche Ausdruck ausschließlich eine analoge Abbildung der subjektiven Vorstellungen des Gestaltenden oder Schöpfenden. Oder wie schon oben in Anlehnung an Jacob und Wilhelm Grimm gesagt: Der Schaffende ist geleitet durch die Vorstellung von etwas, das vorhanden ist oder vorhanden war.

15.1.3 Biografische Szene als analoge Verdichtung prägender Botschaften

Unser Denken, Fühlen und Handeln sind durch unsere (Lebens-)Geschichte und Erfahrungen geprägt. Dabei tragen wir unsere Geschichte sinnesbezogen in uns, zum Beispiel in Form von inneren Bildern oder inneren Dialogen als Ergebnis der autonomen Verarbeitung wahrgenommener Ereignisse unserer Umgebung. In diesem Sinne sind **Erinnerungen** kein genaues Abbild des tatsächlichen Geschehens in der Vergangenheit, sondern eine mir gegenwärtig sinnesbezogene Repräsentation der damals erfahrenen Ereignisse: Erinnerungen sind nur im Hier und Jetzt denkbar.

Unsere Erinnerungen und die daraus erzählten Geschichten schaffen unsere Identität – wie wir unser Selbst als einzigartige Einheit sehen und erleben. Dabei können wir uns immer nur aus der Gegenwart an die Vergangenheit erinnern und gleichzeitig wirken sich diese Erinnerungen auf unser gegenwärtiges Erleben aus.

▶ **Wichtig**
Die Vergangenheit lässt sich immer nur in der Gegenwart erleben.
Erinnerung ist eine Vergegenwärtigung der Vergangenheit.

Die Vergangenheit, das Dort und Damals, wird über Sprache durch **Erzählungen** immer in der Gegenwart und aus der Perspektive der Gegenwart zu einer Geschichte formuliert. Die Erzählungen oder Geschichten bringen die aktuellen Bedürfnisse, Befindlichkeiten,

Werte und Erwartungen des Erzählenden zum Ausdruck. Die Art der Erzählungen und die Erzählweise haben Auswirkungen auf das Erleben und der damit verbundenen Physiologie des Erzählenden und der Zuhörenden im Hier und Jetzt. Zum Beispiel könnte die Geschichte sehr unterschiedlich wirken, je nachdem, ob ich ausschließlich die problematischen, schwierigen oder hinderlichen Aspekte erinnere oder mir auch Kraftquellen, Ressourcen, Fähigkeiten und erfreuliche Momente vor Augen führe und erzähle. Folgende Fragen könnten das klären helfen:

- Ist meine Erzählweise eher problem- oder ressourcen- und lösungsorientiert?
- Erzähle ich das Gute im Schlechten oder das Schlechte im Guten?
- Betone ich, was mir schwierig war oder mir leicht gefallen ist?
- Hebe ich hervor, was ich erlitten habe, oder das, was ich daraus gelernt habe?
- Mit welchen Eigenschaften beschreibe ich mich?
- Welche Eigenschaften schreibe ich den anderen Beteiligten zu?

▶ Es gilt also: Je nachdem, wie ich meine Vergangenheit erzähle, erlebe ich diese in der Gegenwart.

Erinnern geschieht immer nur in der Gegenwart aus unserem derzeitigen psychischen und körperlichen Zustand und in dem Sinne auch geleitet durch unsere aktuellen Bedürfnisse, Interessen oder Sehnsüchte: Erinnern ist strukturdeterminiert. Folglich könnte das Erinnerte eher Bedeutsames über unseren Zustand und unsere Bedürfnisse in der Gegenwart erzählen als über das tatsächlich Geschehene in der Vergangenheit. Demnach könnten zentrale Fragen lauten:

- An was erinnere ich mich gerade in diesem Moment und in dieser Umgebung?
- Welche Szene aus meiner Geschichte entsteht jetzt hier spontan vor meinem inneren Auge?
- Auf welche Weise erzähle ich diese erinnerte Szene zu welcher Geschichte?
- Welcher Titel oder welche Überschrift wäre für diese Geschichte passend?
- Welche Bedeutung hat diese Geschichte für mich heute?
- Welche Bedürfnisse in meinem gegenwärtigen Leben werden aus dieser Szene und Erzählweise deutlich?
- Was erzählt diese Geschichte über mein Leben heute?

Je nach Anliegen und Fragestellung betrachte ich mit der Klientin spontan aus dem Hier und Jetzt Erinnerungen aus ihrer Lebensgeschichte. In Anbetracht erinnerter Szenen decken wir gemeinsam auf, welche Botschaften, Ressourcen und Fähigkeiten aus ihrer Lebensgeschichte für die Gegenwart gegeben und heute bedeutsam sind.

▶ Wir erkunden, inwiefern aus dieser erinnerten Szene sich eine für sie heute noch prägende Geschichte entfaltet.

Lumma et al. (2009, 2013) haben sich mit dem Phänomen der Spontan- oder Früherinnerung umfänglich beschäftigt und hierfür verschiedene Anwendungsverfahren und Methoden für die Beratung nachvollziehbar beschrieben.

Biografieorientierte Beratung meint hier, sich spontan aus der eigenen Geschichte Szenen vor Augen zu führen, aus welchen ich Hinweise, Fähigkeiten und Ressourcen für mein Leben heute (ein)sehen und erkennen kann: Es geht darum, die Schätze der Erinnerung zu betrachten und für das heutige Leben hervorzuheben (Kiel, 2020).

15.2 Beratung mit analogen Verfahren: Aus dem Bildhaften das Erlebte lesen und das Geschehen (neu) erzählen

Nachdem die Klientin ihr Bild zu einem bestimmten Anliegen mit Ölkreiden, Farbstiften oder Wasserfarben auf DIN-A3- oder DIN-A2-Papier gemalt hat, nähern wir uns gemeinsam diesem Werk. Zunächst betrachte ich das Bild hinsichtlich der Farben, Formen, Figuren oder Fülle, achte auf meine ersten Eindrücke, auf meine emotionalen und körperlichen Empfindungen, schaue zur Klientin und frage:

- „Was ist auf deinem Bild zu sehen?"
- „Was geschieht dort?"
- „Erzähl doch mal, was dort zu sehen ist."

Hierdurch lade ich die Klientin ein, ihr Bild zu erzählen, das Sichtbare zu benennen und zu beschreiben bzw. das Sichtbare mit ihren Worten in Sprache zu übersetzen und zu fassen.

Das gemeinsam betrachtete Bild beinhaltet ihre Sichtweise und Bedeutung zu einem relevanten Thema und ist über diese Weise unmittelbar mit ihrer Person verbunden. Ein achtsames und sorgsames Betrachten und Würdigen der bildlichen Ausdrucksweise der Klientin ist grundlegend für die Beratung und sollte eigentlich selbstverständlich sein.

▶ Das erstellte Bild ist der Gegenstand unserer Betrachtung und die Grundlage einer gemeinsamen Entdeckungsreise und Erzählung. Der Klient liest und erzählt seine Geschichte aus dem Bild.

Ich höre sorgfältig zu, stelle klärende und weiterführende Fragen und biete meine Wahrnehmungen, Eindrücke, Beschreibungen, inneren Bilder und Annahmen an. Ich wiederhole und betone Begriffe, Sätze und Aussagen des Klienten, die mir besonders prägnant erscheinen und in mir resonieren. Ich bin schauend, fühlend und denkend beteiligt. Ich bin mit allen Sinnen Anteil nehmend.

Der Klient erläutert seine Bedeutungen von Zeichen, Symbolen oder Farben auf dem vorliegenden Bild, nennt erkannte Muster, Zusammenhänge, Beziehungen und Wechselwirkungen zwischen einzelnen Elementen und die daraus gewonnenen Einsichten und Erkenntnisse für die gemeinte Realsituation.

▶ Die Klientin verbindet selbst das Bildhafte als Analogie mit ihrer Realsituation.

Derweil erzählt er seine Sichtweise auf das Gemeinte und das damit verbundene Erleben. Dieses Erleben im Dort und Dann der Realsituation wird durch die Erzählung mehr und mehr im Hier und Jetzt der Beratungssituation spürbar und erlebbar.

Im weiteren Verlauf entwickeln Klientin und Beratende im Gespräch bezogen auf das Bild eine gemeinsame Sichtweise mit gemeinsamen Bedeutungen. Das Gespräch entwickelt sich aus dem im Bild Sichtbaren heraus, sodass das Bildhafte als **prägnante Gestalt** sinn- und bedeutungsvoll erlebbar und spürbar und auf diese Weise als Analogie für die Realsituation für beide fassbarer wird.

Aus dieser Analogie ergeben sich intuitiv Einsichten über das real Gemeinte, die entweder von der Klientin als Gewissheit, zum Beispiel durch ein „Aha-Erlebnis", oder von der Beraterin als Angebot, zum Beispiel in Form einer hypothetischen Frage, in den Dialog eingebracht werden: Dialogisch entsteht eine **intersubjektive Wirklichkeit,** die die Klientin oder die Beraterin isoliert voneinander jeweils einzeln nicht hätten erzeugen und erleben können. Hieraus können neue Lösungen erschlossen und konkret ausgeformt werden, die vorher subjektiv nicht einsehbar oder denkbar gewesen sind.

Aus dem Dialog entfaltet sich ein **Feld,** in dem drei Ebenen unmittelbar miteinander verwoben sind: Bild, Sprache und Realsituation. Aus diesem Feld geht ein tranceähnlicher Zustand zwischen Beratenden und Klientin hervor, der von jeweils eigenen inneren Vorstellungen begleitet wird.

Die Kunsttherapeutin und Psychoanalytikerin Gisela Schmeer verdeutlicht in ihrem Buch „Ein Leben – eine Lehre", wie sich das Feld zwischen dem Therapeuten und den Klienten über wechselseitige verbale und nonverbale Annäherung langsam aufbaut:

> „Meist bedarf es erst mal einiger Sekunden oder Minuten des stillen Betrachtens, Zuhörens und Lauschens, um ein Bild zu erfassen. Das ‚Feld' baut sich auf: Worte, die gesprochen werden, Worte die begonnen und nicht zu Ende gesprochen wurden, Bildelemente, die ins Auge stechen, blasse Gebilde am Bildrand, ein Zucken im Gesicht, eine kurze Verlegenheit, eine Bewegung, wie eine Faust, eine Träne." (Schmeer, 2015, S. 239)

Insbesondere die **nonverbalen und paraverbalen Ausdrücke** – wie Gestik, Mimik und Stimme sowie das vorliegende Bild – ermöglichen den Zugang zu den subjektiven Ansichten und Bedeutungen. Diese analogen Ausdrucksweisen bringen unmittelbar die eigentliche Bedeutung zum Vorschein.

Durch das Besprechen des Bildes werden plötzlich neue Aspekte über Personen, Objekte oder Ereignisse (ein)gesehen und bewusst, die als Unterschiede bisher stabile Ansichten, Annahmen oder Überzeugungen in „Bewegung" oder „Schwingung" versetzen, woraus sich spontan und sprunghaft eine neue kognitive Ordnung über das Gemeinte ergeben kann. Dieser plötzliche Wandel ermöglicht eine neue Sichtweise, wodurch bisher nicht in Betracht gezogene Zusammenhänge, Muster oder Lösungen augenblicklich sichtbar und fühlbar werden können (Kiel, 2020).

Im **Dialog** sollte der Beratende offen und neugierig sein für die subjektiven Bedeutungen von geäußerten Worten, gezeigter Gestik und Mimik oder von Zeichen und Symbolen in den Bildern der Klientin, sich fragend und zuhörend an ihre Sichtweise annähern, eigene Vorstellungen und Bedeutungen sowie das eigene Erleben reflektieren und dem Gegenüber selektiv zur Verfügung stellen. Der Zugang zum Bild der Klientin wird wesentlich durch die Person des Beratenden beeinflusst:

> „Die Lebensgeschichte des Kunsttherapeuten, seine eigenen künstlerischen Erfahrungen, seine Interessen für bildnerischen Ausdruck, die unbewusste Auswahl dessen, was er sehen will, weil er damit Erfahrungen gemacht hat und sich sicher fühlt; und was er ‚übersieht', weil er nicht weiß, wie er damit umgehen könnte; seine mehr oder weniger ausgeprägte Vorliebe für diagnostische Erwägungen; seine Vorlieben für gewisse Farben, Formen und Inhalte; seine ‚blinden Flecke'; seine helle oder düstere eigene Stimmung in diesem Moment – das alles mischt sich in die erste Begegnung mit dem Bild." (Schmeer, 2015, S. 239)

Die Klientin stellt durch ihre Beschreibung der vorliegenden Bilder neue Bezüge her, wodurch sich ihre Sichtweise auf das gemeinte Thema weiter verändert. Hierbei sollte sich der sprachliche Dialog in einem kreisförmigen Verlauf wiederholt auf das Bildhafte beziehen. Durch ein „permanentes Oszillieren" zwischen Bild und Sprache erhellen sich die Informationen aus den Bildern, die sich wiederum auf die Sprache auswirken. Dabei handelt es sich um einen wesentlichen Erkenntnisvorgang, der sich aus der spiralförmigen Bewegung zwischen analogem, bildlichem Eindruck und sprachlicher Beschreibung ergibt (Kiel, 2020).

Indessen sind alle Beschreibungen immer Beschreibungen eines **Beobachters,** der durch seine derzeit vorhandenen sprachlichen Möglichkeiten und Unterscheidungen eine subjektiv sinn- und bedeutungsvolle Wirklichkeit hervorbringt. Je nachdem, mit welchen Worten und auf welche Weise die Klientin ihre Bilder und das darin beinhaltete Thema bespricht, beeinflusst sie ihr Erleben über diese Wirklichkeit. Hier ist die Beratende gefragt, je nach gegenwärtigem Erleben der Klientin andere Beschreibungen in den Dialog einfließen zu lassen, die eher Bedeutungen im Sinne einer positiven und entwicklungsfördernden Wirklichkeit ermöglichen und in diesem Sinne als **Umdeutung** wirken können.

15.3 Analoge Verfahren in der Beratungspraxis – eine Fallstudie: Die eigene Identität stärken und das „Hiersein" erlauben

Katja ist 28 Jahre alt und arbeitet als Projektmanagerin im Detailhandel. Sie ist Teilnehmerin einer langjährigen Weiterbildung im Bereich Coaching und Organisationsberatung. Katja malt ein Bild auf DIN-A3-Zeichenpapier mit Ölkreide zu ihrem aktuellen Anliegen (Abb. 15.1).

Beschreibung von Katja:

„Auf meinem Bild steht ein Gespräch mit meinen Vorgesetzten im Mittelpunkt. Dabei bin ich selbst unten links zu sehen, mit der Sprechblase ‚…'. Auf der anderen Seite des Tisches befinden sich mein administrativer Vorgesetzter, dem ich organisatorisch zugeordnet bin (links), sowie meine fachliche Vorgesetzte (rechts). Dabei teilt mir meine fachliche Vorgesetzte, für mich unerwartet und emotional, einige Kritikpunkte mit, die bei Gesprächen zuvor nicht so zur Sprache kamen (rote Aussagen in rechter Sprechblase). Von mir aus geht des Weiteren eine Gedankenblase weg, auf der in bunter, regenbogenfarbener Schrift ‚Identität' steht. Eine Frage, die mich als Mutter eines mittlerweile einjährigen Kindes aktuell sehr beschäftigt. Sie betrifft eigentlich alle Lebensbereiche, die ich auch auf der linken Seite des Bildes abgebildet habe (von oben nach unten): Partnerschaft, Freizeit, Sport, Familie, Studium, zu Hause, Kleider in meinem Schrank, die teilweise noch aus meiner Teenager-Zeit stammen, in denen ich mich auf einmal nicht mehr wohlfühle … Allen linken Bildern gemeinsam ist die orange hervorgehobene Uhr – ich fühle mich so, als hätte ich für alle Themen zu wenig Zeit."

Ich bitte Katja, ihre Augen zu schließen und ausgehend von ihrem aktuellen Anliegen eine biografische Szene spontan zu erinnern:

„Schließe bitte für einen Moment deine Augen … Gehe auf deiner Zeitlinie in der Zeit zurück … Schaue weit, weit zurück in deine eigene Vergangenheit … Vergegenwärtige dir

Abb. 15.1 Katjas Bild zu ihrem aktuellen Anliegen

jetzt eine ganz konkrete Szene aus deiner frühen Geschichte … Möglichst früh … Welche Szene aus deiner Geschichte erscheint dir wie von selbst, ganz spontan vor deinem inneren Auge? – Jetzt in diesem Moment."

Ich bitte Katja, diese Szene auf DIN-A3-Zeichenpapier mit Ölkreide zum Vorschein zu bringen (Abb. 15.2).

Beschreibung von Katja:

„Meine biografische Szene ist eine Spontanerinnerung aus meiner Kindheit. Ich bin im Kindergarten, genauer gesagt in der Vorschulklasse und fünf Jahre alt. Die Szene ist durch eine lilafarbene, gezackte Linie zweigeteilt: Unten links bin ich zu sehen, mit der Sprechblase ‚…'. Mir gegenüber sitzen mehrere Kindergärtnerinnen auf einer Bank, eine davon sagt – und dieser Satz ist noch sehr klar in meiner Erinnerung – ‚Katja, du bist doch nun schon ein gescheites Vorschulkind ….' Andere Kinder meiner Gruppe hatten mir zuvor gesagt, wir dürften an die Süßigkeitenschublade, aus der ich mir vergnügt einen Lolli genommen hatte, was sich in der gemalten Szene nun als unzutreffend herausstellt. Was in dieser Szene weiter passiert ist, was weiter gesagt wurde, erinnere ich nicht.

Oberhalb der lilafarbenen Linie bin ebenfalls ich zu sehen, immer noch im Kindergarten, allerdings nicht mehr vergnügt, sondern tief betroffen. Ich empfinde Scham, und fühle mich sehr klein, irgendwie gedemütigt. Am liebsten würde ich im Boden versinken, die negative

Abb. 15.2 Katjas Bild zur biografischen Szene

Rückmeldung von gerade ungeschehen machen. Ich kann den Lolli nicht mehr weiter essen, mag ihn nicht mehr haben und schmeiße ihn weg, im Schutz der Bäume, wo ich mich versteckt habe, um allein zu sein. Ich möchte in diesem Moment Kontakt mit anderen vermeiden.

Was ich damals gebraucht habe ist ebenfalls in der Szene aufgemalt: einen Schutzengel (gelb dargestellt). Dieser Schutzengel ist wie eine goldene Hülle um mich herum. Der Schutz wirkt so stark, dass er sich sogar auf die ursprüngliche Szene mit den Kindergärtnerinnen auswirkt. Die negative Rückmeldung höre ich zwar, doch sie trifft mich nicht mehr in meinem Innersten."

Ich frage Katja:

„Welche Verbindungen, Gemeinsamkeiten oder ähnliche Muster siehst du zwischen der biografischen Szene und deiner aktuellen Herausforderung heute? Welche Botschaft, Antwort oder welchen Hinweis könntest du aus der biografischen Szene für dein Leben heute lesen?"

Katja antwortet:

„Zwischen beiden Szenen sehe ich drei Verbindungen: Erstens, beide Szenen sind durch eine lilafarbene, gezackte Linie zweigeteilt: Die eigentliche Situation und mein Innenleben, welches ich in der Situation nicht offenlege, geheim halte. Zweitens, in beiden Szenen sehe ich mich als Einzelperson mehr als einer Person gegenüber – in beiden Situationen bin ich allein und fühle mich in der Unterzahl Autoritätspersonen gegenüber. Drittens, in beiden Szenen bekomme ich trotz Unterzahl negative Rückmeldungen ausschließlich von **einer** Person aus der Gruppe, die anderen wohnen stumm bei – und ich selbst bleibe ebenfalls stumm, ja, sprachlos zurück.

Heute bin ich der Schutzengel für das kleine Mädchen von damals. Mit meinem Selbstvertrauen und meiner Lebenserfahrung von heute sage ich mir von damals: ‚Es ist okay, auch mal eine negative Rückmeldung zu bekommen. Komm, ich nehm' dich in den Arm, du bist nicht allein, ich bin bei dir. Wir hören uns das an und entscheiden dann, was wir daraus machen wollen.' Daraufhin hat das Mädchen von damals wieder ein Lächeln im Gesicht und sagt vergnügt zu mir von heute: ‚Okay. Ich geh dann mal weiterspielen, zurück zu den anderen.'

Durch die Visualisierung und die Reflexion beider Szenen habe ich erkannt, dass es für die Regenbogenfarben meiner Identität, neben dem Sonnenschein, den ich selbst mit meiner positiven Einstellung häufig verkörpere, auch den Regen braucht."

Ich bitte Katja, ein Transparentpapier auf ihr erstes Bild mit ihrem Anliegen (Abb. 1) zu legen und ihre erwünschten Entwicklungen und Veränderungen mit einem schwarzen, wasserfesten Filzschreiber sichtbar zu machen (Abb. 15.3).

Ich frage Katja:

„Welche Erlaubnis möchtest du dir vor dem Hintergrund dieser Ansicht für dein Leben heute geben?"

Katja:

„Ich darf so sein, wie ich bin, so, wie ich mich gerade fühle. Denn ich bin gut, so, wie ich bin."

Abb. 15.3 Katjas Bild zu ihrem Anliegen mit erwünschten Entwicklungen und Veränderungen

Literatur

Ciompi, L. (1997). *Die emotionalen Grundlagen des Denkens. Entwurf einer fraktalen Affektlogik* (3. Aufl.). Vandenhoeck & Ruprecht. Göttingen.
Duden,. (1997). *Herkunftswörterbuch – Etymologie der deutschen Sprache*. Dudenverlag.
Grimm, J., & Grimm, W. (1854/1960). *Deutsches Wörterbuch*. Hirzel.
Hüther, G. (2010) *Die Macht der inneren Bilder. Wie Visionen das Gehirn, den Menschen und die Welt verändern*. Vandenhoeck & Ruprecht..
Kiel, V. (2020). *Analoge Verfahren in der systemischen Beratung. Ein integrativer Ansatz für Coaching, Team- und Organisationsentwicklung*. Vandenhoeck & Ruprecht.
König, E., & Vollmer, G. (2008). *Handbuch systemische Organisationsberatung*. Beltz.
Lumma, K., Michels, B., & Lumma, D. (2009). *Quellen der Gestaltungskraft. Ein Lehrbuch zum lebendigen Lernen mit Tafeln, Minilektionen, Merksätzen und bebilderten Praxisbeispielen*. Windmühle.
Lumma, K., Michels, B., & Lumma, D. (2013). *Resilienz-Coaching – Führungskräfte-Handbuch. Das A und O der orientierungsanalytischen Gestaltung von Beratungsprozessen*. Windmühle.
Maturana, H. R. (1994). *Was ist Erkennen?* Piper.
Rehfus, W. D. (Hrsg.). (2005). *Handwörterbuch der Philosophie*. Vandenhoeck & Ruprecht.
Schmeer, G. (2015). *Ein Leben – eine Lehre. Wege zur Kunsttherapie und ein didaktisches Konzept 1926–2015*. Erato.
Watzlawick, P., Beavin, J. H., & Jackson, D. D. (1967/1990). *Menschliche Kommunikation. Formen, Störungen, Paradoxien* (8. Aufl.). Huber.

Prof. Dr. Volker Kiel ist Lehrsupervisor, Berater und Dozent am IAP Institut für Angewandte Psychologie der Zürcher Hochschule für Angewandte Wissenschaften (ZHAW). Seit über 20 Jahren ist er als Coach, Teamentwickler und Organisationsberater tätig. Zu diesen Themen leitet er verschiedene Aus- und Weiterbildungen. Er ist Mitglied im Berufsverband für Beratung, Pädagogik & Psychotherapie (BVPPT) in Deutschland und im Berufsverband für Coaching, Supervision und Organisationsberatung (BSO) in der Schweiz.

16

Das Mobile of Life®: Arbeiten mit innerem Narrativ und Lebensentwurf

Denise Ritter

> Jeder Mensch hat ein Leben. Der Sinn ist, es zu gestalten.

16.1 Theoretische Bemerkungen

Das Lebensmobile regt zur ganzheitlichen, metakognitiven Auseinandersetzung mit dem eigenen Lebensentwurf an. In der Beratung, im Coaching oder in der Therapie ermöglicht es Menschen, sich darüber bewusst zu werden, welches Narrativ sie in der Gestaltung ihres Lebens innerlich leitet und welche Probleme und Herausforderungen damit verbunden sein können. Es verdeutlicht, inwieweit ein inneres Narrativ die persönliche Lebensführung, verschiedene Lebensbereiche und das subjektive Lebensgefühl beeinflussen kann.

Erzähltes wird visuell übersetzt. Unverhältnismäßigkeiten, Schieflagen und kritische Entwicklungen werden aufgedeckt. Die Erkenntnisse ermutigen zur Neuausrichtung und Wandlung: Neue Überschriften für die Lebensgestaltung können formuliert und in einen neuen, selbstbestimmten Entwurf übersetzt werden.

Das Lebensmobile knüpft an das 6E-Modell zum Coachen von Lebensentwürfen an: Entdecken – Erkennen – Erfinden – Entscheiden – Entwickeln – Erleben (Ritter, 2021). Dieses Modell beschreibt einen Zyklus, um das eigene Leben mithilfe professioneller Begleitung neu zu erfinden und zu gestalten. Dabei wird das Leben als Ganzes sowie

---

D. Ritter (✉)
München, Deutschland
E-Mail: sayhey@deniseritter.com

in einzelnen Lebensbereichen und unter spezifischen Aspekten wahrgenomen, reflektiert und verändert. Die Zugänge werden individuell gewählt, stets ausgehend von der persönlichen Erzählung. Im Zuge dessen wurde das Lebensmobile entwickelt. Mithilfe des Lebensmobiles können sich Menschen über die wirkungsvolle und mittlerweile zum Teil auch schon wissenschaftlich belegte Verbindung zwischen ihrem Leben und ihren Geschichten klar werden und innerliche Narrative, die die Selbstverwirklichung behindern, erkennen, aufgeben oder nachhaltig verändern (Armstrong, 2020).

Insbesondere dominante Narrative, die unreflektiert entwickelt und in das Selbst integriert wurden, können ermittelt und aufgedeckt werden. Ungünstige Verbindungen und Erzähllinien können durch konstruktivere abgelöst werden, im Sinne einer neuen Konzentration auf sich, persönliche Werte und Bedürfnisse und den Lebensfluss (White, 2000; Drake 2017).

In der ausführlichen Betrachtung werden neue Zusammenhänge sichtbar bzw. denkbar, sodass Probleme und Konflikte anders betrachtet, bewertet und behandelt werden können. Gemäß dem Prinzip „First observing, then changing" (Boothe, 2011) werden neue Erzähllinien entwickelt und der zukünftigen Lebensführung vorangestellt. Die eigene Lebenswirklichkeit wird neu skizziert: erzählend, im Bild.

Insgesamt strebt das Lebensmobile als Methode eine innere und äußere Neuausrichtung, eine gewandelte, persönliche Lebenshaltung und -gestaltung an. Dies geschieht durch bewusste Einung oder zumindest Annäherung von Narrativ und Lebensgestaltung, welche sich in der Folge auch positiv auf das subjektive Erleben und den Selbstwert auswirkt.

In dem Zusammenhang finde ich die Aussage von Rebelo (2021, S. 17) bemerkenswert: „When you tell your story it not only provides anchor in the past but also a compass that points to where you are heading. It brings you to your current reality en route to a somewhere you're projecting. (…) By making sense of where you've been and where you're headed, you can show that you have more engagement and more value wherever you land because the story aligns who you are."

16.2 Erläuterung der Anwendung in der Praxis

Die Arbeit mit dem Lebensmobile gliedert sich in zwei Phasen. In der ersten Phase geht es um das Abbilden, Erkennen und Reflektieren der gegenwärtigen eigenen Lebensweise (Lebensmobile 1). Im Zuge dessen wird auch das innere Narrativ, das mit den persönlichen Konflikten, Problemen und Herausforderungen in Verbindung steht, herausgearbeitet.

In der zweiten Phase erfolgt die Bestimmung eines möglichen neuen Narrativs. Daraus erwächst ein neuer Lebensentwurf für die Zukunft (Lebensmobile 2), der neue Perspektiven, Lösungsansätze und Gestaltungsmöglichkeiten im Hinblick auf die persönliche Weiterentwicklung und Lebensweise eröffnet.

Für die Durchführung empfehle ich ein Zeitfenster von 90 bis 120 min.

16.2.1 Erste Phase Lebensmobile 1 – Gegenwart

Den Startpunkt bildet die eigene Erzählung. Eine gegenwärtige Lebenssituation wird dargelegt und beschrieben. Dabei wird in der Regel auf einen persönlichen Konflikt, ein persönliches Problem oder eine aktuelle Herausforderungen Bezug genommen und das gegenwärtige Lebensgefühl beschrieben. Mitunter werden mögliche Gründe angeführt, was zur beschriebenen Situation geführt hat. Häufig erfolgt die Schilderung aus einer unterlegenen Sicht heraus und die Coachees erleben sich als Opfer mit eingeschränkter Handlungsmöglichkeit oder -fähigkeit. Sie leiden unter ihrer Lebenswirklichkeit und erleben sich z. B. als ohnmächtig, orientierungslos oder verunsichert. Manchmal wirkt es, als wäre der Mensch oder das Leben selbst zum Problem geworden (Denborough, 2014).

Auf jeden Fall transportiert die Erzählung eine persönliche Lebensweise und -sicht.

Beispiel: „Ich bin innerlich schon eine ganze Weile unzufrieden, manchmal sogar richtig wütend. Meine Selbstständigkeit entwickelt sich nicht wie erhofft und ich habe den Eindruck, dass mein gesamtes Leben darunter leidet. Manchmal denke ich, ich lebe gar nicht. Eine Ausnahme gab es, aber die liegt ein Jahr zurück. Da habe ich spontan einen Ausflug nach Hamburg gemacht und mich glücklich und lebendig gefühlt. Warum wiederhole ich das nicht einfach? Das frage ich mich in letzter Zeit oft. Ich weiß manchmal gar nicht recht, was überhaupt mein Problem ist. Irgendwas hat mich im Griff."

Ausgehend von der persönlichen Erzählung wird das Lebensmobile angefertigt, um ein anschauliches Abbild der persönlichen Wirklichkeit zu schaffen. Dies erfolgt in mehreren Schritten. Legen Sie dazu auf jeden Fall ein großes Papier und mehrere Stifte in unterschiedlichen Farben bereit.

1. Ist-Kreise zeichnen

Bitten Sie die Coachees, ihre gegenwärtige Lebenssituation in Form eines Mobiles darzustellen. Dazu sollen sie ihr Leben mithilfe gemalter Kreise (Ist-Kreise) abbilden.

Jeder Kreis soll für einen Lebensbereich (z. B. Arbeit, Familie, Freundschaften, Sport, Finanzen, Spiritualität) oder einen Lebenskomplex stehen. Mit Lebenskomplex ist ein Verbund von Aktivitäten gemeint, die sich auf ein spezielles Vorhaben, eine bestimmte Entwicklung, einen Zustand oder ein Ziel konzentrieren und sich einem Lebensbereich nur schwer zuordnen lassen. Zum Beispiel: „Kreativität", „Me-Time", „Promotion" oder „Umzug".

Die Coachees entscheiden dabei selbst, idealerweise spontan und ohne weitere Rücksprache oder Abstimmung mit Ihnen, welche Bereiche oder Komplexe sie in die Darstellung einfließen lassen. Wie sie die jeweiligen Kreise benennen und anordnen, steht den Coachees völlig frei. Wichtig ist nur, dass die Kreise die momentane Lebenswelt und Situation möglichst wirklichkeitsnah repräsentieren und dass der Raumgehalt und das Verhältnis der Kreise in etwa dem gelebten Maß und Umfang entsprechen. Wird

z. B. viel Lebenszeit in die Arbeit und vergleichsweise wenig Zeit in Freundschaften investiert, so wird für die Arbeit ein großer Kreis und für Freundschaften ein kleiner Kreis gezeichnet (Abb. 16.1).

Sind die Coachees mit der Darstellung fertig, vergewissern Sie sich bitte, ob tatsächlich alle wichtigen Bereiche bzw. Komplexe des eigenen Lebens als Ist-Kreis abgebildet worden sind.

2. Zufriedenheitskreise zeichnen
Im nächsten Schritt zeichnen die Coachees zu jedem „Ist-Kreis" in anderer Farbe jeweils einen weiteren Kreis, der die jeweilige, persönliche Zufriedenheit mit dem Lebensbereich bzw. -komplex veranschaulicht (Zufriedenheitskreis). Je nachdem, wie hoch oder gering der Grad an Zufriedenheit ist, kann dieser Kreis größer oder kleiner ausfallen als der Ist-Kreis.

Beispiel: Die persönliche Gesundheit beansprucht derzeit viel Aufmerksamkeit und Energie, daher wird der Ist-Kreis relativ groß gezeichnet. Die Beschäftigung damit bereitet jedoch wenig Freude und erzeugt eher negativen Stress, z. B. weil ständig Arztgänge und finanzielle Ausgaben für Medikamente erforderlich sind. Darum wird der zweite Kreis – der Zufriedenheitskreis – deutlich kleiner angelegt. Oder: Eine Liebesbeziehung nimmt aktuell sehr wenig Zeit und Raum ein, sodass der Ist-Kreis verhältnismäßig klein dargestellt wird. Es wird jedoch sehr viel Positives aus den Begegnungen gezogen, was sich auch wohltuend auf andere Lebensbereiche auswirkt. Aus diesem Grund wird der dazugehörige Zufriedenheitskreis deutlich größer abgebildet (**Abb. 16.2**).

Wurde zu jedem der „Ist-Kreise" ein „Zufriedenheitskreis" gezeichnet? Dann steht das Mobile in seinen Grundzügen, und es geht weiter mit den Gefühlsmarkern.

3. Gefühlsmarker hinzufügen
Bitten Sie die Coachees, die einzelnen Kreise nun noch mit zwei bis drei Impulsworten zu versehen, die ihr momentanes Erleben und/oder ihr Lebensgefühl in diesem Bereich oder Komplex gut beschreiben und wiedergeben. Das können Adjektive, emotionale Begrifflichkeiten oder auch verbale Eigenkreationen sein, die das Erleben eindrücklich beschreiben.

Abb. 16.1 Ist-Kreise (Beispiel)

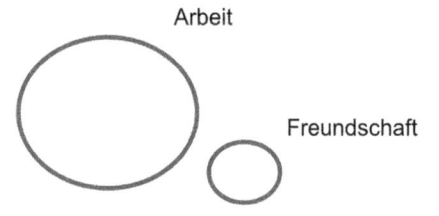

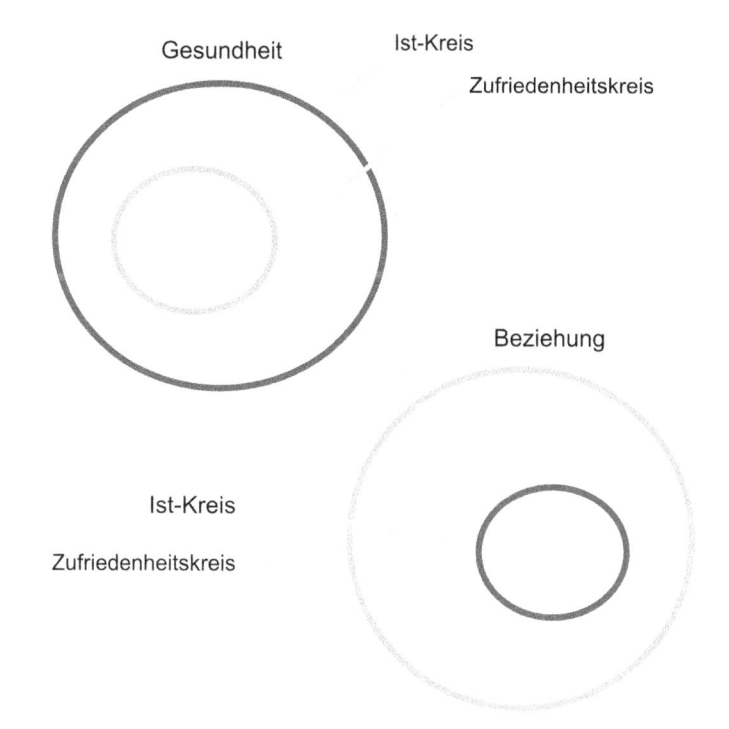

16 Das Mobile of Life®: Arbeiten mit innerem Narrativ und Lebensentwurf

Abb. 16.2 Ist-Kreise und Zufriedenheitskreise (Beispiel)

Beispiele
Beziehung – lebendig, erfüllend, dicht
Sport – pflichtbewusst, lustlos, reingequetscht
Beruf – „Businesshamster", unsicher, unter Druck

Anschließend sollen die Coachees noch zwei bis drei Begriffe notieren, die ihr gegenwärtiges Grundempfinden, also ihr generelles oder hauptsächliches Lebensgefühl, widerspiegeln. Sie können z. B. fragen:

- Wie empfinden Sie ihr Leben gegenwärtig?
- Wie fühlt es sich insgesamt an, so zu leben?
- Angenommen, Ihr Leben hätte eine emotionale Headline, bestehend aus drei Adjektiven oder Begriffen. Wie würde sie lauten?
- Welche Begriffe beschreiben Ihr allgemeines Lebensgefühl?

Beispiele
mühsam, vielfältig, kompliziert
ausgewogen, herausfordernd, im Fluss
energiegeladen, intensiv, fragil

4. Erforschen

Werfen Sie dann gemeinsam einen Blick auf die Darstellung und beschäftigen Sie sich eine
   Weile mit den Kreisen und den Impulsworten.

- Was fällt in der näheren Betrachtung auf?
- Welche Lebensbereiche sind ausgewogen/erfüllend/beglückend?
- Was erscheint unverhältnismäßig oder unausgewogen?
- Was hat (zu) viel oder (zu) wenig Raum?
- Was erfährt zu wenig Beachtung?
- Was fehlt?
- Wo kommt es wiederholt zu Konflikten?
- Wie ist die allgemeine Dynamik?
- Wo liegen Herausforderungen?
- Wo gibt es Bedürfnisse oder Erfordernisse sich weiterzuentwickeln?
- Was wird Ihnen bewusst?
- Was fällt Ihnen auf in der Art, wie Sie über ihr Leben sprechen?
- Welche Eigenschaften, Rollen und/oder Aufgaben haben Sie in ihrer Erzählung?
- Wie erleben Sie sich als Gestaltende*r, aber auch als Erlebende*r?

Das Zeichnen eröffnet neue Perspektiven auf sich und die eigene Lebensführung (Mertens, 2014). Die Fragen helfen den Coachees, ein metakognitives Grundverständnis der eigenen Lebenswirklichkeit zu entwickeln und die persönlichen Probleme und Herausforderungen aus einer umfassenden Sicht heraus neu einzuschätzen und einzuordnen.

5. Inneres Narrativ ermitteln

Die Coachees haben sich intensiv mit ihrer Lebenswirklichkeit gefasst. Auf Basis der gewonnenen Beobachtungen und Erkenntnisse kann das gegenwärtig handlungsleitende, innere Narrativ aufgedeckt und ermittelt werden.

- Was meinen Sie, auf welcher innerlichen Erzählung beruht ihr Leben?
- Welche innere Geschichte hat in der Gestaltung Ihres Lebens offensichtlich geleitet, bewusst oder unbewusst?
- Was denken Sie, auf welchen innerlichen Leitsätzen („Regieanweisungen") basiert Ihr Lebensmobile?
- Mit welchem inneren Narrativ korrespondiert die Lebenswirklichkeit, die Sie selbst geschaffen haben, Ihrer Ansicht nach?
- Welche innerlichen Erzähllinien stützen Ihre Lebenswirklichkeit und beeinflussen Ihr Leben?

In der Praxis zu bedenken ist aus meiner Sicht, dass nicht jedem Menschen der Begriff des Narrativs geläufig ist. Unter Umständen kann es daher kontraproduktiv sein, ihn in der Arbeit direkt zu verwenden, und eventuell Widerstände auslösen. Es ist auch möglich, indirekt danach zu fragen. Sie können zum Beispiel im Bild des Lebensmobiles bleiben und nach der „geistigen Aufhängung" fragen, dem mentalen Anker oder Leitfaden, aus dem sich die jeweilige Lebensführung entwickelt hat. Woran machen die Coachees ihr gegenwärtiges Leben fest?

Wesentlich ist, dass die Coachees in der Lage sind, Zusammenhänge zwischen ihren inneren Geschichten und persönlichen Lebensweisen zu erkennen und zu benennen. Was hat sie in ihrem Leben innerlich maßgeblich geleitet und beeinflusst? Dies ist neben der Vergegenwärtigung des Selbstgelebten die Hauptfunktion des Lebensmobiles: das innere Narrativ, das im Leben als Leitlinie dient und zum beschriebenen Problem oder zur Herausforderung existiert, aufzuspüren und transparent zu machen.

Halten Sie die Essenz schriftlich fest: Welche Sätze oder Erzähllinien wurden zur Überschrift für die eigene Lebensgestaltung und haben zur abgebildeten Lebenswirklichkeit geführt?

Geben Sie an dieser Stelle auch gern etwas Zeit, damit das Erarbeitete ins Bewusstsein dringen kann, und damit die Coachees die Wechselwirkungen zwischen innerem Narrativ und Lebensgestaltung, sowie zwischen Narrativ und Gefühlen gedanklich noch einmal in Ruhe nachvollziehen können (Habermas, 2018). Anschließend können Sie zum zweiten Teil – dem Alternativentwurf – übergehen. Dabei gehen Sie ähnlich vor wie im ersten Teil, jedoch in umgekehrter Reifenfolge. Die Zufriedenheitskreise fallen weg.

16.2.2 Zweite Phase Lebensmobile 2 – Zukunft

„Sometimes we change because our stories change. Sometimes our stories change because we have changed" (Drake 2017, S. 175). Der zweite Teil ermöglicht den Coachees eine Neuausrichtung und Neuerzählung des eigenen Lebens, des Selbst. Sie entwickeln selbstbestimmt ein neues handlungsleitendes Narrativ und designen auf dieser Basis ein neues Lebensmobile für die Zukunft. Dabei werden individuelle Gestaltungsräume und -möglichkeiten erkennbar und ins Bewusstsein geholt. Außerdem werden Ressourcen aktiviert bzw. neu eingebunden, sodass sich die innere Haltung und Wahrnehmung der eigenen Lebenssituation verändert. Die Coachees entwickeln erste konkrete Ideen und Strategien, um den beschriebenen Problemen und Herausforderungen selbstwirkungsvoll zu begegnen und gelangen zu einer praktikablen Vorstellung, wie sie sich und ihr Leben verändern und weiterentwickeln können.

Die kreative Auseinandersetzung wird angeregt und trainiert und die Coachees erleben sich bereits ein Stück weit als aktive Neugestalter*innen der eigenen Lebenswirklichkeit. Die tatsächliche Umsetzung in die Praxis erscheint möglich und wird so erleichtert.

1. Alternatives Narrativ entwickeln
- Welche Erzählung würde den Coachees in ihrer persönlichen Entwicklung mehr dienen?
- Welches Narrativ ist denkbar bzw. entsteht, wenn sie an ihr Selbst, ihre Bedürfnisse, ihre schöpferischen Fähigkeiten usw. angebunden sind und sich nach dem richten, was für sie (wirklich) sinnvoll und bedeutsam ist?

Erarbeiten Sie mit den Coachees neue, lebenswerte(re) Überschriften und Leitlinien für die persönliche Lebensführung. Dazu können Sie entweder die „alten" Sätze aus dem ersten Teil nochmals heranziehen und sie in ihrem Inhalt, in ihrer Ausrichtung und Form verändern, oder aber einen ganz anderen Aufbau wählen und neue Sätze kreieren. Im Wesentlichen sollen die Aussagen eine positive, neue, selbstbestimmte Lebenshaltung fördern und andere Reaktionen auf die zu Beginn des Coachings beschriebenen Herausforderungen und Probleme ermöglichen.

2. Neues Lebensmobile zeichnen
Die Lebensweise folgt der Einstellung. Bitten Sie die Coachees gemäß diesem Motto nun ein zweites Mobile zu entwerfen.

- Wie könnte – gemäß der neuen, innerlichen Haltung und Erzähllinien – das Leben in Zukunft aussehen bzw. gestaltet werden?
- Was wäre ein mögliches Mobile für die Zukunft?

Die Coachees zeichnen wieder Kreise für die verschiedenen Lebensbereiche und -komplexe, allerdings kann nun die Position, die Größe, die Form oder Art der Darstellung eine ganz andere sein. Es können auch Kreise hinzukommen, wegfallen oder zusammengeführt werden. Die Coachees sind auch hier wieder vollkommen frei in der Art der Darstellung bzw. Gestaltung.

3. Erforschen
Betrachten Sie das Lebensmobile gemeinsam. Aus dem neuen Entwurf ergeben sich neue Ansätze, Gestaltungsräume und Handlungsoptionen.

- Was hat sich im Vergleich zum ersten Mobile verändert?
- Was wurde gewandelt, neugestaltet oder reorganisiert?
- Inwieweit würde sich die Lebenswirklichkeit verändern?
- Welche neuen Gestaltungsräume und Handlungsoptionen gibt es?
- Was verkörpert die neue Darstellung?
- Welche neue oder veränderte Lebensweise folgt daraus?
- Welche Entscheidungen, Schritte und Maßnahmen lassen sich ableiten?
- Welche Ideen existieren zu den einzelnen Lebensbereichen bzw. -komplexen?
- Was könnte oder würde sich konkret ändern in der alltäglichen Lebensführung?
- Welche positiven Veränderungen oder Entwicklungen sind zu erwarten?

- Welche neuen Aufgaben oder Herausforderungen bestehen? Was bliebe unverändert?
- Inwieweit verändert sich die Erzählung des Lebens und des Selbst?

Die Coachees entfalten erfahrungsgemäß schnell Ideen, welche Änderungen oder Verbesserungen in Bezug auf die verschiedenen Lebensbereiche und -komplexe denkbar sind oder bevorstehen. Erörtern Sie gemeinsam, welche Veränderungen erstrebenswert sind und beleuchten Sie die kurz-, mittel- und langfristigen Folgen und Auswirkungen.

Reflektieren Sie zudem, inwieweit sich die persönliche Erzählung und Erzählweise verändert hat und welche Effekte dies hat.

4. Gefühlsmarker finden
Wie schon im ersten Teil sammeln Sie nun auch zum zweiten Lebensmobile Gefühlsmarker.

- Welche Qualität hätte dieses Leben?
- Welche Gefühle würden die Lebensgestaltung begleiten?
- Wie wäre das Gesamtlebensgefühl?
- Wie wäre das Empfinden in den einzelnen Lebensbereichen?
- Wie beglückend/erfüllend/befriedigend wäre es, so zu leben?

Laden Sie die Coachees ein, stichwortartig Impulsworte zu notieren.

Dabei handelt es sich um subjektive Annahmen. Die Coachees gelangen zu einer Einschätzung, inwieweit es für sie voraussichtlich ein emotionaler Gewinn wäre, die eigene Lebensgestaltung entlang des neuen Narrativs und Mobiles auszurichten. Die Gefühlsmarker dienen als Indikatoren, um auszuloten, inwieweit sich eine neue Lebenshaltung und Lebensführung wahrscheinlich auf das persönliche Erleben auswirkt.

Die Aussicht auf ein neues, positives Lebensgefühl motiviert in der Regel dazu, das neue Narrativ zu integrieren und beabsichtigte Veränderungen tatsächlich zu realisieren. Das Verantwortungsgefühl für sich und die eigene Lebensweise kehrt zurück und die Bereitschaft, das Leben mithilfe des neuen Entwurfs aktiv in eine selbstbestimmte Richtung zu lenken, steigt.

5. Quintessenz und Umsetzung
Halten Sie zentrale Erkenntnisse, Absichten und Entschlüsse fest und notieren Sie ggf. vereinbarte wichtige Schritte und To-dos. Beenden Sie die Session mit einem kurzen Feedback.

- Was hat die Lebensmobile-Arbeit bewirkt?
- Was waren wichtige Erkenntnisse und Einsichten?
- Was folgt aus dem neuen Narrativ bzw. Entwurf?
- Was wollen die Coachees umsetzen und in Angriff nehmen?

- Was möchten Sie in Erzählungen von sich und ihrem Leben künftig tun oder beachten?
- Wie haben die Coachees die Arbeit empfunden?
- Wie haben sie den Prozess erlebt?

Es folgt nun ein Beispiel aus der Praxis in kompakter Form. Aus Gründen der Leserlichkeit wurden die Zeichnungen in eine digitale Darstellung überführt. Die Farben wurden von den Coachees so gewählt wie dargestellt.

16.3 Praxisbeispiel

Der Coachee (Thaddeus, 34 Jahre, männlich, seit einem halben Jahr in führender Position in einem wachsenden Start-up-Unternehmen tätig) leitet die Coaching-Session mit folgenden Worten ein:

„Seit Mitte des Jahres befinde ich mich in einer neuen beruflichen Position. Ich arbeite wahnsinnig viel und fühle mich seit einigen Wochen immer wieder sehr erschöpft und kraftlos. Ich glaube, auf Dauer kann es nicht so weitergehen. Ich weiß nicht, wie ich diesen Zustand ändern kann, wo ich überhaupt ansetzen muss. Ich will ausgewogener leben, aber die Arbeit ist so ausfüllend und fordernd, dass sie mich schier erdrückt. Manchmal denke ich, ich komme da gar nicht mehr raus. Deswegen bin ich heute hier. Immerhin verdiene ich mittlerweile sehr gut, das ist beruhigend."

Zur beschriebenen gegenwärtigen Lebenssituation fertigt er ein Lebensmobile (1) an (Abb. 16.3).

Dann fügt er die Gefühlsmarker hinzu (Abb. 16.4).

Sofort wird ersichtlich, welche zentrale Stellung die Arbeit einnimmt und welchen beachtlichen Raum sie auch im Verhältnis zu anderen Lebensbereichen innehat. Andere Lebensbereiche haben deutlich weniger Raum. Manche erscheinen verschwindend gering und regelrecht an den Rand gedrängt. Erstaunlicherweise entfalten sie zum Teil dennoch noch eine positive, befriedigende Wirkung. Sport und soziale Kontakte werden jedoch eher als Pflichtübung und schon länger nicht mehr als angenehme Freizeitbeschäftigung erlebt. Die Beziehung ist direkt neben der Arbeit angesiedelt und wird als harmonisch und befriedigend wahrgenommen, jedoch zeigt sich auch hier ein Gefühl der Erschöpfung. Es gibt kaum Raum für Kreatives bzw. für Entspannung und Regeneration.

In der weiteren Betrachtung wird deutlich, dass die eigene Lebensgestaltung auf das Erfüllen von (v. a. leistungsorientierten) Erwartungen ausgerichtet ist. Infolgedessen werden persönliche Bedürfnisse, darunter insbesondere kreative, sinn- und werteorientierte Aktivitäten, immer wieder zurückgestellt. Durch den anhaltenden Bedürfnisaufschub kommt es zur erlebten Frustration und Erschöpfung und auch zu inneren Widerständen gegenüber Aufgaben und Verpflichtungen.

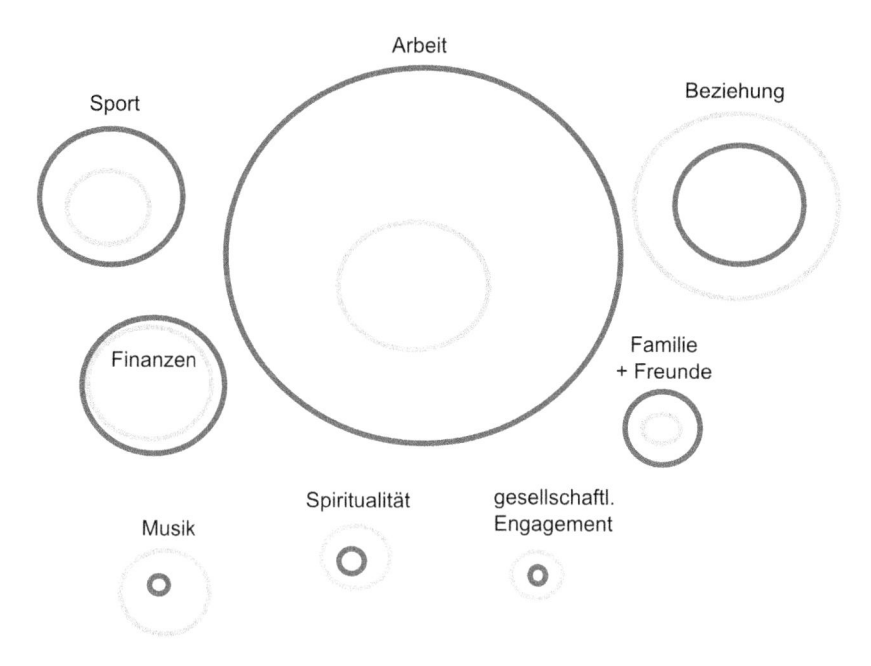

16 Das Mobile of Life®: Arbeiten mit innerem Narrativ und Lebensentwurf

Abb. 16.3 Lebensmobile 1 – Gegenwart (Beispiel)

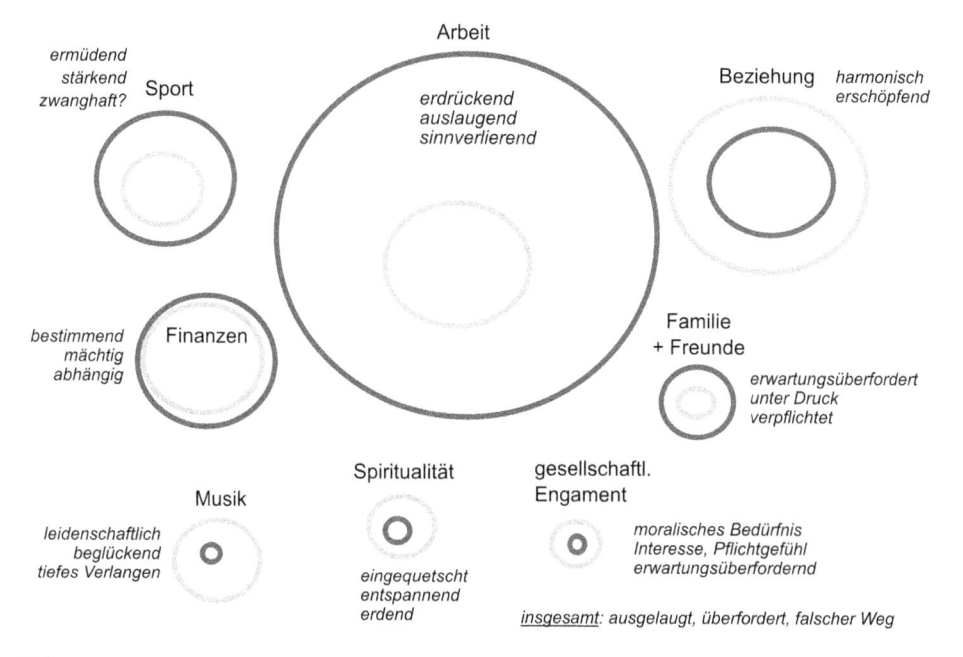

Abb. 16.4 Lebensmobile mit Gefühlsmarkern (Beispiel)

> In erster Linie muss ich arbeiten und Geld verdienen. Das ist das Wichtigste.
>
> Für alles andere habe ich keine Zeit.
>
> Ich muss hohe Erwartungen erfüllen: die anderer und meine eigenen.
>
> Bevor ich mich um meine persönlichen Bedürfnisse kümmere, muss ich alle Erwartungen erfüllt haben.
>
> Wonach ich mich innerlich sehne, ist nicht so wichtig.

Abb. 16.5 Narrativ – Gegenwart (Beispiel)

> Meine Bedürfnisse sind wichtig.
>
> Ich schenke meinem großen Bedürfnis nach kreativem Selbstausdruck Aufmerksamkeit.
>
> Ich möchte auf nachhaltige, gesunde Weise arbeiten und Geld verdienen.
>
> Ich prüfe Erwartungen und Maßstäbe.
>
> Ich gestalte meine Zeit dementsprechend.
>
> Ich verbinde Dinge sinnvoll, so dass ich Lust habe, meinen Beitrag zu leisten.

Abb. 16.6 Narrativ – Zukunft (Beispiel)

Angesichts dieser Erkenntnisse wird das gegenwärtige innere handlungsleitende Narrativ ermittelt (Abb. 16.5, 16.6 und 16.7). Der Coachee notiert die bedeutsamsten Erzähllinien und wird sich bewusst über die Zusammenhänge zwischen Narrativ und Lebenswirklichkeit. Für einen Moment ist er sehr ergriffen. „Dass ich mein Leben derart auf das Erfüllen von Erwartungen ausgerichtet hatte und meine Bedürfnisse und Sehnsüchte nahezu gar nicht mehr beachtet habe, das war mir überhaupt nicht klar. Früher habe ich über Menschen gelächelt, die nur die Arbeit im Sinn haben und versuchen, perfekt zu funktionieren. Ich dachte die ganze Zeit, die Arbeit ist schuld an meiner Situation. Dabei bin ich es, der die ganze Entwicklung zu verantworten hat. Ich selbst entscheide ja darüber, welchen Raum und welchen Stellenwert sie hat. Ich habe es zugelassen und so eingerichtet."

Anschließend entwirft der Coachee ein lebenswerte(re)s Narrativ für die Zukunft.

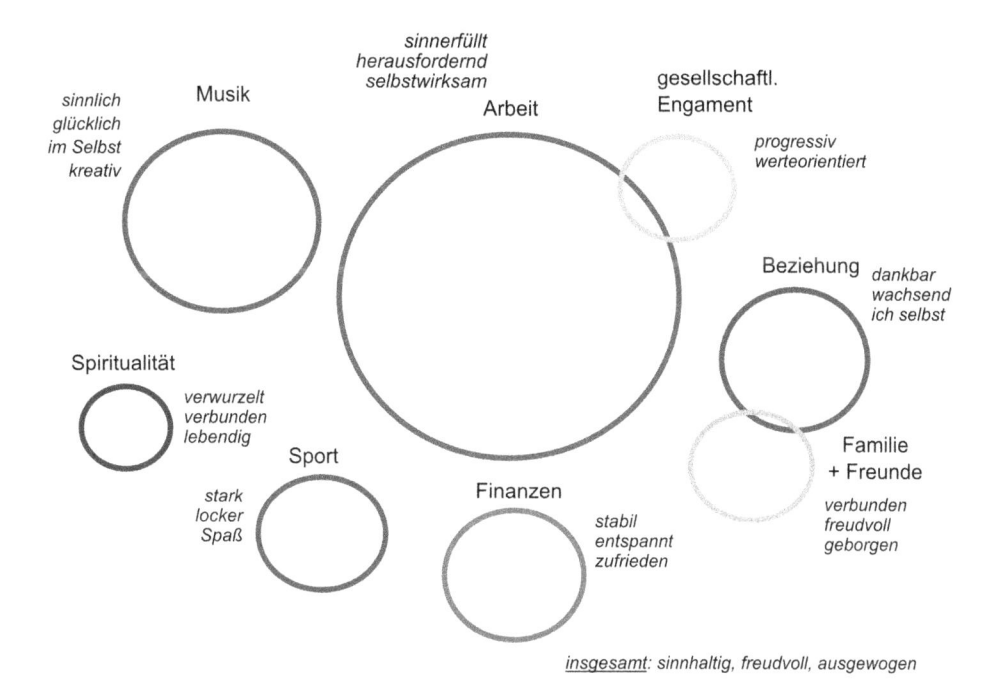

16 Das Mobile of Life®: Arbeiten mit innerem Narrativ und Lebensentwurf

Abb. 16.7 Lebensmobile 2 – Zukunft (Beispiel)

Neue, innerliche Leitlinien sollen die Lebensgestaltung leiten.

Daraus erwächst das alternative Lebensmobile und wird mit Gefühlsmarkern versehen.

Dem Entwurf für die Zukunft wird eine bedürfnisorientierte Lebensgestaltung sowie eine persönliche Sinn-Werte-Haltung zugrunde gelegt. Das Ungleichgewicht zwischen Arbeit und anderen Lebensbereichen, Interessen und Bedürfnissen wird infolgedessen deutlich verringert. Die Gefühlsmarker lassen eine beachtliche Wandlung erwarten. Das Lebensgefühl wandelt sich der persönlichen Einschätzung nach erheblich.

Als ersten großen Schritt will Thaddeus seine Arbeitszeit auf den vertraglich vereinbarten Stundensatz reduzieren. Den vernachlässigten Lebensbereichen will er in Zukunft mehr Zeit und Aufmerksamkeit schenken. Für das Musizieren trägt er feste Termine in seinen Kalender ein. Thaddeus nimmt sich vor, sein Team für die Idee zu begeistern, gemeinsam mehr Verantwortung in gesellschaftlicher Hinsicht zu erbringen. Dazu soll noch in diesem Jahr ein moderiertes Teamevent stattfinden. In puncto Nachhaltigkeit will er endlich einige Umstellungen durchsetzen, die ihn gedanklich schon länger begleiten und sich in den sozialen Medien auch verstärkt für dieses Thema einsetzen.

Seine spirituelle Praxis will er teilweise in den Arbeitsalltag integrieren. Da im Team fast alle mit hoher Arbeitsbelastung kämpfen, will er nicht nur für sich neue Rituale etablieren, sondern auch andere zum Mitmachen und Ausprobieren einladen. Dazu will er bis zum nächsten Mal konkrete Ideen und Vorschläge erarbeiten. Spontan denkt er an einen Mix aus Meditation, Musik und Bewegungsförderung.

Im Privaten möchte Thaddeus lernen, für seine Bedürfnisse mehr einzustehen Er möchte seine Partnerin der Herkunftsfamilie vorstellen. Bisher hatte er dies nicht getan, aus Angst, die Erwartungen der recht konservativ eingestellten Familie eventuell zu enttäuschen. Er will sich nicht mehr künstlich zurückhalten und in seinen Beziehungen insgesamt konfliktfähiger werden. Im Zuge dessen wünscht er sich gemeinsame Treffen und Aktivitäten.

Die Frage „Wie kann ich selbstbestimmt und souverän mit Erwartungen umgehen?" will er im Coaching vertiefen und weiter bearbeiten.

Tipp: Im „Mini-Handbuch Lebensentwürfe coachen" finden Sie weitere Lebensmobile-Darstellungen (Ritter, 2021, 9, S. 43/66).

16.4 Fazit

Wie wir Menschen unser Leben gestalten, hängt ab von unserem inneren Narrativ. Hieraus ergibt sich eine Lebenswirklichkeit. Umgekehrt beeinflusst unsere Lebensrealität und Lebenserfahrung, welche Narrative wir entwickeln.

Das Lebensmobile bietet die Möglichkeit, sich in beide Richtungen hierüber bewusst zu werden und verdeutlicht diesen Zusammenhang. Infolgedessen verändert sich das Verhältnis zur erlebten, selbstkreierten Lebenswirklichkeit. Neue Perspektiven und Gestaltungsräume entstehen.

Die Arbeit mit dem Mobile of Life® fördert eine ausgewogene, selbstbestimmte Lebensführung. Sowohl die Lebenshaltung als auch die Lebensgestaltung kann neu entworfen und ausgerichtet werden, zugunsten eines verbesserten, kohärenten Lebensgefühls und einer von Selbstliebe und Selbstfürsorge getragenen persönlichen Weiterentwicklung.

Literatur

Armstrong, P. B. (2020). *Stories and the brain: the neuroscience of narrative.* John Hopkins University Press.
Boothe, B. (2011). *Biografisches Erzählen im therapeutischen Prozess.* Schattauer.
Denborough, D. (2014). *Retelling the stories of our lives.* Norton.
Drake, D. B. (2017). *Narrative coaching: The definitive guide to bringing new stories to life.* CNC Press.
Habermas, T. (2018). *Emotion and narrative: Perspectives in autobiographical storytelling. Studies in emotion and social interaction.* University Printing House.
Mertens, S. (2014). *Wie Zeichnen im Coaching neue Perspektiven eröffnet.* Beltz.
Rebelo, D. (2021). *Story like you mean it: How to build and use your personal narrative to illustrate who you really are.* Lioncrest Publishing,.
Ritter, D. (2021a). *Mini-Handbuch Lebensentwürfe coachen.* Beltz.
Ritter, D. (2021b). *Den eigenen Lebensentwurf gestalten. 75 Coachingkarten.* Beltz.
White, M. (2000). *Reflections on narrative practice.* Dulwich Centre Publications.
White, M. (2001). Narrative practice and the unpacking of identity conclusions. *Gecko: A Journal of Deconstruction and Narrative Ideas in Therapeutic Practice, 1,* 28–55.

Denise Ritter, Staatsexamen Lehramt, Aufbaustudium im Qualitätsmanagement, Trainerin im Bereich Academic Staff Development, Heilpraktikerin für Psychotherapie, Aus- und Weiterbildungen in humanistischer Gesprächstherapie, systemischer Einzel-, Paar- und Familientherapie, Kunsttherapie, Coaching für Hoch- und Vielbegabte, Hochsensible und andere, ist Begründerin von Urbanes Coaching®. Als kreativer, unkonventioneller und ganzheitlich denkender Private- und Business-Coach unterstützt sie Menschen bei der mutigen Entwicklung und Realisierung von Lebensentwürfen. 2021 erschienen ihr Mini-Handbuch „Lebensentwürfe coachen" und die 75 Bildkarten „Den eigenen Lebensentwurf gestalten" im Beltz Verlag. Workshops, Fachartikel und ein eigener Blog mit täglichen Impulsen runden ihr Portfolio ab.